세계
금융시장을
장악한
수학천재들
이야기

퀀트

스캇 패터슨 지음
구본혁 옮김

다산북스

세계 금융시장을 장악한 수학천재들 이야기

THE QUANTS

퀀트

스캇 패터슨 지음 | 구본혁 옮김

다산북스

감사의 말

지극히 비밀스러운 이들 투자자의 내부적인 활동들을 무대 뒤에서 설명해주셨던 고마운 분들을 포함해서 수천 명이나 되는 사람들이 이 책을 완성하는 데 도움을 주었다. 나의 출판 에이전트인 숀 코인Shawn Coyne은 이 책에 대한 최초의 아이디어를 끌어내도록 해주었고, 또 아이디어를 온전한 책의 꼴로 발전시키는 데 크게 도움을 주었다. 편집장 릭 호건Rick Hogan과 재능 있는 부편집장 줄리안 파비아Julian Pavia는 필요할 때 언제나 건전한 자극을 줌으로써 이 책의 아이디어를 더욱 풍요롭게 해주었다. 미치 주코프Mitch Zuckoff는 이상적인 반향판(反響板)의 역할을 해줌으로써, 이 책을 어떻게 만들어야 하는지에 대한 환상적인 통찰들을 제공했다. 월스트리트 저널에 있는 편집자들, 특히 이 특이한 그룹의 트레이더들에 대해 책을 쓰겠다는 나의 관심을 격려해주었던 존 힐센라트Jon Hilsenrath와 닉 디어건Nik Deogun, 그리고 내가 모건스탠리의 퀀트 그룹들을 파헤칠 수 있도록 도움을 주었던 아니타 라가반Anita Raghavan에게 감사의 말을 전한다. 마크 스피츠나겔, 나심 탈레브, 폴 윌멋, 에마누엘 더먼, 아론 브라운, 베노이트 만델브로트에게도 무한한 감사를 표한다. 그 외에 실제 거래를 수행하는 트레이더들과 교수들은 내가 퀀트들의 세계를 더욱 잘 이해할 수 있도록 도와주었다. 에드 소프는 내가 그 자신의 경이로운 생애뿐만 아니라 트레이딩과 위험관리의 진정한 본질을 이해할 수 있도록 도와주기 위해 어느 누구보다 많은 시간을 할애해주었다. 그리고 약속했듯이, 이름을 밝히고 싶어 하지 않았지만 크고 작은 도움을 준 수많은 분들에게 깊은 감사를 드린다.

마지막으로, 사랑하는 아내 엘리너에게 가장 큰 감사의 마음을 전한다. 지난 여러 해 동안 아내의 너그러운 이해와 참을성과 지속적인 격려가 없었더라면 이 책은 발간될 수 없었을 것이다.

피터 멀러 모건스탠리의 내부 헤지펀드인 PDT의 대표. 솔직하면서도 다소 유별난 행동을 자주 하는 괴짜. 뛰어난 수학자이지만 가끔 뉴욕시 지하철에서 통근자들을 대상으로 노상에서 전자키보드를 연주하는 음악 애호가이기도 하다. 멀러는 PDT의 규모를 더욱 확장시켜 더 많은 이익을 거두겠다는 야심찬 계획을 준비해서 오랜 안식휴가를 마치고 2007년에 막 PDT에 복귀했다.

켄 그리핀 세계에서 가장 크고 성공적인 펀드 중 하나인 시카고 소재 헤지펀드 시타델 인베스트먼트 그룹의 대표. 지극히 냉정한 성격으로 유명함. 시장붕괴가 있기 여러 해 전에는 재스퍼 존스의 그림을 8천만 달러에 사는 등 예술작품에 빠지기도 했고, 파리의 베르사이유 궁에서 결혼식을 올리기도 했다.

클리프 애스네스 시장붕괴 발생 시 거의 4백억 달러에 육박하는 자산을 관리하던 헤지펀드 AQR 캐피털 매니지먼트의 대표. 말이 아주 거칠고 화를 잘 내는 성품임. 시장붕괴가 발생하기 바로 며칠 전, 그의 펀드는 기업공개(IPO) 준비를 완료하고 신청서를 제출하려던 참이었다.

보아즈 웨인스타인 "라이프 마스터" 타이틀을 보유하고 있는 체스 고수이며 카드카운터로 블랙잭에도 뛰어난 실력자이다. 도이치뱅크의 파생상품 트레이더로 이 부문에 막강한 영향력을 가지고 있다. 그가 도이치뱅크 내에 설립한 자신의 헤지펀드인 '사바(히브리어로 '현명한 할아버지'라는 의미임)'는 3백억 달러의 자산을 운용하는 세계 최대의 신용트레이딩펀드들 중 하나이다.

제임스 시몬스 역사상 가장 성공적인 헤지펀드인 르네상스 테크놀로지스의 대표. 수십억 달러의 개인 재산을 보유하고 있으며 세상과의 접촉을 극도로 꺼리는 대단히 비밀스러운 성품의 소유자이다. 그의 신비스러운 투자기법들은 암호해독 분야와 컴퓨터를 활용한 음성인식 분야의 과학자들이 개발했다고 알려져 있다.

에드 소프 퀀트들의 대부. 1950년대에 수학교수로 사회생활을 시작했던 소프는 도박과 투자의 핵심요소들을 통합해 블랙잭 게임에서 승리하는 데 수학적 재능을 활용하였다. 나중에는 이러한 기술들을 월가에서 거대한 부를 형성하는 데 활용한 최초의 수학천재가 되었다.

아론 브라운 월가 기성세력들의 트레이드마크와도 같았던 라이어스 포커 게임에서 자신의 수학적 재능을 유감없이 발휘하여 기성세력들에게 굴욕감을 안겨주었던 퀀트로 주택저당증권(MBS)업계의 붕괴를 가장 먼저 예측했다.

폴 윌멋 탁월한 퀀트 대가로 옥스퍼드대학 계량재무과정의 설립자이기도 하다. 윌멋은 2000년에 이미 수학자들 때문에 주가대폭락 사태가 올 것임을 경고했다.

베노이트 만델브로트 1960년대에 이미 변화무쌍한 시장가격의 움직임이 퀀트 모형들에 미치게 될 위험을 경고했던 수학자. 그러나 퀀트들이 오랜 기간 금융시장을 주도함에 따라 그의 경고는 퀀트 세계에서 눈에 잘 띄지 않는 주석(footnotes)처럼 취급을 받다가 곧 잊혀져버렸다.

목 차

1장

포커판에 모인 대부들

일 년 후, 그날 밤 그 방에 있었던 모든 플레이어들은 역사상 최악의 시장붕괴 중 하나로 기록되는 상황에 놓이게 된다. 그러한 상황은 바로 그들 자신이 조성한 것이었다. 진리를 탐색하는 과정, 즉 알파를 추구하는 과정에서 이들 퀀트는 자신들도 모르게 폭약을 장전시켰고, 2007년 8월 장엄하게 폭발하기 시작한 금융재앙의 퓨즈에 스스로 불을 댕겼다.

맨해튼 중심가에 있는 세인트 레지스 호텔. 피터 멀러Peter Muller는 백 년의 오랜 역사를 자랑하는 이 호텔의 베르사이유 룸에 들어서며 휘황찬란한 실내를 휙 둘러본다.

황금빛 천정에 달린 커트글라스 샹들리에, 마룻바닥에서 천정까지 길게 벽면을 채우고 있는 한 쌍의 골동품 거울, 손님들이 입고 온 아르마니 양복과 보석으로 누빈 드레스들이 화려함을 뽐내고 있었지만, 그의 시선을 사로잡진 못했다. 하지만 공기 중에 떠도는 그 무엇인가에 멀러는 미소를 지었는데, 그것은 바로 물씬 풍기는 '돈 냄새'였다. 그리고 그가 돈보다도 더욱 사랑하는 달콤한 향기, 즉 순수한 테스토스테론(남성호르몬)이 뿜어내는 억제할 길 없는 경쟁 본능이 그곳에 넘쳐나고 있었다. 그는 흥분되었고, 그곳에 있는 사람들도 그와 마찬가지로 도취되어 있었다. 최고의 은행가들과 헤지펀드매니저들로 가득찬 방에 멀러가 들어서자, 샴페인 병이 '펑!'하고 터졌다. 방 안에 있던 그의 친구들이 고개를 끄덕이며 그에게 윙크를 보냈다.

때는 2006년 3월 8일, 월스트리트 포커의 밤이 막 시작되고 있었다. 낮에는 우수한 트레이더(주식이나 채권매매 시 자신의 포지션을 가지고 거래하거나 시세를 예측하면서 고객 간의 거래를 중개하는 사람을 말한다)이자 빈틈없는 증권브로커들이지만, 밤이 되면 도박에 열광하는 호주머니가 넉넉한 '꾼'들이 그곳에 모여 있었다. 이 비밀스런 행사는 명석한 두뇌와 배짱으로 월가의 새로운 거물들로 부상하고 있는 선택된 인재들의 모임이었다. 금융계의 상류사회는 너무도 은밀해서, 이 방에 있지 않은 외부인들은 아마 그들의 이름조차 들어본 적이 없을 것이다. 그러나 그들이 무대 뒤에서 일상적으로 내리는 결정들은 세계 금융시스템을 통해 엄청난 규모의 자금 흐름을 좌우했다.

이들 중에는 주요 포커대회에서 60회나 우승을 차지한 클루티에와 패션모델 빰치는 미모와 몸매를 자랑하는 텍사스의 금발미녀 클로니 고웬과 같은 전문 포커선수들도 섞여 있었다.

적당히 그을린 피부에 날씬한 체격의 멀러는 42세의 나이에도 불구하고 10년은 더 젊어 보였으며, 승리에 익숙한 사람만이 보여줄 수 있는 차분한 여유를 풍기고 있었다. 그는 세계에서 가장 성공한 헤지펀드인 르네상스 테크놀로지스Renaissance Technologies의 설립자이다. 계량적 투자기법(quantitative investing)의 대가인 수학천재 제임스 시몬스Jim Simons가 방 저쪽 건너편에 있는 것을 발견하자 멀러는 손을 흔들었다. 자신을 둘러싸고 있는 팬들과 대화를 나누던 시몬스도 멀러에게 윙크를 보냈다.

시몬스는 작년에 헤지펀드 수수료로 무려 15억 달러를 벌어들였다.[주1] 이는 당시까지 헤지펀드매니저가 올린 연소득 중 가장 큰 금액이었다. 롱아일랜드 서쪽 해변의 자그마한 외딴 마을에 둥지를 틀고 있는 그의 최정예 트레이더들은 시장에서 엄청난 수익을 거두어들이기 위해 양자물리학에서부터 인공지능, 음성인식기술에 이르기까지 과학과 수학의 최첨단기법들을 두루 구사하고 있었다. 시몬스는 멀러가 솟구치는 강렬한 시기심을 이를 악물고 참아야 할 정도로 뛰어난 투자의 귀재였다.

멀러가 뉴욕의 대형투자은행인 모건스탠리Morgan Stanley 내에 자신의 '퀀티터티브 펀드quantitative hedge fund'(흔히 퀀트펀드라고 하며 수학적 모델을 이용한 계량적 기법을 통해 고평가 또는 저평가된 투자대상을 발굴해서 투자하는 펀드-옮긴 이)를 설립하기 전에 잠시 르네상스 합류를 고민했던 1990년대 초부터 둘은 서로 알고 지내는 사이였다. 멀러가 '프로세스 지향 트레이딩(Process-Driven Trading)'이라고 부르는 그의 엘리트 트레이더팀은 너무도 비밀스러워서 모건스탠리 직원들조차 대부분 그 존재를 모르고 있었다. 그러나 50여 명의 단출한 인원으로 구성된 이 팀은 지난 10년 동안 모건스탠리를 위해 60억 달러의 수익을 창출하면서, 월가 최고의 투자기구들과 어깨를 나란히 할 수 있을 만큼 빼어난 투자성과를 기록하고 있었다.

멀러와 시몬스는 '퀀츠quants'(고도의 수학 · 통계지식을 이용해서 투자법칙을 찾아내고 컴퓨터로 적합한 프로그램을 구축해서, 이를 토대로 투자를 행하는 사람들을 일컫는 말-옮긴 이)로 알려져 있는 이들 독특한 부류의 투자가들 중에서도 거물들이다. 그들은 시장에서 수십억 달러의 수익을 재빠르게 챙기기 위해 고도의 수학과 슈퍼컴퓨터를 활용한다. 2000년대 초에는 수학 개념을 금융시장에 적용한 기법들을 적극적으로 활용하는 투자가들이 월가를 지배하고 있었다. 퀀트들은 시장이 어떻게 움직이고 반응하는지 보여주고 엄청난 수익을 실현시켜주는 지극히 실용적인 예측모형을 계산해내는 데 이 획기적인 기법들을 적용했다.

컴퓨터를 주로 활용하는 이들 투자가는 종업원들의 사기(士氣)라든가 CEO의 몸가짐과 같이 파악이 불가능한 속성들, 즉 기업의 '기본적 요인들(fundamentals)'에는 전혀 관심을 기울이지 않는다. 그런 것들은 기업이 실제로 무엇을 제조하고, 그것이 잘 만들어졌는지 같은 요인들만 집중적으로 분석하는 워렌 버핏Warren Buffet이나 피터 린치Peter Lynch 같은 월가의 공룡들에게나 해당되는 것들이었다. 퀀트들은 이런 요인들을 '도저히 알아낼 수 없는 것들'로 치부해버렸다. 어떤 기업의 주가가 시장의 다른 주식들과 비교해서 얼마나 낮은지, 주가가 얼마나 빨리 상승하거나 하락했는지, 또는 이들 두 요인 모두를 결합해서 복잡한 변수들을 찾아내고 이를 바탕으로 그 기업의 주가가 앞으로 오를 것인지 떨어질 것인지를 예측하는 데만 집중한다.

이날 밤 세인트 레지스에 모인 퀀트들은 마이클 밀켄과 같은 정크본드의 제왕들이 1980년대 금융계를 평정하고, 조지 소로스와 같은 영웅적이고 발 빠른 헤지펀드매니저들이 1990년대 월가를 지배했던 것처럼, 그들이 월가를 제패한 것을 자축하고 있었다.

멀러는 아는 얼굴들을 찾으며 옆을 지나치는 쟁반에서 와인 잔을 집어 든다. 비퀀트(non-quant), 즉 전통적 투자기법들을 고수하고 있는 몇몇 기본적 투자가(fundamental investor)들도 이 밤의 주인공인 퀀트들과 어울리고 있었다. 55번가와 핍스애비뉴의 모퉁이가 내려다보이는 좁고 긴 창가에는 그린라이트 캐피털Greenlight Capital 대표인 데이비드 아인호른이 휴대폰으로 통화를 하고 있었다. 이제 겨우 37세인 앳된 모습의 아인호른은 매년 20

퍼센트 이상의 수익률을 기록해 업계에서 가장 예리한 기본적 투자가 중 한 사람으로 명성을 쌓아가고 있었다. 아인호른은 포커에도 고수로, 그 다음 해에는 라스베가스 월드시리즈 포커대회에 18위로 입상해서 659,730달러의 상금을 차지하게 된다.

멀러가 찾아낸 또 다른 억만장자는 업계에서 규모가 가장 크고, 가장 성공적인 헤지펀드들 중 하나인 시카고의 시타델 인베스트먼트 그룹Citadel Investment Group 대표로 무지막지하기로 악명이 드높은 푸른 눈의 켄 그리핀Ken Griffin이었다. 헤지펀드 중의 '그레이브 댄서(grave dancer, 남의 불행을 이용하여 득을 보는 사람-옮긴 이)'로 불리는 시타델은 어려움에 빠진 기업들을 넘어뜨리고, 피 묻은 시체의 잔해들을 게걸스럽게 먹어치우는 것으로 유명했다. 시타델을 움직이는 핵심 엔진은 펀드가 수행하는 모든 활동을 지시해주는 컴퓨터 기반의 수학적 모형들이었다. 검은 머리칼을 깔끔하게 깎은 그리핀은 동료들 사이에서도 불길한 예감을 느끼게 하는, 자신이 접촉하는 모든 것들 위에 군림하려고만 하는 종류의 사람이다.

"어이, 피터!"

누군가 뒤에서 멀러를 불렀다. 초창기 순수퀀트펀드 중 하나인 AQR 캐피털매니지먼트Capital Management의 대표로 그의 오랜 친구이자 포커 단짝인 클리프 애스네스Cliff Asness였다. 애스네스는 멀러나 그리핀 또는 시몬스와 마찬가지로 퀀트들 중의 선발주자로 1990년대 초에 뉴욕의 초거대투자은행인 골드만삭스Goldman Sachs에서 일을 시작했다.

"오늘밤에는 우리를 즐겁게 해주려고 단단히 마음먹고 온 거겠지?"

그가 말했다. 애스네스는 멀러가 이번 포커대회에 빠지지 않으리라는 걸 알고 있었다. 멀러는 요 몇 년 포커에 푹 빠져 있었다. 최근에도 그는 맨해튼의 호화로운 호텔 룸에서 몇몇 트레이더들과 헤지펀드 거물들을 상대로 하는 비밀스러운 포커판에 애스네스를 끌어들였었다. 그 판에 들어가려면 최소 1만 달러는 있어야 했으나 애스네스와 멀러 같은 업계의 큰손들에게 그 정도는 껌 값에 지나지 않는 액수였다.

퀀트들은 그들만의 포커판을 벌렸지만, 보다 전통적인 투자업계의 거물들도 그 판에서 함께 게임을 하곤 했다. 포커를 해서 딴 4천 달러로 투자를 시작했던 억만장자이자 금융자본가인 칼 아이칸도 이 모임의 고정 멤버였다. 클린턴 대통령의 딸 첼시를 채용했던 120억 달러 규모의 헤지펀드인 애비뉴 캐피털 그룹Avenue Capital Group 대표 마크 래스리도 마찬가지였다.

대머리에 얼굴이 두둑하고 장난기 많은 푸른 눈의 애스네스는 잘 가꾼 희끗희끗한 턱수염을 쓰다듬으며 윙크를 했다. 멀러만큼의 재치와 수완은 없었지만, 애스네스는 자기 소유의 헤지펀드 대표였으며, 투자업계의 새로운 권력으로 부상하고 있었다. 'Applied Quantitative Research'의 약자인 그의 펀드 AQR은 250억 달러의 자산을 관리하고 있었으며, 빠르게 성장하고 있었다.

한 해 전, 애스네스는 〈뉴욕타임스〉에 길고도 칭찬 일색인 프로필로 소개되었다. 그러나 그는 뮤추얼펀드에 대해 황당할 정도로 높은 수수료를 받는 등 자산관리업계에서는 좋지 못한 관행으로 악명 높은 골칫덩어리였다. 그렇지만 그는 자신의 공격성을 뒷받침하는 지적 센스가 있었다. 세계에서 가장 현명한 투자가들 중 한 사람으로 알려져 있는 애스네스는 성공을 위해 누구보다 열심히 노력했다.

그는 1990년 대 초에는 유명한 시카고대학 경제학부의 우등생이었으며, 1990년대 중반까지는 골드만삭스의 스타 트레이더였다. 1998년에는 그 당시로서 거의 기록적인 액수인 10억 달러가 넘는 자산을 끌어들여 그의 자존심도 그의 부와 더불어 커졌다. 애스네스는 외부인들에게는 면도날처럼 예리한 성격을 유머감각으로 다스리는 사람으로 알려져 있었지만, AQR 내부에서는 컴퓨터를 던져 부수어버릴 정도로 광분하고, 종업원들에게 밤낮을 가리지 않고 자존심을 깔아뭉개는 이메일을 마구 날리는 사람으로 악명이 높았다. 그의 포커 단짝들은 애스네스의 날카로운 위트와 박학다식한 기억력을 좋아했지만, 변덕스러운 성깔과 돈을 잃었을 때 보이는 갑작스런 분노 등 그의 감추어진 모습에 자주 당황하곤 했다.

그런 애스네스가 정말로 궁금해하는 것은 전 세계를 누비고 다니는 멀러의 행방이었다. 멀러는 세계 각지를 돌아다니며 트래킹, 급류래프팅, 헬리스키잉(헬리콥터를 타고 눈이 많은 산간지방으로 가서 스키를 타는 것-옮긴 이)을 즐겼다. 어떤 때는 그리니치빌리지의 펑키카바레에서 포크송을 부르기도 했다. 뉴욕 지하철에서 전자키보드 케이스를 펼쳐놓고 밥 딜런의 노래를 부르고 있는 모습으로 발견될 때도 있었다. 겉으로 보기에 밑바닥까지 떨어진 이 가수가 사실은 전용 제트기를 타고 전 세계를 누비는 재산가라는 사실을 동전을 던져주던 어느 누구도 상상하지 못했을 것이다.

"저기 닐이 오는군."

애스네스가 닐 크리스Neil Chriss를 가리키며 말했다. 시카고대학과 하버드대학에서 학위를 받은 차분하고 지적인 수학자 크리스는 모건스탠리에서 월가를 처음 접했고, 그곳에서 멀러를 만났다. 그는 애스네스가 그만둔 직후인 1998년 골드만삭스 애셋 매니지먼트Goldman Sachs Asset Management에 합류했다. 2004년부터, 그는 괴짜이면서 은둔형 재계거물인 스티브 코헨Steve A. Cohen이 운영하는 SAC 캐피털 어드바이저스Capital Advisors라는 대규모 헤지펀드에 합류해서 조용히 최첨단 퀀트기법들을 준비하고 있었다.

"보아즈 못 봤어?"

방을 둘러보며 크리스가 물었다. 그들은 포커게임의 네 번째 멤버인 보아즈 웨인스타인Boaz Weinstein을 찾았다. 이제 33세에 불과한 웨인스타인은 독일은행인 도이치뱅크의 미국 내 모든 신용거래를 총괄하고 있었다. 체스의 라이프마스터(life master, 미국체스연맹이 수여하는 체스 타이틀의 명칭-옮긴 이)이기도 한 그는 1999년에 25세의 나이로 도이치뱅크 부사장(VP)이 되었으며, 그로부터 2년 후에는 이 은행 역사상 가장 나이가 어린 집행임원(managing director) 중 한 명이 되었다. 그는 자신의 조부를 기리기 위해 히브리어로 '사바Saba('현명한 할아버지'라는 뜻)'라고 명명한 내부헤지펀드를 도이치뱅크 내에 설치해서 엄청난 성공을 거두고 있었다.

웨인스타인은 1년에 몇 차례씩 MIT 출신 비밀 블랙잭 팀들과 함께 라스베가스를 찾곤 했는데, 그들 중 몇몇은 도이치뱅크 트레이딩 플로어에서 그와 근무하고 있었다. 이들은 베스트셀러이며 영화 〈21〉의 원작소설이기도 한《MIT 수학천재들의 카지노 무너뜨리기(Bringing Down the House)》

의 주인공들로 이미 명성을 얻고 있었다. 그를 아는 사람들은 웨인스타인의 이름이 라스베가스에 있는 카지노들 중 적어도 한 곳 이상에 출입금지자로 올라가 있다고 말했다. 그러나 그는 전혀 개의치 않았다. 세상에는 많은 카지노들이 있지만 맨해튼 중심가에 있는 자신의 3층 사무실, 즉 월가에서 일상적으로 하는 거래들보다 더 짜릿함을 느끼게 해주는 도박은 없었기 때문이다.

"저기 있잖아."

빠르게 블랙베리 자판을 두드리고 있는 핏기 없는 얼굴의 웨인스타인을 가리키며 멀러가 말했다. 애스네스는 휘파람을 휘익 불며, 목청을 가다듬었다.

참가자들은 곧 그날의 중요한 사업인 게임을 시작했다. 차임벨 소리에 흩어져 있던 사람들이 서둘러 메인룸으로 들어갔다. 새 카드들이 무지개처럼 펼쳐져 있는 카드테이블에서 제복 차림의 딜러들이 그들을 기다리고 있었다.

* * *

이 날의 주종목은 텍사스홀덤(Texas Hold'Em, 손에 쥔 2장의 인 핸드 카드와 바닥에 깔린 5장의 커뮤니티 카드를 포커룰을 적용해서 승부를 가리는 포커게임의 일종-옮긴 이)이었다. 지극히 평화스러운 분위기였지만 보이지 않는 승부는 치열했다. 이 이벤트의 최종목적은 자선이었다. 거의 2백만 달러에 달하는 판돈은 전액 뉴욕시 소재 공립학교들의 수학 프로그램을 지원하기 위해 기탁될 예정이었다. 이 자리에 모인 대부분의 꾼들이 수학으로 밥벌이를 하는 사람들이기 때문에 그에 걸맞은 적절한 기부였다. 멀러, 애스네스, 그리핀, 웨인스타인 모두가 퀀트들이었다. 그들에게 수학은 공기와도 같은 것이었다. 행사를 위해 만들어진 포커칩에조차 아이작 뉴턴과 같은 수학천재들의 이름이 찍혀 있었다.

그들의 수학적 탁월함과 불타오르는 경쟁 본능, 천 길 낭떠러지를 걷는 것과 같은 짜릿함이 어우러져서 그들이 확률을 계산하고, 상대방의 마음을 읽고, 블러핑(내가 이만큼 베팅을 하면 그는 내가 자신이 이렇게 생각하고 있으리라고 짐작해서 이렇게 할 것이고……)을 하는 포커에 거의 광적으로 집착하도록 만들었다. 멀러는 캘리포니아 주 버클리에서 젊은 퀀트로 활동하던 1980년대부터 포커판을 들락거렸다. 포커를 워낙 잘하는 멀러는 이 게임에 완전히 빠져서 2004년에는 월드포커투어에 참가해서 거의 10만 달러에 달하는 상금을 받기도 했다. 웨인스타인도 블랙잭을 더 좋아하는 편이지만 2005년 네트제츠 포커대회에서 마세라티 승용차를 상으로 받을 정도로 포커를 아주 잘했다. 승부욕이 너무도 강한 그리핀은 포커판에서도 자신의 일상적인 트레이딩 솜씨를 바탕으로 두뇌승부사의 본능을 그대로 발휘하곤 했다.

이 대회는 그들의 자존심 모두를 건 싸움이었다. 그들은 매일 월가에서 멀리 떨어져 있는 상대방의 승패를 계산하며 전 세계 시장을 무대로 컴퓨터를 통해 게임을 벌리지만, 이곳은 그들의 배짱을 직접 마주앉아 가름할 수 있는 기회였다.

그들은 각자 시장을 꺾기 위해 자신만의 독특한 전략을 갖고 있었다. 그리핀은 수학공식을 이용해서 저렴한 회사채를 찾아내거나 쇠퇴일로에 있는 값싼 기업들의 매수 기회를 포착하는 데 전문가였다. 멀러는 모건스탠리의 고성능 컴퓨터를 활용해서 주식들을 초고속으로 사고파는 것을 좋아했다. 애스네스는 다른 사람들이 알지 못하는 숨겨진 가격변동 패턴을 찾아내기 위해 수십 년을 거슬러 올라가는 역사적 검증법을 사용하고 있었다. 웨인스타인은 주식이나 채권과 같은 일부 기초자산들의 가치로부터 파생되는 증권들, 즉 신용파생상품 전문가였다. 그는 본질적으로 채권에 대한 보험증서와 같은 역할을 하는 신용위험스왑(credit default swap, CDS)이라고 알려져 있는 새롭게 유행하는 파생상품 거래에 능숙했다.

이들은 각각 선호도에 따라 다른 거래상품을 거래하고 있지만, 그들을 하나로 묶어주는 강력한 무언가가 있었다. 그것은 바로 퀀트들이 은밀하고 공경심 넘치는 톤으로 '진리Truth'라고 말하는, 지극히 포착하기 어렵고 미묘한 속성을 갖는 서사시적인 열망이었다.

그 진리는 오직 수학을 통해서만 발견되는 시장의 작동원리에 대한 보편적 비밀이었다. 시장에서의 불분명한 거래 패턴 연구를 통해서 얻어지는 이 진리는 수십억 달러의 수익을 실현할 수 있는 열쇠였다. 퀀트들은 이 진리를 찾아내고, 그것을 통해 엄청난 돈을 벌기 위해 전 세계 금융시장들을 연결하는 고성능 컴퓨터라는 거대한 시스템을 구축했다. 시스템이 거대할수록 더 많은 진리를 알게 되고, 더 많은 진리를 깨칠수록 그들은 더 큰 승부를 걸 수 있게 된다. 또한 그것들을 통해 자신들이 더 부유해질 수 있다는 것도 깨닫게 되었다.

창조의 근원이 된 힘을 이해하기 위해서 빅뱅의 순간을 재현할 수 있는 보다 강력한 설비들을 구축하려 하는 연구실의 과학자들을 생각해 보라. 물론 그것이 돈과 관련된 것이기는 하지만, 동시에 진리의 증명에 대한 것이기도 했다. 이들 시스템에 사용되는 각각의 금액은 그들의 학문적인 약속을 완수하고, 진리를 찾아내는 것을 증명하는 또 하나의 작은 발자취가 되었다.

퀀트들은 이 오묘한 진리에 '알파(α)'라는 이름을 부여했는데, 그것은 마술적인 공식들에 대한 신비주의적 연구에 잘 어울리는 이름이었다. 알파는 특정 개인이 지속적으로 시장수익률보다 높은 수익률을 올리는 능력을 부여받았음을 보여주는 비밀스러운 암호였다. 그것은 또 다른 그리스문자인 '베타(β)'와 구분지어 사용되는데, 베타는 보통 정도의 지적 능력을 가진 사람이면 누구나 올릴 수 있는 평범한 시장수익률을 나타내는 약어였다.

퀀트들에게 베타는 나쁜 것이고 알파는 좋은 것이었다. 알파가 바로 진리인 것이다. 만일 당신이 그 알파를 가질 수 있다면, 당신은 당신이 상상할 수 있는 것보다 훨씬 더 큰 부자가 될 수 있다.

알파의 개념과 그것이 부여하는 덧없는 거대한 부에의 약속은 헤지펀드의 세계 도처에 널려 있었다. 투자자들에게 헤지펀드 선택에 대한 정보를 제공해주는 업계 전문지의 제호 역시 〈알파〉였다. 헤지펀드업계 종사자들이 자주 들르는 웹사이트의 이름은 '알파를 찾아서(Seeking Alpha)'였다. 그 방에 있는 몇몇 퀀트들 역시 이미 자신들이 어떤 형태 또는 다른 형태의 알파를 소유하고 있음을 주장하고 있었다. 애스네스는 1990년대 중반에 골드만삭스 내부에 태동시켰던 자신의 첫 헤지펀드를 '글로벌알파(Global Alpha)'라고 이름 지었다. 1992년에 모건스탠리로 옮기기 전, 멀러는 'BARRA'라고 불렸던 버클리의 퀀트 양성소에서 근무하면서 '알파빌더(Alphabuilder)'라는 이름의 컴퓨터투자시스템을 구축했다. 모건스탠리 맨해튼 본사의 PDT 사무실 벽에는 장 뤽 고다르Jean Luc Goddard 감독의 1960년대 범죄영화 〈알파빌Alphaville〉의 오래된 포스터가 걸려 있었다.

그러나 퀀트들이 추구하는 알고리즘의 아름다움에는 언제나 떠나지 않는 걱정이 함께 존재했다. 그들의 성공은 전혀 실력 때문이 아닐 수도 있었다. 그것이 단순한 행운 때문이거나 빛 좋은 개살구일 수도 있었고, 어떤 특정일에 끝나버리는 행운의 연속 때문일 수도 있었다. 시장이 예측 가능하지 않으면 어떻게 될까? 그들의 컴퓨터모형들이 모든 상황에 적용될 수 있는 것이 아니면 어떻게 될까? 그 진리라는 것이 전혀 알 수 없는 것은 아닐까? 더 나쁘게는 혹시 그 진리라는 것 자체가 존재하지 않는 것은 아닐까?

낮 근무 시간에 숨겨진 알파를 좇아서 소위 진리를 탐색하는 동안, 퀀트들은 그들의 트레이딩 룸이나 헤지펀드에서 격리되어 있었다. 그러나 포커테이블에 모이면, 그들은 1만 달러 상당의 포커칩을 걸고 콜을 외치며 그들의 카드 너머로 미소를 짓고, 블러핑을 하는 사람이 움찔하고 놀라는 모습을 보며 서로 눈길을 나눌 수도 있었다. 물론 그것은 자선행사였지만, 동시에 그것은 일종의 테스트이기도 했다. 포커 실력이 곧 트레이딩 기량이기 때문이었다. 또한 그것은 그보다 더한 것을 의미할 수도 있었는데, 거기에는 알파라는 마술적 존재가 언제나 포함되어 있었다.

밤이 깊어가면서, 퀀트들이 선전하고 있었다. 멀러는 고웬과 클루티에를 초반에 꺾고 승리를 거두었다. 웨인스타인은 일찍 탈락했지만, 멀러와 애스네스는 계속 그들의 상대를 압도해나갔다. 그리펀은 아인호른과 마찬가지로 행운과 칩이 다 떨어지기 전까지 최종 10명 안에는 들었다. 시간이 갈수록 긴장감은 더욱 고조되었다. 새벽 1시 반 경이 되자 세 명의 선수들만 남게 되었는데, 멀러와 애스네스, 시타델의 그리펀 밑에서 일하는 포트폴리오매니저 안드레이 파라시베스쿠였다.

다음 게임에서 애스네스는 처음 받은 두 장의 카드가 마음에 들지 않아서 바로 카드를 접어버렸다. 그리고 게임의 판돈을 멀러와 파라시베스쿠에게 맡기고 나중에 올 행운을 기다리고 있었다. 관중들은 숨을 죽였다. 2층 룸 바깥에서 팝스애비뉴의 끊이지 않는 도시의 소음이 갑자기 조용해진 방 안으로 밀려들어 왔다.

파라시베스쿠는 그의 앞 테이블에 덮여 있는 카드 두 장의 귀퉁이를 들어올렸다. 둘 다 4, 괜찮은 패였다. 멀러는 그가 가진 카드 두 장의 귀퉁이를 살짝 밀어 올려 보고서, 킹 두 장임을 확인한다. 그는 올인하기로 하고, 그가 가진 칩 모두를 건다. 파라시베스쿠는 블러핑이라고 의심하며, 두 장의 4를 펼치면서 그의 칩 모두를 밀어 넣고, 콜을 한다. 멀러는 두 장의 킹을 내밀었다. 멀러가 이겼다. 그러나 그가 보여준 승리의 몸짓은 푸른 눈에 잠깐 드러난 애교스런 눈짓뿐이었다. 관중들 속에서 낮은 탄성이 울려나오고, 그리펀이 가장 크게 신음소리를 낸다.

이제 마지막 대결은 멀러와 애스네스, 즉 퀀트와 퀀트 간의 싸움이 되었다. 그러나 애스네스가 크게 불리했다. 멀러가 파라시베스쿠의 칩을 모두 따버렸기 때문에 그가 가진 칩이 8대 1의 비율로 애스네스를 압도하고 있었다. 애스네스가 승리를 거두기 위해서는 여러 판을 연속해서 이겨야만 되었기에, 그는 완전히 멀러의 처분에 맡겨진 신세였다.

그가 가장 신임하는 트레이더의 패배를 못내 아쉬워한 그리핀이 애스네스에게 멀러를 꺾으면 그가 원하는 곳에 1만 달러를 기부하겠다고 약속했다.

"이봐, 켄, 당신 억만장자 아냐? 그건 너무 쩨쩨하잖아!"

장난스럽게 낄낄거리며 애스네스가 말했다.

딜러가 카드를 돌렸을 때, 멀러의 패는 킹과 세븐이었다. 나쁘지 않았지만 그다지 좋은 패도 아니었다. 어떻든 그는 올인을 하기로 했다. 칩이 잔뜩 쌓여 있었기 때문이다. 에이스와 텐을 들고 있는 애스네스의 패가 더 좋았고, 이 판은 애스네스가 가져가는 것처럼 보였다. 그러나 마지막 카드에서 멀러에게 또 다른 킹이 갔고 결국 멀러가 승리했다.

그리핀이 멀러에게 야유를 퍼부을 때, 관중들은 갈채를 보냈다. 멀러와 애스네스는 실버트로피를 들고 사진을 찍기 위해 포즈를 잡았고, 그들 중간에는 클로니 고웬이 백만 달러짜리 미소를 지으며 서 있었다.

* * *

주머니가 두둑한 억만장자들이 맨해튼의 밤거리로 몰려나온 그날 밤이 그들에게는 최고의 황금기였다. 주식시장은 역사상 가장 긴 강세장을 이어가고 있었고, 주택시장도 호황을 누리고 있었다. 경제학자들은 적절한 성장이 계속될 것으로 보이면서 경제가 너무 과열되지도 않고 너무 냉각되지도 않은 상태를 뜻하는 골디락스 경제라고 온통 떠벌리고 있었다.

프린스턴대학의 저명한 경제학자 벤 버냉키가 앨런 그린스펀으로부터 연방준비제도이사회의 수장직을 막 물려받은 시점이었다. 2004년 2월, 버냉키는 워싱턴에서 당시의 희망에 들떠 있는 분위기를 잘 나타내는 연설을 했다. "안정의 시대(the Great Moderation)"라는 제목의 이 연설은 사람들의 생활과 소득에 충격과 마비를 초래하는 경제 변동성(volatility)이 영원히 근절된 새로운 시대가 열렸음을 선포했다. 이러한 경제적 이상향이 이루어질 수 있었던 주된 요인 중 하나로 그는 금융시장의 깊이와 정교화가 더욱 진전되었기 때문이라고 설명했다.

달리 말하면, 월가를 장악하게 된 그리핀, 애스네스, 멀러, 웨인스타인, 시몬스를 비롯한 퀀트들이 시장의 변동성을 잠재우는 데 기여했다는 것이다. 그들은 혼돈(chaos)에서 질서를 창조해냈다. 시장이 갑작스럽게 균형점에서 너무 멀리 이탈할 때마다, 그들의 슈퍼컴퓨터는 가격이 잘못 결정된 유가증권들을 게걸스럽게 집어삼킴으로써 혼란에 빠진 시장이 안정을 회복할 수 있도록 도와주었다. 금융시스템은 수정과 같이 맑은 퀀트들의 수학

세계에서 더없이 행복하게 흥얼거리는 잘 조정된 기계적인 시스템이 되어 버렸다.

사회에 이러한 서비스를 제공하는 대가로 퀀트들은 풍성한 보수를 지급받았다. 그러니 누가 그들을 감히 비난할 수 있었겠는가? 일반 근로자들은 그들의 401k(미국의 근로소득자들이 가입하는 대표적인 개인연금계좌-옮긴 이)가 시장수익률 증가에 따라 상승하는 것을 즐기고 있었고, 주택가격은 끝없이 상승하고, 은행들은 충분한 대출자금을 보유하고 있었으며, 주식시장 예측가들은 다우존스 산업지수가 매년 상승할 것이라 확신하고 있었다. 그러니 당연히 이에 대한 감사는 퀀트들에게 돌아가야 되지 않았겠는가? 월가로서는 더할 나위 없이 생동감이 넘치고, 풍요와 영광이 함께 하는 위대한 시기가 아닐 수 없었다.

엄청난 돈, 그것도 눈먼 돈들이 쏟아져 들어왔다. 2000년에 닷컴버블의 붕괴 때문에 손실을 보았던 미국 전역의 연금기금들이 가입자들의 퇴직저축을 이 은밀하고 불투명한 투자기관들에게 맡기기 위해, 퀀트들이 애호하는 헤지펀드들로 몰려들었다. 클리프 애스네스가 운영하는 헤지펀드인 AQR은 1998년에 10억 달러의 자산으로 출범했으나, 2007년 중반이 되면 관리자산의 규모가 4백억 달러에 육박하게 된다. 시타델의 자산도 2백억 달러를 넘어섰다. 2005년에 제임스 시몬스는 르네상스가 기록적인 자산규모 1천억 달러를 운용하는 펀드를 출범시킨다고 발표했다. 33세에 불과한 보아즈 웨인스타인은 도이치뱅크에서 3백억 달러에 달하는 자산을 휘두르고 있었다.

1990년에 헤지펀드업계는 모두 해서 390억 달러의 자산을 관리하고 있었다.[주3] 그러나 2000년에 이 금액이 4천9백억 달러로 증가하고, 2007년에는 2조 달러로 급팽창했다. 이러한 숫자들에는 고리타분한 전통 은행 업무에서 벗어나 쉽게 돈을 벌 수 있는 길을 찾아 재빨리 헤지펀드로 변신을 시도했던 모건스탠리, 골드만삭스, 시티그룹, 리먼브라더스, 도이치뱅크와 같은 은행들이 관리하는 수천억 달러와 그들의 수익률을 올리기 위해 투입된 수조 달러의 레버리지(차입금-옮긴 이)들은 포함되지도 않았다.

진정한 의미의 거품인 이 거대한 헤지펀드 버블은 역사상 최대의 골드러시를 향한 광란들 중 하나였다. 수천 명의 헤지펀드 경영자들은 그들의 상상보다 더 많은 부를 축적했다. 이 광란의 파티에 참가할 수 있는 가장 확실한 티켓이 수학과 컴퓨터 과학에 대한 배경지식이었다. 월스트리트 포커 대회가 열린 2006년 그날 밤에는 전용 제트기와 호화 요트, 거대한 저택을 보유한 시몬스, 그리핀, 애스네스, 멀러, 웨인스타인이 가장 높은 상석에 앉아 있었다.

하지만 일 년 후, 그날 밤 그 방에 있었던 모든 플레이어들은 역사상 최악의 시장붕괴 중 하나로 기록되는 상황에 놓이게 된다. 그러한 상황은 바로 그들 자신이 조성한 것이었다. 진리를 탐색하는 과정, 즉 알파를 추구하는 과정에서 이들 퀀트는 자신들도 모르게 폭약을 장전시켰고, 2007년 8월 장엄하게 폭발하기 시작한 금융재앙의 퓨즈에 스스로 불을 댕겼다.

그 결과는 사상 최대, 최단기간, 그리고 가장 해괴한 형태의 금융 붕괴이자, 대공황 이래 최악인 세계 경제위기의 시발점이 되었다.

그들의 뛰어난 IQ와 벽에 잔뜩 걸린 학위패들, 수시로 변하는 시장의 방향을 예측해서 벌어들인 수십억 달러에 달하는 그들의 부, 시장변화에 대한 수십 년의 통계적 연구자료 등에도 불구하고, 퀀트들 중 어느 한 사람도 궤도를 이탈한 열차가 들이닥치는 것을 보지 못했다.

어떻게 그들이 그것을 놓칠 수 있었는가?

도대체 무엇이 잘못되었던 것일까?

대답에 대한 힌트는 그날 밤 퀀트들이 판돈으로 썼던 포커칩에 그 이름이 새겨져 있었던 수백 년 전의 한 사람, 바로 아이작 뉴턴에게서 찾아진다. 1720년에 '남해포말사건(South Sea Bubble)'으로 알려진 광범위한 폰지(ponzi, 피라미드식 금융사기-옮긴 이) 사기에 걸려 2만 파운드를 탕진한 후, 뉴턴은 이렇게 말했다.

"나는 천체의 움직임을 계산할 수는 있지만 인간들의 광기는 결코 계산할 수 없다."

2장

퀀트들의 대부, 에드 소프

소프는 몇 차례 더 라스베가스를 찾았고, 갈 때마다 블랙잭으로 돈을 땄다. 딜러들은 이 도박교수를 철저하게 감시했다. 카드카운터들이 복도 구석이나 카지노 지하실로 끌려가서 참혹하게 폭행을 당한 이야기들을 잘 알고 있는 그는 자신의 전략을 검증할 수 있는 새로운 장소를 찾아야겠다고 생각했다. 그리고 그는 세계 최대의 카지노, 즉 월가로 눈을 돌렸다.

1961년 봄 어느 일요일 새벽 5시가 막 넘어갈 무렵, 네바다 주 리노의 작고 지저분한 카지노에도 동이 막 트고 있었다.[주1] 그러나 카지노 안쪽은 밝은 네온 불빛이 유난히 강조되는 어둠에 덮여 있었다. 아무도 없는 블랙잭 테이블에 도박꾼 한 사람이 1백 달러를 잃고 진이 빠진 얼굴로 앉아 있었다. 에드 소프는 뚜껑이 열릴 정도로 열을 받고 있었지만, 그렇다고 블랙잭을 그만할 생각은 없었다.

“한꺼번에 두 곳에서 플레이하도록 해줄 수는 없어?”

플레이를 보다 빨리 하기 위해 그가 요청했다.

“안 됩니다. 저희 카지노의 규칙입니다.”

딜러가 거절했다.

“다른 딜러들과는 밤새도록 두 곳에서 플레이를 했단 말이야.”

소프는 열이 잔뜩 올라 쏘아붙였다.

“두 군데서 플레이를 하시면 다른 플레이어들이 들어오지 않습니다.”

딜러는 카드를 섞으면서 딱 잘라버렸다. 소프는 텅 빈 카지노를 둘러보며 생각했다. ‘이 여자는 내가 돈을 따는 것을 막기 위해서 무슨 짓이든 하겠

구먼!'

딜러는 그를 정신없게 만들기 위해 카드를 재빠르게 던져주기 시작했다. 당시 28세였던 소프는 겉으로 보기에 도박칩으로 주머니를 채우려는 꿈을 안고 카지노를 찾는 여느 젊은 도박꾼들과 같은 부류로 보였다. 그러나 소프는 달랐다. 그는 UCLA에서 물리학 박사학위를 취득했고, MIT 교수이며, 바카라에서 블랙잭에 이르는 모든 종류의 도박을 꺾을 수 있는 독창적인 전략들을 고안해낸 전문가로, 말 그대로 완벽한 천재였다.

어느새 밤이 다 지나고 훤히 동이 트고 있었다. 소프는 그가 고안해낸 시스템에 어떤 결점이 있는지 짚어보면서 한 번에 1달러 또는 2달러 칩으로 베팅을 계속 줄여나가고 있었다. 무엇 하나 확실한 것은 없었고 칩 뭉치는 계속 줄어들었으며, 행운의 여신은 그를 외면하고 있는 것처럼 보였다. 그러나 서서히 상황이 변하려 하고 있었다. 사실 그것은 행운과는 전혀 관련이 없었고, 모든 것이 오직 수학과 연관을 맺고 있었다.

소프의 시스템은 복잡한 수학과 오랜 컴퓨터 사용 시간을 바탕으로 개발된 것으로 딜러가 나누어주는 텐 카드들의 숫자를 정확히 추적하는 것에 바탕을 두고 있었다. 블랙잭에서는 한 데크를 이루는 52장의 카드에서 원래 10인 카드 넉 장과 킹, 퀸, 잭을 모두 텐(10)으로 계산한다. 소프는 데크에 남겨진 텐 카드들의 비율이 다른 카드들에 비해 높아질 때 그가 이길 확률이 커진다고 계산했다. 예를 들면, 딜러는 자기가 가진 카드들의 합이 16이거나 그보다 작은 경우에는 히트(hit), 즉 다른 카드를 언제나 무조건 한 장 더 받도록 되어 있기 때문에 딜러가 버스트(bust, 카드 숫자의 합이 21을 초과해서 딜러가 무조건 게임에 지는 것-옮긴 이)될 확률이 커지게 된다. 달리 말하면, 데크에 텐 카드들이 더 많이 남아 있을수록 소프가 딜러보다 좋은 패를 갖고 게임에서 이길 확률도 더 커지게 되는 것이다. 소프의 '텐 전략', 또는 '하이-로(hi-lo)전략'이라고 알려진 이 전략은 카드카운팅(card counting, 블랙잭에서 확률을 계산하기 위해서 플레이어가 텐 카드의 숫자를 머릿속으로 세는 전략-옮긴이) 중에서도 혁신적인 기법이었다.

다음에 정확히 어떤 카드가 나올지 확신할 수는 없지만, 그는 확률이론의 가장 기본적 원리들 중 하나인 '대수의 법칙(the Law of Large Numbers)'에 따라 통계적으로 그가 유리한 위치에 있음을 알게 된다. 이 법칙은 동전던지기나 블랙잭에서의 카드 패 등과 같은 확률적 상황(random events)에서는 표본의 수가 커짐에 따라 기대평균값 역시 증가함을 의미한다. 동전을 열 번 던지면 앞면이 일곱 번, 뒷면이 세 번, 즉 앞면이 70%, 뒷면이 30% 나올 수도 있다. 그러나 동전을 1만 번 던지게 되면 50대 50에 아주 가까운 결과를 언제나 얻게 된다. 바로 이것이 대수의 법칙이다. 소프의 게임전략에서는 그가 블랙잭에 통계적인 이점을 갖고 있기 때문에 전체 게임들 중 몇몇 게임에 잃을 수는 있어도 충분히 많은 게임을 하는 경우에는 항상 이길 수 있다는 것을 의미했다.

딜러가 카드를 돌릴 때 소프는 거의 탈진할 정도로 지쳐 있었지만, 이제 게임이 자신에게로 기울어지고 있음을 알았다. 카드데크는 온통 텐 카드들로 그득했다. 이제 잃었던 돈을 거두어 들여야 될 시점이었다. 그는 자신의 베팅을 4달러로 올려서 그 판을 이겼다. 그리고 승세를 타고 다음 판도 이겼다. 그는 승리확률이 점점 높아지고 있다고 자신했다.

'확 거두어들이는 거야!'

그는 그 판을 이긴 다음 16달러를 걸었고 그 다음 판에는 32달러로 베팅을 높였다. 다음 판에는 베팅을 낮추어서 12달러만 챙겼다. 다음에는 20달러를 걸었고 또 이겼다. 그는 계속 20달러를 베팅하면서 이겨나갔다. 곧 그가 잃었던 100달러를 모두 회복했고 조금 더 땄다. 자, 이제 슬슬 마무리 할 시간이었다.

소프는 그의 전리품들을 주머니에 챙기면서 자리에서 일어섰다. 딜러는 결코 설명할 수는 없지만 뭔가 이상한 것을 알아낸 것처럼 분노와 경외감이 섞인 표정으로 서 있었다. 시스템이 제대로 작동한 것이다.

카지노를 나와 따가운 네바다의 햇볕 속으로 들어가며 그는 웃음을 터뜨렸다. 소프는 딜러를 이기는 것이 가능하다는 것을 입증하고 있었다. 그는 이날 그의 인생에 펼쳐진 수많은 승리 중 첫 번째 승리를 거둔 것이었다.

얼마 지나지 않아 그는 월가에서 배부른 자본가들을 대상으로 훨씬 더 큰 게임을 벌이기 시작했다. 수십 년 후에 월가를 지배하게 된 소프는 수학을 활용하는 새로운 부류의 트레이더들을 위해 길을 닦은 개척자이자 사실상 최초의 퀀트였다. 퀀트 역사에 있어서 가장 중요한 발전 중 대부분이 이 무명의 치기어린 수학자로부터 유래되었다. 그는 라스베가스의 블랙잭 테이블에서 시작해 월가라는 글로벌 도박장에 이르기까지 돈을 버는 데 순수 수학을 활용하는 방법을 찾아낸 선구자 중 한 사람이었다. 소프가 없었더라면, 아마도 그리핀, 멀러, 애스네스, 웨인스타인과 같은 미래의 금융계 거물들이 2006년 3월 그 밤에 세인트 레지스 호텔에 모일 수도 없었을 것이다.

* * *

에드워드 오클리 소프Edward Oakley Thorp는 1932년 8월 14일 제1차 세계대전 중 서부전선에서 싸웠던 육군 장교의 아들로 시카고에서 태어났다. 그는 언제나 조금씩 문제를 일으키는 말썽꾸러기였지만 일곱 살 때 벌써 1년이 몇 초로 이루어졌는지를 암산으로 계산해 내는 등 일찍부터 수학에 뛰어난 재능을 보였다. 나중에 그의 가족은 로스앤젤레스 근처인 로미타로 이사를 했고, 그곳에서 소프는 장난을 잘 치는 전형적인 개구쟁이로 성장했다. 그의 부모는 2차 대전 기간 중 야간근무를 해야 했기 때문에, 그는 대부분의 시간을 홀로 보내며 상상력을 마음껏 발휘하는 자유를 누렸다. 무언가를 폭발시켜 날려버리는 것도 그가 즐기는 놀이 중 하나였다. 어느 날인가 그는 차고에 있는 실험실에서 소형 폭발장치를 엉성하게 만든 다음, 화학공장에서 일하던 친구의 누나가 가져다 준 니트로글리세린으로 팔로스 베르데스 황무지에 구멍을 낼 수 있는 파이프 폭탄을 제조하기도 했다. 보다 점잖은 장난으로는 아마추어 무선을 배워서 먼 곳에 있는 상대와 체스를 두는 것이었다.

고등학교 때, 소프는 처음으로 도박에 대해 궁리하기 시작했다. 그가 좋아했던 선생님이 라스베가스를 다녀와서, 플레이어들이 어떻게 룰렛판에서 무일푼이 되어 떨어져 나가는지에 대해 들려준 것이 계기가 되었다. 선생님은, "카지노를 이길 수는 없다!"고 말했지만 소프는 그 말에 수긍할 수 없었다. 동네 곳곳에는 핸들을 제대로 움직여주기만 하면, 끝없이 동전을 토해내는 수많은 불법 슬롯머신들이 있었다. 그는 룰렛에도 이와 유사한 숨겨진 약점, 즉 통계적 약점이 있을 것이라고 생각했다.

1955년 봄, UCLA 대학원에서 물리학을 2년째 공부하던 시절에도 그는 여전히 룰렛에 대해 생각하고 있었다. 그는 지속적으로 룰렛게임에서 이기는 수학 시스템을 발견하기 위해 궁리했는데, 나중에 그가 주식시장을 제패하고, 퀀트투자의 핵심이론으로 발전시킨 이론도 모두 이때 나온 것들이다.

그는 어떤 형태로든 결함이 있는 룰렛휠을 찾아내기 위해 혈안이 되어 있었다. 1949년에 시카고대학에 재학 중이던 두 명의 룸메이트가 라스베가스와 리노에 있는 룰렛들의 결함을 찾아내어 수천 달러를 딴 적이 있었던 것이다. 그들의 성과는 라이프 잡지에 게재되었다. 그들은 파사데나에 있는 칼텍(California Institute of Technology)의 학부생들이었고, 그들의 위업은 칼텍과 인접해 있는 UCLA의 명석한 젊은이들에게도 알려졌다.

소프는 룰렛휠에 결함이 없는 경우에도 이기는 것이 가능하다고 믿었다. 사실 결함이 없는 것이 더 쉬울 수도 있었는데, 그것은 궤도상의 행성처럼 볼이 예측 가능한 경로를 따라 돌게 되기 때문이다. 문제를 푸는 열쇠는 이런 것이었다. 룰렛게임 진행자들은 볼이 움직이기 시작한 후에 베팅을 받아주기 때문에, 볼의 위치와 속도를 알 수만 있다면 대체로 어느 포켓에 볼이 들어갈 것인지 이론적으로 예측이 가능하다는 것이다.

물론, 사람의 눈으로는 이렇게 대단한 일을 할 수가 없었다. 소프는 볼과 룰렛휠의 움직임을 추적해서 볼이 어디로 들어갈지 바로 알려주는 몸에 입을 수 있는 컴퓨터를 상상했다. 그리고 자신이 룰렛휠의 확률적 움직임을 예측해주는 기계시스템을 만들 수 있다고 믿었다. 그러면 구경꾼 중 하나가 컴퓨터를 입고 서서 휠의 속도에 대한 정보를 컴퓨터를 통해 측정하고, 플레이어는 멀찍이 떨어진 곳에서 무선연결을 통해 정보를 받을 수 있을 것이었다.

소프는 실물의 절반 크기인 싸구려 룰렛휠을 사서, 스톱워치로 100분의 1초 단위로 동작시간을 재면서 그 움직임을 촬영했다. 그러나 곧 그 싸구려 휠에는 결함이 너무 많아서 예측 시스템을 만들어낼 수 없다는 것을 깨달았다. 실망한 그는 대학원을 마칠 때까지 그 아이디어를 일단 미루어 놓기로 작정했다. 하지만 그 생각이 머리에서 떠나지 않아 여전히 틈만 나면 실험을 했다.

심지어는 장인 장모가 저녁 식사를 하러 집에 왔을 때도 실험을 하느라 인사를 하는 둥 마는 둥 해서 주위 사람들을 당황스럽게 하기도 했다. 부엌에서 V자 모양의 홈에다 자갈들을 굴리고 그것들이 멈추기 전에 얼마나 멀리 부엌을 가로질러 굴러가는지를 표시하고 있는데 장인과 장모가 온 것이었다. 소프는 룰렛볼이 굴러가는 경로를 시뮬레이션하고 있다고 설명했다. 놀라운 것은 그의 장인과 장모는 자기 딸이 미치광이와 결혼했다고 전혀 생각지 않았다는 사실이다.

호주머니가 넉넉지 못했던 소프는 학위를 마치고 교수가 된 1958년에야 처음으로 라스베가스를 찾을 수 있었다. 라스베가스 카지노에 있는 룰렛 휠은 매끄러워서 게임결과를 예측할 수 있겠다는 자신감을 주었다. 이제 소프에게 필요한 것은 신뢰할 수 있는 표준 크기의 적절한 연구설비뿐이었다.

소프는 최근 그의 머리에 떠오른 블랙잭 게임전략도 시험해보기로 결심했다. 그 전략은 매릴랜드 주에 있는 군사시설 애버딘 성능시험장에서 근무하는 미 육군 소속 수학자들인 로저 볼드윈과 그의 세 동료들가 미국통계학회저널에 발표한 10쪽짜리 논문에 수록된 것이었다.[주2] 볼드윈과 그의 동료들은 자신들의 주장을 라스베가스에서 실제 검증해본 적은 없었지만, 블랙잭 마니아들 사이에서는 '4명의 기사단(Four Horsemen)'으로 알려질 만큼 유명했다. 18개월에 걸쳐 이들 4명은 수천 종류의 블랙잭 카드 패에 대한 확률분포를 표시하면서, 탁상용 계산기에 엄청난 양의 자료들을 직접 펀칭해서 입력했다.

타고난 과학자인 소프는 볼드윈의 전략을 직접 라스베가스에서 실험해보기로 작정했다. 이 검증은 명확한 결론에 이르지는 못했지만(그는 모두 해서 8달러 50센트를 잃었다), 그는 이 전략이 개선될 수 있다는 확신을 얻었다. 그 후 소프는 볼드윈에게 연락을 해서 이 전략개발의 기초가 되었던 자료를 요청했다. 이 자료는 소프가 UCLA에서 MIT로 옮기기 직전인 1959년 봄 그에게 전달되었다.

MIT로 옮겨 간 소프는 곧 이 대학이 현대사회를 조용히 변화시키고 있는 지적 창의성의 온상이라는 사실을 발견할 수 있었다. 그에게 주어진 C. L. E. Moore 강사(최근에 수학박사학위를 받고 순수수학연구에 몰두하겠다는 약속하에 MIT 수학과에 채용된 강사에게 주어지는 직위로서 강의와 연구를 병행해야 하며, MIT의 유명한 클레런스 L. E. 무어(1876 – 1931)를 기려서 제정됨-옮긴 이) 직위는 수학천재 존 내쉬가 거쳤던 자리였다. 존 내쉬는 이후에 사람들이 어떻게 서로 경쟁하고 협조하는가에 대한 수학적 접근법인 '게임이론'에 대한 연구로 노벨경제학상을 수상하게 된다(내쉬는 나중에 그의 천재성과 정신적 질환 사이의 갈등을 다룬 자전적 소설과 영화 〈뷰티풀 마인드Beautiful Mind〉의 주인공으로 널리 알려지게 된다).

캠브리지에서 첫 여름을 보내면서, 소프는 블랙잭에 대한 숫자들을 파헤쳤으며, 이 성과는 점진적으로 발전되고 있던 블랙잭에 대한 연구 중 역사적인 개가가 되었다. 그는 블랙잭에서 이길 수 있는 패턴을 찾아내기 위해 엄청난 양의 자료를 컴퓨터로 처리했다. 그리고 드디어 가을 무렵에 딜러를 깰 수 있는 블랙잭 시스템의 기본적인 요소들을 찾아냈다.

자신의 연구결과를 널리 알리고 싶었던 그는 저명한 업계저널인 국립과학아카데미회보(the Proceedings of the National Academy of Science)에 이를 발표하기로 결심했다. 그러나 이 저널은 아카데미 회원들의 논문만 발표하도록 제한하고 있었다. 그래서 그는 MIT에 재직 중이던 수학 분야의 유일한 아카데미 회원이며 세계에서 가장 탁월한 괴짜 과학자들 중 한 사람인 클로드 엘우드 섀넌Claude Elwood Shannon 교수를 찾아갔다.

1960년 11월 어느 오후, 에드 소프는 낙엽이 덮인 MIT 캠퍼스를 바쁘게 가로질러 걸어갔다. 쌀쌀한 바람이 찰스 강에서 거세게 불어왔다. 이 새내기 수학교수는 추위에 몸을 떨었고, 클로드 섀넌 교수와 얼굴을 맞대고 자리를 같이 할 수 있다는 생각에 잔뜩 신경이 곤두서 있었다.

섀넌 교수는 20세기의 가장 위대한 지적 진보로 꼽히는 두 가지 발견을 이끈 천재였다. 첫 번째는 컴퓨터 탄생의 기초가 되었던 전자회로에 이진법 체계를 적용한 것이었다. 문제들을 두 개의 숫자 즉 '0'과 '1'로 푸는 두 개의 논리기호를 채택해서, 그것을 회로의 스위치가 켜지면 '1', 스위치가 꺼지면 '0'으로 표시되는 회로에 적용하는 것이었다. 스위치가 켜지고 꺼지게 하는 순서들, 즉 기본적으로 '1'과 '0'의 다양한 배열들을 가지고 거의 모든 종류의 정보를 나타낼 수 있었다.

섀넌은 또한 정보이론, 즉 정보를 기호화해서 A지점에서 B지점으로 전달하는 방법에 대한 이론의 창시자이기도 했다. 결정적이면서도 많은 논쟁을 유발하는 표현으로, "메시지들이 자주 의미를 갖기는 하지만…… 그와 같은 커뮤니케이션의 의미론적 관점은 공학적인 문제와는 전혀 관계가 없다"고 섀넌은 주장했다. 달리 표현하면, 정보라는 것은 기술적으로 보았을 때 의미와 내용을 전혀 갖지 않으며 순전히 통계적인 것이고, 따라서 기호화할 수 있다는 것이었다.

이러한 주장은 직관과 상반된 것이었다. 이전까지 대부분의 과학자들은 커뮤니케이션의 기본적인 요소가 오직 '의미'뿐이라고 가정했는데 섀넌이 이 모든 것을 바꾸어 놓았다.

그렇지만 소프는 섀넌과 이진법 부호나 정보이론이 아닌 블랙잭에 대한 이야기를 나누고 싶었다. 연구실에 들어섰을 때 그는 흥분상태였다. 섀넌의 비서는 섀넌이 워낙 바쁘기 때문에 몇 분 정도만 할애해 줄 수 있을 것이라고 얘기해주었다.

소프는 가능한 한 빠르게 그의 블랙잭 연구결과를 설명하고, 섀넌에게 자신의 논문을 보여주었다. 섀넌은 그의 주장에 대해 깊은 감명을 표시하고 소프가 상당한 이론적 위업을 달성했다고 칭찬해주었다. 그는 소프가 논문을 아카데미에 제출하는 것에 대해 동의했다. 그러나 그는 한 가지 사항을 제안했다.

"내 생각에 논문 표제는 바꾸는 것이 나을 것 같은데……."

"그렇게 하지요. 그런데 왜 그래야 되지요?"

소프는 당황해서 물어보았다.

"아카데미는 약간 고루하다네. '블랙잭 필승전략(A Winning Strategy for Blackjack)'이라는 제목은 너무 카지노 냄새를 많이 풍기네. '21에서 우위를 차지할 수 있는 전략(A Favorable Strategy for Twenty-One)'이 어때? 이 정도 제목이면 틀림없이 심사를 통과할 수 있을 정도로 충분히 따분할 거야."

소프는 좋다고 동의하고 바로 일어서려 했다. 어느새 약속했던 몇 분이 다 지나버렸다. 그가 일어서자 섀넌이 물었다.

"이것 말고 도박과 관련해서 연구하고 있는 것이 또 있는가?"

소프는 잠시 침묵했다. 그는 자신의 룰렛 연구를 비밀로 해오고 있었으며, 몇 달 동안은 거의 손도 못 대고 있었다.[주3] 그렇지만 아마도 섀넌이라면 흥미를 느낄 수도 있겠다는 생각이 들었다.

"룰렛게임에 대한 연구를 좀 하고 있습니다. 그리고 거기서 약간 흥미로운 결과들도 얻었습니다만…….”

“정말이야?”

섀넌이 눈을 크게 뜨며 말했다. 그는 소프에게 다시 자리에 앉으라는 제스처를 했다.

“말해보게나.”

그리고 소프는 밤이 되어서야 섀넌의 연구실을 나섰다.

* * *

소프는 11월 하순부터 룰렛 문제에 대한 연구를 섀넌 교수와 함께 시작하면서 정기적으로 섀넌 교수의 집을 방문했다. 섀넌은 자신의 집을 ‘엔트로피 하우스Entropy House’라고 불렀는데 이는 열역학 제2법칙에서 빌려온 용어로 정보이론의 핵심개념을 그가 수용하고 있음을 의미했다. 엔트로피의 법칙은 기본적으로 ‘우주에 있는 모든 사물은 궁극적으로는 동질적이고 분화되지 않는 쓸모없는 물질(goop)로 바뀌게 된다’는 것을 의미한다. 정보이론에서 섀넌은 엔트로피를 겉으로 보기에 일련의 난수(random number)로 이루어진 확실한 혼돈(chaos) 안에서 질서를 발견해내는 방법으로 사용했다.

섀넌의 3층 목조가옥은 캠브리지에서 북서쪽으로 몇 킬로미터 떨어진 곳에서 미스틱 호수를 내려다보고 있었다. 그 집의 실내를 들여다본 누군가는 소프에게 '왜 섀넌이 자신의 집을 엔트로피 이론에 비유했는지' 물었다. 소프는 그 집이 각종 전자장치들과 기계장치들로 꽉 차 있었으며, 기계와 더불어 시간을 보내고 싶어 하는 사람을 위한 무질서 속의 낙원이라고 대답했다. 섀넌은 인간행동을 모방하는 기계들, 즉 자동화시스템에 푹 빠져 있었고, 특히 곡예를 하는 기계인형과 동전 던지는 기계를 좋아했다.

과학픽션(SF) 작가인 아더 클라크도 섀넌의 집을 여러 차례 방문했었는데, 특히 섀넌이 '끝내주는 기계(ultimate machine)'라고 이름을 붙인 장치는 그를 무척 당혹케 했다.[주4] 클라크는 그것에 대해 "더 이상 간단할 수가 없었어요"라고 썼다. "그것은 담배상자 크기의 작은 나무상자로 겉에 작은 스위치만 달랑 달려 있었지요. 스위치를 누르면 분노가 섞인 단호한 왱왱거리는 소리가 납니다. 그러고 나서 뚜껑이 천천히 올라가며 아래에서 손이 하나 튀어나옵니다. 그 손이 아래로 내려오면서, 스위치를 끄고는 다시 상자 속으로 슬며시 들어가 버립니다. 관이 닫히는 것처럼 뚜껑이 닫히면서, 왱왱거리는 소리가 딱 멈추고 다시 고요가 찾아옵니다. 당신이 아무것도 모르고 있었다면, 그 심리적 효과는 엄청 파괴적입니다. 그저 스위치를 꺼버리는 외에는 아무것도, 정말로 아무것도 하지 않는 이 기계는 말로 표현할 수 없는 섬뜩함을 주지요."

소프와 섀넌은 1,500달러를 주고 리노에서 정식 룰렛휠을 구입해서 당구대 위에 설치했다. 그들은 휠의 움직임을 분석하기 위해, 먼저 그것을 번쩍이는 섬광의 최면성 박동으로 측정했다. 볼이 움직이는 시간을 재기 위해, 그들은 볼이 휠을 한 바퀴 돌 때마다 스위치를 눌렀다. 스위치가 눌러지는 순간에 볼이 있는 지점을 표시하면서 스위치도 역시 섬광등과 연동되도록 만들었다. 이는 그들이 얼마나 빨리, 또는 얼마나 늦게 스위치를 눌렀는지를 보여줌으로써 소프와 섀넌이 볼의 타이밍을 제대로 측정하고 있는지를 알 수 있도록 해주었다.

그 연구결과들은 독창적이었지만, 아마도 실패가 예정되어 있었던 것 같았다. 많은 시행착오를 거친 후, 소프와 섀넌은 볼이 8개의 구역(octane) 중에 어디에 떨어지는지를 비교적 정확한 확률로 예측할 수 있는 방법을 계산했다. 룰렛휠에는 각각 포켓 5개로 구성된 구역 6개, 포켓 4개로 구성된 구역 2개, 즉 총 38개의 포켓이 있었다. 만약 어느 구역에 볼이 떨어질 것인지만 예측할 수 있다면, 그것만으로도 승률을 아주 높일 수 있었다. 예측된 구역의 네다섯 개 포켓에 집중적으로 돈을 걸면 되기 때문이었다. 물론 이는 속임수이기에 만일 적발된다면, 큰 덩치에 목덜미가 두툼한 카지노경비원들에게 반드시 그 대가를 치러야 할 것이었다. 그러나 그것은 나중에 염려해야 될 문제였다.

소프와 섀넌은 담뱃갑 크기의 컴퓨터를 만들어 구두 속에 심어놓았다. 거기에는 두 개의 스위치가 달려 있어서(하나는 휠이 돌기 시작할 때 누르고, 또 하나는 볼이 한 바퀴 돌고 나면 누르도록 만들어서) 스위치 하나는 컴퓨터를 켜고 또 다른 스위치는 회전자(rotor)의 1회전 속도를 측정했다. 컴퓨터는 그 결과를 계산해서 한쪽 귀에 지극히 원시적인 형태의 헤드폰을 끼고 있는 사람에게 8개 구역 중 어디에 돈을 걸어야 하는지를 전송해주었다. 어떻게 보더라도, 그것은 최초의 '착용식(wearable)' 컴퓨터였다.

그렇지만 기술적인 문제들이 이 프로젝트를 좌절시켰다. 특히 헤드폰 줄이 자주 문제를 일으켰다. 헤드폰을 끼고 베팅을 하던 소프는 어떤 여인이 공포에 질려서 자신을 쳐다보자 재빨리 화장실로 달려갔다. 거울을 보니 스피커가 외계에서 온 곤충처럼 그의 귀에서 불쑥 튀어나와 있었다.

비록 섀넌이 룰렛휠에서는 소프가 부유해지도록 도와주지 못했지만, 블랙잭 전략에는 중요한 기여를 했다. 소프는 블랙잭에서 이기는 법을 고안하기는 했지만, 여전히 몇 가지 핵심적인 문제들이 남아 있었다. 플레이어가 도박을 하다가 패가망신을 하지 않으려면, 게임판에 얼마를 걸어야 하는지를 결정하는 방법이 바로 그것이었다. 섀넌은 소프에게 뉴저지 주 머레이힐의 벨연구소에 근무하는 물리학자 존 켈리 2세가 1956년 발표한 논문에서 그 해답을 찾아보라고 말해주었다. 이 논문은 실력이 동등한 두 야구 구단 사이의 내부정보를 갖고 있는 도박꾼이 그 정보를 전달해주는 채널에 일정한 양의 잡음(noise)이 존재하여 정보가 오류가 될 가능성이 있다면, 두 팀의 야구경기에 얼마를 걸어야 하는지를 설명해 주고 있었다.

소프는 블랙잭의 다양한 시나리오들에 대해 얼마를 걸어야 하는지 결정하기 위해서 켈리의 베팅시스템을 사용할 수 있겠다고 생각했다. 켈리의 베팅 시스템은 단순하게 말하면 이런 것이다. '승리 확률이 상승할 때에는 더 많은 액수를 걸고, 확률이 나빠지면 바로 자리에서 일어나라!'

켈리의 시스템을 두 배씩 베팅을 올려가는 더블링다운(doubling down) 전략과 비교해보자. 당신이 어떤 패에 대해 10달러를 베팅했다가 패배했다고 치자. 다음 번 패에 당신이 20달러를 베팅해서 이긴다면 당신은 돈을 따게 된다. 물론 그 판도 잃을 수 있다. 그 때에는 다음에 40달러를 베팅하고 그래서 이긴다면 당신이 돈을 따게 된다. 마틴게일 베팅martingale betting이라고도 알려진 이 더블링다운은 카사노바와 같은 전설적인 도박꾼들이 실제 사용했던 역사가 오랜 베팅기법이다. 그러나 이 전략에는 명백한 결함도 내재되어 있는데, 그것은 바로 '도박꾼의 파멸(gambler's ruin)'이라는 결함이었다. 마틴게일 베팅을 하는 도박꾼이 이런 방식을 지속하면 결국은 돈이 떨어지게 된다. 도박꾼이 도박을 계속하는 경우에 이런 사태가 발생할 확률은 100퍼센트이다.

그렇지만 켈리는 어떤 판에 플레이어가 베팅할 수 있는 금액을 제한했다. 켈리의 시스템은 최대의 수익을 올리기 위해서 그의 지갑 속에 있는 금액을 바탕으로 그가 정확하게 얼마를 베팅해야 하는지 그에게 알려주었다. 켈리의 표현을 따르면 그 공식은 "도박꾼이 어떻게 도박꾼의 파멸은 회피하면서 동시에 그의 돈을 기하급수적으로 증가시킬 수 있는지"를 설명하고 있었다.

* * *

1961년 1월, 소프는 블랙잭에 대한 자신의 논문을 미국수학협회(American Mathematical Society, AMS)에 제출했다. AMS는 이미 그 논문을 제출받았었던 미국과학아카데미만큼 보수적이지는 않았기 때문에, 소프는 이 논문에는 '행운의 공식: 블랙잭 필승전략(Fortune's Formula: A Winning Strategy for Blackjack)'이라는 다소 도발적인 제목을 달았다. 그런데 AP통신 기자 한 사람이 이 논문을 입수해서 '블랙잭을 공략한 뛰어난 수학교수'에 대한 기사를 썼고 곧 미국 전역의 신문들에 게재되었다. 그 덕에 에드 소프는 갑자기 유명인사가 되었다.

이 기사는 언제나 새로운 시스템의 출현을 고대하고 있던 모험적인 도박꾼들의 관심도 끌었다. 소프는 그를 후원해주겠다는 제의뿐만 아니라, 그의 시스템의 본질에 대해 홍수처럼 밀려드는 질문을 처리해야 했다. 가장 조건이 좋은 후원 제의 중 하나는 10만 달러를 지급해주겠다고 약속한 뉴욕의 어느 기업가의 제의였다. 소프는 그의 이론을 실전에서 꼭 검증하고 싶었지만, 그토록 많은 금액이 필요하다고는 생각지 않았다. 그래서 그는 1만 달러만 받아들이기로 결정하고, 바로 리노로 향했다.

리노의 그 지저분한 카지노에서 새벽 5시에 딜러를 꺾었던 바로 그날, 그는 자신의 실험을 계속하고 싶은 열망에 오후에 저절로 눈이 떠졌다. 푸짐한 식사를 마친 후, 그는 그가 훗날 자신의 시스템에 대해 상세하게 기술한 책, 《딜러를 이겨라(Beat the Dealer)》에서 신비의 사나이 미스터 X라고 부르게 되는 그의 재정후원자들 중 한 사람을 만났다. 그날 밤늦게, 미스터 Y도 도착했다.

사실, 미스터 X는 조직범죄와 연결된 뉴욕의 사업가였다. 본명은 엠마누엘 매니 킴멜. 백발에 키가 작은 이 사내는 뉴저지 주 뉴아크의 숫자게임부터 이스트코스트의 경마장까지 모든 것에 손을 대는 협잡꾼이었다. 그는 뉴욕시에 64개의 주차장을 소유하고 있는 키니 파킹Kinney Parking이라는 회사의 부분 소유주이기도 했다. 킴멜에 대한 1965년도 미연방수사국(FBI) 메모에는 그가 몇몇 국제적으로 유명한 폭력배들의 평생동지라고 기재되어 있었다. 본명이 에디 핸드인 미스터 Y는 자동차운반업계의 큰손으로, 킴멜과 정기적으로 거액을 걸고 함께 도박을 즐기는 사이였다.

핸드가 도착한 후, 그들은 리노 다운타운의 거대한 빌딩 속에 자리 잡고 있는 카지노로 갔다. 이 이벤트는 지난 밤 소프가 홀로 플레이를 했던 이류 카지노에서 크게 업그레이드된 것으로, 그가 개발한 시스템을 보다 엄격하게 검증해보려는 것이었다.

그들은 그 카지노에서 가장 큰돈을 걸 수 있는 베팅 상한 500달러의 테이블에 자리를 잡았다. 그들은 한 판에 25달러에서 250달러까지 다양하게 돈을 걸면서, 15분도 채 지나지 않아 500달러나 땄다.

그러자 딜러가 자신의 발밑에 숨겨진 버튼을 슬며시 눌렀고, 곧 카지노의 소유주 해롤드 스미스가 바삐 걸어 나왔다.

"신사 여러분, 안녕하십니까?"

스미스는 웃음을 지으며 반갑게 그들에게 인사했다. 소프는 조금도 당황하지 않았다.

'이 친구, 내가 장난을 못 치게 하려고 나왔구먼.'

몇 판이 더 진행된 후, 데크에 약 15장의 카드만 남았다. 일반적으로 딜러들은 데크에 카드가 달랑 몇 장만 남을 때까지 게임을 진행한다. 카드카운터들이 실수를 하도록 만드는 한 가지 방법은 카드 데크를 일찍 섞어버리는 것이었다.

"카드 섞어."

스미스가 딜러에게 말했다. 비록 확률은 낮고, 보다 신중한 베팅이 필요하기는 했지만, 새로 섞은 데크에서도 4장의 카드만 분배된 후부터는 텐 카드전략으로 돈을 딸 수 있었다. 두 번째 데크가 반 정도 남아 있는 상태에서 사장은 다시 딜러에게 고개를 끄덕였다.

"카드 섞겠습니다."

그러나 소프의 시스템은 몇 차례의 판이 지난 후에도 여전히 좋은 실적을 거두고 있었다. 그러자 딜러는 겨우 두 판만 지난 다음에도 바로 카드를 섞기 시작했다. 시스템은 여전히 제대로 작동되고 있었지만, 카드를 계속 빨리 섞어버리자 돈을 딸 수 있는 기회가 줄어들었다. 소프와 킴멜은 결국 자리에서 일어섰지만, 그들은 이미 수천 달러를 호주머니에 챙긴 후였다.

소프의 블랙잭 필승모형과 켈리의 최적베팅시스템이 결합한 위력은 막강했다. 소프와 킴멜은 몇 가지 장애물들이 그들 앞에 놓였음에도 불구하고, 계속 딜러로부터 돈을 땄다. 며칠이 지나자, 그들에게는 최초 투자금 1만 달러의 두 배가 넘는 돈이 생겼다.

워싱턴에서 그의 게임결과를 발표한 얼마 후, 소프는 도박에 대한 어떤 TV프로그램을 시청하고 있었다. 기자 한 사람이 카지노 소유주에게 도박으로 돈을 딸 수 있는지를 질문했다.

"양이 도살장에 끌려가면, 그 양이 정육점 주인을 죽이는 경우도 확률상 있을 수는 있습니다. 그러나 우리는 언제나 정육점 주인에게 돈을 겁니다." 카지노 소유주가 말했다.

소프는 웃음을 지었다. 그는 자신이 정육점 주인을 이겨버린 것을 기억했다. 그가 나중에 적었던 것처럼, "이제 양들의 시대가 도래한 것"이었다.

라스베가스로의 첫 여행 후, 소프는《딜러를 이겨라》를 저술하기 시작했다. 1962년에 출간된 이 책은 곧 뉴욕타임스 베스트셀러가 되었고, 모든 카지노 큰손들에게 공포감을 심어주었다.

소프는 몇 차례 더 라스베가스를 찾았고, 갈 때마다 블랙잭으로 돈을 땄다. 딜러들은 이 도박교수를 철저히 감시했다. 카드카운터들이 복도 구석이나 카지노 지하실로 끌려가서 참혹하게 폭행을 당한 이야기들을 잘 알고 있는 그는 그래서 변장을 하기 시작했다.

1964년 어느 날, 그가 바카라판에서 게임을 하고 있을 때 크림과 설탕이 들어 있는 커피가 그에게 제공되었다. 커피를 몇 모금 마시자마자 그는 바로 이상을 느끼기 시작했다.

마침 소프 부부와 함께 라스베가스에 갔던 친구 하나가 간호사였다. 그녀는 그의 눈동자를 자세히 들여다보고 그가 응급실에 실려 오는 약물에 마취된 환자들과 같은 상태임을 확인했다. 그는 즉시 그곳을 나왔지만 이 사건이 그를 불안하게 했다. 그는 자신의 전략을 검증할 수 있는 새로운 장소를 찾아야겠다고 생각했다.

그리고 소프는 세계 최대의 카지노, 즉 월가로 눈을 돌렸다.

3장

시장을 이기는 전략

블랙-숄즈 모형은 월가에 혁명을 불러왔다. 아인슈타인의 1905년 상대성이론 발견이 원자폭탄의 발명뿐만 아니라 우주를 이해하는 새로운 길을 열어주었던 것과 똑같이, 블랙-숄즈 모형은 사람들이 광대한 화폐금융과 투자의 세계를 보는 방법을 극적으로 변화시켰다. 또한 그것은 그 자체의 파괴적 힘들을 확인시켰고, 2007년 8월에 발생해서 세계적인 금융 붕괴로 절정에 달하게 되었던 일련의 금융대재난으로 이어지는 길도 열었다.

뉴멕시코 주 앨버커키, 사막의 태양과 메마른 열기가 뜨겁던 1965년 여름 어느 날, 소프는 접이식 의자에 앉아 월가의 잘 알려져 있지 않은 투자상품인 주식워런트(stock warrant)에 관한 책을 읽고 있었다.[주1]

워런트는 투자자가 보통주로 전환할 수 있는 콜옵션과 아주 비슷한 것으로 기본적으로 장기계약이다(투자자에게 미래의 특정시점에 주식을 살 수 있는 권리를 부여하는 콜옵션은 수학적으로 워런트와 동일하다). 당시 워런트는 거래량이 매우 적었고, 투기꾼들과 악덕증권사들이 주로 활개를 치던 장외에서 대부분의 거래가 이루어지는 어둠의 영역이었다. 따라서 어느 누구도 워런트의 가격을 어떻게 책정하는지 몰랐다. 그런데 소프는 이 미지의 영역에서 가능성을 보았다. 그는 블랙잭에서 사용했던 방법들이 워런트의 가치를 파악하는 데도 사용될 수 있을 것이라 생각했다.

당시 뉴멕시코주립대학의 교수였던 소프는 이 숨겨진 금광을 발견한 직후, 캘리포니아주립대학교(UC) 어바인 캠퍼스로 자리를 옮기게 되었다. 어바인에 도착한 후, 그는 어떤 교수가 워런트 가격결정방법에 대해 연구하고 있다는 것을 듣게 되었다. 뉴욕 주 출신의 레바논계 미국인으로 이름은 신카수프였다.

카수프는 1960년대 초부터 워런트에 투자를 하고 있었다. 그는 워런트 가격을 어떻게 결정하는지에 대해서는 해답을 얻지 못하고 있었지만, 워런트 가격이 어떻게 움직이는지에 대해서는 잘 알고 있었다. 이 두 교수는 한 주에도 여러 차례 모임을 갖기 시작했고, 결국 그들이 '과학적 주식시장 시스템(scientific stock market system)'이라고 명명한 최초의 계량적 투자 전략 하나를 만들어냈다. 그 시스템은 정기적으로 이자를 지급해주는 회사채(이에 따라 채권이라는 이름이 붙은)에 소유주에게 주식으로 전환할 수 있는 권리를 의미하는 워런트(신주인수권)가 추가된 일종의 혼성증권(hybrid securities)인 전환사채의 가격을 결정할 수 있도록 해주었다.

워런트의 가치는 미래의 특정 시점에 기대되는 기초주식의 가격에 의존하기 때문에, 워런트의 가격을 정하는 것은 대단히 어려운 과제였다. 하지만 소프와 카수프가 고안한 이 시스템은 어떤 전환사채의 가격이 잘못 결정되었는지 발견할 수 있도록 해주었고, 동시에 주가가 미래에 어떻게 변화할지 예측할 수 있도록 도와주었다. 소프가 발견해낸 이 과제에 대한 해답의 핵심은 그가 관심분야를 블랙잭에서 월가로 돌린 후 찾아낸 책을 통해서 확인할 수 있다. 《주식시장가격의 무작위적 특성(The Random Character of Stock Market Prices)》(1964)이라는 이 책은 시장이 소위 '무작위적인 걸음', 즉 랜덤워크(random walk)의 움직임을 보인다고 주장하고 있었다. 이 말은 기본적으로 전체 시장 또는 특정 주식이나 특정 채권의 미래 변동행태는 동전을 던지는 것과 같아서 상승 또는 하락할 확률이 50대 50이 된다는 것을 의미했다.

이 '랜덤' 개념은 사실상 1827년 6월에 스코틀랜드의 한 식물학자로부터 나왔지만, 시장이 이런 행태로 움직인다는 아이디어는 1950년대 중반 이후에 구체화되었다.

스코틀랜드의 식물학자 로버트 브라운Robert Brown은 놋쇠현미경을 통해 핑크페어리(pinkfairy)라는 꽃가루의 종(種)을 연구하고 있었다. 그는 확대된 꽃가루 과립(顆粒)들이 광란적인 춤을 추며 날아다니는 수천 개의 작은 탁구공들처럼 끊임없이 움직인다는 것을 관찰했다. 브라운은 무엇이 그런 운동을 유발하는지는 알아내지 못했다. 그러나 다른 식물 종들, 심지어 바위의 먼지까지 시험해보고 모두 유사하게 불규칙적인 움직임을 보인다는 것을 관찰한 후, 그는 자신이 완벽하고 신비스러울 정도로 무작위적인 현상을 관찰했다는 결론을 내렸다(이 신비는 1905년에 알버트 아인슈타인이 당시까지 브라운 운동으로 알려져 있던 이 신비스러운 움직임이 에너지의 광란적인 움직임 속에서 돌아다니는 수백만 개의 미소립자(微素粒子)들 때문이라는 사실을 발견할 때까지 풀리지 않는 의문으로 남아 있었다).

브라운 운동과 시장가격 사이의 연관성은 1900년에 루이 바셸리에라는 프랑스 파리대학의 한 학생에 의해 발견되었다. 당시 바셸리에는 파리증권거래소의 채권가격 움직임을 나타낼 수 있는 공식을 만들기 위해 〈투기의 이론(The Theory of Speculation)〉이라는 학위논문을 썼다. 1950년대에 다시 주목을 받을 때까지 숨겨져 있던 이 논문의 최초 영역판이 소프가 뉴멕시코에서 읽었던 시장의 무작위성에 대한 책들 중에 포함되어 있었다.

바쉴리에 분석의 핵심은 채권가격이 1827년 브라운이 최초로 발견한 현상과 동일한 행태를 보이면서 움직인다는 관찰이었다. 파리증권거래소에서의 채권 거래는 무작위로 진동하는 꽃가루분자들과 똑같이 움직이는 형태를 보였다. 빠르게 움직이는 꽃가루과립처럼 채권가격의 매 분당 변동은 시장이 다음에 어디로 갈 것인지 추측하려고 노력하는 수천 명의 투자자들에 의해서 치고 올라가고, 떨어지고, 옆으로 기는 등 완전히 무작위적인 것으로 보였다. 바쉴리에는 채권가격의 움직임을 추측하는 것은 무의미하다고 생각했다. 그렇다면 시장이 다음에 어떤 방향으로 움직일지 알 수 있는 방법은 전혀 없었다.

바쉴리에의 공식은 시장의 미래 움직임이 기본적으로 동전던지기와 같다는 것으로, 동전이 떨어질 때 앞면이나 뒷면으로 떨어지는 것처럼, 또는 물에 떠 있는 꽃가루과립이 왼쪽, 오른쪽으로 아무렇게나 움직이는 것처럼 채권가격이 올라갈 수도 있고 떨어질 수도 있다는 것이었다. 바쉴리에는 채권가격에 대해 만약 시장이 다르게 평가하면 이 가격이 아닌 이보다 낮거나 높은 다른 가격을 시장이 제시할 것이기 때문에 "현재의 가격이 바로 진정한 가격"이라고 썼다.

이 발견이 바로 랜덤워크라고 불리게 되었던 것이다. 그것은 또한 '술고래의 걸음(drunkard's walk)'이라고도 불린다. 바쉴리에에 의하면, 그 주정뱅이가 동쪽으로 2미터 휘청거리고 가거나 서쪽으로 2미터 비틀거리고 갈 확률이 동일한 것처럼 1백 프랑 상당의 채권이 일정기간 동안 1프랑 상승하거나 하락할 확률도 동일했다.

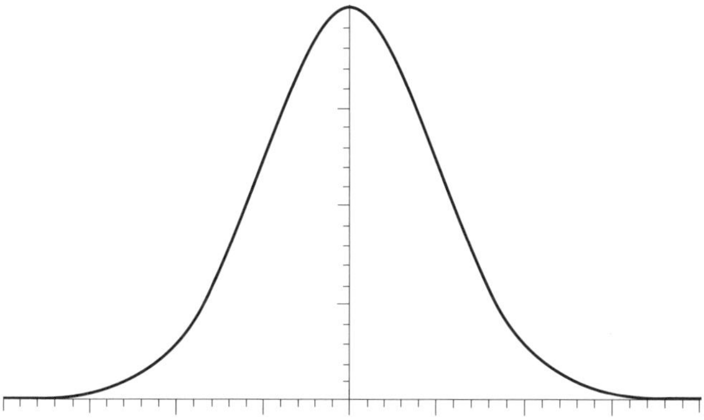

시각적으로 나타내면, 랜덤워크의 다양한 결과를 나타낸 도표는 둥근 모습을 하고 정상을 향해 부드럽게 상승하다가 같은 비율로 하락하는 벨커브bell curve, 바로 정규분포곡선이다. 그것은 혼란에 빠진 주정뱅이가 밤이 깊어감에 따라 여러 방향으로 무작위로 방황할 가능성(곡선의 중간에 있게 되는 표본들)이 그가 계속 바른 방향으로 찾아가거나 원을 그리며 제자리를 맴돌 가능성(곡선의 양쪽 끝부분에 있게 되는 표본들로서 흔히 분포의 꼬리로 알려져 있음)보다 훨씬 더 클 것으로 보인다. 1천 번의 동전던지기에서는 앞면이 5백 번 나오고 뒷면이 5백 번 나올(곡선의 중간에 위치할) 가능성이 앞면이 9백 번 나오고 뒷면이 1백번 나올(곡선의 끝부분이 나올) 가능성보다 훨씬 더 클 것이다.

아인슈타인의 1905년 발견을 이미 알고 있었던 소프는 브라운 운동도 잘 알고 있었기에 채권과 워런트 사이의 관계도 바로 이해했다. 그것은 소프가 블랙잭에서 승리할 수 있도록 도와주었던 것과 동일한 통계적 규칙, 즉 관찰의 수가 증가하거나 동전던지기 횟수가 증가할수록 예측의 확실성은 증가한다는 대수의 법칙의 지배를 받는 것이었다. 소프는 블랙잭의 모든 판을 이기는 것은 확신할 수 없었지만, 상당기간 동안 카드카운팅을 하면 결국에는 자신이 이긴다는 것은 확신할 수 있었다. 마찬가지로 주식이 다음 주에 올라갈지 내려갈지는 결코 알 수 없지만, 주식이 얼마나 오르거나 내릴 가능성이 있는지, 즉 확률이 5퍼센트인지 10퍼센트인지는 결정할 수 있다는 것이었다.

소프는 이 공식을 워런트에 적용했다. 주식의 미래 움직임, 즉 퀀트들에게 변동성(volatility)으로 알려진 변수는 무작위적이고, 따라서 계량화가 가능하다. 또한 워런트가 그것의 변동성을 저평가 또는 고평가하는 방식으로 가격이 매겨진다면, 돈을 벌 수 있는 기회가 생긴다. 당신이 IBM주식의 워런트를 갖고 있다고 가정하자. IBM주식의 현재가격은 주당 100달러이다. 12개월 후에 만료되는 워런트는 그 12개월 기간 중의 어느 시점에 IBM주가가 110달러가 될 때에만 가치를 갖게 될 것이다. 만약 당신이 IBM주식의 가변성이 얼마나 되는지, 즉 그 기간 중에 그 주식이 110달러에 도달할 확률을 알 수 있다면, 당신은 그 워런트의 가치가 얼마나 되는지 알 수 있게 된다. 소프는 그것을 브라운 운동, 즉 랜덤워크와 연결시키고 그 주식 자체가 다른 주식들보다 더 상승하거나 덜 상승할 경향에 대한 추가변수를 포함시켜서 발견했으며, 이에 따라 그는 시장에 있는 어느 누구보다 IBM워런트의 가치가 얼마인지를 더 잘 알 수 있게 되었다.

도박꾼들은 항상 이와 같은 시간종속적인 베팅을 한다. 워런트의 만기는 미식축구의 네 쿼터, 야구의 아홉 이닝, 경마장 트랙의 한 바퀴와 비슷하다. 투자자들은 미리 정해진 시간 안에서 특정한 결과에 대해 돈을 건다. 소프는 이 문제를 계량화하기 위해서 자신의 수학실력과 도박사로서의 본능을 그대로 활용했다. 그러나 국채와 우량회사주식(블루칩) 투자자들 같은 보수적인 사람들에게는 이 모든 것들이 행상꾼이나 사기꾼에게나 더 잘 어울리는 미래를 예언해주는 수정구슬처럼 보였다. 그렇지만 소프와 같이 훈련을 거친 물리학자는 그것이 단순히 고정된 매개변수를 바탕으로 미래에 나타날 결과에 대해 특정 확률을 배분하는 일, 즉 물리학자들과 엔지니어들이 일상적으로 수행하는 과제로 보았다.

* * *

그들이 개발한 모형과 변동성 예측 능력을 이용해서, 소프와 카수프는 가격이 잘못 결정되어 있는 워런트들이 많이 있다는 것을 알아냈다. 이 두 교수는 그들의 연구결과를 설명하는 책을 공동으로 저술했다. 이 책의 제목이 바로 《시장을 이겨라: 과학적인 주식시장시스템(Beat the Market: A Scientific Stock Market System)》이다. 퀀트들의 시금석이 되었던 이 책은 곧 그간의 책들 중에서 가장 영향력 있는 투자방법서가 되었다.

이 책은 지속적으로 시장을 이기기는(즉 시장수익률 보다 높은 수익률을 지속적으로 올리기는-옮긴 이) 불가능하다는 당시 학계 이론과 배치되는 것이었다. 1960년대 말 시카고대학 재무학 교수인 유진 파마Eugene Fama가 주창했던 이 이론은 '효율적 시장가설(Efficient Market Hypothesis, EMH)'로 알려져 있었다. 결론적으로 효율적 시장가설은 바쉴리에가 주장했듯이, 시장이 무작위적으로 움직이며 현재의 가격들은 시장에 대해 알려진 모든 정보를 반영한다는 아이디어에 바탕을 두고 있었다. 그렇기 때문에 전체 시장, 또는 개별 주식, 통화, 채권, 상품들의 상승하락을 아는 것은 불가능하다는 것이었다. 그러다 보니 적극적인 전문투자관리자들이 지속적으로 시장보다 더 높은 수익률을 올릴 수 없다면, 차라리 수수료를 적게 부담하고 시장 전체, 즉 S&P 500지수에 투자하는 것이 최선이 아니겠는가라는 생각으로 이어진 것이다. 이런 생각이 지수펀드(index fund)가 생겨나고 성장하는 주요 계기가 되었다.

소프는 워런트의 가격을 결정하기 위해 그가 사용했던 랜덤워크 개념을 완벽하게 이해하기는 했지만, 효율적 시장가설이 학구적인 허황된 주장, 즉 세속에서 격리된 교수들이 제시하는 고등수학과 불분명한 논리에 바탕을 둔 비현실적인 환상이라고 생각했다. 한때 사람들은 딜러를 이기지 못하는 것을 당연하게 생각하고 있었는데, 소프는 딜러를 이길 수 있다는 것을 입증했다. 그는 주식시장에서도 이와 같은 업적을 달성할 수 있으리라고 확신하고 있었다.

소프와 카수프는 그들의 과학적 시스템을 활용해서 모든 종류의 워런트에 투자했고, 예상대로 돈을 쓸어 담았다. 그러자 이들의 소문을 들은 많은 교수들이 그들의 투자에 자신들도 포함시켜 달라고 요청하기 시작했다. 곧 두 사람은 열 명이 넘는 사람들의 계좌를 관리하게 되었고, 거의 정부에 투자자문가로 등록해야 할 정도까지 이르렀다. 여러 사람들의 부탁을 받아 투자를 대행하는 최상의 방법은 자산을 하나의 펀드로 만드는 것이라 생각했지만, 소프는 그것을 어떻게 실행해야 할지 확신이 서지 않았다.

이에 대한 해답이 세상에서 가장 현명한 투자자들 중 한 사람으로 명성을 얻고 있던 워렌 버핏Warren Buffet에게서 찾아졌다.

당시 버핏은 버크셔헤서웨이라는 뉴잉글랜드 소재 섬유공장의 주식 등 자산들을 투자자들에게 분배하면서, 자신의 투자펀드인 버핏 리미티드 파트너십 청산을 진행하고 있었다. 그 후 버핏은 이 버크셔를 엄청난 돈을 벌어주는 막강한 투자전문기구로 전환시켰고, 이를 통해서 "오마하의 현인"이라는 찬사를 듣게 되면서 세상에서 가장 부유한 전설적인 투자가로 부상하게 된다.

그렇지만 당시의 버핏은 투자에 그다지 열정적이지 않았다. 시장 상황이 그다지 좋지 못했기에 그는 투자를 중단해야 될 시점이라고 결정하고 있었다. 버핏의 투자자들 중 한 사람이 당시 소프가 교수로 있던 UC 어바인 캠퍼스의 학장인 랄프 제라드였다. 제라드는 그의 자금을 투자할 새로운 곳을 찾고 있었고, 이를 소프에게 맡길 것을 고려하고 있었다. 그는 버핏에게 주식워런트로 큰돈을 벌고 있는 이 잘 나가는 수학교수를 평가해달라고 요청했다.

버핏은 1968년 자신을 찾아온 소프에게 그의 파트너십에 대해 설명했는데, 자신의 멘토이자 《현명한 투자자Intelligent Investor》의 저자이며 가치투자의 아버지이기도 한 벤저민 그레이엄이 설립한 것과 유사한 법적구조를 사용하고 있었다.

그것은 바로 '헤지펀드'였다.

미국 의회는 1940년에 투자회사법(Investment Company Act)을 통과시켰는데, 이 법의 입법취지는 정직하지 못한 뮤추얼펀드매니저들로부터 소액투자자들을 보호하기 위한 것이었다. 그러나 의회는 한 가지 예외를 두었는데, 만일 펀드매니저가 100만 달러 또는 그 이상의 자산을 갖는 99명 이하의 부유한 투자자들 중 한 사람으로 자신을 제한하면서 광고를 하지 않는다면, 어떤 투자업무든 거의 제한 없이 수행할 수 있도록 한 것이었다.

그레이엄은 대공황 시기에 엄청난 손실로 큰 타격을 입은 적이 있고, 그 이후 충분한 '안전마진(margin of safety)'을 있다고 판단되는 기업들에만 투자했던 지극히 보수적인 투자가로 유명했다.

반면 타임지 작가 겸 편집자로 근무했었던 호주 출신인 존스는 단기적인 주식의 가격변동에 베팅을 하거나, 주식가격이 크게 떨어질 것이라는 데 투기적 베팅을 하는 소위 '카우보이 트레이더'였다. 그는 1949년에 A. W. 존스를 설립했는데, 이 회사는 본인의 출자금 4만 달러를 포함해서 전체 자본금이 10만 달러인 최초의 순수 헤지펀드였다.

정부의 감독을 회피하기 위해서, A. W. 존스는 본사 소재지를 역외에 두었다. 존스는 연 20퍼센트의 성과보수를 부과했다. 펀드의 변동성을 줄이기 위해서, 그는 주식가격의 하락으로부터 수익을 얻을 목적으로 특정 주식들을 공매도 하고, 동시에 주가상승으로부터 수익을 얻기 위해서는 특정 주식들에 대해 매수포지션을 취했다. 이론적으로는 이렇게 하면 호황기이든 불황기이든 수익을 올릴 수 있다. 비록 헤지펀드라는 이름이 1960년대까지 공식적으로 사용되지는 않았지만, 매수포지션으로 헤지가 된 매도포지션이라는 의미를 나타내기 위해 헤지펀드라는 명칭으로 불리게 되었다. 그의 펀드가 1950년대의 10년 동안 올린 670퍼센트의 수익률은 모방의 시대였던 그 기간 동안 우후죽순처럼 등장했던 상위 헤지펀드가 자랑하던 수익률인 358퍼센트보다 훨씬 탁월한 것이었다.

존스는 기자였지만, 동시에 펀드의 위험을 보다 효율적으로 관리하기 위해서 통계적 분석을 사용한 원시적 형태의 퀀트이기도 했다. 수익을 높이기 위해 그는 차입금, 즉 레버리지를 활용했다. 레버리지는 적절한 포지션을 취하고 있는 펀드들에게는 대단히 효과적이었지만, 가격들이 예상과 다른 방향으로 움직이게 되면 재앙이 될 수도 있다.

1960년대에는 강세시장이 활기를 더해감에 따라, 헝가리 출신 석학인 조지 소로스와 같은 스타 헤지펀드매니저들이 무대에 등장했다. 미국 증권거래위원회(Securities and Exchange Commission, SEC)의 조사에 따르면, 1968년까지 미국에는 140개의 헤지펀드들이 활동하고 있었다. 에드 소프 역시 증가하고 있던 헤지펀드의 숫자에 하나를 더 보탤 예정이었다.

그 다음 해인 1969년 8월, 그에게 기회가 찾아왔다. 당시 베트남전쟁은 더욱 치열해지고 있었고, 조 나마스가 이끌던 뉴욕 제츠는 슈퍼볼에서 볼티모어 콜츠를 꺾고 우승했다. 그러나 에드 소프는 레이저광선처럼 단 하나의 목표, 즉 돈을 버는 데만 집중하고 있었다.

그때가 바로 소프가 필라델피아에 있는 증권중개회사 '버처 앤 쉬레르드Butcher & Sherrerd'에 근무 중이던 다트머스대학 철학부 출신 제이 레건을 만났던 시기였다. 소프보다 꼭 열 살 아래인 레건은《시장을 이겨라》를 읽고 그 책의 획기적인 거래 전략에 푹 빠져버렸다. 이 서부의 괴짜 대학교수에게 무언가 큰 건수가 있다고 확신한 그는 소프에게 직접 전화를 걸어 만나달라고 요청했다.

레건은 그가 자금조달에 도움을 줄 수 있는 연줄을 갖고 있으며, 그들은 모두 소중한 시장 정보를 가진 신뢰할 만한 사람들이라고 말했다. 중개인들과 회계사들과의 업무 협의 때문에 시간을 허비하고 싶지 않았던 소프에게는 아주 매력적인 아이디어였다.

바로 그들은 계약을 체결했다. 계약에 따라 소프는 UC 어바인에서 강의를 계속하면서 펀드 투자전략을 연구하고, 레건은 뉴저지 주 프린스턴에 영업장을 개설해서 월가의 시장동향을 살피기로 했다. 설립 당시, 이 펀드의 이름은 '컨버터블 헤지 어소시에이츠Convertible Hedge Associates'였으나, 1975년에 '프린스턴/뉴포트 파트너즈(Princeton/Newport Partners, PNP)로 이름을 바꾸었다.

* * *

이런 일들이 진행되는 동안 소프는 워런트 가격결정모형에 대한 연구를 계속했다. 그의 방법론으로 수백 개 워런트들의 가격을 점검해본 결과 대부분이 과대평가되어 있었다. 투자자들은 그들이 좋아하는 스포츠 팀의 승리에 돈을 거는 도박꾼들처럼 워런트가 내가격(in-the-money; 옵션의 행사가격과 기초자산의 시장가격과의 관계를 말하는데 콜옵션은 행사가격이 기본자산의 시장가격보다 낮은 경우, 풋옵션은 행사가격이 기초자산의 시장가격보다 높은 경우를 내가격이라고 하며, 내가격 상태는 옵션의 권리를 즉각 행사하면 바로 이익을 실현할 수 있다. 이와 반대의 상황을 외가격(out-of-the-money)라 한다-옮긴 이) 상태라고 생각하고 있었다. 예컨대 IBM 주식이 향후 12개월 동안에 110달러에 도달할 수 있을 것이라고 막연하게 믿는 등 과도하게 낙관적이었다.

이렇게 워런트들이 과대평가되어 있는 상황은 그에게 멋진 투자기회를 제공했다. 소프는 과대평가된 워런트를 공매도했다. 즉 제삼자로부터 워런트를 빌려서 이를 또 다른 투자자에게 현재의 가격으로 매도하는 것이었다. 그가 바라는 것은 그 워런트를 나중에 보다 싼 가격으로 되사서, 그 차액을 챙기는 것이었다. 이에 따른 위험은 그 워런트의 기초주식의 가치가 상승해서 워런트 가격이 동반 상승하는 경우였다. 이러한 상황은 공매도자에게는 치명적이 될 수 있는데, 그것은 주식의 가치가 이론상으로는 무한대까지도 상승할 수 있기 때문이다.

그러나 소프는 이런 상황에 대한 안전망도 준비하고 있었다. 그것은 바로 현대 금융산업을 움직이는 중심이 되고 있으며, 진리를 추구하는 퀀트들에게 탐구의 만능열쇠(skeleton key) 역할을 하는 관행인 차익거래(arbitrage)였다. 알프레드 존스는 자신의 롱-쇼트헤지전략(매수를 뜻하는 롱

전략(long strategy)과 매도를 뜻하는 쇼트전략(short strategy)을 동시에 구사해서 펀드 내의 매입자산과 매도자산을 동일하게 유지함으로써 시장변화에 거의 영향을 받지 않고 안정적인 수익률을 추구하는 트레이딩 전략임-옮긴 이)으로, 소프의 계량적 방법과 비교할 때 어린 애들 장난 같은 것이기는 했지만, 초보적인 형태의 차익거래를 수행했었다.

순수차익거래는 사실상 완벽한 것이다. 그것은 한 시장에서 자산을 매수하고, 거의 동시적으로 그 자산이나 그것과 유사한 자산을 다른 시장에서 매도하는 것이다. 금이 뉴욕에서는 1,000달러에 거래되고, 런던에서는 1,050달러에 거래된다고 가정하자. 발 빠른 차익거래자는 뉴욕에서 금을 사서 거의 동시에 런던에서 팔아 50달러의 차액을 챙길 것이다. 이런 거래는 트레이더들이 월가의 버튼나무 아래서 주식들을 교환하던 18세기에는 어려운 일이었지만, 전보의 발명과 전화, 고속모뎀 및 지구를 회전하는 통신위성망의 시대인 현대에는 쉽게 수행할 수 있는 것이 되었다.

현실에서는 이처럼 분명하게 가격 차이가 존재하는 경우가 드물고, 아주 미세한 가격 차이가 금융시장의 심층부에 깊이 숨겨져 있다. 바로 그곳이 퀀트들, 즉 수학의 귀재들이 활동할 수 있는 분야이다.

정체를 제대로 드러내지 않고 감추어져 있는 워런트 분야는 소프와 카푸프에게 그런 차익거래의 기회가 도처에 널려 있는 노다지판이었다. 그들은 과대평가된 워런트를 공매도 하고, 동시에 그들의 베팅을 헤지하기 위해서 상응하는 분량의 기초주식을 샀다. 기초주식의 가격이 예기치 않게 올라가기 시작하면, 그들의 손실은 기초주식에 의해서 보전될 수 있었다. 그들의 공식은 포지션을 헤지하기 위해 얼마나 많은 기초주식을 그들이 보유해야 되는지도 계산할 수 있게 해주었다. 가장 좋은 상황은 워런트의 가격이 하락하고 기초주식의 가격이 상승하는 경우로, 이때에는 비효율성이 제거되고 매수거래와 매도거래 모두에서 수익을 거둘 수 있었다.

이 트레이딩 전략은 나중에 '전환사채 차익거래'라는 이름으로 알려지게 된다. 이것이 바로 이후 켄 그리핀이 운영하는 시카고의 거대헤지펀드인 시타델 인베스트먼트 그룹을 비롯한 수천 개의 헤지펀드들이 생겨나도록 만들었던 역사상 가장 성공적이고 수익성 좋은 트레이딩 전략 중 하나이다.

물론 이런 형태의 차익거래는 오랜 기간 월가에 있었던 기법이었다. 그렇지만 소프와 카수프는 워런트의 평가척도를 발견하기 위해서 정확한 계량적 방법을 고안해내고, 워런트에 대한 그들의 포지션을 헤지하기 위해서 투자자들이 기초주식을 얼마나 보유해야 하는지 주식과 워런트 사이의 상관관계도 최초로 발견해내었다. 그 후 세월이 흐르면서, 월가의 모든 은행과 대부분의 헤지펀드들이 델타헤징(델타는 주식과 워런트 또는 옵션 사이의 관계에 있어서의 변화를 기본적으로 나타내는 그리스문자로 표시되는 측정치임-옮긴 이)으로 알려지게 되는 이런 종류의 차익거래들을 수행하게 되었다.

소프는 자신의 전략이 갖고 있는 위험에 대해서도 이해하고 있었는데, 그것은 각각의 베팅으로부터 그가 얼마나 많은 돈을 따거나 잃을 것인지를 계산할 수 있다는 것을 뜻했다. 또 그는 이러한 거래에 얼마를 판돈으로 걸어야 하는지를 자신의 블랙잭 처방, 즉 켈리의 범주를 사용해서 결정했다. 그래서 상황에 따라 베팅의 수위를 조절할 수 있었다. 카드데크에 텐 카드만 가득 있는 것처럼 기회가 좋은 경우에는 자금을 충분히 준비해서 공격적으로 베팅하곤 했다는 뜻이다. 그러나 확률이 그에게 불리한 경우에는 안전하게 거래를 하고, 예상치 못한 방향으로 거래가 진전되면 충분한 여유자금을 보유해서 대비토록 했다.

또한 소프는 거의 피해망상증 환자로 보일 정도로 신중했다. 일본 동경에서의 지진 발생, 뉴욕시에의 핵폭탄 투하, 워싱턴 시에서의 유성 충돌처럼 그에게 불리하게 작용할 수 있는 날벼락과도 같은 상황도 가상해서 항상 대비를 했다.

하지만 이렇게 비정상적일 정도로 과민한 위험관리 전략이 소프가 장기적으로 성공할 수 있었던 주요한 이유라 할 수 있다. 그것은 어디선가 찬바람이 불어온다고 느낄 때에는 즉시 도박판에서 자신의 칩들을 빼내버리는 것을 의미했는데, 바로 이런 중요한 교훈을 그 다음 세대의 퀀트들은 무시해버렸던 것이다.

* * *

소프와 레건의 펀드는 1969년 후반에 출범한 후, 일반적으로 전체 시장의 성과지표로 사용되는 S&P 500지수가 5퍼센트나 하락했던 1970년에 3퍼센트의 수익률을 기록해서 바로 안타를 날렸다. 그들의 펀드는 전체시장이 4퍼센트 상승했던 1971년에는 13.5퍼센트, 시장지수가 14.3퍼센트 상승했던 1972년에는 26퍼센트의 수익률을 기록했다. 태평양 연안에 머물던 소프는 수천 킬로미터 떨어진 월가의 움직임을 예의주시하면서, 워런트의 가격동향을 추적한 후에 가격결정을 위한 공식들을 뉴포트에 있는 자신의 연구실에 있는 휴렛패커드 9830A 컴퓨터를 이용해서 프로그래밍 했다.

1973년, 소프는 괴짜 경제학자이며 당시 시카고대학 교수였던 피셔 블랙Fischer Black으로부터 편지 한 통을 받았다. 편지에는 블랙 교수가 또 한 사람의 시카고대학 경제학교수인 마이런 숄즈Myron Scholes와 공동으로 저술한 스톡옵션가격결정공식에 대한 논문의 초안이 포함되어 있었다. 이 논문은 저자들을 포함해서 그 당시에는 어느 누구도 중요성을 인식하지 못했었지만, 훗날 재무학 역사상 가장 유명한 논문들 중 하나가 된다.

블랙은《시장을 이겨라》에 설명되어 있는 소프와 카수프의 델타헤징전략을 알고 있었다. 블랙과 숄즈는 옵션가치를 찾아내기 위해서 이와 유사한 방법을 사용했는데, 이것은 나중에 '블랙-숄즈 옵션가격결정모형(Black-Scholes Option-Pricing Model)'으로 알려지게 된다. 소프는 이 논문을 꼼꼼히 분석했다. 그는 이 모형을 자신의 HP컴퓨터로 프로그래밍 했고, 이 모형은 소프의 공식을 통해 얻을 수 있는 가격과 거의 일치되는 스톡옵션의 가격을 즉시 보여주었다.

블랙-숄즈 모형은 월가에 혁명을 불러왔다. 아인슈타인의 1905년 상대성이론 발견이 원자폭탄의 발명뿐만 아니라 우주를 이해하는 새로운 길을 열어주었던 것과 똑같이, 블랙-숄즈 모형은 사람들이 광대한 화폐금융과 투자의 세계를 보는 방법을 극적으로 변화시켰다. 또한 그것은 그 자체의 파괴적 힘들을 확인시켰고, 2007년 8월에 발생해서 세계적인 금융 붕괴로 절정에 달하게 되었던 일련의 금융대재난으로 이어지는 길도 열었다.

소프의 워런트 가격결정모형과 마찬가지로, 블랙-숄즈 모형의 핵심적인 부분은 주식이 무작위로 움직인다는 가정에 바탕을 두고 있었다. 달리 표현하면, 주식들은 1827년에 브라운에 의해서 관찰되었던 꽃가루분자들과 똑같이 개미들처럼 지그재그 형태로 움직인다고 가정되어진다. 블랙과 숄즈는 1973년 논문에서 그들이 "주식가격은 지속적으로 무작위적인 행보를 따른다"고 가정했다고 기술했다. 소프가 이미 발견했던 것과 똑같이, 이는 투자자들로 하여금 특정 시간 프레임에서 주식이나 옵션이 얼마나 높게 또는 낮게 움직이는가를 나타내는 변동성의 적정 확률을 결정할 수 있도록 해준다.

따라서 로버트 브라운의 식물에 대한 관찰에서 비롯되었던 이론이 채권가격에 대한 바쉴리에의 관찰로 이어졌고, 이는 최종적으로 월가가 수십 억 달러 가치의 주식과 옵션을 거래하는 데 사용하는 공식으로 완결되었다.

그러나 옵션가격결정모형의 핵심적인 특성은 나중에 퀀트들에게 보복을 가하게 된다. 현실적으로 표현되는 경우, 브라운 운동을 옵션의 변동성에 대한 가격을 결정하는 데 사용하는 것은 거래자들이 주식이 가장 흔히 나타낼 수 있는 가격대, 즉 벨커브의 중앙부분에 위치한다고 가정하는 것을 의미한다. 당연히 이 방법은 주식가격의 큰 변동은 대부분 무시해버렸다. 그러한 종류의 움직임들은 파리 시내를 휘젓고 다니는 주정뱅이가 노트르담 사원을 나와서 눈 깜박할 사이에 센 강을 건너 솔본느에 나타나는 것처럼 도저히 가능하지 않은 일처럼 보인다. 그러나 실제의 세계와 금융의 세계는 항상 같이 움직이지는 않는다. 가격이 크게 변화하지 않는다고 가정하는 것은 눈 깜박할 사이에 가격이 크게 변하기도 하는 시장가격의 행태에 대한 중요한 진실을 무시해버리는 것이다. 또한 큰 추문, 제대로 듣지 않는 약, 오염된 제품, 또는 너무도 흔한 투자자들의 집단적 흥분에 따라 발생하는 공포의 탈출 등과 같은 인적요인에 의한 실패들도 존재한다. 역사는 무리 속에 있는 양들이 절벽을 넘어 먼 곳까지 무작정 따라가는 것처럼 상식적으로는 이해가 되지 않는 상황을 자주 보여주었다.

규모가 크고 갑작스러운 가격급변은 누구도 고려하려고 하지 않는 우발사태이다.[주2]

소프와 같이 경험이 많은 거래자들은 이를 잘 이해하고 이에 대해 적절한 조치를 취했다. 그러나 경험이 적고, 아마도 세상 물정에 어두운 다른 퀀트들은 그들이 개발한 모형들대로 시장이 실제 그렇게 작동하는 것처럼 맹신하게 된다. 즉 모형과 시장을 구분하기가 어려워져 버렸던 것이다.

그렇지만 1970년대 초에는 블랙-숄즈 모형의 등장이 시의적절한 것처럼 보였다. 자유시장의 주창자인 밀턴 프리드먼이 이끌던 시카고대학 경제학자들은 시카고에 옵션거래소를 설치하기 위해 노력하고 있었다. 옵션의 가격결정에 대한 획기적인 모형은 그들의 계획에 힘을 실어주었다. 블랙-숄즈의 논문이 발간되기 한 달 전인 1973년 4월 23일에 시카고옵션거래소(Chicago Board of Options Exchange, CBOE)가 영업을 개시했다. 그리고 곧 이어 텍사스 인스트루먼트가 블랙-숄즈 모형을 이용해서 옵션가격을 계산할 수 있는 휴대용 계산기를 발매했다.

월가가 이 공식을 신속하게 채택하면서 소위 '퀀트 혁명'이 본격적으로 전개되었다. 몇 년 후, 숄즈와 확률미적분학을 창의적으로 사용해서 블랙-숄즈 모형을 더욱 발전시켰던 MIT 교수 로버트 머튼이 옵션가격결정에 대한 연구로 노벨상을 받게 된다(블랙은 그 몇 년 전에 사망했기에 노벨상 후보가 되지 못했다). 소프는 기본적으로 동일한 공식을 고안해냈음에도 불구하고, 연구결과를 정식논문으로 발표하지 않았기 때문에 어떠한 공식적인 인정도 받지 못했다. 그렇지만 그는 그것을 이용해서 수억 달러의 돈을 벌었다.

월스트리트 저널이 "확률을 이용한 도박: 컴퓨터 공식이 증권시장에서의 성공 비결이 되다Playing Odds: Computer Formulas Are One Man's Secret to Success in the Market"라는 기사를 1면에 게재한 1974년, 프린스턴/뉴포트 파트너즈는 세간으로부터 엄청난 주목을 받았다. 그 기사는 다음과 같이 주장했다.

"펀드에 정통한 믿을 수 있는 증권회사 관계자들에 따르면, 이 펀드들은 연평균 20퍼센트 이상의 순자산 성장을 기록하고 있다."

더욱 놀라운 것은 고도의 인플레이션과 워터게이트 스캔들 때문에 시장이 대공황 이래 최악의 침체를 겪었던 시기에 이러한 성과가 이룩되었다는 사실이었다. S&P 500지수가 26퍼센트나 하락했던 1974년에 소프의 펀드는 9.7퍼센트의 수익률을 기록했다. 이 기사는 세계에서 가장 정교한 투자활동 중의 하나와, 그 후 도래할 퀀트 혁명의 싹들을 자세히 설명했다.

"소프는 옵션 및 기타의 전환유가증권들과 그것들의 기초 주식 사이에 존재하는 이상 현상을 찾아내기 위해 컴퓨터로 프로그램화 된 독자적인 수학공식들을 사용하고 있으며…… 소프의 펀드들은 컴퓨터를 집중적으로 활용하여 자산관리를 계량적이고 기계적인 방법으로 변화시켜나가고 있으며, 아직 초기단계이기는 하지만 계속 성장하고 있는 모범 사례가 되고 있다."

1970년대 중반에 출범한 프린스턴/뉴포트는 (소프와 레건이 헤지펀드 업계의 일반적인 관행에 따라 고객들에게 부과한 20퍼센트의 성과보수를 제외하고도) 11년 연속 두 자릿수 성장을 기록하는 연승행진을 이어갔다. 사실상 이 펀드는 설립 이래 단 한 번도 전년 또는 전분기에 대비해 하락하지 않았다. 1982년에 소프는 UC 어바인의 교수직을 그만두고 자산관리에만 전념하기 시작했다.

시황이 나쁜 연도에조차도 수익은 계속 성장했다. 1985년 11월까지 12개월 동안에는 S&P 500지수가 20퍼센트 하락했음에도 불구하고, 프린스턴/뉴포트는 12퍼센트의 수익률 증가를 기록했다. 그때 소프와 레건은 약 1억3천만 달러의 자산을 관리하고 있었는데 이는 1961년 소프가 자신의 첫 블랙잭에의 도전을 위해 매니 킴멜로부터 1만 달러의 자금을 제공받았던 것과 비교하면 엄청난 증가였다(이 펀드가 처음으로 영업을 개시한 1969년에 펀드 관리자산은 140만 달러였다).

그러나 소프는 자신이 거둔 성과에 안주하지 않았다. 그는 재능 있는 새로운 인재를 찾아내려고 노력했다. 1985년에 그는 모건스탠리를 박차고 나온 게리 뱀버거Gerry Bamberger라는 뛰어난 트레이더를 우연히 만나게 되었다. 뱀버거는 통계적 차익거래(statistical arbitrage) 또는 보다 간단하게 스태트 아브(stat arb)라고 알려지게 되는 뛰어난 주식거래전략을 개발했으며, 이 기법은 시장이 어떤 방향으로 움직이든지 언제나 수익을 실현할 수 있는 그때까지 개발된 트레이딩 전략 중 가장 막강한 위력을 보유한 기법이자 자산 증식시스템이었다.

그것이 이제 소프의 것이 되었다.

* * *

게리 뱀버거는 거의 우연히 통계적 차익거래기법을 발견했다.[주3] 그는 롱아일랜드 출신으로 키가 크고 머리가 잘 돌아가는 정통파 유대교도였으며, 컬럼비아대학에서 컴퓨터사이언스로 학위를 취득한 후, 1980년 모건스탠리에 입사했다. 모건스탠리에서 그는 이 은행의 주식거래활동에 대한 분석적, 기술적 지원을 제공하는 부문에서 근무했다.

뱀버거는 뮤추얼펀드와 같은 기관고객들을 위해 한꺼번에 1만 주 이상의 대량주식(블록주식)을 거래해주는 모건스탠리의 블록주식 거래데스크에서 사용하는 소프트웨어를 개발했다. 블록주식 트레이더들은 손실을 최소화하기 위해 "페어스전략(pairs strategy; 사업구조가 유사한 두 개의 종목을 짝을 지워서 한 종목의 매수와 다른 종목의 매도를 동시에 수행하는 주식거래전략-옮긴 이)"도 사용하고 있었다. 만약 이 데스크가 대량의 GM주식을 보유하고 있다면, 그들은 GM주식이 타격을 입는 경우에 대비하기 위해 많은 양의 포드주식을 공매도 한다. 뱀버거의 소프트웨어는 이들 두 주식의 상대적인 포지션에 대한 최신정보들을 트레이더들에게 제공해주었다.

뱀버거는 대규모 블록거래가 종종 주가 변동에 크게 영향을 미친다는 사실에 주목했다. 이때 페어를 이루고 있는 나머지 주가는 거의 움직이지 않았다. 이런 경우에는 두 주식 간의 일반적인 가격 격차를 나타내는 스프레드spread가 일시적으로 깨지곤 했다.

일반적으로 GM주식은 10달러에 거래되고, 포드주식은 5달러에 거래된다고 가정하자. GM주식에 대한 대량매수 주문은 이 주식의 가격을 일시적으로 10.5달러로 올라가게 할 수 있다. 반면에 포드주식은 그대로 5달러를 유지한다. 이 두 주식 사이의 '스프레드'가 벌어진 것이다.

뱀버거는 과거의 가격추이를 추적하고 전광석화처럼 행동함으로써, 이 순간적인 상황을 그가 이용할 수 있다는 사실을 인식했다. 그는 페어를 이룬 두 주식 중 상대적으로 가격이 오른 종목을 매도한 후, 그 주식들이 원래의 스프레드 상태로 돌아오면, 수익을 실현할 수 있었다. 또한 그는 가격이 움직이지 않은 주식에 대해 매입(또는 매도)포지션을 취할 수도 있었는데, 이렇게 하는 것이 다른 주식이 원래의 가격수준으로 회복하지 못하는 경우에 그를 보호해주었다. 즉 역사적 스프레드가 유지된다면, 매수포지션을 취한 주식은 언젠가는 상승하게 될 것이었다.

소프의 델타헤징전략과 거의 유사하게 이 전략이 퀀트가 이용하는 싸게 사고 비싸게 파는 전통적인 방법이다.

상사들에게 그의 아이디어를 설명한 후, 뱀버거는 1983년 초에 50만 달러의 밑천과 몇 명의 트레이더들과 함께 모건스탠리의 주식데스크에 배치되었다. 그는 시작부터 돈을 무더기로 쓸어 담기 시작했다. 그의 그룹은 9월 무렵에는 4백만 달러의 롱(매수)포지션과 숏(공매도)포지션을 보유하고 있었다. 1984년에는 그 숫자가 1천만 달러가 되었고, 그해 10월에는 1천5백만 달러로 증가했다. 1985년에는 이 그룹의 보유 자산이 3천만 달러에 육박하게 된다.

그러나 뱀버거는 정상에 올랐던 것과 마찬가지로 빠르게 추락했다. 그토록 큰돈을 벌어주는 사업을 일개 컴퓨터프로그래머한테 맡겨두는 것을 꺼림칙하게 생각하고 있던 모건스탠리의 윗사람들이 그 업무를 넌지오 타타글리아Nunzio Tartaglia라는 청부업자 비슷한 사람에게 넘겨버렸기 때문이다. 잔뜩 화가 난 뱀버거는 결국 모건스탠리를 나와 버렸다.

타타글리아는 자신이 인계받은 그룹의 명칭을 '자동화 프롭트레이딩(Automated Proprietary Trading, APT)'으로 바꾸고, 맨해튼 중심가 엑슨빌딩에 있는 모건스탠리 본사 19층에 길이가 12미터인 단독사무실로 옮겼다. 타타글리아는 프로그램매매를 용이하게 할 수 있도록 해주는 뉴욕증권거래소의 자동거래시스템인 슈퍼DOT시스템(Super Designated Order Turnaround System, 또는 Super DOT)에 이 매매데스크를 연결시켜서 보다 높은 수준의 자동화 기능을 추가했다. 얼마 지나지 않아서 APT의 거래량이 너무도 빨리 증가해서 어떤 시점들에는 APT가 NYSE 1일 거래량의 5퍼센트를 차지하기도 했다. 스테트 아브(통계적 차익거래) 거래전략은 타타글리아가 이 그룹을 맡은 첫 해에 6백만 달러의 이익을 올렸다. 1986년에는 4천만 달러라는 엄청난 수익을 올렸고, 1987년에는 이익이 5천만 달러로 증가했다. 이 그룹은 부분적으로는 CIA와 같은 비밀스러운 특성 덕택에 월가에서 전설적인 존재가 되기 시작했다.

타타글리아는 1986년에 APT의 기술부문 책임자로 콜럼비아대학 교수로 있던 컴퓨터천재 데이비드 쇼David Shaw를 채용했다. 스탠포드대학을 졸업한 쇼는 처리 속도와 효율성을 높이기 위해 동일한 문제에 대한 숫자들을 두 개 또는 그 이상의 메인컴퓨터들이 고속으로 처리하는 병렬처리(parallel processing) 분야의 전문가였다. 쇼는 실제 거래경험이 전혀 없었지만, 습득이 빠른 사람이었고 곧 그 그룹의 독특한 거래전략에 대해 흥미를 갖게 되었다. 큰 키에 마치 박쥐처럼 깡마른 쇼는 1980년대에 우후죽순처럼 생겨나던 컴퓨터를 이용한 결혼중매시스템에 손을 대보기도 했던 전형적인 퀀트였다.

모건스탠리는 쇼가 실제로 돈을 벌 수 있는 자신만의 거래전략을 개발토록 해준다는 약속을 하고 그를 채용했었다.[주4] 그러나 그룹을 장악한 타타글리아가 수익성이 좋은 트레이딩 업무를 몇몇 선택된 소수만 할 수 있도록 제한하자, 쇼는 자신이 거래에 직접 참여할 기회를 얻을 가능성이 없다는 사실을 인식했다.

그는 이 문제를 직접 해결해보려고 작정했다. 1987년 9월 어느 날, 사업모델과 거래전략에 대해 고위경영진들에게 프레젠테이션을 할 기회가 있었다. 병렬처리와 고속알고리즘에 대한 쇼의 프레젠테이션은 정상적으로 진행되었다. 그런데 그가 갑자기 복잡한 수학을 활용한 채권차익거래전략들을 자세히 설명하기 시작했다. 회의가 종료된 후, 회의에 참석했던 APT의 트레이더들과 리서처들은 쇼의 돌발행동에 대해 분노를 감추지 않았다. 쇼는 넘지 말아야 하는 선을 넘은 것이었다. 당시 프로그래머들은 거래에 참가하거나, 심지어 거래에 대해 생각조차 할 수 없도록 되어 있었다. 그 당시를 회상해보면, 프로그래머와 트레이딩 전략을 수립하는 전문가 사이의 경계는 너무나 확고했다(이 경계는 트레이딩이 점점 컴퓨터화 됨에 따라 서서히 무너졌다).

그런데 쇼는 모건스탠리의 상층부가 자신의 아이디어를 알아주기를 희망했던 것이었다. 그는 계량 및 계산재무(quantitative and computational finance, 흔히 금융공학이라고 부르는 분야임-옮긴 이)에 관련된 과학적인 연구를 수행하는 완전히 새로운 조사팀의 창설에 대한 자신의 아이디어를 직접 설명하기 위해 고위경영진을 접촉하기도 했지만 그의 아이디어는 철저히 무시되었고, 타타글리아도 전혀 귀를 기울이지 않았다. 프레젠테이션이 진행되었던 주말에 쇼는 회사를 그만두기로 결정했고, 그 다음 월요일에 자신의 결정을 타타글리아에게 통보했다. 쇼를 자신의 잠재적 경쟁자라고 경계하고 있던 타타글리아는 흔쾌히 그의 사표를 수리했다.

그것은 아마도 모건스탠리 역사상 훌륭한 인재를 놓쳐버린 가장 중요한 사건들 중 하나였을 것이다.

쇼는 2천8백만 달러의 자본금과 'D. E. 쇼'라는 명칭으로 자신의 펀드를 설립함으로써 스스로 일어섰다. 그리고 그 펀드는 얼마 지나지 않아 세계에서 가장 성공적인 헤지펀드들 중의 하나가 되었는데, 이 펀드의 핵심 트레이딩 전략은 통계적 차익거래, 즉 스태트 아브였다.

이와 대조적으로, 타타글리아는 1988년에 난관에 봉착했다. 모건스탠리의 상층부에서 APT의 자본금을 9억 달러에서 3억 달러로 삭감해버린 것이었다. 타타글리아는 부득이 레버리지를 증가시켰고 마침내 자본에 대한 부채의 비율이 8대 1이나 되었다. 1989년이 되면서, APT는 돈을 잃기 시작했고 타타글리아는 평정심을 잃어갔다. 결국 그는 쫓겨났고, 그가 모건을 떠나자마자 곧 APT는 문을 닫았다.

그 사이 뱀버거는 새로운 곳에 둥지를 틀었다. 소프는 항상 새로운 전략들에 관심을 가졌고, 특히 스태트 아브 분야에 큰 관심을 보이고 있었다. 뱀버거의 옛 동료는 뱀버거를 제이 레건에게 소개했고, 둘은 만나자마자 바로 죽이 맞았다. 소프와 레건은 '보스 파트너스BOSS Partners'라는 이름의 새 펀드를 설립하기로 합의했다. 보스 파트너스의 BOSS는 뱀버거Bamberger, 오클리Oakley, 서튼Sutton, 증권Securities에서 각각의 머리글자를 딴 것이었고, 오클리와 서튼은 소프와 레건의 미들네임들이었다. 뱀버거는 뉴욕 서쪽 57번가의 빌딩 12층에 3평이 조금 넘는 자그마한 사무실을 개설했다. 그는 5백만 달러의 자본금으로 영업 첫 해에 약 30퍼센트의 수익을 올림으로써 성공적으로 사업을 시작했다. BOSS는 1988년에 약 1억 달러의 자산으로 시작해 지속적으로 두 자릿수의 수익을 실현했다.

APT와 마찬가지로 BOSS도 1988년에 어려움을 겪었다. 그 해 연말이 되자, 뱀버거는 자신이 월가에서 충분한 돈을 벌었다는 결론을 내렸다. 그는 BOSS를 정리하고, 뉴욕주립대학교(SUNY) 버팔로 캠퍼스에서 재무와 법률을 가르치기 위해 뉴욕 주 북부로 옮겨 가버렸다. 그는 그 후 다시는 대규모 주식거래를 뒤돌아보지 않았다.

그러나 그가 개발한 트레이딩 전략은 프린스턴/뉴포트와 다른 기관들에서 계속 사용되었다. 뱀버거, 타타글리아와 함께 근무했던 트레이더들이 여러 기관으로 뿔뿔이 흩어져서 헤지펀드들과 골드만삭스 같은 투자은행들에 스태트 아브 기법을 전수했다.

D. E. 쇼가 수익을 무더기로 거두어들이고 있을 때, 다른 펀드들은 극초단타매매 스타일을 모방하기 시작했다. APT에서 리서처로 있었던 로버트 프레이는 1990년대 초에 제임스 시몬스의 펀드인 르네상스 테크놀로지스에 스태트 아브를 가지고 갔다. 2006년 월스트리트 포커의 밤 우승자인 피터 멀러는 타타글리아가 쫓겨난 몇 년 후에 모건스탠리에 합류했고, 훨씬 더 돈을 잘 버는 자신만의 스태트 아브 전문펀드를 출범시켰다. 소프가 하고 있던 모든 것들을 지켜보던 켄 그리핀은 시타델에서 동일한 트레이딩 전략을 채택했다. 스태트 아브는 곧 월가에서 가장 인기 있고 지속적으로 수익을 올리는 트레이딩 전략들 중 하나가 되었다.

에드 소프의 영향력은 다른 형태로도 금융계 전반에 퍼져나가고 있었다. MIT에서는 블랙잭 카드카운터 동아리가 생겨났는데, 이 동아리는 나중에 베스트셀러가 된 책《MIT 수학 천재들의 카지노 무너뜨리기(Bringing Down the House)》가 발간되는 계기가 되었다. 이 동아리 초창기 멤버들 중에는 1970년대 초에 이 책을 읽었던 블레어 헐이라는 어린 수학천재가 있었다. 《시장을 이겨라》도 읽었던 그는 시카고옵션거래소에서 트레이딩을 시작해서 1970년대 말까지 2만5천 달러를 벌었다. 그는 옵션가격을 신속하게 알아내기 위해 계량적 모형과 컴퓨터를 전문적으로 활용하는 '헐 트레이딩(Hull Trading)'을 1985년에 설립했다. 헐은 나중에 세계에서 가장 첨단적인 거래활동을 전개해서, 옵션의 세계를 변모시킨 퀀트의 메카가 되었다. 1999년에 골드만삭스는 5억 3천1백만 달러를 들여 헐을 인수했고, 그 결과 헐은 월가 최고의 초극단타매매기구들 중 하나로 성장했다.

한편 이런 일들이 벌어지는 동안에도, 소프와 레건이 추진하던 모든 일들은 순조롭게 진행되고 있었다. 이들의 펀드는 1986년에 짭짤한 수익을 기록했고, BOSS의 좋은 실적에 힘입어 1987년 전반에도 급속도로 성장하고 있었다.

그런데, 갑자기 주식시장이 요동치기 시작했다. 10월 초가 되면서, 시장에 균열이 생기기 시작했고 그것은 곧 전면적인 시장붕괴로 이어졌다. 이 재앙의 중심에 퀀트들과 블랙-숄즈가 개발한 옵션가격결정모형이 있었다.

4장

변동성이 미소를 지을 때

사과 속에 벌레가 들어 있었던 것처럼 퀀트들의 이론에 치명적 결함이 있었던 것일까? 블랙먼데이로 인해 야기된 이 도저히 지워지지 않는 공포는 1987년 10월의 주가폭락에서부터 2007년 8월에 분출되었던 금융대재앙에 이르기까지 악몽처럼 시시때때로 그들 주위를 맴돌게 된다.

1987년 10월 19일 자정 무렵, 리오 멜라메드는 시카고상품거래소(Chicago Mercantile Exchange, CME 또는 Merc) 19층 자신의 사무실에서 진땀이 잔뜩 배어 있는 손으로 전화기를 들고 알란 그린스펀의 번호를 눌렀다.[주1] 연방준비제도이사회(연준) 의장으로 새로 임명된 그린스펀은 바로 그 다음 날 미국은행가협회(American Bankers Association, ABA) 연차총회에서 연설하기 위해 달라스의 최고급 호텔 아돌퍼스(Adolphus)에 묵고 있었다. 이 연설은 중앙은행 총재로서 그가 하는 첫 번째 주요 연설이 될 예정이었다.

그러나 그린스펀은 연설을 하지 못했다. 다우제조업지수가 단 하루 동안에 23퍼센트나 폭락했기 때문이었다. Merc를 비롯한 모든 거래소들이 혼돈상태에 빠져버렸다. 많은 시장참여자들이 부도를 내었고 어음을 결제할 수 없었다. 그린스펀은 미국 내 거의 대부분의 은행과 증권거래소의 경영진으로부터 전화를 받아야 했다. 다음 날인 화요일에 시장이 상승세를 되찾아 정상화되는 것을 확실하게 하는 것이 당시 그에게 부과된 유일한 목표였다.

그린스펀은 Merc의 대표 멜라메드에게 이를 보장해줄 수 있는지 물었지만, 멜라메드도 그린스펀에게 확신을 줄 수가 없었다. Merc는 새로운 금융상품인 S&P 500 지수에 연계된 선물계약거래의 중심이었다. 일반적으로 거래가 종료되면, 그날의 계약으로 손실을 본 트레이더들은 Merc의 결제소에 현금을 이체하고, 결제소는 그 돈을 이익을 본 트레이더들의 계좌로 입금해준다. 통상 하루 평균 1억2천만 달러가 이렇게 해서 주인이 바뀐다. 그러나 그 월요일의 경우에는 S&P선물 매입자들이 매도자들에게 지급해야 할 금액의 규모가 주가폭락 때문에 20억 달러에서 30억 달러 사이의 규모로 급증해버렸다. 그 결과 일부 트레이더들은 그 시각까지 자금결제를 이행하지 못하고 있었다.

만일 자금결제를 이행하지 못해 다음 날 Merc가 개장하지 못한다면, 공포감이 확산될 것이었다. 전체 시장 시스템이 붕괴될 수도 있었다. 그날 밤, 멜라메드는 계좌들을 청산시키기 위해 미국 전역의 금융기관들에 미친 듯이 전화를 걸었다. 아침 무렵까지 21억 달러의 결제가 완결되었지만, 한 고객이 여전히 Merc의 재무대리인인 콘티넨털일리노이 은행에 4억 달러의 결제를 이행하지 못하고 있었다.

멜라메드는 그 4억 달러가 미결제된 상태에서 거래소를 개장할 수 있는지 확신을 하지 못했다. 아침 7시 경, 그는 콘티넨털의 Merc 담당 간부인 윌마 스멜서에게 전화를 걸기로 작정했다. 만약 스멜서가 그를 도와줄 수 없다면, 그의 다음 통화상대는 그린스펀이 될 것이었고……. 그 내용은 대단히 나쁜 뉴스가 될 수밖에 없었다.

스멜서는 4억 달러가 결제가 되지 않은 것을 묵인하고 넘어갈 수는 없다고 생각했다. 그것 때문에 전체 거래가 다 깨질 것이기 때문이었다.

"윌마, 나는 당신 고객이 틀림없이 그 금액을 결제할 것이라고 확신합니다." 멜라메드가 매달렸다. "그 4억 달러 때문에 Merc를 파산시키려고 하지는 않겠지요? 윌마, 안 그래요?"

"리오, 저는 그 일에 대해 권한이 전혀 없습니다."

"윌마, 제발 내 말 좀 들어줘요. 당신이 그 미결제액에 대해 책임을 져주셔야 됩니다. 당신이 그렇게 해주지 않으면 나는 알란 그린스펀에게 (우리 Merc가 파산한다고) 전화로 통보해야 하고, 그것은 즉각 공황을 초래하게 될 것이요."

긴박한 침묵의 순간이 잠시 지난 후, 스멜서가 말했다.

"리오, 잠깐만 기다려요. 톰 시어발드가 막 내 방에 들어오셨어요."

시어발드는 콘티넨탈의 회장이었다.

몇 분 후, 스멜서가 전화기를 다시 들고 말했다.

"리오, 좋습니다. 톰이 그대로 진행하라고 승인해주셨습니다. Merc 계좌에 돈을 입금하겠습니다."

그때 시각이 아침 7시 17분이었고, Merc의 통화시장이 개장되기 3분 전이었다. 그러나 금융시스템이 파멸적인 발작에 얼마나 가까이 갔었는지 그 내용을 아는 사람은 거의 없었다.

* * *

1987년 10월 19일 블랙먼데이의 시장붕괴 배후에 있었던 결정적 요인은, 10여 년 전 아무것도 하지 않은 채로는 잠시도 가만히 있지 못하는 어느 재무학 교수의 잠 못 이루던 밤에서 찾을 수 있다. 그 밤에 그 교수가 고민했던 결과가 '포트폴리오보험(portfolio insurance)'이라고 불리는 금융공학의 탄생이었다. 블랙-숄즈 모형을 바탕으로 하는 포트폴리오보험이 주식시장 내부의 움직임을 온통 엉망으로 만들었고, 역사상 최대 규모의 일중(日中) 가격폭락 무대를 마련했다.

1976년 9월 11일 저녁나절, UC 버클리캠퍼스 교수인 35세의 헤인 리랜드는 밤잠을 못 이루고 있었다.[주2] 그는 최근에 프랑스를 여행하고 돌아왔다. 달러 약세 때문에 그에게는 그 여행이 너무나 값비싼 여행이 되었다. 당시 높은 인플레이션과 낮은 성장률이 병적으로 결합된 스태그플레이션이 걷잡을 수 없이 만연하고 있었다. 경제가 침체되고 주식시장은 폭락하고 있었다.

리랜드는 이 암울한 현실을 심사숙고하면서 샌프란시스코의 투자관리회사에서 근무중인 그의 형 존과 나누었던 대화를 돌이켜보았다. 주가는 1973년에 크게 하락했고, 연금기금들은 그 후에 뒤따랐던 반등 기회를 놓치고 한꺼번에 인출되고 있었다. 그때 존은 이렇게 말했었다.

"보험만 있었더라면, 그 기금들을 다시 시장으로 끌어올 수 있었을 텐데."

리랜드는 블랙-숄즈 모형에 익숙했으며, 옵션들이 보험과 같은 방법으로 작동된다는 것을 잘 알고 있었다. 주가가 하락하면 보상을 받게 되는 풋옵션은 주식에 대한 보험증서와 흡사하다. 그는 그것에 대해 단계 별로 생각을 정리해보았다. 내가 IBM주식을 주당 50달러에 보유하고 있고, 그 가치가 하락하지 않을까 걱정하고 있다고 가정해보자. IBM주식이 45달러로 떨어지면 나에게 그 주식을 50달러에 팔 수 있도록 보장해주는 풋옵션을 3달러에 살 수 있고, 그 경우 나는 3달러의 보험료를 내고 보험에 가입하는 것과 같은 혜택을 누릴 수 있다.

리랜드는 그의 형이 주식의 전체 포트포리오에 대한 풋옵션을 설명하고 있었음을 깨달았다. 그는 책상에 앉아서 그가 알아낸 내용들의 의미를 적어보기 시작했다. 가격이 하락하는 주식의 전체 포트폴리오 위험이 계량화될 수 있으며 보험이 그것을 보호해줄 수 있다면, 비록 모든 위험을 모두 제거하지는 못하더라도 위험은 통제되고 관리될 수 있을 것이다. 이런 생각을 바탕으로 포트폴리오보험이 생겨났다.

리랜드와 마크 루빈스타인과 존 오브라이언 등 몇몇 금융공학자들은 그 후 여러 해에 걸쳐서 블랙-숄즈 모형을 바탕으로 하는 대규모 주식포트폴리오에 대해 보험을 제공해줄 수 있는 상품들을 고안해내었다. 1981년에 그들은 LOR이라고 알려지게 되는 리랜드, 오브라이언, 루빈스타인 어소시에이츠Leland O'Brien Rubinstein Associates Inc.를 설립했다. 이 상품은 시카고상품거래소가 1982년 4월 S&P 500지수에 연동되는 선물계약들을 거래하기 시작한 후 더욱더 큰 인기를 얻게 되었고, 1984년 사업은 크게 번창했다. LOR에 근무하던 수학천재들은 S&P지수선물을 공매도 함으로써 그들의 포트폴리오보험을 복제할 수 있었다. 만일 주식가격이 하락하면, 그들은 더 많은 선물계약들을 공매도 하도록 되어 있었다. 이 방법은 간편하고, 단순하면서도 달콤했다. 그리고 엄청난 수익이 발생했다.

1987년, 이 회사의 포트폴리오보험은 대부분 연금기금들로 구성된 기관투자가들이 보유하는 500억 달러의 자산을 보호하게 되었다. LOR을 복제한 상품들을 더하면, 포트폴리오보험에 의해서 보호되는 주식의 전체 규모는 거의 1천억 달러에 육박했다.

다우지수는 1987년 상반기 동안 크게 상승했고, 8월 말 무렵에는 40퍼센트 이상이 올랐다. 소위 레이건혁명이 미국의 자신감을 회복할 수 있도록 해주었다. 인플레이션은 진정되고 있었고, 일본 투자자들은 엔화를 갖고 홍수처럼 미국으로 몰려들고 있었다. 미국 전역의 뉴 에이저들은 수정(crystal)의 치유력을 발견했다. 연방준비제도이사회 의장에는 새롭고, 젊은 사람이 임명되었다. 뉴욕 메츠는 젊은 강타자 대릴 스트로우베리와 탁월한 투수 드와이트 구든을 주축으로 해서 최종전에서 상대를 꺾고 1986년 월드시리즈를 제패해서 월드챔피언이 됨으로써 야구의 신데렐라가 되었다. 무슨 문제가 있었겠는가?

그러나 사실은 문제가 많았다. 10월 중순이 되자, 주가는 몇 달 동안에 무려 15퍼센트나 곤두박질쳤다. 시어슨 리먼 브라더즈의 블록주식 거래데스크는 '구급보트 있는 곳(To the Lifeboats)'이라는 화살표가 표시된 금속표지를 달아놓았다. 분위기는 암울했다. 트레이더들은 주식과 선물시장에서의 컴퓨터기반 거래시스템이 촉발시키는 연쇄적인 주가하락에 대해 수군거리고 있었다. 10월 16일 금요일의 거래가 끝나갈 무렵, 아메리카증권거래소(American Stock Exchange, AMEX, 뉴욕증권거래소에 이어 미국 제2위의 증권거래소로 역시 뉴욕시에 소재함-옮긴 이)에서 주식지수선물을 거래하는 한 트레이더가 비명을 질렀다.

"세계의 종말이 왔다!"

10월 19일 월요일 이른 아침, 뉴욕의 투자자들은 거래가 시작되기 훨씬 전부터 맹렬한 매도공세에 대비하고 있었다. 저 멀리 바람의 도시인 시카고에서도 시카고상품거래소의 주가지수선물 거래대에는 무시무시한 정적이 감돌고 있었다. 모든 이목이 선물의 실제가격동향을 미리 알려주는 시카고의 암시장에 집중되어 있었다. 뉴욕보다 15분 먼저 거래가 개시되는 Merc가 개장된 후 몇 초도 지나지 않아서 S&P 500 지수선물은 14포인트나 떨어졌는데, 이는 다우존스제조업지수가 70포인트 하락했음을 보여주는 것이었다.

NYSE에서 거래가 개시되기 전 15분 동안, 지수선물들에 엄청난 압력이 가중되고 있었고, 그것들은 거의 대부분 포트폴리오보험회사로부터의 압력이었다. 지수선물의 큰 낙폭이 새로운 부류의 트레이더들, 즉 주가지수와 기초주식들 사이의 작은 격차를 이용해서 돈을 버는 투자자들인 지수차익거래자들을 움직이게 만들었다. 뉴욕시장에서 거래가 개시되었을 때, 공매도라는 거대한 벽이 시장을 강타했다. 주가가 곤두박질 칠수록 엄청나게 파괴적인 악순환 속에서 더욱 벌어지는 가격 차이에 보조를 같이하려는 노력이 계속되면서, 포트폴리오보험자들에 대한 선물의 매도 압력이 더욱 커졌다. 차익거래자들은 그들의 거래를 성사시키려고 발버둥을 쳤지만 발만 굴렀고, 선물과 주식들은 동반 추락했다. 모두가 혼돈 그 자체였다.

10월 19일의 최종 75분 동안의 거래시간에, 포트폴리오보험 매도자들이 선물을 투매하고 미국 전역의 증권위탁계좌로부터 매도주문이 몰려들었다. 역사상 가장 빠른 속도로 주식가격이 폭락했다. 다우지수는 이 날 하루 동안 300포인트나 하락했는데, 이는 역사상 하루 최대 낙폭의 3배나 되는 수치였다. 오늘날 시장을 기준으로 하면 하루 동안 무려 1,500포인트가 하락한 것에 해당된다. 우량주지수도 508포인트나 하락해서 1,738.74의 종가를 기록했다.

전 세계의 증권시장들이 컴퓨터를 통해 서로 연결되어 있기 때문에, 이 참사는 독사처럼 월요일 밤에는 동경, 홍콩, 파리, 취리히, 런던으로 그리고 다시 뉴욕으로 되돌아오면서 전 세계로 번져 나갔다. 화요일 아침 일찍, 아주 짧고 고통스러운 잠시 동안에 시장은 블랙먼데이보다 훨씬 더 깊은 구렁텅이 속으로 떨어졌었다. 우량주지수는 30퍼센트 이상 떨어진 가격대에서 거래를 개시했다. 주식, 옵션 및 선물 등 모든 거래가 얼어붙었다. 그것은 말 그대로 총체적 시장붕괴였다.

멀리 떨어진 뉴포트에서는 소프의 트레이더들이 허둥대고 있었다. 소프는 월요일에 시장이 추락하는 것을 놀라서 지켜보았다. 황급히 점심을 먹고 돌아왔을 때에는 주식가격이 23퍼센트나 떨어져 있었다. 거래가 종료되었고, 소프는 심한 속 쓰림에 시달렸다. 그러나 그는 재빨리 시장붕괴의 이면에 포트폴리오보험이 문제로 자리 잡고 있다는 것을 알아차렸다.

화요일에 거래가 개시되면서, S&P 500 선물과 이에 상응하는 현금시장 사이의 거대한 갭도 노출되었다. 통상적으로 이런 상태는 언제나 계량적인 전략을 선호하는 소프를 포함하는 차익거래자들에게는 멋진 투자기회를 의미했다. 포트폴리오보험자들에 의한 집중적인 매도 때문에 조성된 이와 같은 선물계약들과 기초주식들 사이의 엄청난 갭은 선물을 매입하고 주식을 매도하라는 신호였다.

화요일이 되었을 때, 대부분의 차익거래자들은 블랙먼데이에 받은 충격 때문에 공포에 질려 있었다. 그러나 소프는 확고했다. 그의 계획은 주식지수를 매도하고 선물을 매입해서, 이 둘 사이의 큰 스프레드를 모두 먹어치우겠다는 것이었다.

한 가지 문제는 빠르게 움직이는 시장에서 어떻게 주문을 제대로 처리하는가 하는 것이었다. 시장이 계속 추락하고 있었기 때문에 매수주문이나 매도주문을 내자마자 그것들은 미체결 상태로 남겨지곤 했다. 위기가 절정일 때, 소프는 프린스턴/뉴포트의 수석트레이더를 전화로 호출했다.

"5백만 달러의 지수선물을 시장가로 매수하고, 1천만 달러 상당의 주식들을 공매도하시오."

기술적인 이유로 멋대로 하락하는 시장에서 주식을 매도하는 것이 어렵기 때문에 매도주문을 낸 주식들 중 절반 정도가 팔리는 것이 최상일 것으로 그는 어림짐작했다.

"불가능합니다. 시장이 완전히 얼어붙어 버렸습니다."

처음에는 그 트레이더도 멈칫거렸다. 소프가 망치로 내리치듯이 강하게 요구했다.

"당신이 이 주문을 처리하지 못하면, 내가 직접 내 개인계좌로 주문을 내겠소. 그렇게 되면 당신에게는 국물도 없을 것이요."

소프는 그 트레이더에게 어떤 수익도 나누어주지 않겠다는 뜻을 분명히 밝히면서 소리를 질렀다.

트레이더는 마지못해 지시대로 했지만, 변동성 때문에 소프가 지시했던 공매도 물량의 60퍼센트만 계약을 체결할 수 있었다. 그러나 대부분의 시장 참가자들은 이번 사태야말로 정말로 엄청난 것이라고 생각하며 벌벌 떨고만 있었다.

그러다가 사태가 진정되었다. 화요일 오후 무렵이 되자 시장이 정상을 되찾았다. 연준이 엄청난 돈을 주식시장에 쏟아 붓기 시작하면서, 주가가 상승세로 돌아섰다. 다우지수가 102포인트 상승하며 그날의 장을 마감했다. 그 다음 날, 다우지수는 186.84포인트나 상승함으로써 당시로서는 역사상 최대의 하루 상승폭을 기록했다.

그러나 피해는 이미 걷잡을 수 없는 상태였다. 정크본드 스캔들이 신문의 전면을 장식하면서, 미국 전역에 월가에 대해 적대감을 나타내는 분위기가 광범위하게 조성되었다. 1987년 10월의 뉴스위크지 표지는 "파티는 끝났는가? 월가의 젊은 신동들에게 들이닥친 충격"이라고 질문을 던졌다.

퀀트들은 그들의 상처를 다스리고 있었다. 그들의 경이로운 발명인 포트폴리오보험은 시장붕괴의 주범으로 지목되면서 엄청난 비난을 받았다.

파마의 효율적 시장이론에 대해 즉각적으로 의문이 제기되었다. 어떻게 멀쩡하던 시장이 어느 날 23퍼센트의 폭락을 겪고, 또 그 다음 날에는 다시 아무 일 없었던 듯이 회복될 수 있는가?

퀀트들은 자기네들이 틀렸는지도 모르겠지만 사실은 원인을 잘 모르겠다는 태도를 보이면서 그들 나름의 독특한 항변을 했다. 그것은 블랙먼데이라는 것이 지금까지 한 번도 발생한 적이 없었다는 것이었다. UC 버클리의 박사학위 취득 후 과정을 밟고 있던 교환교수 버젠스 카스텐 잭워스와 포트폴리오보험의 공동개발자인 마크 루빈스타인은 1987년 10월 19일의 주가 대폭락이 그들의 기준으로 보았을 때 논쟁의 여지가 없다고 말하며 그 증거를 통계수치로 제시했다. 1995년에 발간된 그들의 확률공식에 따르면, 대폭락의 발생개연성은 "27-표준편차단위 사건", 즉 발생확률이 10^{160}분의 1이라는 것이다. "사람이 우주의 수명인 2백억 년을 살고, 이것을 다시 200억 번 (즉 200억 번의 빅뱅을) 되풀이 경험한다고 하더라도, 그와 같은 폭락이 이 기간 중 한 번 발생할 확률은 사실상 제로다"라고 그들은 말했다.[주3]

그러나 실제적으로 존재했던 블랙먼데이의 붕괴는 그것을 직접 목격한 트레이더들에게는 깊은 상흔을 새겼다. 그와 같은 거대한 규모와 난폭함이 수반된 시장붕괴는 지구상에서 가장 선진화되고 정교하게 구축된 금융시장들에서는 결코 발생하지 않을 것으로 여겨지고 있었기 때문이다.

그와 같은 시장붕괴는 특히 시장이 정확한 통계적 지배를 받고 있는 비정형적 브라운 운동의 세계에서는 발생해서는 안 되는 것이었다. 27-표준편차단위 사건(27-standard-deviation event)은 동전을 100회 던져서 계속

99회나 표면만 나오는 것과도 흡사했다.

사과 속에 벌레가 들어 있었던 것처럼 퀀트들의 이론에 치명적 결함이 있었던 것일까? 블랙먼데이로 인해 야기된 이 도저히 지워지지 않는 공포는 1987년 10월의 주가폭락에서부터 2007년 8월에 분출되었던 금융대재앙에 이르기까지 악몽처럼 시시때때로 그들 주위를 맴돌게 된다.

그런데 사실 이 결함은 수십 년 전에 세계에서 가장 뛰어난 수학자들 중 한 사람인 베노이트 만델브로트에 의해 이미 확인된 바 있었던 것이었다.

* * *

독일군 탱크들이 1940년 프랑스로 요란한 굉음을 내며 진격해 왔을 때, 베노이트 만델브로트Benoit Mandelbrot는 16세였다.[주4] 리튜아니아계 유대인인 그의 가족은 대공황으로 인한 경기침체가 번져나가던 1936년에 파리로 이주하기 전까지는 바르샤바에서 살았다. 만델브로트의 삼촌인 졸렘 만델브로트는 1929년에 파리로 옮겨가서, 곧 파리 수학계의 엘리트들로부터 명성을 얻었다. 어린 만델브로트는 삼촌에게서 수학을 배운 후, 프랑스 중등학교에 입학했다. 그러나 그의 인생은 나치들이 프랑스를 침범했을 때 다시 한 번 바뀌게 된다.

독일군들이 접근해 오면서, 만델브로트 일가는 친지들이 살고 있던 프랑스 남서부 튈Tulle의 작은 산간 마을로 피신했다. 베노이트는 이 지역 학교에 들어갔는데, 그곳에는 파리에서처럼 머리 터지는 치열한 경쟁이 없었다. 그런 환경은 만델브로트의 창의성이 제대로 뻗어나갈 수 있도록 해주었다. 그는 곧 복잡하고 기하학적인 이미지들을 머릿속에 그리면서 어려운 방정식을 푸는 방법을 직관적으로 깨달을 수 있는 독특한 능력을 개발할 수 있었다.

수학천재로 성장한 그는 1953년 프린스턴대학의 고등학문연구소(Institute for Advanced Study)에서 1년을 보내기 전에 프랑스 심리학자 장 피아제Jean Piaget와 잠시 일하는 등 제대로 된 직업을 구하지 못하고 힘든 시기를 보냈다.

1958년에 그는 맨해튼 북쪽에 있는 IBM의 중심연구소인 토마스 왓슨 연구센터(Thomas J. Watson Research Center)에 취직했다. 연구소에 있는 동안 다양한 사회들의 소득분포를 다룬 그의 연구가 IBM연구소 밖에 있는 경제학자들로부터 주목을 받았고, 1961년에는 초청 강연을 하기 위해 하버드대학을 방문하게 되었다. 캠퍼스에 도착해서 그는 바로 행사의 초청자인 경제학교수 헨드릭 하우트해커의 연구실로 찾아갔다. 연구실에 들어가자마자 그는 연구실 칠판에 그려져 있는 이상한 도표, 오른쪽으로 벌려져 있는 V자 모양의 볼록한 곡선을 보고 놀라움을 감출 수 없었다. 만델브로트가 의자에 앉자, 칠판에 그려진 이미지가 건너편에 앉은 하우트해커의 어깨 너머로 보였다.

"죄송합니다만, 저 곡선은 대단히 이상한 형태라 눈을 뗄 수가 없습니다. 저 칠판에 있는 도표는 제가 오늘 강연할 바로 그 내용인데 교수님은 그 내용을 이미 다 알고 계시는 것 같습니다만……."

잠시 잡담을 나눈 후 그가 말했다.

"무슨 말씀이신지? 저는 선생님이 오늘 강연하실 내용은 전혀 모르고 있습니다."

고개를 돌려서 그 도표를 본 하우트해커가 말했다.

그 도표는 하우트해커가 몰두하고 있던 원면가격의 동향에 대한 한 학생의 연구프로젝트에서 도출된 것이었다. 그 학생은 원면가격의 행태가 금융이론들을 지배하고 있는 표준적인 브라운 운동 모형과 어떻게 들어맞는지 알아내기 위해 노력하고 있었다. 그러나 실망스럽게도, 어느 것도 들어맞지 않았다. 그 자료들은 이론과도 맞지 않았고, 종 모양을 보이는 정규분포곡선(벨커브)도 아니었다. 가격들은 너무도 불규칙적으로 움직이고 있었다. 만델브로트는 그 우연이 하우트해커의 칠판에 그려진 원면가격에 대한 도표가 만델브로트 자신이 그날의 강연을 위해 준비한 소득분포에 대한 도표와 정확히 일치했기 때문에 놀라지 않을 수 없었다.

원면가격의 독특한 상승과 하락이 하우트해커에게는 너무도 제멋대로인 것으로 판명되었다. 그 자료들은 뉴욕원면거래소에 보관된 1백년 이상의 기간에 걸친 엄청나게 많은 양의 자료였기 때문에 틀릴 가능성이 거의 없었지만, 그래도 만에 하나 틀렸을 수는 있었다. 하지만 그로서는 둘 중 어느 것도 확인할 수 없어서 거의 포기를 하고 있던 상태였다.

"할 수 있는 것은 모두 해봤습니다."

그가 만델브로트에게 말했다.

"저는 이 원면가격들을 설명하기 위해서 모든 일을 다 했습니다. 변동성을 측정하기 위해 애를 썼습니다만, 할 때마다 다른 결과가 나왔습니다. 모든 것이 변합니다. 변하지 않는 것은 아무것도 없더군요. 그건 도저히 어떻게 할 수 없는 최악의 잡동사니일 뿐입니다."

이야기를 듣고 만델브로트에게 좋은 생각이 떠올랐다. 정상적인 정규분포곡선에는 전혀 들어맞지 않는 불규칙적이고 대단히 이질적인 등락을 보여주는 자신의 소득분포에 대한 분석과 하우트해커가 원인도 모르고 도출한 이 제멋대로인 원면가격들 사이에는 무언가 숨겨진 관계가 있을 것이었다. 하우트해커는 원면가격에 대한 자료가 수록된 한 상자 가득한 컴퓨터펀치카드를 그에게 기꺼이 넘겨주었다.

"이 자료들을 갖고 꼭 무언가를 찾아내시길 바랍니다."

요크타운 하이츠에 있는 IBM연구소에 돌아오자마자, 만델브로트는 그 자료들을 IBM 슈퍼컴퓨터로 돌리기 시작했다. 그는 맨해튼의 미국경제연구소(National Bureau of Economic Research)에 있는 먼지가 잔뜩 쌓인 책들과 워싱턴 농무부의 자료에서 가격들을 수집했다. 그는 소매가격, 철도회사들의 주식가격 및 이자율을 조사했다. 그리고 그는 자신이 조사했던 모든 곳에서 동일한 결과를 얻을 수 있었는데, 그것은 그들이 속하지 않았던 곳, 즉 벨커브의 양쪽 끝 부분들에서의 큰 등락이었다.

자료를 철저히 조사한 후, 만델브로트는 그의 발견을 자세히 설명한 책, 《일부 투기적 가격들의 변동성(The Variation of Certain Speculative Prices)》을 저술했다. IBM의 내부 연구보고서로 발간된 이 책은 시장을 모형화하기 위해 사용되는 정규분포에 대한 직접적인 공격이었다. 만델브로트는 "가격 변화의 실증적인 분포들이 흔히 표본들에 비해서 지나치게 뾰족한 형태로 되어 있다"고 주장했는데, 그 이유는 "큰 가격변화들이 일반적으로 예측되는 것보다 훨씬 더 빈번하게 발생하기 때문"이었다.

만델브로트는 가격들의 변덕스러운 행태를 측정하기 위해 대안이 될 수 있는 방법을 제안했는데, 그것은 파리 시절 그가 배웠던 프랑스 수학자 폴 레비가 고안한 수학적 기법을 빌려온 것이었다. 레비는 한 개의 표본이 전체 곡선의 모양을 심하게 변화시키는 분포들을 조사했다. 1천 명의 평균 키는 1,001번째 사람의 키 때문에 많이 변하지는 않을 것이다. 그러나 소위 레비분포에서는 표본 중 단 하나의 극심한 변화에 의해서 전체가 뒤바뀔 수 있었다. 만델브로트는 눈을 가리고 활을 쏘는 궁사의 예를 들었는데, 1,000발의 화살이 모두 과녁 근처에 떨어질 수도 있지만, 1,001번째의 화살이 우연히 표적과는 아주 먼 곳에 떨어져서 전체 분포를 심하게 변화시킬 수는 있다. 그것은 통계적 형태들을 파악하는 전적으로 다른 방법으로 단 하루 동안에 주식시장이 23퍼센트나 폭락하는 것처럼 추세 중 단 하나의 극적인 변화에 의해서 예전의 모든 결과들이 뒤집혀질 수도 있는 것을 의미했다. 레비의 공식들은 하우트해커를 당황하게 했던 원면가격의 급격한 움직임을 분석할 수 있는 수학적 해결책을 만델브로트에게 제공했다.

도표에 표시가 되면, 이 극심하고 예측되지 않는 움직임들은 전혀 벨커브처럼 보이지 않는다. 대신에 이 곡선은 분포의 극단들을 나타내는 양쪽 끝 부분이 들어 올리게 된다. 이렇게 들어 올린 부분을 우리는 "두터운 꼬리

두터운 꼬리를 갖는 분포의 모양

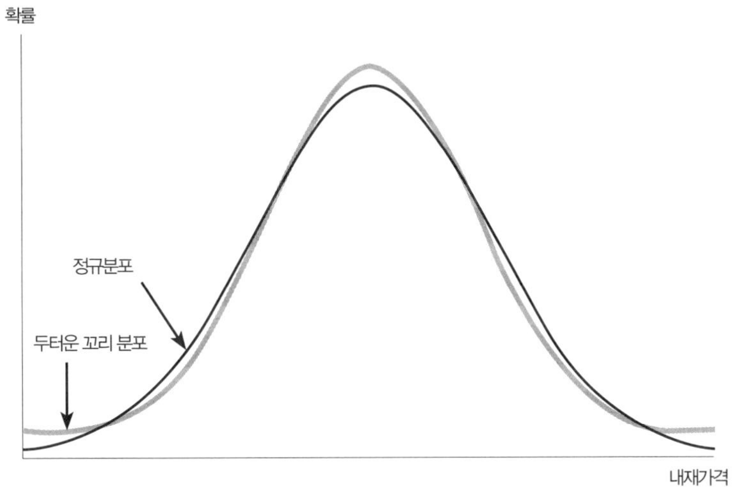

(fat tails)"라고 부른다.

만델브로트의 논문에 대한 소식이 학계를 통해 퍼져나갔다. 1963년 말에 그는 MIT 재무학교수인 폴 쿠트너로부터 전화를 받았다. 쿠트너는 브라운 운동에 대한 바쉘리에의 논문번역 등 시장의 움직임들을 다룬 당시까지의 수학적 통찰에 대해 출간된 자료들을 모아서 책을 만들고 있었다. 그는 만델브로트의 논문도 여기에 포함시키기를 원했다. 그는 이 책에 '주식시장 가격의 무작위적 특성(The Random Character of Stock Market Prices)'이라는 표제를 붙였다. 이 책이 그로부터 1년 후, 에드 소프가 워런트 가격결정 공식을 찾아내려고 노력하고 있을 때 읽었던 바로 그 책이었다.

그런데 이 책에서 쿠트너는 다섯 쪽의 악의적인 논평을 통해서, 만델브로트의 의견을 공격했다. 만델브로트가 "유토피아가 아닌 피와 땀과 수고와 눈물을 약속하고 있다"는 것이었다. 레비분포의 극심한 소용돌이와 갑작스런 가격등락이란 그저 있을 수 없는 현상이며, 그 결과는 혼돈 그 자체일 것이라는 주장이었다. 몇몇 경제학자들이 만델브로트의 분석에 잠시 공감을 나타내기는 했지만, 그나마 곧 관심을 잃고 떨어져 나가버렸다. 어떤 사람들은 이 접근법이 너무 단순하다고 말했다. 비판가들은 가격의 움직임이 변덕스러운 아주 짧은 기간에는 그것을 사용할 수도 있겠지만, 보다 긴 기간들에는 가격이 보다 질서 있게 브라운이 발견한 형태로 움직이는 것으로 보인다고 주장했다.

주식시장의 장기추세에 대해 눈으로 직접 검사해보면 전체 시장의 가격들이 보다 규칙적이고 덜 변덕스러운 형태로 움직이는 경향이 있다는 것을 알 수 있다.

만델브로트도 장기간의 경우에는 균형이 지배하는 경향이 있다는 것

은 인정했다. 그러나 중요한 사실을 놓쳐서는 안 되었다. 즉 가격은 짧은 기간 동안 소용돌이치듯이 급변할 수 있으며, 이 경우 대규모로 차입을 통해 조달한 자금을 투자한 투자자들은 엄청난 규모, 어떤 경우에는 파멸에 이를 수 있을 정도로 큰 손실을 볼 수도 있다는 점이었다.

퀀트모형에 대한 비판가인 나심 니콜라스 탈레브Nassim Nicholas Taleb가 그 후 여러 권의 저서를 통해 주장했듯이 시장이 랜덤워크에 따라 움직인다고 믿는 투자자들은 (그의 저서들 중 하나의 제목인 "Fooled by Randomness"처럼) 행운에 속고 있는 것이다. 탈레브는 모든 백조들은 흰색이라고 생각했던 서방세계의 선원들이 호주에서 검은 백조를 발견했을 때 무참히 깨어져버린 통념처럼, 시장, 그리고 인생 그 자체에 있어서의 예기치 못한 큰 변화를 "검은 백조(black swan)"현상이라고 불렀다. 탈레브는 세계에는 많은 사람들이 믿고 있는 것보다 훨씬 더 많은 검은 백조들이 존재하며, 역사적인 추세와 랜덤워크의 기대를 바탕으로 하는 모델들이 그것들을 사용하는 사람들을 언젠가는 파멸로 이끌 것이라고 주장했다.

만델브로트의 이론들은 그 이론들이 연상시키는 어지럽고 혼란스러운 세계를 다루는 것을 원하지 않았던 금융공학도들로부터 배척을 받았다. 그러나 그것들은 그들의 마음 깊은 곳에 나쁜 추억처럼 언제나 희미하게 자리 잡고 있었으며, 블랙먼데이와 같이 큰 변동성이 나타나는 기간에는 전면으로 확 튀어나왔다가, 그것들이 항상 그렇게 보이는 것처럼 시장이 마침내 진정이 되면 다시 잊혀져버리곤 한다. 그렇지만 치명적인 변동성은 언젠가는 꼭 다시 나타난다.

블랙먼데이가 있은 약 10년 후, 롱텀캐피털 매니지먼트(Long-Term Capital Management, LTCM)라고 알려진 거대한 퀀트헤지펀드의 배후에 있던 수학천재들이 만델브로트가 예견했던 험상궂은 시장과 직접 대면하게 된다. 1998년 여름 불과 수 주간 동안에 LTCM은 수십 억 달러의 손실을 기록해서 세계금융시장을 불안에 떨게 만들었고, 결국 연방준비제도이사회 의장인 알란 그린스펀이 직접 나서서 대규모 구제금융을 주선하지 않을 수 없도록 했다. 복잡한 컴퓨터모형들과 위험관리전략들을 바탕으로 하는 LTCM의 거래들은 믿을 수 없을 정도로 많은 레버리지(차입)를 통해 이루어져 있었다. 시장이 이들 모델이 전혀 예측할 수 없었던 형태로 움직였을 때, 겹겹이 쌓여 있던 거액의 차입금들이 펀드의 자본금을 모두 증발시켜 버렸다.

옵션가격결정모형의 개발자인 마이론 숄즈와 로버트 머튼 등이 파트너들로 참가하고 있었던 LTCM의 트레이더들은 그들의 포지션을 충분히 긴 기간 동안 보유할 수 있었다면, 그들은 돈을 벌었을 것이라고 그 후 자주 주장하곤 했다. 물론 멋진 이론이다. 그러나 현실은 그처럼 간단하지가 않았다. LTCM은 한 방에 모든 것을 걸었고, 모두를 잃었다.

* * *

블랙먼데이는 시장시스템의 기본구조에 지울 수 없는 낙인을 남겼다.

시장붕괴가 있은 직후, 옵션트레이더들은 주식-옵션 가격그래프에 나타나는 이상한 패턴을 주목하기 시작했다. 주식가격이 크게 하락할 것이라는 예측에 돈을 거는 것을 의미하는 심한 외가격(deep out-of-the-money) 풋옵션의 가격들이 기초주식의 경상가격에 근접한 풋옵션의 가격들에 비해서 이례적으로 높았다. 이들 가격에 대한 그래프들이 일반적으로 수용되고 있는 이론들에 따르면 도저히 나타날 수 없는 그러한 옵션들의 주위에 굴곡이 많은 곡선으로 나타나고 있었다. 트레이더들은 곧 이러한 현상의 이름을 기억해 내었는데, "변동성 스마일volatility smile"이 바로 그것이었다. 그것은 시장을 지탱했던 바로 그 가격들로부터 기분 나쁘게 시익 웃음을 짓는 블랙먼데이의 음침한 기억이었다.

변동성 스마일은 트레이더들이 이러한 외가격풋옵션을 매도해서 큰돈을 벌 수 있다는 것을 의미하기 때문에, 블랙-숄즈 모형과 현대 포트폴리오 이론의 기반이 되는 질서정연한 세계의 "비차익거래 균형(no arbitrage)"에 배치된다. 풋옵션가격들이 (공식에 따르면) 그것들에 내재된 위험에 비해서 지나치게 높게 형성되어 있다면, 현명한 조치는 그것들을 즉시 매도해버리는 것이다. 그렇게 하는 것이 궁극적으로는 가격을 그것이 당연히 있어야 할 자리로 다시 내려가도록 한다.

그러나 이상하게도, 트레이더들은 그렇게 행동하지 않고 있었다. 아마도 트레이더들은 블랙먼데이와 같은 또 다른 시장붕괴가 그들을 완전히 몰아낼 수도 있다고 두려워했던 것 같다. 그들은 공포심을 극복하지 못했고, 이에 따른 변동성 스마일은 오늘날까지 지속되고 있다.

변동성 스마일이 월가의 퀀트들을 당혹하게 만들었다. 한 가지 예를 들면, 그것은 그들의 지극히 신중하게 계산된 헤지전략들을 엉망으로 만들어 버렸다. 또한 그것은 근본적인 이론 그 자체에 대해서도 의문들을 제기했다.

"나는 변동성 스마일의 존재가 블랙-숄즈의 20년에 걸친 옵션이론의 기초와 완전히 배치된다는 것을 인식했다"고 골드만삭스에서 피셔 블랙과 함께 근무했던 금융공학자인 이매누엘 더만은 그의 책, 《퀀트-물리와 금융에 관한 회고(My Life as a Quant)》에 썼다.[주5] "그리고 블랙-숄즈 모형이 틀렸다면, 기초지수의 움직임에 대한 옵션가격의 예측된 탄력성 역시 틀리게 된다……. 그러므로 이 스마일은 옵션거래의 보호막이 되어왔던 이론의 제방 깊숙이 작은 구멍을 낸 것이었다."

블랙먼데이는 블랙-숄즈 모형뿐만 아니라 소위 계량혁명(quantitative revolution) 그 자체에 내재된 기초에도 구멍을 내었다. 주식들은 브라운 운동과 랜덤워크이론에 따라서 예측된 것처럼 아주 작은 변동을 나타내면서 움직이지 않았다. 그것들은 멕시코산 등대 풀의 씨앗처럼 크게 움직였다. 투자자들은 퀀트이론에 가정된 것처럼 결코 이성적이지 않으며, 그들은 침몰하는 배에 타고 있는 쥐들처럼 자주 집단적인 공포감에 휩싸인다.

더 나빴던 것은 투자자들을 큰 손실로부터 보호하기 위해 퀀트들이 고안해낸 상품인 포트폴리오보험으로, 그것이 시장붕괴의 배후가 되었다. 손실을 피하기 위해서 만들어진 그것이 바로 손실을 발생시키는 요인이 되었던 것이다.

그러나 블랙먼데이를 겪으면서 모든 사람이 다 파멸적 손실을 보지는 않았다. 프린스턴/뉴저지 파트너스는 소프의 발 빠른 대응 덕택에 그날 수백만 달러밖에 잃지 않았다. 붕괴가 지나간 후, 열감지미사일처럼 시장을 치밀하게 살피는 소프의 모델은 수많은 좋은 거래들을 찾아내어 주었다. 이 펀드는 그 참혹한 달을 손실 없이 막을 수 있었다. 그들은 S&P 500지수가 5퍼센트 상승에 그쳤던 그 해 전체로도 27퍼센트의 높은 수익률을 올릴 수 있었다.

소프는 주식시장 역사상 가장 궤멸적이었던 시장붕괴를 잘 견뎌냈다. 모든 것이 순조로웠다. 그러다가 갑작스럽게 재앙이 프린스턴/뉴포트 파트너스를 덮쳤다. 그것이 에드 소프에게는 검은 백조였다.

1987년 12월 중순, 조용한 프린스턴 중심가에 있는 아무런 간판도 없는 사무실 단지 앞에 한 무리의 밴들이 들이닥쳤다. 방탄조끼를 입고 무장을 한 50명의 연방법원 집행관들이 밴들로부터 뛰쳐나와 하겐-다즈 아이스크림 가게 위의 좁은 면적에 둥지를 틀고 있는 프린스턴/뉴포트 파트너스의 사무실로 몰려 들어갔다.[주6]

그들은 이 펀드가 마이클 밀켄의 정크본드 제국이었던 드렉셀 번햄 램버트Drexel Burnham Lambert와 수행했던 거래들과 관련된 서류들을 뒤졌다. 이 사건을 담당하고 있는 사람은 뉴욕 남부지구 연방검사인 루돌프 줄리아니였다. 그는 드렉셀 사건에 대해 보다 많은 증거들을 모으려고 노력 중이었으며, 많은 벌금과 징역형을 받을 수도 있다는 두려움에 이 헤지펀드의 종업원들이 밀켄에게 등을 돌리기를 희망하고 있었다.

그러나 그의 마음대로 되지는 않았다. 1989년 8월에 맨해튼 배심원단은 레건을 포함하는 5명의 프린스턴/뉴포트 경영진들에 대해 불법적인 주식 거래 모의들과 관련된 63건의 범죄협의에 대해 유죄평결을 했다. 3천2백 킬로 이상 떨어진 뉴포트비치 사무실에 있으면서 펀드의 프린스턴 본사에서 행한 부정거래 협의에 대해서는 거의 알고 있지 못했던 소프는 기소되지 않았다. 그러나 레건과 유죄평결을 받았던 프린스턴/뉴포트의 다른 파트너들은 밀켄에 대해 불리한 증언을 하거나, 자신들의 불법행위를 인정하기를 거부했다. 그 대신 그들은 정부에 대항해서 싸웠고, 결국은 이겼다. 연방항소법원은 1991년 6월에 정부의 사기사건에 있어서의 공갈죄 유죄평결을 기각했다. 다음 해 초에 검찰은 기소를 중지했다. 프린스턴/뉴포트의 종업원들 중에서 단 하루라도 감호소 신세를 진 사람은 없었다.

정부의 공격으로 가장 큰 피해를 입은 것은 프린스턴/뉴포트 펀드 그 자체였다. 소프로서는 그와 같은 논란 속에서 펀드를 제대로 운영하는 것이 불가능해졌고, 프린스턴에 있는 그의 동료들도 범죄협의가 걸려 있는 거래들에 집중할 수가 없었다. 불안을 느낀 투자자들도 펀드에서 투자금을 인출해갔다.

* * *

소프는 자신의 생활을 단순화시키기로 작정했다. 그는 본인의 자금을 투자하는 일은 계속했지만, 다른 이들을 위한 자금의 관리는 잠시 쉬기로 했다.

그는 연금기금들과 기부금펀드들에 대한 컨설턴트로서도 활동했다.[주7] 1991년에 한 기업이 소프에게 자신의 투자포트폴리오를 검토해주기를 요청했다. 이 회사의 다양한 투자보유분들을 꼼꼼히 점검하다가 그는 1980년대 전 기간 중 경이로운 수익률을 올린 어떤 투자펀드에 주목했다. 매년 이 펀드는 20퍼센트 이상의 수익률을 기록했는데, 그것은 소프가 보았던 어떤 펀드, 심지어는 프린스턴/뉴포트의 실적도 훨씬 능가하는 것이었다. 약간의 의아함과 더불어 강한 호기심을 느낀 그는 펀드의 거래활동들이 수록되어 있는 서류들을 요청해서 그 펀드의 투자전략을 보다 깊이 파헤쳤다. 뉴욕 3번가에 있는 유명한 "립스틱 빌딩"에 자리 잡고 있던 이 펀드는 저가에 매수하고 고가에 매도할 수 있도록 지원해주는 비밀공식을 이용해서 속사포와 같은 속도로 연속해서 주식옵션들을 거래했던 것으로 짐작되었다. 소프에게 제출된 그 펀드의 거래기록에는 얼마나 많은 옵션을 매입했었는지, 어떤 회사들이었는지, 그리고 그 거래들을 통해 얼마나 많이 벌었거나 잃었는지 등이 기록되어 있었다.

소프가 그 펀드가 사기라는 것을 인식하는 데는 거의 하루가 소요되었다. 펀드가 매입했거나 매도했었다고 보고한 옵션들의 수량이 공식거래소에서 거래된 전체거래량보다 훨씬 더 많았다. 예컨대, 1991년 4월 16일에 매도프Madoff의 회사는 프록터 앤 갬블(P&G) 주식에 대한 콜옵션 123개를 매수했다고 보고했다. 그러나 당일 거래소를 통해서 거래된 P&G 옵션들은 (이때는 그 다음 10년의 기간 동안 발생했던 옵션거래량의 폭발적인 증가가 있기 훨씬 이전이었기에) 모두 20개뿐이었다. 소프의 조사는 이와 유사한 불일치들이, 특히 IBM, 디즈니와 머크 옵션들에 대한 거래에서 확인된다는 것을 발견했다. 그는 이 펀드에 투자를 한 기업에게 버나드 L. 매도프 투자증권이라는 이름의 이 펀드로부터 투자금을 즉시 인출하라고 권고했다.

뉴욕의 금융자본가 버나드 매도프가 운영하던 이 펀드는 2008년 말에 투자자들로부터 수백억 달러를 사취했던 대규모 사기펀드였으며 역사상 최대의 폰지사기(ponzi scheme, 신규 투자자의 돈으로 기존 투자자에게 이자나 배당금을 지급하는 방식의 다단계 금융사기를 의미함-옮긴 이)로 판명되었다. 감독당국자들에게 반복적으로 이 펀드에 대한 경고가 제기되었지만, 그들은 이 펀드의 거래전략이 합법인지 불법인지조차 결론을 내리지 못했다.

소프가 투자게임을 잠시 쉬고 있는 동안, 퀀트들의 눈부신 부상을 위한 무대가 펼쳐지고 있었다. 캘리포니아 주의 일종의 퀀트양성소에 근무하고 있던 피터 멀러는 자기 회사를 차려서 큰돈을 운용해보고 싶어서 안달이었다. 클리프 애스네스는 시카고대학의 엘리트 금융과정에 막 입학했다. 보아즈 웨인스타인은 아직도 고등학생이었지만, 그의 관심은 이미 월가의 흥미진진한 거래현장에 쏠려 있었다.

소프가 프린스턴/뉴포트를 정리하게 되면서, 그는 자신이 갖고 있던 헤지펀드의 지휘봉을 세계에서 가장 강력한 헤지펀드매니저들 중 한 사람이 될 22세의 신동에게 넘겨주었으며, 그는 2007년 8월에 시작되는 또 한 번의 시장붕괴에서 핵심적인 역할을 담당하게 된다.

5장

퀀트 4인방의 등장

하버드 기숙사에서 전환사채 거래로 월가의 프로들을 압도한 시타델 인베베스트먼트 대표 켄 그리핀, 프린스턴 대학에서 이론수학을 공부한 천재이자 성공적인 헤지펀드 PDT의 대표 피터 멀러, 급한 성격으로 유명한 독설가이자 AQR 캐피털 매니지먼트의 설립자 클리프 애스네스. 신용부도스왑계의 제왕이자 체스 '라이프마스터'이기도 한 보아즈 웨인스타인, 새로운 유형의 투자가인 퀀트들 중에서도 가장 우수하고 영특한 네 거인들의 등장에 대한 이야기.

1990년 에드 소프는 그의 오랜 투자자들 중 한 사람이기도 한 프랭크 메이어로부터 전화를 받았다.[주1] 메이어가 특유의 걸걸한 목소리로 소프에게 말했다.

"내가 아주 괜찮은 친구를 하나 찾아냈어."

그의 음성은 약간 흥분에 들떠 있었다.

"내가 만났던 가장 현명한 친구들 중 하난데, 기숙사 방에서 할머니의 은행계좌로 전환사채를 거래했던 친구야."

"누군데요?"

"켄 그리핀이라고 아주 총명한 하버드 졸업생이지. 에드, 마치 당신을 빼어 닮은 것 같아"

"하버드요?" 소프가 코웃음을 쳤다. "도대체 몇 살이나 먹은 친구요?"

"스물한 살이야."

"와우, 그렇게 어려요. 그런데 내가 뭘 도와드려야 하죠?"

"서류 좀 넘겨줘."

메이어는 어린 나이에도 돈 버는 데 탁월한 재능이 있는 켄 그리핀을 위해 헤지펀드를 수립하려고 하고 있었다. 그는 돈을 절약하려고 프린스턴/뉴포트의 등록서류들을 견본으로 사용하기를 원했다. 소프는 쾌히 승낙하고, PNP(소프는 퀄리아니 사건이 있은 후 펀드 이름을 시에라 파트너스Sierra Partners로 바꾸었다)의 등록서류 사본들을 메이어의 사무실로 발송했다. 그 당시, 헤지펀드를 설립하는 데 필요한 서류들을 준비하는 데만 거의 10만 달러가 들었다. 메이어의 변호사는 기본적으로 PNP의 서류들에 이름만 바꾸어 넣는 편법을 사용해서 1만 달러 이하의 비용으로 이 일을 처리할 수 있었다. 이 펀드는 나중에 시타델 인베스트먼트그룹이라는 이름을 갖게 되는데, 이 이름은 상상할 수 있는 가장 무서운 금융대학살도 버텨낼 수 있는 까마득히 높은 성채의 이미지를 연상케 하는 것이었다. 최소한 이론상으로는.

메이어는 시카고에서 글렌우드 캐피털 매니지먼트(Glenwood Capital Management)라는 헤지펀드들의 펀드(fund of hedge funds)를 운영했다. 펀드들의 펀드(fund of funds)는 다른 헤지펀드들의 집단에 투자해서 일반적으로 1달러 당 10센트 정도의 수수료만 뗀 후, 투자수익을 고객들에게 넘겨준다. 펀드들의 펀드 산업은 (비록 금융위기 이후 구멍 난 풍선처럼 오그라들어 버리기는 했지만) 수천억 달러의 자금을 관리하면서 오늘날 거대규모로 성장했다. 그러나 1987년에 메이어가 글렌우드를 설립했을 당시는 산업 자체가 실질적으로 존재하지 않았다.

사실 1980년대 말 프린스턴/뉴포트 파트너스가 문을 닫았을 때, 헤지펀드들은 급격하게 팽창되고 있던 글로벌 금융생태계에서 여전히 눈에 잘 띄지 않는 그늘에 머물러 있었다. 시장에 새로 모습을 드러낸 또 다른 투자기구들에는 주로 상품선물에 조금씩 손을 대는 첨단펀드로서 코모디티 코프Commodity Corp라는 이름의 뉴저지 주 프린스턴에 있는 잘 알려지지 않은 시장전문가 그룹이 포함되었다. 뉴욕에서는 공격적이면서도 이지적인 트레이더인 줄리안 로버트슨이 8백만 달러 규모로 조용히 시작했던 타이거 매니지먼트Tiger Management를 2백억 달러 이상의 대형 펀드로 키우고 있었다. 웨스트 팜비치에서는 III 또는 트리플 I로 더 잘 알려진 일리노이 인컴 인베스터스Illinois Income Investors라고 불리는 펀드에서 일단의 트레이더들이 주택저당증권(mortgage-backed-securities, MBS), 통화 및 파생상품들에 대한 혁신적인 투자전략들을 채택하기 시작하고 있었다.

그러나 트레이딩은 점점 더 계량적으로 바뀌고 있었으며, 소프와 학계에서 싹이 튼 새로운 연구의 물결에 고무되어 더욱더 많은 수학자들이 월가로 옮겨가고 있었다. 제임스 시몬스의 회사인 르네상스 테크놀로지스는 후에 전설이 되는 메달리온 펀드Medallion Fund를 출범시키고 있었다. 데이비드 쇼는 자신만의 스태트 아브 전략을 준비해서 작은 사무실을 차렸다. 소프의 펀드에 투자했던 투자자들은 그들의 황금거위를 잃고 난 후, 새로운 천재를 찾고 있었다. 그들 중 많은 사람들을 켄 그리핀이 만족시켰다.

소프는 메이어와 그리핀에게 보물상자도 넘겨주었는데, 그것은 여러 상자의 전환증권과 워런트들에 대한 투자설명서들로 그것들 중 대부분은 시간의 경과 때문에 시중에서는 더 이상 구할 수 없는 것들이었다. 그 설명서들은 무엇과도 비교할 수 없는 산업정보의 보고(寶庫)로 시장으로부터 엄청난 부를 끌어들일 수 있는 만능열쇠였다. 그 기록들을 수중에 확보함으로써, 그리핀은 시장의 어떤 부문을 자신이 공략해야 되는지에 대해 훨씬 더 좋은 개념을 가질 수 있었으며, 또한 소프가 수십 년 전에 개척했던 것들과 여러 모로 유사한 전략들을 개발해낼 수 있었다.

그리핀은 스승으로부터 더 많은 것들을 배우고자 뉴포트비치로 날아갔다. 소프는 그리핀에게 일련의 채권차익거래들을 자세히 설명해주었고, 20년 이상의 거래경험을 통해 쌓은 소중한 노하우들도 전수해주었다. 그리핀은 충실한 도제로서 그것들을 모두 흡수했다.

소프는 그리핀에게 프린스턴/뉴포트의 사업모델도 설명해주었는데, 거기에는 그들이 성공을 거둠에 따라 점진적으로 진화되어 온 프로핏센터들이 포함되었다. 그리핀은 그 개념을 수용했을 뿐 아니라, 대부분의 헤지펀드들이 통상 자산의 2퍼센트로 부과하는 일정률의 관리수수료 대신에 투자자들이 펀드의 실제비용을 지급토록 하는 소프의 관리수수료 체계도 채택했다.

메이어는 시타델을 시카고를 본거지로 설립해야 한다는 조건을 걸고 그리핀을 지원하기로 약속했다. 그리핀은 이 조건에 동의했다. 1990년 11월, 그는 에드 소프가 사용했던 것과 동일한 전략인 전환사채 차익거래라는 단 한 가지 비밀스러운 전략만 사용해서 460만 달러의 자금으로 거래를 개시했다.

제너럴일렉트릭(GE) 프로젝트매니저의 아들인 그리핀은 하이테크 기계부문에 소양이 있었으며, 상황의 인과관계를 알아내는 데 관심이 많았다. 푸른 눈을 깜박이지 않고 상대를 뚫어지게 응시하는 것으로 유명한 그리핀은 언제나 복잡한 이슈들을 깊이 통찰해서 어느 누구보다 잘 해결해낼 수 있는 사람으로 보였으며, 이런 재능이 혼란스러운 금융계에 그가 아주 적합한 인재가 될 수 있도록 해주었다.

그리핀은 보카라톤 고등학교에 재학하고 있었을 때 처음 컴퓨터프로그래밍에 손을 댔으며, IBM에서 컴퓨터코드를 설계하는 아르바이트를 했다. 그의 어머니는 집 근처에 있는 컴퓨터랜드Computerland에 그를 데려다주곤 했는데, 그는 그곳에서 영업사원들과 새로운 제품들과 소프터웨어에 대해 몇 시간씩 대화를 나누곤 했다. 아직 열여덟이 채 되지 않았던 1986년에 그는 컴퓨터랜드에서 사귄 몇몇 친구들과 함께 디스커버리 에듀케이셔널 시스템스Diskovery Educational Systems라는 회사를 설립해서 교육용 소프트웨어들을 학교들을 대상으로 판매한다는 아이디어를 행동으로 옮겼다. 비록 몇 년 후 매각하기는 했지만, 이 회사는 오늘날에도 웨스트팜비치에서 영업을 하고 있다.

하버드대학 신입생 시절에는 포브스Forbes에서 홈쇼핑 네트워크Home Shopping Network 주식가격이 과대평가되었다고 주장하는 기사를 읽은 후, 주가가 하락하면 수익을 얻을 목적으로 이 회사 주식에 대한 풋옵션을 매수했다. 몇 천 달러를 벌 정도로 거래는 성공적이었지만, 시장조성자였던 서스퀴해나 인터내쇼널그룹Susquehanna International Group이라는 필라델피아의 증권회사에 떼어 준 수수료와 거래비용을 제하자 그가 올린 수익은 기대에 훨씬 못 미치는 것이었다. 이 일을 통해 투자게임이라는 것이 생각했던 것보다 훨씬 더 복잡한 것이라는 사실을 인식하게 된 그는 금융시장에 대한 책들을 닥치는 대로 읽기 시작했다. 그러다가 에드 소프가 애호하던 투자수단인 전환사채를 다룬 교과서를 접하게 되었다. 그때는《시장을 이겨라》에서 소프가 주장했던 아이디어들이 학계에 널리 퍼져서 미국 전역의 재무학 강의실에서 강의되고 있었는데, 그리핀도 이 책을 접하고 소프의 이론에 푹 빠져버렸다.

소프와 마찬가지로 그리핀도 많은 전환사채들의 가격이 잘못 결정되어 있다는 것을 바로 알아차렸다. 가격이 잘못 결정된 채권들을 찾아내는 소프트웨어프로그램을 개발하는 데는 그의 컴퓨터 기량이 큰 역할을 했다. 시장의 최신정보를 직접 입수하고 싶었던 그는 기숙사가 있던 하버드대학 캐봇하우스 옥상에 위성수신 안테나를 설치하고, 수신케이블을 4층의 창문을 통해서 연결한 후, 이를 다시 엘리베이터 통을 거쳐서 3층 자신의 방으로 연결함으로써 실시간 주가변동을 입수할 수 있었다. 이 작업을 진행하는 데 있어서의 유일한 걸림돌은 케이블 때문에 4층 창문이 캠브리지의 엄동설한에도 완전히 밀폐되지 않는다는 것이었다.

1학년을 마치고 2학년으로 올라가기 전인 1987년 여름방학 동안, 그는 팜비치의 퍼스트 내쇼날 은행에 근무하고 있던 한 친구를 자주 찾았다. 어느 날, 그는 전환사채와 헤징에 대한 자신의 아이디어를 그 친구에게 설명하고 있었다. 그때 사울 골킨이라는 한 은퇴자가 우연히 사무실로 들어섰다가 그리핀의 달변을 듣고는 이렇게 말했다.

"나는 지금 점심 약속 때문에 가봐야 하니, 5만 달러를 내놓겠소."

무슨 뜻인지 어리둥절했던 그리핀은, 방금 골킨이 하버드의 애송이인 그에게 5만 달러를 맡기겠다고 약속한 것이라는 친구의 설명을 듣고 나서야 사태를 이해할 수 있었다.

자신의 어머니와 할머니 등 친구 및 친지들로부터 더 많은 자금을 유치하기를 원했던 그는 결국 26만5천 달러를 모아서 (놀랍게도 소프의 최초의 펀드인 컨버티블 헤지 어소시에이츠와 아주 비슷한) '컨버티블 헤지펀드 넘버원(Convertible Hedge Fund #1)'이라 이름을 붙인 합자회사(리미티드 파트너십)를 설립했다. 가을에 학교로 돌아온 후, 그는 이 자금의 대부분을 (소프의 델타헤지전략에 따라) 저평가된 워런트를 매수하고 주식을 공매도함으로써 그 포지션을 헤지하는 데 투자하기 시작했다.

타이밍이 아주 절묘했다. 그 해 10월 19일에 주식시장의 대폭락이 발생했고, 그리핀의 공매도포지션이 워런트보다 더 많이 하락해서 대박을 터뜨렸다.

폭풍우가 진정된 후, 그는 75만 달러의 또 다른 펀드를 모집했고, 그 펀드에 '컨버티블 헤지펀드 No.2'라는 이름을 붙였다.

블랙먼데이에 피해를 입지 않고 오히려 약간의 수익을 올린 그의 능력은 하나의 계시와도 같았다. 월가의 전문가들이 박살이 난 반면, 위성통신과 컴퓨터 및 복잡한 투자전략을 사용해서 자신의 하버드 기숙사에서 거래를 했던 신동은 완전히 떠 버렸다. 이것은 그가 자신의 앞에 펼쳐진 엄청난 가능성을 처음 감지할 수 있었던 사건이었다.

그러나 해야 할 일들이 훨씬 더 많이 있었다. 우선 더 많은 유가증권들을 접해야 했다. 그것은 뮤추얼펀드나 헤지펀드와 같은 전문적인 트레이더들이 사용하는 것과 같은 종류의 계좌인 기관거래계좌를 가져야 된다는 것을 의미했다. 막 19세가 된 1989년에 그는 메릴린치의 보스턴 지점에 근무하던 전환사채전문가인 테렌스 오코너를 찾아가서 분명 미친 짓처럼 보이는 계획을 제시했는데, 그 내용은 다음과 같았다.

"19세의 대학생인 나, 켄 그리핀이 세상에 알려진 거의 모든 투자수단에 접근할 수 있도록 당신 회사의 가장 정교한 트레이딩시스템을 활용할 수 있도록 허용해 주십시오."

어쨌든 그는 자신의 기술적인 노하우를 발휘해서 이 채권전문가를 경탄시켰고, 이 일을 성사시켰다. 오코너는 당시 평균적인 기관계좌가 1억 달러 정도의 규모인데도 불구하고, 그리핀에게 기관계좌를 개설해주는 데 동의했다.

그리핀은 트레이딩을 하면서, 그와 연결되는 월가의 모든 사람에게 전화를 걸기 시작했다. 대체로 돌아온 반응은 이랬다.

"기숙사 방에서 20만 달러를 운용하고 있다고? 다시는 내게 전화 걸지 마!" 쾅.

그러나 어떤 이들은 이 어린 하버드 괴짜에게 빠져서 그들이 하고 있는 거래들에 대해서 설명해주곤 했다. 차익거래, 헤지펀드들이 왜 차익거래를 하는지, 왜 은행들은 스스로 차익거래에 참가하는지 등이 그들이 그에게 들려준 내용들이었다. 그리핀은 뉴욕을 직접 방문하기 시작했고, 능숙한 트레이더들 바로 앞에 앉아서 그들의 지식을 흡수했다. 그는 특히 대주(貸株) 데스크에 관심이 많았는데, 이를 통해서 어떤 펀드들을 상대로 은행이 어떤 주식들을 빌려주고 있는지 그리고 그 이유는 무엇인지를 파악할 수 있었다.

경제학 학위를 받고 하버드대학교를 졸업하기 바로 전, 그리핀은 트리플 I의 매니저인 저스틴 아담스를 만났다. 두 사람은 웨스트팜비치의 레스토랑에서 아침식사를 함께 하며 시장에 대한 이야기를 나누었다. 뜨거운 오믈렛을 먹으며, 그리핀은 자신이 어떻게 월가의 증권중개회사 트레이더들과 접촉할 수 있었으며, 트레이딩세계의 내부비밀들 중 많은 것들을 배울 수 있었는지를 설명했다. 대형 금융거래업계에 들어오기 전에는 베트남에서도 근무했던 미 육군 특수부대 출신인 아담스는 궁금증이 많은 사람이었다. 너무도 똑똑하고 집중력이 뛰어났던 그리핀은 시장에 대해 예리하고 일관성 있는 질문들을 던졌는데, 그 질문들이 너무 예리해서 아담스가 말을 멈추고 논리적인 답변을 고민해야 될 정도였다.

아담스는 프리스턴/뉴포트뿐만 아니라 트리플 I의 투자자인 프랭크 메이어와 그리핀 사이의 만남을 주선했다. 메이어 역시 트레이딩이 더욱더 조직화/전자화됨에 따라 중요한 기량이 되고 있는 컴퓨터에 대한 전문지식뿐만 아니라 투자의 기술적인 측면까지 꿰뚫고 있는 그리핀에 대해 놀라움을 감추지 못했다. 그러나 무엇보다도 메이어에게 가장 큰 감명을 준 것은 시장에 대한 그리핀의 지식이었다.

"만약 당신이 겨우 수십만 달러를 관리하는 나이 어린 애송이라면 공매도를 위해 주식을 빌리는 것이 아주 어려울 것입니다."

메이어가 회상했다.

"그런데 이 친구는 모든 주요 대주회사들을 다 찾아가서 그들의 환심을 샀습니다. 그가 워낙 유별났기 때문에 그들은 그에게 좋은 조건으로 대주를 해주었더군요."

그리핀은 1989년 말 시카고에 1백만 달러의 투자자산으로 사무실을 개설했고, 그가 직접 개발한 소프트웨어로 전환사채를 거래해서 순식간에 엄청난 돈을 벌었다.[주2] 트레이딩을 시작한 첫 해에 그리핀은 70퍼센트의 수익률을 기록했다. 감명을 받은 메이어는 그리핀이 자신의 펀드를 설립하는 것을 지원해주기로 결정했다. 그는 유사한 트레이딩 전략을 수행하는 다른 펀드들을 생각했고, 그때 에드 소프가 머리에 떠올랐다.

그 결과 그리핀은 자신의 사무실과 종자돈을 갖게 되었다. 그는 아주 적은 수의 트레이더들도 채용했는데, 그들 중 일부는 애송이를 상사로 모시고 일해야 한다는 데 충격을 받았을지도 모른다. 이제 그에게 필요한 단 한 가지는 펀드의 명칭이었다. 그리핀과 그의 새로운 종업원들은 떠오르는 이름들을 빠짐없이 적어내려 갔고, 그 이름들에 대해 투표를 했다.

이렇게 해서 선택된 이름이 바로 시타델이었다. 헤지펀드산업이 경이적인 성장을 보였던 10년이 막 시작되던 1990년이 되면, 그리핀을 위한 돈의 성채(城砦)가 싸울 태세를 완전히 갖추고 모든 금융부문이 가장 두려워하는 돈 버는 기계들 중 하나가 되는 장도에 나서게 된다.

* * *

열 살 때, 피터 멀러는 가족들과 함께 유럽을 여행했다.[주3] 그런데 이상하게도 방문하는 나라마다 달러에 대한 환율이 달랐다. 그는 화학엔지니어였던 아버지에게 런던에서 독일 마르크화를 사서 독일에서 달러화로 바꾸면 이익을 낼 수 있는지를 물어보았다. 어린 멀러는 직관적으로 차익거래의 개념을 파악한 것이었다.

필라델피아에서 1963년 태어난 멀러는 서부 맨해튼에서 자동차로 30분 거리인 뉴저지 주 웨인에서 성장했다. 그는 어려서부터 수학에 재능을 보였고, 스크래블Scrabble에서부터 체스와 백개먼backgammon에 이르는 모든 종류의 게임들을 좋아했다. 고등학교 3학년 때 멀러는 컴퓨터 프로그래밍과 혼합해서 백개먼을 할 수 있는 프로그램을 개발했다. 그 프로그램이 워낙 잘 만들어졌기 때문에 그의 수학선생은 그 프로그램이 다른 것을 베낀 것이라고 주장했다.

프린스턴대학에서 그는 복잡한 구조들의 아름다움과 정수론(number theory)의 보다 심오한 영역에 넘쳐나는 보편적인 형태들에 매혹되어서 이론수학을 공부했다. 또한 음악에 대한 관심도 계속 자라나서 음악강좌도 수강하고 대학클럽들에서 연주하는 재즈밴드를 위해 피아노를 연주하기도 했다.

1985년에 대학을 졸업한 그는 차를 몰고 캘리포니아까지 미 대륙을 횡단했다. 닉스도르프Nixdorf라는 한 독일 소프트웨어회사에 취업이 되었지만,

캘리포니아의 자유로움에 빠져버린 그는 계속 출근일을 미루고 있었다.

얼마 지나지 않아, 그는 타이츠만 입은 근육질 몸매의 여성들이 플라스틱후프를 돌리고 현란한 색깔의 고무공들을 던지면서 춤을 추는 곳에서 전자피아노를 두드리고 있는 모습으로 발견되었다. 그는 필사적으로 음악인생을 추구하고 있었으며, 리듬체조 팀을 위한 배경음악을 연주하는 일에 빠져 있었다. 그러나 리듬체조 팀 음악감독 일을 하면서는 월 200달러의 집세와 숙식비도 충당할 수가 없었다.

캘리포니아에 정착한 멀러는 바라BARRA라는 버클리의 어느 작은 금융공학업체가 통계적 문제들에 일반적으로 사용되던 컴퓨터언어인 포트란Fortran을 잘 다룰 수 있는 프로그래머를 구하는 광고를 보았다. 멀러는 포트란을 전혀 몰랐고(물론 금방 배울 수 있을 것이라는 데 대해서는 조금도 의문을 갖지 않았지만), BARRA라는 회사 이름도 들어본 적이 없었다. 그러나 그는 그 직무에 지원서를 제출해서 버클리에 있는 BARRA의 사무실에서 면접을 보게 되었다.

그는 학부에서 재무학 강의를 하나도 듣지 않았기 때문에 이쪽 분야에는 완전히 백지상태였지만 돈이 어떻게 작용하는지에 대해 이론적으로 강한 호기심이 있었다. 그리고 무엇보다도, 그는 조금이라도 돈을 벌고 싶었다. 일련의 면접을 거친 후 그에게 채용오퍼가 주어졌고, 그는 이를 수락했다. 이 결정이 그를 퀀트들의 세계로 발을 들여놓게 한 것이었다.

1985년 무렵, BARRA는 서부 퀀트계의 중심축이었다. 이 회사는 1974년에 현대 포트폴리오이론에 대한 상아탑의 지식들을 실제 포트폴리오의 구축에 적용하는 운동을 주도하고 있었던 선구자들 중 한 사람으로 인습타파에 앞장서고 있던 버클리의 경제학교수 바 로젠버그Barr Rosenberg가 1974년에 설립했다. 오랜 불교도이기도 한 로젠버그는 항상 완고한 범주화에 저항했다. 1960년대에 그는 동일한 약물요법에 대해 각각 다른 그룹의 환자들이 어떻게 다른 형태로 반응하는지를 연구했다. 그와 동시에, 주식들에 대한 자료를 수집하고 있었는데, 이러한 관심은 나중에 일종의 집착으로 발전했다. 그는 환자들의 반응이 약품들에 따라 달라지는 것과 같이 주식들도 시간의 경과에 따라 이상하고, 외견상 설명할 수 없는 행태를 나타낸다는 사실에 주목했다. 그는 혼란의 밑바닥에서 질서를 찾아낼 수 있는 논리적 방법이 반드시 있을 것이라고 생각했다.

주식이 어떻게 움직이는지 이해하는 한 가지 방법은 주가를 움직이게 하는 요인들을 분해해내는 것이었다. 제너럴모터스에는 경제와 시장에 존재하는 여러 가지 독특한 요인들, 즉 자동차산업, 시가총액이 큰 주식들, 미국의 주식들, 석유가격, 소비자 신뢰, 이자율 등등이 합쳐져 있다. 마이크로소프트는 다른 많은 것들 중에서도 시가총액이 큰 주식, 기술 및 소비자 요인들의 결합체였다.

1970년대 초에 버클리 지하실에서 장시간 연구를 하면서, 로젠버그는 수천 종류의 주식들에 대한 요인을 추적하기 위한 계량모형들을 만들고, 그것들을 컴퓨터에 돌릴 수 있는 프로그램을 개발했다. 마침내 로젠버그는 그의 모형들을 계량기법에 조금씩 손을 대고 있던 (비록 뉴포트비치에서 에드 소프가 운영했던 활발한 헤지펀드처럼 정교한 것은 아직 거의 존재하지 않았지만) 자산관리회사들을 대상으로 판매하기 시작했다. 1974년에 그는 '바 로젠버그 어소시에이츠Barr Rosenberg Associates'라는 회사를 설립했고, 이 회사가 나중에 BARRA로 바뀌었다.

몇 년 지나지 않아서 BARRA는 광신적으로 추종하는 세력들을 거느리게 되었다. 로젠버그는 수익, 산업, 시가총액 및 거래활동 등과 같은 범주들을 바탕으로 주식의 움직임을 예측할 수 있는 자신이 개발한 컴퓨터프로그램인 기본적 위험관리서비스(Fundamental Risk Management Service)로 큰 성공을 거두었다.

멀러가 BARRA에 입사했을 무렵에는 수천 명의 자산관리자들이 새로운 계량기법들을 사용해서 자금을 운용하고 있었다. 로젠버그는 멀러가 채용된 직후인 1985년에 자신의 자산관리회사인 로젠버그 인스티튜셔널 에퀴티 매니지먼트(Rosenberg Institutional Equity Management)를 캘리포니아 주 오린다에 설립하기 위해서 BARRA를 떠났다. 몇 년이 지나지 않아서 이 회사는 세계 전역의 시장에서 수십억 달러의 자금을 관리하게 되었다. (로젠버그는 보다 최근에는 전 세계를 상대로 부를 좇던 삶을 버리고, 버클리에 있는 닝마교육원(Nyingma Institute)에서 불교에 대해 가르치고 있다.)

멀러는 BARRA에서의 생활이 만족스러웠다. BARRA는 아주 편한 분위기에 복장도 자유로웠다. 정장을 입고 있는 유일한 사람은 회사의 마케팅 팀장뿐이었다. 종업원들은 학술적 이론, 정치, 세상사들을 나누면서 오랜 시간 점심식사를 하곤 했다. 멀러에게는 여자 친구가 있었고, 그는 재즈밴드에서 파트타임으로 연주를 하고 있었다. 한 달에 한 번씩 일단의 종업원들이 보름달 아래에서 심야영화를 보고, 그 후에는 술집이나 아이스크림 가게를 찾곤 했다.

멀러는 포트란을 빨리 습득해서 회사를 위해 프로그래밍 작업을 했지만, BARRA에서 일어나는 현장의 일들, 즉 재무모형의 작성에 대해 더 많은 것을 배우려고 안달을 했다. 그는 잠시 음악을 제쳐두고, 유진 파마Eugene Fama, 피셔 블랙Fischer Black, 로버트 머튼Robert Merton, 그리고 고전서적 등 현대 포트폴리오 이론에 대한 문헌들에 완전히 몰두했다.

또한 그는 새로운 취미인 포커에도 빠져들어서, BARRA의 사무실에서 자동차로 20분 거리에 있는 에머리빌의 오크카드 룸에 완전히 정신을 뺏겼다. 그는 포커게임전략에 대한 책들을 섭렵했고, 곧 오크카드 룸의 큰 판들을 휩쓸어버렸다.

그는 자나 깨나 도박만 생각했다. 멀러는 한 주에 10시간에서 15시간을 오크에서 포커게임을 하곤 했다. 때로는 자신의 인내력을 시험해보는 장시간 도박을 하기도 했다. 금요일 퇴근 후인 오후 6시에 포커를 시작하면, 일요일 오전 10시까지 멈추지 않았다. 운전을 해서 집으로 돌아오는 도중에 너무 피곤해서 신호등에서 잠이 들어버린 적도 있을 정도였다.

1989년에 멀러는 BARRA의 새로운 고객인 르네상스 테크놀로지스라는 헤지펀드 운영자를 위해 몇 가지 일을 해주라는 지시를 받았다. 제임스 시몬스는 그의 펀드 중 하나인 메달리온Medallion이 직면하고 있는 골치 아픈 문제를 해결해줄 수 있는 전문가를 찾고 있던 중이었다.

그 문제는 메달리온의 잉여현금을 가장 잘 활용하는 방법을 찾는 것이었다. 멀러가 제시한 해결책은 너무도 우수해서 르네상스는 그에게 펀드에서 함께 일하자는 제안을 했다. 그러나 멀러는 이 펀드의 전망을 회의적으로 보고 그 제의를 거절했다. 여전히 학구적인 분위기를 벗어나지 못했던 그는 파마의 효율적 시장이론과 장기적으로 시장을 이기는 것이 가능하지 않다고 주장하는 많은 연구들을 신봉하고 있었다.

그러나 곧 그는 마음을 바꾸게 된다.

1991년이 되면서, 멀러는 연 10만 달러의 보수를 받고 있었다. 그는 자신의 걸프렌드와 버클리힐스에 있는 아름다운 집에 살면서, 재즈밴드와 포커와 해변에서 서핑을 즐길 수 있는 충분한 여유시간이 보장되는 멋진 직업을 갖고 있었다. 그러나 그는 더 많은 것을 원하고 있었다.

그 해에 BARRA는 기업공개(IPO)를 했다. 멀러에게는 IPO 이후의 회사는 성취욕도 줄고, 활력도 감소하고, 창의성도 줄어드는 등 예전과 엄청나게 변한 것으로 보였다. 많은 종업원들, 특히 우수한 직원들이 다른 회사로 옮기거나 자기 자신의 프로젝트를 추구하기 위해 떠나갔다. 멀러에게는 BARRA에 새로운 숨결을 불어넣어줄 수 있다고 생각했던 아이디어가 하나 있었는데, 그것은 회사가 고객들을 위해 개발한 계량모형들을 회사의 자체 자금을 관리하는 데 사용하는 것이었다. 달리 표현하면, 회사 내부에 BARRA 헤지펀드를 설립하자는 것이었다. 그는 이를 운영할 적절한 사람들도 확보하고 있었는데, 그들은 그와 더불어 오크에서 포커를 즐기던 친구들로 모두 BARRA의 종업원들이었다.

그러나 회사의 상급자들이 그 계획을 중지시켰다. IPO가 끝난 지 얼마 되지도 않았는데 위험한 영업을 시작하는 것은 좋은 계획이 아니라고 그들은 말했다. BARRA의 CEO였던 앤드류 루드는 밀러에게 주식수익률을 예측할 수 있는 새로운 모델들을 만들어서 고객들에게 판매하자고 제안했다. 그것이 멀러가 생각했던 일은 아니지만 그는 그 계획에 동의했다. 그는 즉시 BARRA의 최대 히트작이 된 주식포트폴리오의 기대수익률을 분석할 수 있는 PC-기반 소프트웨어인 알파빌더Alphabuilder의 시스템 설계를 지원했다.

그러나 그 프로젝트를 완수한 후, 그는 회사를 떠났다. 그가 BARRA에게 해준 마지막 답례였다.

"도대체 당신 누구요? 이 사무실에는 왜 들어왔소?"

"나는 피터 멀러요. 아무튼 만나서 반갑구려."

멀러는 마치 자신이 그 사무실의 소유자인 양 들이닥쳐서 그를 닦달하는 모건스탠리의 건방진 영업사원을 노려보았다. 멀러는 최근 계량거래 팀을 모건스탠리에 조직하기 시작했고, 이것이 그가 모건에서 들은 첫 인사였다.

그가 이 은행에 도착한 첫 날부터 모든 것이 이런 식이었다. 멀러는 모건이 제시한 엄청난 급여에 수락하고, BARRA에 사직통보를 한 다음, 6주간의 휴가 대부분을 하와이 섬 최서단에 있는 카우아이에서 보냈다. 지극히 고요한 카우아이의 푸른 풀밭에서 모든 사람이 미쳐 날뛰는 모건스탠리로 옮겨온 것은 그에게 엄청난 충격이었다. 멀러는 휴가에서 돌아오기 전에 자신만의 사무실과 많은 자료들을 제공받기로 약속을 받았었다. 하지만 은행에 출근해보니 그의 요청사항 중 실제 이루어진 것은 하나도 없었다.

약속받았던 사무실이 마련될 때까지, 모건의 미식축구경기장만 한 트레이딩 룸 한가운데에 위치한 책상이 그의 자리였다. 자리에 앉은 멀러는 보스턴의 헤지펀드에서 근무하고 있는 예전 BARRA 동료였던 톰 쿠퍼에게 전화를 걸었다.

그런데 통화 중에 갑자기 그의 옆에 앉아 있던 여자가 그의 손에서 수화기를 낚아채갔다.

"그 전화, 내가 지금 써야 돼!"

그녀가 시카고시장과 동경시장이 개입된 거래들에 대해 소리를 바락바락 지르는 동안, 멀러는 놀라서 쳐다보고만 있었다. 돈이 걸려 있는 곳에서 예의라는 것은 아무것도 아니었다. 멀러도 그것을 배우고 있었다. BARRA와 그곳에서의 우아스러운 퀀트 비즈니스모델은 갑자기 저 먼 세상의 일처럼 보였다.

멀러는 혼란스러웠다. 모두가 미쳐 날뛰고 있었다. 모든 사람이 소리치고, 진땀을 흘리면서 콩나물시루처럼 꽉 채워져 있었다. 그것도 모두 정장 차림으로!

여기는 캘리포니아가 아니었다. 분명히 이곳은 버클리가 아니었다. 여기는 그놈의 재수 없는 뉴욕시에 있는 세계에서 가장 크고, 가장 공격적인 투자은행들 중 하나인 빌어먹을 모건스탠리이고, 이제 멀러는 이 북새통의

한 가운데 와 있는 것이었다.

* * *

체격 좋은 교수가 교탁으로 걸어 들어와서, 주식시장이 실제로 어떻게 굴러가는지에 대한 비밀들을 배우고자 강의실을 가득 채우고 있는 총명한 학생들을 마주보고 섰다.[주4] 그 교수, 유진 파마는 1960년대 초부터 시카고대학에서 가르치고 있었다. 때는 1989년 9월, 그는 금융시장과 경제학에 대해 세계에서 가장 뛰어난 사상가들 중 한 사람으로 널리 인정받고 있었다. 단추가 달린 헐렁한 푸른 면직셔츠와 황갈색 치노바지를 입은 그는 강인한 정신을 가진 화폐금융의 대가라기보다는 이 대학 철학부에서 잠시 피난 나온 사람처럼 보였다.

그의 첫 마디는 그 방에 있던 학생들 모두에게 충격이었다.

"지금부터 내가 하는 모든 말은 진실이 아닙니다."

파마는 그가 젊은 시절을 보냈던 보스턴 지방의 악센트가 배어 있는 걸걸한 목소리로 말했다. 그는 칠판으로 가서 이렇게 썼다.

'효율적 시장가설'

"시장은 효율적입니다."

파마가 말했다.

"이 구절로 내가 무엇을 말하려고 하는 것일까요? 그것은 어떤 특정 순간에 주식가격들은 그것들에 대해 알려진 모든 정보를 다 포함하고 있다는 것을 뜻합니다. 많은 사람들이 코카콜라를 마시고 있다면, 그 정보가 활용 가능해지는 즉시 그 주식의 가격은 상승하게 되는 것입니다."

학생들은 이 모든 것을 그들의 노트에 받아 적었다.

지난 반세기 동안 시장이 어떻게 움직여 왔는지에 대해 설명한 가장 유명하고 오래 지속되어 온 개념인 효율적 시장가설은 파마가 창시한 것이다. 그것은 너무도 영향력이 크고 너무도 널리 인정되고 있어서, 가설이라기보다는 오히려 하느님이 시카고에 있는 자신의 경제부문 예언자를 통해 하달한 계시와도 같았다.

학생들을 쳐다보면서 파마가 말했다.

"시장효율에는 몇 가지 결론들이 있습니다. 가장 중요한 것들 중 하나는 시장이 다음에 어느 방향으로 갈지를 아는 것은 통계적으로 불가능하다는 사실입니다. 이것이 랜덤워크이론으로 알려져 있는 것이며, 그것은 시장이 가는 미래의 경로는 동전던지기와 같은 것이라고 알려줍니다. 앞면이 나올 수도, 뒷면이 나올 수도 있습니다. 확률은 50대 50일 뿐 누구도 그 결과를 알지 못합니다."

앞줄 근처에 있는 학생 하나가 주저하면서 손을 들었다.

"그러면 주식을 선택해주고 대가를 받는 사람들은 무엇입니까? 그들이 대가를 받는 데는 다 이유가 있지 않겠습니까? 그게 모두 운은 아니지 않습니까?"

"연구결과는 주식을 선택하는 것이 완전히 시간낭비라는 것을 보여줍니다."

파마가 단호하게 말했다.

"그리고 돈입니다. 월가에는 사람들에게 돈을 벌어주겠다고 설치고 다니는 증권영업사원들로 가득합니다. 그러나 적극적인 자산관리자들이 지속적으로 시장에 비해 우수한 실적을 기록한 것을 보여주는 연구는 결과는 어디에도 없습니다. 전혀 자료가 없습니다. 자산관리자들이 좋은 실적을 올리기도 합니다만, 그것은 대개 운이 좋아서 그렇게 된 것일 뿐입니다."

"그러면 왜 사람들은 자산관리자들에게 그토록 많은 대가를 지급하는 것입니까?"

"희망 때문에? 어리석어서? 그것은 말하기가 어렵지요."

"그러면 워렌 버핏은 어떻습니까?"

파마는 한숨을 쉬었다. 또 그놈의 버핏이군. 버핏의 회사인 버크셔해서웨이Berkshire Hathaway는 20년 연속 S&P 500지수를 능가하는 수익률을 기록하고 있었다.

"설명이 불가능한 몇몇 아웃라이어들(outlier, 보통 사람들의 범주를 뛰어넘은 사람들, 즉 성공한 천재들을 의미함-옮긴 이)이 있는 것처럼 보일 수는 있습니다. 모든 과학에는 주어진 규칙들에 대해 도전하는 괴짜들이 있었습니다. 피델리티 마젤란펀드의 피터 린치뿐만 아니라 버핏은 오랜 기간 동안 지속적으로 높은 수익률을 기록하고 있습니다. 나는 이들 외에 다른 사람들은 알지 못합니다. 이들 괴짜천재들은 예외일 수는 있겠지만, 나는 그들이 누구인지는 모릅니다."

그는 미소를 지으며 어깨를 으쓱했다.

"아마도 그들은 내년에 모두 다 잃을 수도 있을 것입니다."

수학은 몇몇 트레이더들이 두드러진 성과를 보일 수도 있다는 것을 보여주지만, 그것이 그들이 특별한 기술이 있다는 것을 의미하지는 않는다. 1만 명의 사람들에게 25센트 동전을 주고 그것을 던져 보라고 말하라. 그리고 매 라운드마다 동전 표면이 나온 사람들을 탈락시켜라. 열 번의 라운드가 끝나면, 아마도 1백 명이 남게 될 것이다. 20라운드 후에는 아마 서너 명만 남아 있을 것이다. 만약 그들이 월가에 있다면, 그들은 동전던지기의 대가, 알파(시장수익률을 초과하는 부분의 의미-옮긴 이)의 축복을 받은 사람으로 칭송을 받을 것이다. 파마에 따르면, 버핏은 운 좋은 동전던지기의 고수일 개연성이 아주 높은 것이었다.

또 다른 학생이 손을 들었다.

"하지만 교수님, 우리들에게 말씀해주시는 모든 것이 진실이 아니라고 말씀하시지 않으셨습니까? 그것이 실제로는 시장이 효율적이지 않다는 의미입니까?"

"그렇습니다."

파마가 말했다.

"내가 여러분들에게 말하는 것들 어느 것도 백 퍼센트 진실은 아닙니다. 이것들은 수학적 모형들입니다. 우리는 통계, 역사적 자료, 추세를 보고 나서 우리가 그것으로부터 추론을 하는 것입니다. 이것은 물리학이 아닙니다. 물리학에서 여러분들은 우주왕복선을 만들고, 그것을 우주궤도로 쏘아올리고, 한 주일이 지난 후 케이프캐나베랄에서 그것이 착륙하는 것을 지켜봅니다. 시장은 이보다 훨씬 더 불안정하고, 예측이 불가능한 존재입니다. 시장에 대해서 우리가 아는 모든 것은 모형들을 바탕으로 하는 현실에 대한 근사치일 따름입니다. 효율적 시장가설도 이와 똑같은 것, 즉 수십 년에 걸친 연구와 많은 분량의 자료를 바탕으로 하는 가설일 뿐입니다. 우리가 틀릴 가능성은 언제나 있습니다."

잠시 쉬었다가, 그는 말을 이었다.

"그렇지만 나는 우리가 옳다는 것을 사실상 확신합니다. 하느님은 시장이 효율적이라는 것을 알고 계십니다."

강의실의 학생들이 애매한 웃음을 지었다. 자신의 강의내용을 제대로 따라오지 못하는 사람들에 대해 냉정한 표정을 나타내곤 하는 파마는 학생들에게 위협적인 존재였다. 23세의 박사과정 학생인 클리프 애스네스는 고개를 끄덕이며 그의 노트에 '괴짜천재들…… 수학적 모형들……' 등 파마가 하는 말들을 끼적거렸다. 어느 것도 그에게 새로운 것은 없었다. 그는 펜실배니아대학 와튼스쿨에서 세계 최고의 재무사상가들 중 일부로부터 재무학 강의를 이미 들었었다. 그러나 그는 파마가 재무학계의 최고봉에 있는 바로 그 사람이라는 것 또한 알고 있었다. 그러나 여전히 의문을 갖지 않을 수 없었다. 사실 파마의 말들은 거의 도전이었다. 내가 그것을 할 수 있을까? 내가 시장을 이길 수 있을까?

어린 시절, 클리포드 스캇 애스네스는 미래의 월가 거물로서의 모습을 전혀 나타내지 않았다.[주5] 그는 1966년 10월 뉴욕 주 퀸즈에서 태어났다. 그의 가족은 그가 네 살 때 롱아일랜드에 있는 울창한 숲 속의 로슬린 하이츠 교외로 집을 옮겼다. 애스네스는 학교에서 성적은 좋았지만, 월가에 대한 관심은 배트맨에 나오는 고담의 검은 빌딩들 이상으로 뻗어가지는 못했다. 소녀들과 만화책 이외에는 관심이 없었던 십대 때의 애스네스는 진로도 정하지 못하고 몸집도 약간은 뚱뚱한 그저 그런 무기력한 아이였다. 그러나 그는 나중에 그가 자신의 헤지펀드를 거느리고 있을 때 분출시키곤 했던 격렬한 분노의 전조를 가끔 나타냈다. 언젠가 학교 체스 팀의 적수인 한 친구가 학교주차장에서 최근에 있었던 시합에 대해서 그를 놀린 적이 있었다. 화가 머리꼭지까지 오른 애스네스는 그를 괴롭힌 친구를 있는 힘을 다해서 여러 번 옆에 있던 밴에 던져버렸다.

펜실베이니아대학 와튼스쿨의 학부생으로서 애스네스는 형사법 전문 변호사인 아버지의 뒤를 잇겠다는 생각을 하고 있었다. 변호사가 되는 것이 집안의 전통이라는 것 외에 왜 자신이 변호사가 되기를 원하는지 애스네스에게는 확신이 없었다. 그렇지만 그의 아버지는 아들의 계획에 대해 의아해했다.

"너는 숫자에 아주 밝은데, 왜 변호사가 되려고 하는 거니?"

아버지가 물었다.

애스네스는 아버지의 말을 심각하게 받아들였다. 나중에 MIT로 옮겨간 와튼 스쿨의 교수 앤드류 로의 보조로 일하면서 그는 포트폴리오이론이라는 신의 세계로 깊이 빠져 들어갔다. 그 주제가 너무도 매혹적이어서 그는 관심을 재무 쪽으로 돌리고, 퀀트에게 진짜로 잘 어울리는 컴퓨터사이언스 학위를 동시에 취득했다.

졸업이 가까워지자, 그는 이미 지원을 해놓았던 법학전문대학원 입학시험(LSAT)을 포기하고 경영대학원 입학시험(GMAT) 지원서를 냈다. GMAT 성적이 우수했기에 그는 몇 곳의 경영대학원으로부터 입학허가를 받았다. 그가 선호하던 학교는 스탠포드대학과 시카고대학이었는데 최종적으로 시카고대학을 선택했다. 시카고대학이 돈에 쪼들리는 애스네스에게 학교 방문여비를 제공해준 것이 선택의 결정적 이유가 되었다. 그는 아름다운 봄날 시카고에 도착했는데, 이 날은 그의 생애에 있어서 행운을 불러다 준 햇살이 눈부신 날이었다. 그것이 결국 미끼가 되어 그는 시카고대학에 입학하기로 결정했다. 애스네스는 훗날 틀림없이 그가 기후 때문에 스탠포드대학을 제쳐놓고 시카고대학을 선택한 유일한 사람임에 틀림없을 것이라고 농담 삼아 말하곤 했다.

애스네스는 유진 파마와 그의 동료인 케네스 프렌치가 미국 전역의 경영대학원들의 기초를 뒤흔들어놓을 기념비적인 연구를 하고 있을 무렵 시카고대학에 입학했다. 그들의 연구는 현대 재무학에서 가장 중요한 아이디어들을 도출해서 그것들을 완전히 새로운 이론과 응용의 영역들에 도입하는 것이었다.

그 두 사람 중 파마가 스타였다. 대공황이 끝나갈 무렵 태어나서 보스턴 찰스타운 근처에 있는 황폐한 조선소 주위에서 성장한 파마는 컴퓨터를 집중적으로 활용한 최초의 경제학자들 중 한 사람이었다.[주6]

강의주제들을 찾고 있던 파마는 시카고대학이 해리 마코위츠Harry

Markowitz에 대한 어떤 강좌도 제공하고 있지 않다는 것을 인식했는데, 마코위츠는 예전에 이 대학 학생이었으며 투자자들이 그들의 포트폴리오를 다각화(나이든 사람들에게 퀀트들이 말하는 "네가 가진 계란들을 한 바구니에 다 담지마라"와 같은 의미임)함으로써 어떻게 수익을 극대화하고, 위험을 보다 더 낮출 수 있는지를 보여주는 계량적 방법을 사용했다.

파마는 1963년부터 마코위츠 이론들을 가르치기 시작했다. 그는 곧 윌리엄 샤프의 연구결과들도 강의에 포함시켰는데, 샤프는 마코위츠의 제자로 시장에서의 보다 광범위한 변동성에 대한 주가탄력성의 척도인 베타(β) 개념에 대한 선구자적 연구를 수행했었다. 전체 시장보다 더 높은 베타를 갖는 주식은 위험하다고 간주되었으며, 보다 낮은 베타를 갖는 주식은 보다 안전한 것으로 여겨졌다. 위험이 더 많을수록 잠재적 보상도 더 많아지고, 또한 고통도 더 많아질 수 있다. 베타가 1인 주식은 전체 시장과 동일한 변동성을 갖는다. AT&T와 같은 우량블루칩들은 일반적으로 베타가 낮다. 베타가 2인 주식들은 변동성이 큰 주식들로서 애플이나 인텔과 같이 등대 풀씨앗처럼 큰 폭으로 가격이 변하는 기술주들이다. 당신이 어떤 주식의 베타를 안다는 것은, 그 주식이 얼마나 위험한지에 대해 당신이 아는 것과 같다.

파마가 노력한 결과가 (오늘날까지 그가 직접 가르치고 있는) '포트폴리오이론과 자본시장(Portfolio Theory and Capital Markets)'이라는 명칭의 시카고대학 최초의 현대 재무학 강의였다. 이 연구를 하면서, 그는 컴퓨터뿐만 아니라 대학이 보관하고 있는 주식에 대한 데이터베이스를 광범위하게 사용해서 계속적인 검증을 실시하고, 자료에 숨겨진 패턴들을 찾았다. 1969년까지 파마는 이 과목을 강의하면서 수집한 아이디어들과 여러 해 동안 컴퓨터를 활용한 자료의 대량고속처리를 통하여 현대 포트폴리오이론의 기초가 되도록 최초로 완전하게 걸러내었는데, 이것이 바로 효율적시장가설 또는 EMH이다.

오랜 기간에 걸쳐 많은 사상가들이 시장효율에 대한 글을 썼지만, 파마가 제시한 논문은 시장을 이길 수 없다는 개념을 가장 일관성 있고 함축된 형태로 표현했다. EMH에 내재된 기본적인 아이디어는 주식에 관한 모든 새로운 정보는 즉시 주식가격에 반영되어 그것이 '효율적'이 되도록 한다는 것이다. 파마는 다수의 시장참가자들이 지속적으로 기업들에 대한 최신의 뉴스들을 좇는 규모가 크고 잘 발달된 시장을 마음속에 상상했다. 엉망인 결산보고서, CEO 퇴진, 대규모 신규계약 체결 등 새로운 정보가 시장에 주입되는 과정은 피라냐(살아 있는 동물을 공격하여 먹는, 남미산 작은 민물고기-옮긴이)들이 들어 있는 수조에 먹음직스러운 신선한 고깃덩어리를 던져놓는 것과도 같다. 당신이 채 알기도 전에 피라냐들은 그 고깃덩어리를 모두 집어삼켜져 버릴 것이다.

현재의 모든 정보는 주식의 가격에 반영되고 미래의 정보는 기본적으로 알 수 없기 때문에, 주식가격이 오를지 내릴지는 예측이 불가능하다. 그러므로 미래는 무작위이며 동전던지기와 같은 브라운 운동이며 파리의 밤거리를 비틀거리며 걸어가는 취객의 발걸음과도 같다.

효율적 시장가설에 대한 기초는 1950년대에 마코위츠와 샤프의 연구와 더불어 시작되었으며, 이들은 그 후 1990년에 결국 이 연구로 (머튼 밀러와 함께) 노벨경제학상을 수상한다.

또 한 사람 주요한 기여를 한 이는 채권가격이 랜덤워크에 따라 움직인다고 주장했던 프랑스의 잘 알려지지 않은 수학자 루이 바쉴리에였다.

MIT의 경제학자 폴 사무엘슨Paul Samuelson은 시카고대학 통계학 교수 레오나드 지미 새비지로부터 엽서 한 통을 받았다. 새비지는 도서관에서 많은 책들을 검색하다가 바쉴리에의 논문을 우연히 발견하게 되었는데, 그 논문은 그것이 작성된 이후 50년 동안이나 거의 잊힌 채 방치되어 있었다. 새비지는 혹시 사무엘슨이 이 무명의 프랑스 사람 이름을 들어본 적이 있는지 알고 싶어 했다. 사무엘슨은 들은 적은 있으나 그의 논문을 읽은 적은 없다고 말했다. 사무엘슨은 바로 그 논문을 찾아내어 읽고, 그 주장에 매료되어 버렸다.

미래에 시장이 움직이는 방향이 기본적으로 50:50의 확률을 갖는 동전 던지기와 같기 때문에 "투기자의 수학적 기대는 제로이다"라고 바쉴리에는 기술했다. 사무엘슨은 이미 금융시장에 대해 생각하기 시작했다. 그의 관심은 런던경제대학(London School of Economics, LSE) 통계학 교수인 모리스 켄달이 1952년 행했던 논란이 많았던 연설로부터 자극을 받았다. 켄달은 주가지수, 소맥가격 및 원면가격 등 다양한 시장자료를 분석해서 가격의 움직임이 예측 가능한지 여부를 보여주는 일종의 패턴을 찾아내려고 했다.

그러나 켄달은 어떤 패턴도 찾아내지 못했고, 그러한 일련의 자료들이 "우연이라는 악마가 한 주에 한 번씩 균형적인 모집단으로부터 무작위로 숫자를 뽑는 것"과 같이 종잡을 수 없는 것처럼 보인다고 결론을 지었다.[주7]

켄달은 이것이 "일종의 경제학적인 브라운 운동"처럼 보인다고 말했다. 사무엘슨은 이것이 엄청난 파괴력이 있는 것이라고 인식했다. 그는 "투자자들은 그들의 시간을 허비하고 있다"고 바쉘리에의 원 논문에 내재된 개념에서 한 걸음 더 나아갔다. 수학적으로 시장을 이길 방법은 없다는 것이다. 소프와 같은 사람들은 그들의 컴퓨터와 공식들을 제쳐놓아 버리고, 보다 전문적인 직업, 예컨대 치과의사나 배관수리공이 되어야 한다는 것이다. "라스베가스나 처칠다운스(켄터키더비가 개최되는 켄터키 주 루이빌의 경마장-옮긴 이)나 지역의 메릴린치 지점에서 돈을 따는 것은 결코 쉽지 않다"고 그는 썼다.

당시 사무엘슨은 경제학계의 숨은 실력자로 부상하고 있었다. 만약 그가 시장이 랜덤워크를 따랐다고 생각하면, 그것은 모든 사람이 그 의견에 동의하거나 그렇지 않으면 동의하지 않는 데 대한 이유를 정확히 설명해야 된다는 것을 뜻했다. 사무엘슨의 가장 촉망받는 제자이며 블랙-숄즈 옵션 가격결정모형의 공동창안자들 중 한 사람인 로버트 머튼을 포함해서 대부분의 학자들이 사무엘슨의 견해에 동의했다.

그렇지만 이 모든 것들을 연결해서 효율적 시장가설을 현대 포트폴리오 이론의 중심이 되도록 만든 사람은 파마였다.

시장이 효율적이라는 아이디어는 가격결정 과정을 마구 휘저어놓으면서 다수의 예상치 못했던 결과를 초래했다. 파마는 신선한 고기를 기다리며 선회하고 있는 굶주린 피라냐들처럼 비효율성들을 부단히 탐색하고 있는 엄청난 숫자로 큰 무리를 짓고 있는 투자자들을 상정했다. 신선하지만 순간적으로 나타나는 비효율성을 먹어치우는 굶주린 피라냐 떼들이 없다면, 시장은 결코 효율적이 될 수 없다. 신선한 고기가 없다면 피라냐도 없을 것이다. 그것이 EMH를 추종하는 사람들을 지속적으로 당황스럽게 만드는 역설이었다.

시장효율성이 만들어내는 또 다른 문제는, 만약 그것이 옳다면, 시장효율성은 시장에서의 가격이 어떤 경우에도 잘못 결정되어 있다고 유효하게 주장하는 것을 불가능하게 만든다는 사실이다. 나스닥지수가 2000년 초에 5,000을 넘어서고 있었을 때, EMH에 따르면 당시에 그것이 버블(거품)이라고 주장하는 것은 불가능했다. 불과 몇 년 사이에 미국의 많은 주택들의 가격이 두 배 또는 세 배로 올랐던 2005년은 또 어떤가? EMH에 따르면, 이 역시 버블이 아니었다.

이와 같이 정신을 헷갈리게 하는 수수께끼들에도 불구하고, EMH는 파마가 이 복음을 널리 전하기 시작하면서 학계의 지배적인 패러다임이 되었다. 그것은 적절한 방법과 수단을 가진 특정한 사람들은 시장을 이길 수 있다는 생각을 바탕으로 구축된 자산관리업계에 대한 정면도전이 되었다.

퀀트들은 EMH를 그들의 무기들 중 핵심적인 수단으로 보았다. 즉 효율적인 시장의 다양한 움직임들에 대한 확률은 브라운 운동을 바탕으로 하는 수학에 의해서 이해될 수 있다는 것이었다. 가장 나타날 확률이 큰 움직임은 벨커브의 중심 근처에서 발견되는 움직임들로서 그것들은 앞으로 한 달, 한 해, 또는 10년에 걸친 시장의 잠재적인 미래변동성에 대한 예측을 가능하도록 해준다. 재무플래닝 업계에서 통용되는 장기간에 걸친 일상적인 투자자들의 포트폴리오 증가를 예측할 수 있는 소위 몬테카를로시뮬레이션은 시장이 랜덤워크에 따라 움직인다는 아이디어를 사용했다. 이에 따라 수익률은 벨커브의 중간 부분에 위치하기 때문에, 연 50퍼센트의 이익 또는 손실은 거의 발생할 가능성이 없게 된다.

2008년의 신용위기에 나타났던 주식시장 대붕괴와 같은 50퍼센트의 이익 또는 손실(혹은 블랙먼데이에 나타났던 단 하루 동안의 23퍼센트 주가하락)은 최소한 모델 상으로는 발생 가능성이 사실상 없게 된다. 오늘날 거의 모든 대형 금융서비스기업들은 투자자들에게 몬테카를로 시뮬레이션을 제공한다. 이에 따라, 1백 년도 더 이전에 바쉘리에가 찾아내고 파마가 다시 환기시켜 준 통찰들이 미국인들이 그들의 은퇴를 대비하는 가장 기본적인 토대가 되었다. 또한 그것은 시장이 극단적인 움직임을 보일 수도 있다는 가능성에 대해 그들의 눈을 가려버렸다. 이와 같이 험악한 현상들은 퀀트들이 만들어낸 우아한 모형들에는 말 그대로 어울리지 않았다.

EMH는 여러 면에서 양날의 칼이었다. 한편으로 그것은 시장을 이기기는 불가능하다고 주장했다. 그러나 대부분의 퀀트들, 특히 학계에서 월가로 옮겨온 사람들은 시장이 부분적으로 효율적이라고 믿었다. 블랙-숄즈 옵션 가격결정모형의 공동개발자인 피셔 블랙은 한때 그 자신이 골드만삭스에 합류한 후 시장이 허드슨 강의 제방들에서보다는 찰스 강의 제방들에서 보다 효율적이라고 말했다.

이러한 견해에 따르면, 시장은 뒷면보다는 앞면 (또는 앞면보다는 뒷면)이 조금 더 많이 나올 수 있도록 작은 홈이 패어진 동전과도 같다. 이 경우, 동전을 1백 번 던지면 50번이 아닌 52번 앞면이 나올 가능성이 있게 된다. 성공의 열쇠는 가능한 한 많이 이와 같은 홈들을 찾아내는 것이 된다. 소프가 카지노에서 딜러를 꺾기 위해 사용했고 그 후 월가에서 큰 부를 벌 수 있도록 해주었던, 대수의 법칙은 수천 종류의 증권들이 아니더라도 수백 종류의 증권들을 잘 활용하면, 그러한 홈들이 거대한 부를 거두도록 해준다는 것을 입증했다.

EMH는 암묵적으로 시장에는 가격들이 효율적이 될 수 있도록 만드는 메카니즘, 즉 파마의 피라냐들이 존재하고 있음도 보여주었다. 목표는 가능한 한 순식간에 잠시 나타났다 사라지는 비효율성과 숨겨진 차이들을 재빨리 포착해서 집어삼키는 피라냐가 되는 것이었다. 가장 좋은 모형과 가장 빠른 컴퓨터를 갖춘 퀀트들이 이 게임을 이기게 된다.

궁극적으로, EMH는 퀀트들에게 시장이 지속적으로 균형을 향해 나아가면서 완벽하게 효율적이 되려면 어떤 모습을 하고 있어야 하는지에 대한 기준을 제공한다. 달리 표현하면, 그것은 시장이 어떻게 움직이고 그것을 어떻게 측정하는지를 설명해주는 계량재무학의 성배(聖杯), 즉 진리의 모습을 제공한다. 시장에서의 가격들이 진리(본질가치-옮긴 이)로부터 벗어날 때면 언제나 컴퓨터를 활용하는 피라냐와 같은 퀀트들이 그 오차를 탐지하고, 공략해서, 다시 질서(균형)를 복원시키고, 그 과정에서 상당한 이익을 거두어간다. 그들의 고성능 컴퓨터들은 기회를 포착하기 위해 마치 진리를 탐색하는 레이더처럼 글로벌시장을 샅샅이 훑어내린다. 퀀트들의 모형은 가격들이 언제 균형으로부터 이탈하는지 발견할 수 있다. 물론, 그들이 항상 옳지는 않다. 그러나 그들이 충분할 만큼 자주 옳다면, 그들은 부를 축적할 수 있다.

이것이 클리프 애스네스가 시카고대학에서 공부하면서 배웠던 주요한 교훈들 중 하나였다. 그런데 그것 말고도 더 많은 것들이 있었다.

집요하게 연구에 몰두하는 파마는 자신이 이룩한 효율적 시장이라는 위업에 결코 안주하지 않았다. 그는 논문들을 검색하고, 컴퓨터와 효율적 시장이론의 대가로부터 배우기를 열망하는 총명하고 어린 학생들을 활용하는 것을 계속했다. 애스네스가 시카고대학에 입학한 바로 직후인 1992년에 파마와 프렌치는 그 당시까지 그들이 이룩했던 가장 중요한 논문을 발표했는데, 그 논문은 거의 틀림없이 지난 20년의 기간 동안 발간된 논문들 중 가장 중요한 재무학계의 위업이었다. 또한 그것에 가려져 있는 야망 역시 엄청난 것이었는데, 그것은 재무학 그 자체의 기초가 되는 이론인 자본자산가격결정모형(capital asset pricing model), 곧 CAPM을 뒤집어버리는 것이었다.

파마와 프렌치 이전에는 CAPM이 계량재무학의 진리에 가장 근접한 근사치였다. CAPM의 창시자인 윌리엄 샤프에 따르면, 주식의 잠재적인 미래수익을 결정하는 가장 중요한 요인은 그 주식이 시장 전체와 비교해서 얼마나 변동성이 큰가를 나타내는 측정치인 베타(β)이다. 그리고 CAPM에 따르면, 주식이 더 위험하면 위험할수록 잠재적인 보상도 더 커진다. 결론은 위험주식들에 대한 장기투자가 모두가 인정하는 우량주에 대한 투자들보다 더 많은 보상을 해주는 경향을 나타낸다는 것이다.

파마와 프렌치는 그렇게도 중요한 베타가 실제로 주식수익률에 얼마나 많은 영향을 주는지를 확인하기 위해서 그들의 슈퍼컴퓨터들을 가동해서 광범위한 주식시장수익률 데이터베이스에 대한 일련의 검증을 실시했다.[주8] 그들의 결론은 베타와 시장수익률 간에는 전혀 관계가 없다는 것이었다.

그와 같은 발견은 가장 신성한 현대 포트폴리오이론의 장막에 불이 붙은 화염병을 던진 것과 다름없는 것이었다. 수십 년 동안의 연구가 모두 틀렸다고 두 교수는 주장했다. 더욱 놀라웠던 사실은, 주식 수익률에 영향을 주는 시장의 힘들에 대한 파마와 프렌치의 연구결과였다. 그들은 그들의 표본기간인 1963년부터 1990년 기간 동안 주식이 얼마나 좋은 주가 실적을 올렸는지를 결정했던 두 가지 요인을 확인했는데, 그것은 바로 기업의 가치와 규모였다.

기업의 규모를 판단하는 데는 여러 방법들이 있다. 그것은 시가총액(기업의 주당 가격에 발행주식을 곱한 것)이라고 알려져 있는 측정치인 주식가격을 통해 월가가 그 기업의 가치를 얼마로 보는가에 의해서 일반적으로 측정된다. IBM은 시가총액이 약 1천5백억 달러이기 때문에 규모가 크다. 크리스피 크림 도넛츠는 시가총액이 1억5천만 달러로 규모가 작다. 종업원의 숫자가 얼마인지 그리고 그 회사가 얼마나 수익성이 좋은지 등과 같은 기타 요인들도 역시 고려가 된다.

가치는 일반적으로 어떤 기업의 주식가격을 그 주식의 장부가치, 즉 (그 기업이 소유하는 건물, 기계설비와 같은 자산들에서 부채 또는 차입금들을 공제한) 기업의 순자산과 비교함으로써 결정된다. 주당 장부가액(price-to-book)은 워렌 버핏과 같은 전통적인 투자자들이 선호하는 측정치이다. 그렇지만 퀀트들은 그것들을 CSRP 데이터베이스로부터 입수한 수십 년 간의 자료들을 컴퓨터에 집어넣어서 복잡한 알고리즘을 통해서 처리하고, 금을 캐는 광부들이 반짝이는 황금알갱이들을 체로 걸러내는 것처럼 꼼꼼하게 검토해서 버핏과 같은 종류의 투자자들은 상상도 할 수 없는 (또한 그들이 결코 원하지도 않을) 방법을 사용한다.

파마와 프렌치는 가장 크고 가장 번쩍이는 황금알갱이들 중 하나를 캐내었다. '가치'라는 족보에는 두 가지 주요한 후손들이 등장하는데, 그것들은 성장주(growth stocks)와 가치주(value stocks)이다. 성장주는 투자자들이 그 기업을 좋아해서 주식가격이 올라가도록 만들기 때문에 가격이 비교적 비싸다. 가치주는 그들이 월가에서 비교적 선호를 덜 받는 것을 반영해서 주가 순자산 비율이 낮다. 다시 말하면, 가치주는 싸게 보인다.

파마와 프렌치의 주된 발견은 가치주들이 1963년까지 거슬러 올라가는 거의 모든 기간들에 대해서 성장주들보다 더 좋은 주가실적을 보였다는 사실이었다. 만약 당신이 가치주에 돈을 집어넣었다면, 당신이 성장주에 투자했을 때에 비해 조금 더 많은 돈을 벌게 된다.

직관적으로, 이런 아이디어는 약간의 타당성이 있다. 두 종류의 피자인 페퍼로니와 머시룸피자를 즐기는 이웃 주민들을 상상해 보기로 하자. 당분간은 두 종류의 피자 모두 똑같은 인기를 누릴 것이다. 그러나 시간이 지나자 머시룸피자의 인기가 하락해버린다. 더욱더 많은 사람들이 페퍼로니를 주문하고 있다. 이러한 변화에 주목한 피자가게 주인은 페퍼로니피자의 값을 올리고, 많은 사람들의 선호를 받지 못하고 있는 머시룸피자를 구매하는 것을 독려하기 위해서 가격을 인하한다. 가격 차이가 결국 너무 커져서 더 많은 사람들이 페퍼로니를 제쳐두고, 머시룸 쪽으로 옮겨 간다. 결국 파마와 프렌치가 예측했던 것과 똑같이, 머시룸피자의 가격이 상승하기 시작하고 페퍼로니 가격은 하락한다.

물론, 현실은 이처럼 단순하지 않다. 때로는 머시룸피자의 품질이 나빠져서 이웃 주민들이 그것들을 싫어하는 충분한 이유가 되거나, 또는 페퍼로니의 맛이 갑자기 향상되는 경우도 있을 것이다. 그러나 분석은 대수의 법칙에 따라서 시간의 경과와 함께 가치주(즉 선호 받지 못하는 머시룸피자)가 성장주(값이 비싼 페퍼로니)보다 더 좋은 실적을 올리는 경향을 나타내는 것을 보여주었다.

파마와 프렌치는 소형주들이 대형주들보다 훨씬 더 좋은 주가실적을 올리는 경향이 있음도 발견했다. 그 개념은 가치주와 성장주의 차이와 유사한 것으로 (바로 그것이 그 주식이 소형주인 이유이기도 하지만) 소형주는 직관적으로 선호를 받지 못하기 때문이다. 반면에 대형주는 시장에서 너무도 많은 히트작을 가진 유명 영화배우처럼 너무 많은 사랑 때문에 고통을 받고, 결국은 가격이 하락하게 된다.

달리 말하면, 파마와 프렌치에 따르면, 장기적으로 주가를 상승시키거나 하락시키는 것은 변동성이나 베타가 아니고 가치와 기업규모이다. 애스네스와 같은 학생들로서는 그 메시지가 명쾌했는데, 그것은 오직 이런 요인들에만 집중하면 돈이 벌어진다는 것이었다. 즉 값이 싼 머시룸피자(소형주)

를 매수하고 페퍼로니(대형주)를 매도하라.

세속과 격리된 퀀트 집단에게 그것은 마치 마틴 루터가 수 세기에 걸친 전통과 신념을 뒤집는 95개조 논제를 비텐베르크성 교회 정문에 게시했던 것과도 같았다. 그들이 알고 있던 진리, 즉 거룩한 CAPM이 전혀 진리가 아니었다. 만약 파마와 프렌치가 옳다면, 새로운 진리(New Truth)가 존재하게 되는 것이다. 가치와 규모만이 가장 중요한 진리가 되는 것이다.

낡은 진리(Old Truth)의 수호자들은 그것을 지키기 위해 온 힘을 다 쏟았다. 당시에는 이미 골드만삭스의 파트너로 일하고 있었던 피셔 블랙은 "파마와 프렌치는…… 그들의 자료를 잘못 해석했다"고 적고, 이를 퀀트 집단의 진정한 패배라고 주장하며 맹렬한 공격을 퍼부었다. 샤프는 가치주들이 1970년대의 석유위기와 스태그플레이션을 겪으며 가격이 하락했다가 1980년대에 지극히 양호한 실적을 올렸기 때문에, 파마와 프렌치가 관찰한 기간 동안에는 가치요인이 더 유리하게 반영되었다고 주장했다.

그럼에도 불구하고, 파마와 프렌치의 새로운 진리는 세력을 굳히기 시작했다. 논문을 통한 이론적인 주장과는 별도로 금융계에도 절대적인 영향을 미쳤다. 재무 분야의 괴짜들이 더 많은 황금알갱이를 새로운 모래로부터 걸러내기 시작했고 파마와 프렌치가 CAPM을 끌어내림으로써, 새로운 연구의 거대한 물결이 지나갈 수 있도록 배수구를 열어젖혔다. 클리프 애스네스가 그러한 물결의 최선두에 서 있었다.

이윽고 이러한 발견이 더 많은 사악한 효과를 나타내게 된다. 더욱더 많은 퀀트들이 파마와 프렌치, 그리고 기타의 다른 사람들이 밝혀낸 전략들을 한꺼번에 채택하기 시작했으며, 이는 이들 두 교수가 전혀 예측할 수 없었던 사태인 역사상 가장 신속하고 가장 참혹한 시장붕괴 중 하나로 이어지게 된다.

그러나 이런 상황이 벌어지는 것은 그로부터도 몇 년 후다.

1990년대 초의 어느 날, 애스네스는 박사학위 논문에 대한 아이디어를 의논하기 위해서 파마 교수의 연구실로 들어섰다.[주9] 그런데 애스네스는 죄의식에 사로잡혀 불안해하고 있었다. 파마는 그에게 시카고대학 경제학부 학생으로서 최고의 영예인 교육조교로 발탁해주었는데, 애스네스의 학위논문 주제는 파마의 효율적 시장가설과 배치되는 것이었기 때문이다.

애스네스는 수십 년간의 자료들을 검토하면서 주가가 움직이는 추세에서 이상현상들을 발견했다. 가격이 하락하고 있는 주식들은 이익처럼 내재된 펀더멘털을 기준으로 보았을 때, 하락해야 되는 것보다 가격이 더 하락하는 것처럼 보였고, 가격이 상승하는 주식도 올라야 할 수준보다 더 높게 올라가는 것으로 보였다. 물리학에서는 이런 현상을 모멘텀(탄력)이라고 부른다.

효율적 시장가설에 따르면 모멘텀은 존재해서는 안 된다. 왜냐하면 모멘텀의 존재 자체가 어떤 주식들이 계속 상승하고 어떤 주식들이 계속 하락할지를 알려주는 방법이 존재한다는 것을 뜻하기 때문이었다.

애스네스는 모멘텀이 파마에 대한 직접적인 도전이라고 생각했기 때문에 아마도 논쟁을 해야 될 것이라고 긴장하고 있었다. 그가 목소리를 가다

듣어서 말했다.

“제 논문은 모멘텀의 존재를 인정하는 것이 되겠습니다.”

그는 두려움을 누르며 말했다.

파마는 그의 뺨을 문지르면서 고개를 끄덕였다. 몇 초가 흘러갔다. 그는 애스네스를 치켜다 보았고, 집중해 있었기에 그의 넓은 이마에는 주름이 잡혔다.

“자료가 그렇게 나온다면, 그것으로 논문을 쓰게.”

파마가 말했다.

애스네스는 놀라면서도 흥분이 되었다. 자료가 보여주는 것이면 무엇에도 마음을 여는 파마의 개방적 태도는 그의 지적 정직성을 정확하게 보여주는 것이라고 애스네스는 감동을 받았다.

그는 시카고대학에 소장된 방대한 시장자료들로부터 숫자를 처리하기 시작했고, 주식들에 있어서 장, 단기 모멘텀을 보여주는 다양한 형태의 패턴들에 주목했다. 처음에는 애스네스도 자신이 돈을 벌 수 있는 기회로 활용할 수 있는 숨겨진 시장움직임 패턴들에 대한 중대한 발견을 했다고 인식하지 못했다. 그는 그저 자신이 학위논문을 쓰고 졸업을 할 수 있게 된 것에 대해 신이 났다.

1992년, 애스네스가 모멘텀에 대한 자신의 학위논문에 본격적으로 착수했을 무렵, 그는 골드만삭스 채권부문에서 일을 하지 않겠느냐는 제의를 받았다. ‘골드만삭스자산관리(Goldman Sachs Asset Management, GSAM)’라는 이름의 소규모이긴 하지만 성장하고 있던 이 사업부문은 월가에서 가장

가공할 만한 두뇌집단 중 하나를 구축하기 위해 총명한 젊은 학자들에게 손을 뻗치고 있었다.

애스네스가 골드만에서 맡은 첫 직무는 채권운용모델을 구축하고, 주택저당증권(mortgage-backed securities, MBS)을 거래하는 일이었다. 근무를 하면서도 그는 자신의 논문작성과 그가 내려야 할 중대한 결정, 즉 학계에 계속 있을 것인가 아니면 월가에서 부를 추구할 것인가를 생각하면서 밤 시간과 주말을 온통 투입했다.

그의 결정은 오직 자신만을 기준으로 행해졌다. 1992년 1월, 그는 빌 그로스가 운영하던 서부에 있는 채권운용회사 핌코Pimco로부터 전화를 받았다. 대학시절에 《딜러를 이겨라》와 《시장을 이겨라》를 열심히 읽었던 빌 그로스는 한때 카드카운터이기도 했던 억만장자로 자신의 도박적 감각을 일상적인 투자결정에 충실하게 적용했다. 핌코는 애스네스의 첫 번째 연구논문인 〈OAS모델, 기대수익률 및 가파른 수익률곡선(OAS Models, Expected Returns, and a Steep Yield Curve)〉을 구해보고 난 후 그를 채용할 의향을 가졌다. 그 한 해 동안, 애스네스는 핌코와 여러 차례 채용인터뷰를 가졌다. 1993년에 핌코가 계량적 모델과 수단들을 구축하는 직책을 그에게 제의했다. 애스네스는 그 직무가 학계의 연구부문과 월가 실무에의 적용을 결합시킨 것으로 그에게 이상적인 일이라고 생각했다.

핌코로부터의 채용제의에 대해 알게 된 골드만은 GSAM에 그와 유사한 직무를 제의했다. 애스네스의 선택은 골드만이었다. 골드만이 그의 집이 있는 로슬린 하이츠에서 가깝다는 단순한 이유였다.

"흠! 당신이 마마보이이기 때문에 더 나쁜 곳을 선택하겠다는 것이군요?"라고 핌코의 채용담당자는 빈정댔다.

애스네스는 그저 웃어 넘겼다. 그는 골드만이 자신에게 적합한 직장이라는 것을 알고 있었다. 자신의 학위논문을 마친 직후인 1994년, 클리포드 애스네스 박사는 골드만삭스 내에 계량적 연구그룹(Quantitative Research Group)을 발족시켰다. 그의 나이 28세 때였다.

* * *

1980년대 초의 어느 날, 보아즈 웨인스타인은 자신의 앞에 흩어져 있는 기사(knights), 졸개(pawns), 왕(kings), 왕비(queens)들을 뚫어지게 응시하고 있었다. 그는 초조해 했으며, 수세에 몰려 있었다. 체스판 건너편에는 감정을 전혀 드러내지 않는 그의 적수인 조슈아 웨이츠킨이 앉아 있었는데, 그는 나중에 1993년도 영화 〈위대한 승부(Searching for Bobby Fischer)〉의 극중 인물이 되는 체스 신동이었다.

웨인스타인은 맨해튼 체스클럽에서 개최된 웨이츠킨을 상대로 하는 이 시합에서 패배했지만, 이 패배가 체스에 대한 그의 열정을 식히지는 못했다. 그는 곧 손위 누나와의 체스경기에서 꾸준히 승리를 거두었기 때문에 누이는 더 이상 그와 체스를 두려고 하지 않았다. 집에서 체스 시합을 계속하고 싶었던 그는 아버지를 졸라서 컴퓨터로 하는 체스게임을 샀다. 열여섯 살 때, 그는 체스 최고수인 그랜드마스터(grand master)보다 조금 낮은 단계인 라이프마스터(life master)가 되었으며, 전미 유소년 체스 선수들 중 랭킹 3위였다.

체스가 어린 웨인스타인의 모두는 아니었다. 투자라는 어려운 게임도 그의 관심분야였다. 웨인스타인가에서 매주 치러지는 의례는 금요일 밤의 〈루이 러카이어와 함께 하는 월스트리트 위크(Wall Street Week with Louis Rukeyser)〉를 시청하는 것이었다. 그는 소액의 용돈으로 주식시장에 투자하기 시작했고, 약간 재미를 보기도 했다. 뉴욕의 명문 스타이브센트 고교 2학년 학생으로서 그는 뉴스데이(Newsday)가 후원한 주식종목선택대회에 참가해서 5천 명의 경쟁자들을 물리치고 우승했다. 웨인스타인은 대회에서 우승하기 위해서는 큰 이익을 올릴 수 있는 잠재력이 큰 주식을 선택해야 된다는 것을 깨달았다. 그의 필승전략은 지극히 초보적인 형태의 차익거래였는데, 그는 값이 많이 오른 주식들을 매각하고, 그가 생각하기에 가격이 급격하게 상승할 것으로 보이는 거의 파산 직전의 종목들을 매입했다. 이 전략은 웨인스타인이 지극히 큰 도박일지라도 이기기 위해 무엇을 선택해야 되는지를 정확히 파악하고 있었음을 보여준다.

사실 특권층들이 사는 맨해튼의 어퍼 이스트사이드에서 성장한 그에게는 자신의 주위에 돈이 널려져 있는 것처럼 보였다. 그리핀, 멀러, 애스네스 등이 모두 시끌벅적한 월가로부터 비교적 멀리 떨어진 곳에서 성장한데 비해서, 웨인스타인은 사실상 트레이딩 룸에서 성장했다. 열다섯 살에 그는 브로커(증권중개인)들의 선더링 허드(Thundering herd)로 잘 알려진 명망 높은 메릴린치에서 파트타임으로 사무보조 직책을 얻었다. 그는 투자에 대한 조언들을 얻기 위해, 휴식시간을 이용해서 사무실 주위에 흩어져 있는 연구 보고서들을 훑어보곤 했다.

그러는 동안 그의 누이가 골드만삭스에 취직했다. 웨인스타인은 일과 후에 골드만삭스를 방문하고, 미래의 영광을 꿈꾸면서 이 유서 깊은 은행의 여기저기를 배회하곤 했다. 어느 날, 누이의 사무실을 방문하러 갔다가 그는 남자화장실에 들어갔다. 그는 그곳에서 정크본드 트레이더인 데이비드 디루시아와 마주쳤는데 두 사람은 예전에 체스클럽에서 만난 적이 있던 사이였다. 디루시아는 웨인스타인에게 골드만삭스의 트레이딩 룸을 잠깐 동안 둘러볼 수 있도록 해주었고, 꿈을 좇고 있던 웨인스타인은 그 기회를 활용해서 몇 차례의 구직을 위한 인터뷰를 할 수 있었다.

그는 열아홉 살 때, 골드만삭스의 정크본드 거래데스크에서 파트타임 직원으로 근무할 수 있게 되었다. 그러나 웨인스타인이 진정으로 하고 싶어 했던 일은 트레이딩이었다. 그는 일단 졸업을 하면, 월가가 자신의 첫 일터가 될 것임을 알았다. 1995년에 대학을 졸업한 후, 그는 자신이 월가의 냄새를 최초로 맡았던 메릴린치의 국제채 거래데스크에 일자리를 얻었다. 2년 후, 그는 골드만삭스를 퇴직한 디루시아의 꾐에 빠져 보다 규모가 작은 투자은행인 도날드슨 루프킨 젠레트(Donaldson Lufkin Jenrette, DLJ)로 직장을 옮겼다. 웨인스타인은 자신의 거래데스크를 운영하는 보다 좋은 기회를 주는 소규모 회사에서 근무하는 것이 좋은 아이디어라고 생각했다. DLJ에서 그는 변동금리채권과 다양한 이자율과 교환되는 채권들의 비정상적인 매매를 통해서 신용매매의 주요 내용들을 익혔다.

웨인스타인처럼 도박에 소질을 가진 전도가 유망한 트레이더에게 그 당시는 월가에서 인생을 시작하기에 이상적인 시기였다. 주식, 금리 및 상품에 대한 파생상품들이 여러 해 전부터 거래되고 있었고, 비정통적인 신용파생상품에 대한 붐이 막 시작되려 하고 있었다. 게다가 은행들은 트레이더들이 경계를 넘어서 높은 수익을 올리는 것을 더욱더 권장하고 있었다. 또한 한때는 주로 조지 소로스 같은 자유분방한 괴짜들이나 에드 소프와 같은 수학천재들만의 영역이었던 헤지펀드들의 황금기도 막 시작되고 있었다. 은행들은 마침내 스스로가 거대하고, 행동이 굼뜬 헤지펀드로 변신하면서 헤지펀드들에 대항해서 경쟁을 하게 되었다.

1998년에 웨인스타인은 그와 함께 메릴린치에서 근무했던 많은 트레이더들과 리서처들이 옮겨갔던 독일 기업인 도이치뱅크에 자리가 하나 났다는 소식을 들었다. 도이치뱅크는 고루하고, 전통적인 상업은행에서 파생상품의 강자로의 변신을 대대적으로 추진하고 있었다. 이 은행은 당시 복잡한 증권의 설계를 잘 하는 퀀트들이 잔뜩 모여 있는 뉴욕의 투자은행인 뱅커스트러스트를 매수할 계획을 진행하고 있었다. 웨인스타인이 이 은행에 합류하고 난 다음에 바로 발표된 합병거래로 도이치뱅크는 8천억 달러의 자산을 운용하는 세계 최대의 은행이 되게 된다.

웨인스타인은 도이치뱅크로 옮기는 것이 시의적절한 결정이 될 수 있으리라고 생각했다. 도이치뱅크에 합류한 후 얼마 지나지 않아서, 그는 신용연계채권(credit-linked notes)으로 알려진 새로운 파생상품의 거래를 배우고 있었다. 결국 그것들은 보다 일반적으로 불리던 신용부도스왑(credit default swap, 신용위험스왑)이 되었다.

신용부도스왑은 그 가치가 기초유가증권인 대출에 연계되어 있기 때문에, 파생상품이다. 그것들은 1990년대 초에 뱅커스트러스트에 의해서 최초로 만들어졌지만, 이 신용파생상품을 제대로 발전시킨 것은 J. P. 모건의 수학천재들이었다. 웨인스타인이 도이치뱅크에 들어갔을 때는 매일 단지 몇 종류의 채권들과 스왑들만 거래되고 있었는데, 10년 후 웹을 통해 수조 달러의 스왑이 거래되게 되는 것은 엄청난 변화가 아닐 수 없다.

웨인스타인은 1980년대에 살로몬브라더스Salomon Brothers의 일본 및 유럽지사에서 복잡한 증권들을 취급했던 신용파생상품 개척자인 도이치뱅크 글로벌신용매매 부문 책임자인 로날드 다네무라로부터 이 채권들이 어떻게 움직이는지를 배웠다.

신용파생상품은 어떤 면에서는 대출에 대한 보험계약과도 같다고 다네무라는 웨인스타인에게 설명했다. 대출에 대한 보험을 매수하는 투자자들은 대출의 차입자가 파산하게 되더라도 대출금을 회수할 수 있는 권리에 대해 수수료를 지급한다. 보험의 매수자와 매도자는 기본적으로 그 채권이 부도가 나는 위험에 대한 그들의 노출분(exposure)을 서로 교환하는 것이다.

스왑은 5년 정도의 특정기간 동안 수백만 달러 상당의 채권에 대한 지급을 보장받기 위해서 트레이더가 얼마를 지급할 것인가에 따라서 일반적으로 가격이 결정된다고 다네무라는 설명했다. 예컨대 제너럴모터스의 1천만 달러 상당 부채에 대한 보험을 매수하는 데 1백만 달러가 소요된다면, 이는 이 자동차회사가 그 기간 동안의 파산확률이 10퍼센트라는 것을 의미한다. 만약 GM이 파산하게 되면, 보험을 제공했던 당사자가 1천만 달러 또는 파산 후 결정되는 일정 비율만큼의 금액을 토해내게 된다.

대부분의 거래들은 런던의 맞춤양복들처럼 양 당사자들의 요구사항이 반영된 맞춤 형태로 체결된다.

"신용파생상품은 기본적으로 우리 고객들에게 정확히 그들이 원하는 것을 제공합니다."

라고 다네무라는 말했다.

"그리고 우리가 그 파생상품을 공급합니다."

웨인스타인은 이런 내용들을 마치 스펀지처럼 흡수했고, 곧 신용위험스왑 시장이 해당채권 만기까지 그것을 매수해서 보유하지는 않는다는 것을 알게 되었는데, 그것이 파산에 대한 인식이었다. 트레이더들은 그 회사가 파산할 때까지 기다릴 필요가 없었다. GM에 대한 신용부도스왑을 1백만 달러에 매수했던 트레이더는 GM의 상태가 더욱 악화되었다고 인식되면 그 스왑을 예컨대 2백만 달러에 다른 트레이더에게 팔 수가 있는 것이다.

결국 가장 중요한 것은, 트레이더들은 주식과 똑같이 어떤 수준에 대해서 베팅을 하는 것이었다. 만약 어떤 기업이 위험해 보이면, 그 기업에 대한 신용위험스왑 비용이 상승하게 된다.

이론상으로는 수백 또는 그 이상의 스왑들이 한 종류의 채권에 대해 만들어질 수 있다. 보다 일반적으로 스왑들은 수백 또는 수천 종류의 채권들과 다른 종류의 차입금들의 트랑셰(tranche 증권의 발행이라든지 차입금의 인출과 같은 "큰 덩어리"의 보증활동에 적용된다.)에 대해 만들어진다. 그것들은 끝없이 전이될 수 있기에, 웨인스타인이 이 부문에 들어선 지 10년이 지난 후에는 60조 달러 이상의 규모에 이르게 되었다.

거기에 더해서 이 거래들은 그것들을 추적하는 아무런 중앙청산소가 없이 소위 점두시장(over-the-counter market)에서 건별로 서로 다른 계약조건들에 따라 이루어지기 때문에, 신용위험스왑 거래는 사실상 아무런 규제당국의 감시도 없고 투명성도 보장되지 않는 월가의 그늘에서 이루어져 왔다. 그리고 그런 방식이 이 산업이 원하는 것이기도 했다.

웨인스타인이 그 일을 맡은 후 얼마 안 되어서 그의 상사(다네무라가 아닌)가 회사를 그만두었다. 갑자기 그는 도이치뱅크 뉴욕지점에서 새로운 파생상품들을 다루는 유일한 트레이더가 되어버렸다. 그것은 그다지 큰 문제가 아닌 것처럼 보였다. 그러나 퀀트들은 그 세력을 점점 더 키우고 있어서 금융계의 상층부로 점점 더 높이 올라가고 있었다.

그러나 나중에 밝혀지는 것처럼 LTCM이라는 네 문자로 표현되는 그것이 문제였다.

* * *

1994년, 살로몬브라더스의 촉망받는 채권트레이더였던 존 메리웨더는 '롱텀캐피털매니지먼트(Long-Term Capital Management, LTCM)'로 알려지게 되는 거대한 헤지펀드를 설립했다.[주10] LTCM은 나중에 노벨상을 받게 되는 마이런 숄즈와 로버트 머튼뿐 아니라 살로몬 출신의 뛰어난 퀀트들이 참여하고 있었다. 그 해 2월 24일에 이 펀드는 10억 달러의 투자금으로 트레이딩을 개시했다.

그 내용을 보면, LTCM은 학교에서 수학과 경제학으로 훈련을 받은 퀀트들에 의해서 수행되는 연구실에서의 실험, 즉 사고의 실험이었다. 펀드의 구조 자체가 1952년의 해리 마코위츠와 그 훨씬 이전 19세기의 로버트 브라운까지 거슬러 올라가는 현대 포트폴리오이론에 있어서의 위대한 발견들에 바탕을 두고 있었다.

LTCM은 정상궤도를 벗어난 증권들 사이의 관계를 찾아내는 소위 상대가치거래(relative-value trades)에 특화했다. 이 펀드는 자연스러운 질서, 즉 진리가 복원되었을 때 거래타이밍을 알려주는, 그들의 자연스러운 관계로부터 벗어난 두 쌍의 유가증권들에 대해 베팅을 함으로써 돈을 벌었다.

LTCM이 선호하던 거래들 중 하나는 예전에 발행되었지만 신규발행분에 의해서 대체된 채권들인 '오프더런(off-the-run)' 채권들을 매입하고, 반면 새로 발행된 채권을 뜻하는 '온더런(on-the-run)' 채권들을 매도하는 것이었다. 이런 형태의 거래는 메리웨더가 살로몬브라더스에 있을 때부터 즐겨하던 거래였다. 메리웨더는 동일한 만기를 갖는 채권은, 10년, 30년, 5년 또는 어떤 만기의 채권이든지 가장 최근에 발행된 채권들이 만기가 진행되고 있는 채권들보다 항상 높은 가격대에 거래가 이루어지는 것에 주목했다. 그러한 현상은 전혀 타당성이 없는 것이었다. 이유는 그것들이 본질적으로 동일한 채권들이기 때문이었다. 그러나 신규발행채권의 가격이 조금 더 높은 이유는 뮤추얼펀드, 은행 및 외국정부들과 같은 특정투자자들이 보다 최근에 발행된 채권들이 쉽게 거래된다는 사실에 대해 프리미엄을 주기 때문이었다. 그것들은 환금이 용이했다. 그것이 그것들을 발행 후 상당한 기간이 경과된 채권들보다 더 비싸게 만들었다. 좋아! 어차피 이 채권들의 가격은 일치되는 것인데 내가 유동성위험을 부담하고, 그에 따르는 프리미엄도 챙기면 되지 않겠어? 메리웨더는 생각했다.

이 거래에 따라 발생하는 한 가지 문제는 그 대가가 그다지 크지 않다는 점이었다. 신규채권과 기존 채권 사이의 스프레드는 아주 적어서 겨우 몇 베이시스 포인트(1베이시스 포인트는 1퍼센트 포인트의 100분의 1을 나타냄)에 지나지 않았다. 이에 대한 해결책이 레버리지를 활용하는 것이었다. 가능한 한 많은 현금을 차입해서 거래볼륨을 늘려라, 그렇게 하는 것이 근본적으로 돈을 찍어내는 기계를 갖게 되는 것과 같았다.

메리웨더는 최신 컴퓨터 설비에 2천만 달러를 투자하고, 코네티컷 주 그리니치에 위치한 LTCM에서 이들 컴퓨터를 가동할 최정예 금융공학자들을 채용했다. 그것은 산업차원의 위험관리였다.

LTCM에서 사용된 기본적인 위험관리수단은 J. P. 모건의 퀀트 팀에 의해서 개발된 것이었다. 1990년대 초에, 월가의 은행들은 어떤 특정일에 은행이 직면하게 될 위험의 총량을 파악할 수 있는 방법론을 간절히 찾고 있었다. 포지션들이 1일 기준으로 극적으로 변화할 수 있기 때문에 그것은 엄청난 과제였다. 필요한 것은, 글로벌 차원에서 위험을 감시해서 그 결과를 종이 한 장에 출력하여 숫자로 보여줌으로써 그 회사의 CEO가 밤에 편히 잠을 잘 수 있도록 해주는 정교한 탐지시스템이었다.

매일의 포지션을 구하는 것이 어렵기는 하지만, 불가능한 일은 아니었다. 컴퓨터기술의 진보가 은행의 보유분을 모두 종합해서 신속한 계산을 가능토록 해주었다. 문제는 글로벌 위험을 결정하는 것이었다. J. P. 모건의 퀀트들이 개발한 모형은 기업의 포지션의 하루 변동성을 측정하고, 그것을 화폐가치로 나타낸 변동성으로 변환시켰다. 그것은 브라운 운동을 기초로 하는 평균변동성의 통계적 분포였다. 그래프에 그것을 점으로 표시하면, 그 변동성은 벨커브(정규분포곡선)처럼 보였다.

그 결과가 그들이 'value-at-risk', 또는 'VAR'라고 불렀던 모델이었다. 그것은 어떤 기업이 24시간 동안에 95퍼센트의 확률 내에서 잃을 수 있는 최대 금액을 보여주는 측정치였다.

강력한 VAR탐지시스템은 위험스러운 매력을 갖고 있었다. 만약 위험이 계량화 될 수 있다면, 그것 역시 정교한 헤징전략들을 통해서 관리될 수 있다는 것이었다. 이러한 믿음이 1993년 10월 LTCM의 사업설명서에 다음과 같이 표현되고 있었다.

"헤징을 통한 신청회사 변동성의 감소는 보다 높은 기대수익률을 갖지만 레버리지를 헤지가 되지 않은 포지션과 동일한 기대변동성을 갖는 수준까지 증가시킬 수 있도록 해줍니다."

교묘한 계량적 방법으로 위험을 사라지도록 할 수 있다면, 당신은 무모한 도박꾼처럼 보이지 않으면서, 더욱 많은 레버리지를 쌓을 수 있다.

그러나 다른 사람들은 그렇게 확신하지 않았다. 1994년에 LTCM을 위해 자문을 제공해주었던 금융공학회사는 바로 그 해에 뉴포트비치에 릿즈라인 파트너스Ridgeline Partners라는 새로운 스태트 아브 펀드를 설립한 에드 소프도 자문해주고 있었다. 이 컨설팅회사의 한 종업원은 소프에게 LTCM에 대해 이야기하면서 그것이 위대한 투자가 될 것이라고 말했다.

소프는 숄즈, 머튼 및 메리워터를 잘 알고 있었지만, 그 견해에 동의하지 않았다. 학자들은 충분한 현실세계의 경험을 갖고 있지 않다고 그는 생각했다. 소프는 또한 메리웨더가 돈을 흥청망청 쓰는 사람이라는 소문도 들었기 때문에 그는 이 프로젝트에 대한 투자를 사양했다.

잠시 동안 소프가 잘못 결정을 내린 것처럼 보였다. LTCM은 1994년에 28퍼센트의 수익률을 올렸고 그 다음 해에는 43퍼센트를 벌었다. 1996년에는 41퍼센트, 그 다음 해인 1997년에는 17퍼센트의 이익을 기록했다. 사실, 너무도 자신만만해진 이 펀드의 파트너들은 1997년 말에 30억 달러의 자본금을 투자자들에게 반환하기로 결정했다. 그것은 LTCM의 거래들로부터 발생하는 이익 중 보다 많은 부분이 파트너 자신들에게 돌아오는 것을 의미했는데, 파트너들 중 많은 이들이 그들의 개인재산 중 대단히 많은 부분을 이 펀드에 투자하고 있었다. 그것은 자기가 가진 모든 칩을 '올인'하는 것과도 같았다.

메리웨더와 그의 퀀트그룹들은 처음에는 살로몬브라더스에서 나중에는 LTCM에서 너무도 성공적이었기 때문에, 골드만삭스에서 리먼브라더스와 베어스턴스에 이르는 월가의 모든 채권거래데스크들은 LTCM의 거래전략을 모방하려고 최선을 다하고 있었다.[주7] 그것이 결과적으로 많은 이들에게 살로몬 노스Salomon North라고 알려지게 되는 LTCM의 파멸을 불러왔다.

첫 번째 충격파는 LTCM이 거의 감지할 수 없을 정도로 가벼운 것이었다. 살로몬브라더스의 채권차익거래데스크는 그들이 부담하고 있는 위험을 반기지 않는 회사의 새로운 주인인 트래벌러스 그룹Travelers Group으로부터 데스크를 폐쇄하라는 지시를 받았다. 살로몬이 LTCM의 포지션과 매우 유사한 자신의 포지션을 정리하는 동안, 메리웨더의 차익거래들이 악화되기 시작했다. 문제가 발생했다는 경고를 받은 유사포지션들을 보유한 기업들의 컴퓨터프로그램들이 더욱 많은 매도주문을 쏟아냄에 따라 폭포수처럼 매도주문이 쏟아져 나왔다.

1998년 8월까지 월가 전체의 상대가치거래 청산이 LTCM의 포지션에 심각한 고통을 유발시켰다. 그렇지만 이 펀드의 파트너들은 여전히 엄청난 재앙이 가까이 와 있는 것을 전혀 눈치 채지 못하고 있었다. 그들은 자신들의 모델을 굳게 믿었다. 사실 그 모델은 그들에게 거래가 이전보다 더욱 매력적이 되었음을 말해주고 있었다. 그들은 다른 차익거래자, 즉 파마의 피라냐들이 시장에 몰려 들어와서 '공짜 점심(무위험차익-옮긴 이)'을 게걸스럽게 먹어치울 것이라고 가정했다. 그러나 1998년 늦여름이 되어도 피라냐들은 아무 곳에서도 나타나지 않았다.

러시아 정부가 자신의 부채에 대해 불이행을 선언한 8월 17일에 치명타가 가해졌다. 그것은 LTCM으로서는 대 파국이었다. 러시아에 의한 도저히 상상도 할 수 없는 조치가 글로벌시장을 근본부터 흔들어 놓았고, 월가의 표현에 따르면, '유동성으로의 도피(flight to liquidity)'가 촉발되었다.

어떤 형태의 것이든지 금융 붕괴를 두려워하는 투자자들은 위험하다고 인식되는 모든 것들, 예컨대 신흥산업국들의 주식, 통화, 정크본드 등 검증을 통과하지 못하는 것들을 처분하고 가장 안전하고 유동성이 가장 큰 자산들을 붙잡았다. 그리고 세계에서 가장 안전하고, 가장 유동성이 큰 자산들은 신규로 발행된(온더런) 미국의 재정증권들이었다.

문제는 LTCM이 자신의 천재적인 상대가치거래 때문에 이 온더런재정증권에 대해 방대한 규모의 공매도 잔액을 갖고 있다는 점이었다.

오프더런/온더런 재정증권거래가 완전히 붕괴되어 버렸다. 투자자들은 LTCM이 공매도를 한 새로 발행된 재정증권들은 사재기를 하고, 발행된지 상당기간이 경과한 재정증권들을 매각했다. 그들은 새로 발행된 재정증권이 제공해주는 유동성에 대해서 추가요금을 기꺼이 내려고 했다. 그것은 LTCM의 노벨상 수상자들이 만든 계량모형에서는 전혀 존재하지 않았던 종류의 시장이었다.

로저 로웬스타인이 LTCM의 붕괴에 대한 연대기인 《천재들의 실패(When Genius Failed)》에 썼듯이, "파생상품의 시끌벅적한 성장에도 불구하고, 신용시장에는 유동성이 존재하지 않았다. 모든 시장참가자들이 한꺼번에 다 시장을 빠져나가려고 하는 상황은 존재하지 않는다. 바로 이것이 그 모형이 잘못 짚었던 점이었다. 손실이 쌓이게 되면, LTCM과 같은 차입금비율이 높은 투자자들은 그들의 손실이 그들을 압도해버리지 않도록 매도를 하지 않을 수 없는 상황에 처하게 된다. 어떤 기업이 매수자가 전혀 존재하지 않는 시장에서 매도하지 않을 수 없는 입장이 되어버리면, 가격들이 벨커브의 최극단을 넘어서는 점까지 폭락하게 된다."

LTCM이 보유하는 주식들로부터 통화들과 채권들에 이르는 모든 것에 대한 가격들이 논리로는 설명이 불가능한 이상한 형태로 움직였다. LTCM은 복잡한 헤징전략과 파생상품이라는 엄청난 크기의 모구(毛球), 가능한 한 최대한의 금액까지 차입을 허용해주는 VAR와 같은 위험관리수단들에 의존했다. 펀드의 보유자산을 조심스럽게 헤징함으로써 LTCM은 자기자본으로 알려진 펀드의 자본금을 축소할 수 있었다. 그렇게 해야 현금을 다른 곳에 베팅할 수 있었다. 마이런 숄즈는 재앙이 닥쳐오기 전에 이렇게 말했다.

"나는 자기자본을 위험에 대비한 쿠션으로 사용하고 싶다. 내가 더 많은 자기자본을 가질수록 내가 다칠 가능성이 줄어들기 때문에 내가 감당하게 될 위험도 줄어든다. 반면에, 내가 보다 목표가 명확한 접근법인 체계적인 헤징을 하게 되면 헤지를 하는 데 비용이 들기는 하지만, 자기자본을 이용하는 것 역시 비용이 드는 양자택일의 문제가 발생하기 때문에 재미있게 된다."

면도날처럼 얇은 쿠션만 있는 LTCM의 자산들은 희박한 공기 속으로 모두 증발해버렸다. 8월 말까지 이 펀드는 자본금의 44퍼센트인 19억 달러를 잃었다. 자본금의 감소가 펀드의 부채비율을 100대1, 또는 그 이상으로 치솟도록 만들었다. 지푸라기라도 잡는 심정으로 LTCM은 워렌 버핏이나 조지 소로스처럼 여유자금이 두둑한 투자자들에게 매달렸다. 버핏이 거의

LTCM의 포트폴리오를 매수할 뻔했지만, 기술적인 문제가 마지막 순간에 거래가 중단되도록 했다. 한편 소로스는 전혀 관심을 보이지 않았다. LTCM이 수행했던 투자에 대한 계량적 접근법은 소로스의 유명한 배짱으로 밀어붙이는 거래기법과는 반대되는 것이었다. 소로스는 LTCM에 대해 다음과 같이 말한 바 있다.

"위험을 측정하고, 위험을 모형화하는 기술의 증대가 LTCM이 갖고 있는 불확실성을 무시하도록 만들었고, 그 결과 당신이 불확실성을 인식했을 때 갖는 차입금보다 훨씬 더 많은 차입금을 사용하도록 만들었다. LTCM은 자신이 보유해야 할 수준보다 훨씬 더 많은 차입금을 사용했다. 그들은 모형이 잘못 되었다는 것을 인식하지 못했고, 벨커브 상의 두터운 꼬리를 무시해버렸다."

연방준비제도이사회에 의해서 조직된 14개의 미국과 유럽은행들의 컨소시엄에 의한 대규모 구제금융이 투입된 이 펀드의 청산 결과는 참혹했다. 그들의 일생 동안의 저축을 펀드에 투자했던 파트너들 중 많은 사람들이 엄청난 개인적 손실을 겪었다.

재무적 비용이 고통스러웠던 것만큼, 오랜 기간 금융계의 상층부를 형성하고 그들보다 둔하고, 느리고, 계량적인 자질을 덜 부여받았던 상대들 위에 군림했던 현명한 투자자그룹으로서는 그것이 훨씬 더 수치스러운 일이었다. 게다가 그들의 무계획적인 레버리지 사용은 세계 금융시스템을 거의 파멸시켰고, 401(k)플랜에 그들의 은퇴 후 생활을 더욱더 의지하고 있는 일상적인 투자자들에게 큰 고통을 주었다.

LTCM의 몰락이 대중들의 큰 관심을 끌었던 이 펀드의 파트너들의 명성만 퇴색시킨 것이 아니었다. 월가에서 욱일승천의 기세로 부상하던 세력인 퀀트들의 평판도 덩달아 나빠졌다. 미 항공우주국(NASA)의 유도탄 관제처럼 앞서갔던 LTCM의 강력한 모델들과 우주시대에 걸맞은 위험관리시스템이 또 다른 퀀트들의 창조물인 포트폴리오보험과 똑같이 너무도 극적인 형태로 몰락했다. 퀀트들은 그들에 대해 던져진 두 개의 스트라이크 볼을 제대로 치지 못하고 그냥 지나쳐 보냈다. 마지막 세 번째 스트라이크 볼은 10년 후인 2007년 8월에 들어왔다.

역설적이게도, LTCM의 몰락은 보아즈 웨인스타인에게는 그에게 발생했던 좋은 일들 중 가장 좋았던 사건들 중 하나였던 것으로 판명되었다. 세계 전역의 시장들이 혼란에 빠져들고 투자자들이 유동적인 시장에서의 안전을 추구함에 따라, 신용파생상품부문이 활성화되기 시작했다. 도이치뱅크와 J. P. 모건 외에도 다른 초거대금융기관들, 예컨대 시티그룹, 베어스턴스, 크레디트스위스, 리먼브라더스, UBS, 로열뱅크오브스코틀랜드(RBS), 그리고 나중에는 골드만삭스, 메릴린치, 모건스탠리와 많은 또 다른 금융기관들이 그들의 대차대조표에서 원하지 않는 위험을 제거하기 위해서뿐만 아니라 거래에 대한 중개수수료를 챙겨가기 위해서 차례차례 이 시장에 뛰어들기 시작했다. 은행들과 헤지펀드들은 그들이 보유하는 채권에 대해 그들이 확보할 수 있는 최대한의 보험을 받아들임으로써 더욱 커져가는 혼돈으로부터 그들 자신을 보호하려고 했다. 보험업계의 초거대기업인 아메리칸 인터내쇼날 그룹(AIG), 특히 파생상품에 특화된 퀀트들이 잔뜩 모여 있던 지극히 공격적인 이 보험회사의 런던사업부문인 AIG 파이낸셜 프로덕트를 포함하는 다른 금융기관들이 그러한 보험을 제공하는데 가장 적극적이었다.

또 다른 호황은 전환사채 차익거래에 특화한 시타델 또는 시타델을 모방한 새로운 부류의 헤지펀드들의 형태로 나타났다. 전통적으로, 에드 소프가 1960년대에 발견했던 것과 똑같이 그들의 거래전략은 회사채포지션을 주식으로 헤징하는 것이었다. 그들은 이제 신용부도스왑이 도입됨에 따라, 보다 더 좋은 방법으로 헤징을 할 수 있게 된 것이었다.

갑자기 웨인스타인이 재주를 부리고 있던 그 특이한 파생상품들이 베이스볼 카드처럼 교환되고 있었다. 2000년 말까지는 거의 1조 달러 상당의 신용부도스왑이 창출되었다. 그러나 도이치뱅크에 있는 이 앳된 얼굴의 카드카운팅을 즐기던 체스신동보다 이 상품에 대해 더 잘 아는 사람은 거의 없었다. 부분적으로는 러시아의 파산과 LTCM의 붕괴 덕택에 웨인스타인은 별 볼일 없는 선수에서 순식간에 시장의 중심에 떠오르는 스타가 되었으며, 월가에서 가장 잘나가고, 가장 많은 보수를 받으며, 가장 영향력 있는 신용트레이더들 중 한 사람이 되는 고속트랙에 자신을 올려놓았다.

6장

시장을 집어삼킨 늑대

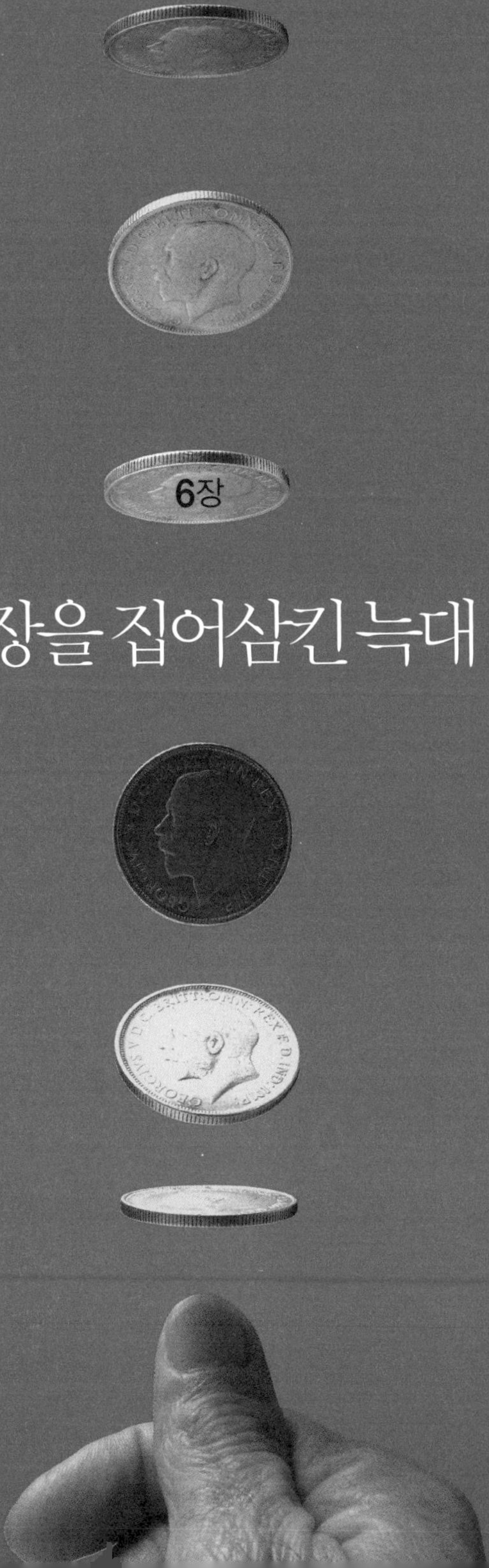

피터 멀러와 클리프 애스네스 같은 라이벌 퀀트들은 매년 기록을 갱신해나가는 메달리온의 성공에 대해 두려움을 갖고 지켜보았다. 어느 누구도 시몬스가 어떻게 그것을 이룩하는지 알 수 없었다. 메달리온은 수십억 달러의 이익을 만들어내었다. 롱아일랜드의 숲속에 깊이 틀어박혀 있는 시몬스와 그의 퀀트 은자(隱者)들이 금융시장의 비밀스럽고 신비로운 진리이며 현자(賢者)의 돌인 성배라도 발견한 것일까 하고 많은 이들이 의아해했다. 그러나 정작 시몬스는 아무 말도 하지 않고 있었다.

1980년대에 퀀트들은 멀러가 요인모형들을 만들어서 수익을 올리고 있었던 버클리의 BARRA나 애스네스가 파마와 프렌치 밑에서 공부를 하고 있었던 시카고대학과 같은 전초기지들로부터 월가로 물밀 듯이 밀려나왔다. 퍼스널컴퓨터의 보급, 가변적인 인플레이션과 이자율로 인해 증대된 변동성 및 시카고와 뉴욕의 옵션 및 선물거래소 등이 학계의 영재들에게 완벽한 환경을 조성해주었다. 물리학자, 전기공학도, 심지어 군 · 산업복합체에서 훈련을 받은 암호해독가들까지 그들이 항상 애용하던 수학을 금융시장에서 큰돈을 벌기 위해 사용할 수 있다는 것을 알게 되었다. 마침내 금융공학자들을 훈련시킨다는 단 하나의 목표를 위한 교육프로그램들이 컬럼비아와 프린스턴에서부터 스탠포드와 버클리에 이르는 미국 전역의 주요 대학들에서 갑자기 생겨났다.

가장 먼저 배출된 퀀트들은 살로몬브라더스, 모건스탠리 및 골드만삭스 등과 같은 투자은행들로 갔다. 그러나 몇몇 변절자들은 에드 소프의 전통을 따라 비밀스러운 헤지펀드를 만들기 위해 스스로의 길을 찾아 나섰다. 롱아일랜드의 작고 외딴 마을에 그와 같은 그룹이 하나 등장했다. 때가 되면, 이 그룹은 세계에서 가장 성공적이고 영향력 있는 투자기관들 중 하나가 된다. 그 그룹의 이름은 르네상스 테크놀로지스였다.

미국 정부의 암호해독가로 일했던 사람에 의해서 설립된 세계에서 가장 비밀스러운 헤지펀드인 르네상스 테크놀로지스가 미국독립전쟁 시절 한때 스파이망의 중심이었던 롱아일랜드의 작은 마을에 자리를 잡은 것은 결코 우연이 아니었다.

세토킷Setauket 마을의 역사는 여섯 명의 사내들이 롱아일랜드 해협을 마주보고 있는 약 56제곱킬로미터의 길쭉한 땅을 인디안들로부터 매입했던 1655년까지 거슬러 올라간다. 1백년 이상이 지난 후 독립전쟁이 시작되었을 때 이 마을은 인근에서 가장 많은 사람들이 거주하는 곳이 되었다. 롱아일랜드는 조지 워싱턴이 1776년 브룩클린 전투에서 패배한 후 전쟁 기간 동안 대체로 영국군의 지배하에 있었다. 그렇지만 포구인 세토킷은 게릴라들의 활동이 활발한 곳이었다. 영국군들은 이 지역을 수비대의 주둔지로 바꾸면서 단속을 강화했다.

컬버Culver 스파이망은 그로부터 1년 후 생겨났다.[주1] 인근에 있는 오이스터 베이의 로버트 타운센드Robert Townsend는 영국군의 작전에 대한 정보를 수집하기 위해 토리당을 지지하는 맨해튼 상인 행세를 했다. 그는 자주 뉴욕으로 여행을 하는 세토킷의 여관주인에게 정보를 넘겨주었고, 여관주인은 세토킷의 한 농부에게, 농부는 칼렙 브루스터라는 이름의 포경선 선장에게 정보를 전달했다. 브루스터는 롱아일랜드 해협을 건너가서 그 정보를 코네티컷에 본부를 둔 세토킷 출신인 벤저민 톨맛지 소령에게 넘겼다. 마지막으로 톨맛지는 그 메시지들을 워싱턴 장군에게 보고했다.

전쟁이 끝난 후, 워싱턴이 롱아일랜드를 여행하던 중에 전시의 스파이들을 만나기 위해 세토킷을 방문했다. 그는 1979년 4월 22일 로우 여관Roe's Tavern에서 숙박하면서 일기에 그 마을이 "엄청나게 품위가 있었다"고 적었다.

워싱턴 시절에 로우 여관은 현재 루트 25A로 불리는 길가에 위치하고 있었으며, 이 도로에서 우리는 오늘날 르네상스 테크놀로지스의 본사를 찾을 수 있다.

르네상스의 주력펀드로 1980년대 말에 출범한 메달리온 펀드는 세계에서 가장 성공적인 헤지펀드로 많은 이들에게 알려져 있다. 지난 30년 동안 거의 연 40퍼센트에 달했던 이 펀드의 수익률은 투자업계에서 다른 펀드들을 큰 격차로 따돌리고 있다. 이와 비교해서 최근의 주식시장 붕괴가 있기 전까지, 워렌 버핏의 유서 깊은 버크셔 헤서웨이는 연 평균 약 20퍼센트의 수익률을 기록했다(물론 규모는 다르다. 메달리온의 펀드 규모는 약 50억 달러인데 비해서 버크셔는 몇 십억 차이는 있겠지만 거의 1천 5백억 달러나 된다).

진실로 메달리온의 엄청난 수익률은 너무도 꾸준했기 때문에 퀀트세계의 많은 이들은 혹 그들이 무엇보다도 찾기가 어려운 비결, 즉 "진리"를 확보하고 있는 것은 아닐까 의심하기도 한다.

* * *

보스턴 외곽에 있는 작은 마을에 살던 어린 아이 시절, 제임스 해리스 시몬스James Harris Simons는 가솔린이 떨어진 상태로 자동차가 달릴 수 있다는 것을 깨닫고 놀라자빠졌다.[주2] 그는 만약 차의 연료통이 반만 차 있다면, 그 중 반만으로 차가 달릴 수 있고, 또 그 남은 것 중 반으로 달리고, 이런 과정을 끝없이 반복하면, 언제나 연료통에는 이전의 반만큼의 가솔린이 있게 될 것이라고 그 이유를 설명했다. 그는 일반적인 취학 전 아동이 결코 이해할 수 없는 제논의 역설(Zeno's paradox)로 알려진 논리의 덫에 빠졌던 것이다.

고교 시절 수학과목에서 탁월함을 보였던 시몬스는 1955년에 MIT에 입학했다. 그는 곧 포커에 푹 빠져서, 친구들과 밤늦게까지 포커를 즐기곤 했다. 시몬스는 MIT에서 수학과 학부과정을 3년에 마쳤고, 석사과정은 1년에 끝내버렸으며, 그러고 나서 UC 버클리의 물리학 박사과정에 등록했다. 그는 버클리에서 자신의 첫 상품거래의 맛을 익혔으며, 대두(大豆)거래를 해서 꽤 짭짤한 수익을 챙겼다. 박사학위를 취득한 후, 시몬스는 하버드대학으로 옮겨가기 전까지 MIT에서 가르쳤다. 교수급여에 만족할 수 없었던 그는 미 국방부의 비영리조사기구인 국방연구원(Institute for Defense Analysis, IDA)에 취직했다.

IDA는 최신형 무기들의 기술적 측면들을 연구하는 군의 무기시스템평가그룹(Weapon Systems Evaluation Group)에 대해 민간의 지원을 제공하기 위해 1950년대 중반에 설립되었다. 시몬스가 합류했을 무렵, IDA는 나중에 냉전 암호해독가들의 안식처가 되는 분원을 프린스턴에 설치했다.

베트남 전쟁이 더욱 격렬해지고 있었으며, 그것이 IDA와 같은 민간연구기관에서 근무하던 보다 진보적인 색채의 학자 부류들을 짜증나게 만들었다. 1967년에 전 합참의장이며 IDA소장인 맥스웰 테일러가 뉴욕타임스 매거진에 베트남 전쟁을 옹호하는 칼럼을 썼다. 이 칼럼이 시몬스의 반감을 불러 일으켰다. 당시 29세였던 시몬스는 이 매거진의 편집자에게 "연구원에 있는 우리들 중 일부는 소장과는 다른 견해를 갖고 있습니다. 합리적인 국방정책과 일치되는 유일한 해결책은 가장 신속하게 철수하는 것뿐입니다"라는 편지를 썼으며, 이 편지는 1967년 10월에 게재되었다.

이 편지 덕택에 그는 연구원을 사직해야 했다. 그러나 새로운 일을 찾는 데는 그다지 오랜 시간이 걸리지 않았다. 1968년, 그는 롱아일랜드에 있는 SUNY 스토니브룩 캠퍼스의 수학과 학과장에 취임했는데. 그곳은 세토킷에서 길 하나 위에 있었다. 그는 최고의 수재들을 공격적으로 채용함으로써 명성을 얻었고, 그 결과 이 대학 수학과는 미국 수학천재들의 메카로서의 입지를 굳혔다.

시몬스는 미국수학협회American Mathematics Society가 매 5년마다 수여하는 기하학계 최고의 영예 중 하나인 오스왈드 베블렌 상을 수상한 후인 1977년에 스토니브룩을 떠났다. 그는 우주가 다차원적인 공간들에서 진동하는 작은 에너지의 끈들로 구성되어 있다는 끈이론(string theory) 영역의 주요 부분이 되는 가설인 천-시몬스 이론(Chern-Simmons Theory)을 천성선

(Shiing-Shen Chern, 陳省身)과 함께 개발하기도 했다.

시몬스는 돈을 버는 데 유독 관심이 많았다. 그래서 그는 이스트세토킷 기차역 근처에 있는 도로변 상가에 머니메트릭스(Monemetrics)라는 이름의 투자회사를 설립했다. 어느 날, 그는 IDA에서 자동음성인식기술에 대해 연구를 했던 암호해독가 레니 바움에게 전화를 걸었다. 시몬스는 그가 만났던 수학자들 중 가장 예리한 사람들 중 하나인 바움이 그의 계량적 탁월함을 시장에서 돈을 벌어들이는 데 사용할 수 있으리라고 생각했던 것이다.

IDA에서 바움이 세운 최대 업적은 IDA의 동료 수학자인 로이드 웰치Lloyd Welch와 함께 개발했던 '숨겨진 마르코프 프로세스(Hidden Markov Process)'라고 불리는 바움-웰치 알고리즘으로, 그것은 희귀한 수학적 현상에서 패턴들을 찾아내기 위해서 만들어졌다. 이 알고리즘은 암호해독도구로서 대단히 효과적인 것으로 판명되었으며, 또한 금융시장에서도 적용될 수 있었다.

러시아 수학자 안드레이 마르코프Andrey Markov의 이름을 딴 마르코프 프로세스는 서로 간에 아무런 직접적인 관계를 갖지 않는 시스템에서 일어나는 일련의 사건(events)들을 모형화한다. 예컨대, 모노폴리 게임에서 주사위를 한 번 굴리는 것은, 비록 그 결과(어떤 칸에 당신이 들어가는지)는 현재 당신이 모노폴리 판의 어디에 있는지에 따라서 결정되지만, 무작위이다. 달리 말하면, 그것은 길에서 한 발자국 내디딜 때마다 변화하는 우발변수들을 갖는 일종의 랜덤워크이다.

숨겨진 마르코프 프로세스는 미지의 매개변수들을 갖는 내재된 마르코프 프로세스에 바탕을 둔 시스템을 모형화한다. 달리 표현하면, 그것은 내재되어 있고 무작위적인 어떤 형태의 일련의 사건들에 대한 정보를 전해줄 수 있다. 예를 들면, 당신이 모노폴리 게임을 하고 있는 친구와 전화로 대화를 나누고 있다고 상상해보라. 그는 자신이 감옥으로 표시된 칸에 들어갈 때는 "제기랄", 상대방이 자신의 공원용지로 표시된 칸에 들어오면 "얼씨구"라고 소리친다. 충분한 자료와 강력한 컴퓨터가 있다면, 바움-웰치 알고리즘은 이러한 과정에 대한 확률을 알아낼 수 있고, 때로는 다음에 무엇이 일어날지도 예측한다.

바움은 시몬스의 제의에 대해 회의적이었다. 그는 투자업에 대해 관심을 가져본 적이 없었다. 그러나 시몬스는 집요했다.

"왜 내가 그 일을 해야 하지? 그것을 하면 더 오래라도 살게 되는 거야?"

바움이 그들 사이에 오고간 많은 전화 통화 중에 이렇게 물었다.

"네가 이 세상에서 살았던 이유를 알게 될 것이기 때문이야."

라고 시몬스가 대답했다.

바움이 결국 항복했다. 그는 머니메트릭스에서 일하기 위해 프린스턴에서 롱아일랜드까지 통근하기 시작했다. 그들 두 사람 모두 여전히 투자업에는 상대적으로 초보자들이었고, 바움은 자신의 수학적 역량이 금융영역에 별 쓸모가 없다는 사실을 발견했다. 그 대신, 그는 경제에 대한 분석이나 정부정책의 변화를 기초로 통화나 상품들의 변동방향을 예측하는 재능으로 트레이더로서의 역량을 입증했다.

그러나 시몬스는 수학에 바탕을 둔 트레이딩 모형을 만들어낸다는 당초의 생각에 계속 매달려 있었다. 그래서 그는 자신이 스토니브룩에서 수학과를 맡았을 당시에 채용했던 브롱크스 출신의 수학교수 제임스 액스에게로 눈을 돌렸다.

액스는 바움의 알고리즘들을 살펴보고 난 후, 모든 종류의 유가증권거래에 그것들을 사용할 수 있겠다는 의견을 내놓았다. 1980년대 중반에 시몬스와 액스는 머니메트릭스에서 액스콤Axcom Ltd.이라는 별도의 펀드를 분사시켰다. 액스는 1985년에 이 회사를 캘리포니아 주 헌팅턴비치로 옮겼다. 액스콤은 명목상으로는 시몬스가 1982년 7월에 설립한 르네상스 테크놀로지스가 소유하는 투자회사 형태로 운영되는 펀드에 대해 트레이딩 관련 자문을 제공하는 것으로 되어 있었다.

규모가 계속 커지고 있던 시몬스의 퀀트부대에 곧 또 한 사람의 수학영재인 얼윈 벌리캄프Elwyn Berlekamp가 추가되었는데, 그는 UC 버클리에 있던 게임이론 전문가였다. 에드 소프와 마찬가지로, 벌리캄프는 MIT에서 클라우드 섀넌 및 존 켈리와 함께 연구했었다. 그는 1960년대에 IDA에서의 복무기간 동안 아주 잠시 시몬스를 만난 적이 있었다.

이 펀드는 여러 해 동안 견실한 수익률을 기록했으며, 블랙먼데이 동안에도 비교적 큰 손실을 보지 않고 거래를 꾸려나가기도 했다. 액스와 시몬스는 1988년에 그들 둘이 모두 수상했던 수학상을 기려서 이 펀드의 이름을 '메달리온'으로 바꾸었다. 그들이 펀드의 이름을 바꿈과 거의 동시에 메달리온의 상황이 악화되기 시작했다. 1988년 하반기에는 손실이 쌓이고, 매달 더 커져갔다. 1989년 4월까지 수익률은 거의 30퍼센트나 하락했다. 행운이 방향을 바꾸어 버린 것이라고 믿었던 시몬스는 액스에게 트레이딩을 중지하라고 명령했다. 그러나 상황을 반전시킬 수 있다고 확신했던 액스는 완강히 저항했다. 그는 고소를 하겠다고 위협하며 변호사를 고용했다. 시몬스도 자신의 변호사와 협의했다.

6월에 여러 달 동안 이집트 여행을 떠났던 벌리캄프가 메달리온 사무실에 잠깐 들렀다. 그는 상황이 그토록 나빠진 것을 발견하고 깜짝 놀랐다. 그는 펀드자산의 3분의 2를 차지했던 액스의 지분을 사들이도록 급히 해결책을 제시했다. 액스가 이에 동의했고, 시몬스도 동의했다.

액스가 떠나간 후, 펀드의 트레이딩시스템을 전면 개조해야만 되었다. 벌리캄프는 그가 출퇴근 걱정을 하지 않고 거래전략의 수정에 몰두할 수 있도록, 메달리온의 본사를 버클리 북쪽으로 이전했다. 여러 달 동안 벌리캄프와 시몬스는 메달리온의 행운을 되돌리는 방법을 찾기 위해 땀을 흘렸다.

결정적 변화는 거래를 보다 빈번하게 하는 것으로 바꾼 것이었다. 일반적으로 이 펀드는 포지션을 며칠, 어떤 경우에는 여러 주간씩 갖고 가곤 했었다. 벌리캄프와 시몬스는 포지션이 얼마나 많이 변동했는지를 기준으로 평균보유기간을 하루 미만 또는 어떤 경우에는 한 시간으로 단축하기로 결정했다. 통계적인 관점에서 보면, 내일 또는 앞으로 몇 시간 안에 무슨 일이 발생할지를 예측하는 능력이 한 주 또는 두 주 후에 무슨 일이 발생할 것인지를 예측하는 능력보다 훨씬 정확할 것이라는 점을 그들은 인식했다. 벌리캄프에게 그것은 블랙잭과 같은 카드게임에서 베팅전략 같은 것이었다. 블랙잭에서 베팅을 하는 사람의 유리함은 아주 작다. 그러나 대수의 법칙이 그의 편이기 때문에 그것만으로 족하다. 만일 베팅을 하는 사람이 한 달에 1만 번의 게임을 하고 (그가 자신의 카드를 바르게만 플레이한다면), 그가 패배할 확률은 아주 작을 것이다. 오직 단 한 번의 베팅만으로, 갬블러는 그의 유리함이 아주 크다는 것을 확신해야만 한다. 그것이 약간의 통계적 유리함이 있는 경우에 왜 가능하면 많은 횟수의 베팅을 해야 하는지의 이유가 된다.

1989년 11월이 되면, 메달리온은 완전히 정상화되어서 다시 부지런히 달리고 있었다. 그리고 그것은 큰 성공이었다. 1990년에 메달리온은 수수료를 제하고 55퍼센트의 수익률을 기록했다. 메달리온 팀은 모형들을 계속 조정했고, 실적은 계속 향상되었다. 시몬스는 르네상스를 위해서 일할 수 있도록, SUNY 스토니브룩캠퍼스 교수였던 헨리 라우퍼Henry Laufer를 포함하는 또 다른 수학천재들을 계속 유치했다. 라우퍼는 1965년에 프린스턴대학에서 물리학 박사학위를 취득했고 1971년에 「정규 2차원적인 특이성(Normal Two-Dimensional Singularities)」이라는 표제의 블랙홀에 대한 책을 발간했다. 그는 1980년대에는 르네상스의 상품트레이더들의 고문이었고 1991년 1월에 상근직원으로 회사에 합류했다.

시몬스는 자산이 2억 8천만 달러가 된 1993년에 펀드를 신규투자가들에 대해 문을 닫아버렸다. 그러자 1994년의 수익률은 깜짝 놀랄 정도로 높은 71퍼센트였다. 그 후로도 메달리온의 대진격은 계속되었다. 매월, 매분기, 그리고 매년 돈이 계속 쏟아져 들어왔다. 이 펀드의 성공은 너무도 확고해져서, (그들 모두가 박사학위를 자랑하는) 펀드의 리서처들과 트레이더들은 손실을 본다는 것이 어떤 기분인지 잊어버렸을 정도였다. 메달리온이 1999

년도의 한 분기 동안 아주 드물게 0.5퍼센트의 손실을 발표했을 때는 최소한 한 종업원이 실제로 울음을 터뜨렸다.

한편, 시몬스는 로버트 프레이Robert Frey가 눈지오 타타글리아Nunzio Tartaglia의 APT그룹을 떠난 후 설립한 펀드인 케플러 파이낸셜 매니지먼트Kepler Financial Management를 매수함으로써, 1980년대에 만들어진 모건스탠리의 스태트 아브 거래기법을 도입했다. 이 펀드는 힘겹게 출발했지만, 얼마 지나지 않아서 순조롭게 가동되기 시작했다. 1997년에 이 펀드는 메달리온의 모선인 르네상스에 흡수되어 이름을 팩터 노바펀드Factor Nova Funds로 바꾸면서 이미 최첨단 투자기법들로 무장하고 있던 르네상스에 스태트 아브라는 새로운 화력을 추가했다.

이 때, 벌리캄프는 이미 펀드를 떠나고 없었다. 그는 자신의 학문적 관심을 추구하기 위해 1990년 말에 르네상스를 나와 버클리로 돌아가 버렸으며, 그곳에서 수학적 체스와 같은 게임이론 문제들을 탐구했다. 그러나 메달리온의 전설은 계속되었다. 이 펀드에도 여러 해를 거치면서 분명 몇 번의 작은 문제들이 있기는 했다. 오랜 기간 지속되었던 기술주들의 성장추세가 역전되면서 닷컴버블이 터지기 시작한 시기인 2000년 3월, 메달리온은 그 달까지 그 해에 벌었던 거의 모든 이익금에 해당하는 2억 5천만 달러를 단 사흘 만에 날려버렸다. 그러나 이 펀드는 즉각적인 대응조치로 제자리를 찾으면서, 그 해 전체로는 우수한 투자성과를 계속 이어갔다.

이 펀드의 엄청난 투자성과에 대해 들었던 월가의 모든 투자자들은 드러내 놓고 도대체 어떻게 그런 성과를 거둘 수 있는지 의아해했다.

시몬스는 오랜 기간 이를 짐작할 수 있는 실마리를 거의 드러내 보이지 않았다. 그는 한때 자신의 펀드가 가격에 있어서의 확인 가능한 패턴들을 찾아내기 위해 자료들을 면밀하게 걸러낸다고 말했던 적이 있다.

"가격변동패턴들은 결코 무작위적이지 않습니다."

유진 파마와 같은 효율적 시장이론가들에 대한 경고로 그가 말했다.

"그렇지만, 그것들은 충분히 무작위에 가깝기 때문에 그것들로부터 조금이라도 여분을 취하고, 조금이라도 이익을 찾아내는 것은 쉽지 않고 분명하지도 않습니다. 모두가 하느님 덕택이지요."

시몬스는 이와 같이 이해하기 어려운 말을 하며 빙그레 웃고 난 후 덧붙였다.

"아마 하느님도 그것들에 대해서는 신경도 쓰지 않으실 것입니다."

2003년 어느 날, 폴 사무엘슨이 이스트세토킷에 있는 르네상스 본사를 방문했다. 노벨상 수상자인 이 MIT 교수는 오래 전부터 시장을 이기는 것은 불가능하다는 지론을 갖고 있었다. 만일 시장을 이길 수 있는 누군가가 있다면, 그들은 숨어서 그 비밀을 아무에게도 말해주지 않을 것이라고 말함으로써 자신의 주장에 조건을 달았다.

"흠, 이제야 내가 당신들을 찾아낸 것 같군."

사무엘슨은 이스트세토킷에 몰래 숨어 있는 퀀트 부자들을 향해 웃음을 터뜨리며 말했다.

* * *

도대체 르네상스는 어떻게 랜덤이 아닌 (비무작위적인) 가격변동을 찾아내는 것일까? 그것은 마치 르네상스가 진리를 알고 있는 것은 아닐까 하고 묻는 것과 동일하다.

사실은 르네상스 테크놀로지스의 사무실 밖에 있는 어느 누구도 그들이 어떻게 랜덤이 아닌 가격변동을 탐지해내는지에 대한 대답을 알지 못한다. 르네상스에 합류한 사람들 중에 이 회사를 그만둔 사람도 거의 없다. 그리고 그 몇 안 되는 떠난 사람들도 입을 닫고 아무 말도 하지 않는다.

그렇지만 몇 가지 단서들은 있다. 그중 하나가 메달리온 설립에 관여한 액스, 벌리캄프, 그리고 당연히 시몬스 자신을 포함하는 수많은 암호해독가들이다. 암호해독가들은 겉으로 보기에 무작위적인 일련의 코드들에서 숨겨진 메시지를 탐색해내도록 훈련을 받은 사람들이다. 르네상스는 그 기술을 연속적으로 변화하는 원유가격 등과 같은 자료들을 달러화나 금과 같은 자산들의 가치와 갖는 다른 관계들과 확인하면서 엄청난 양의 시장 관련 수치들에 적용하고 있었다.

또 하나의 단서는 1990년대 초반에 잘 알려지지 않은, 분명히 월가와는 전혀 관계가 없는 음성인식 분야에 조예를 가진 몇몇 사람들을 이 회사가 채용한 것에서 찾아질 수 있다.

1993년 11월에 르네상스는 뉴욕 주 요크타운 하이츠의 웨스트체스터 카운티의 구릉지대에 있는 IBM의 토마스 J. 왓슨연구센터의 음성인식 부문 설립자들인 피터 브라운과 로버트 머서를 채용했다. 브라운은 가끔 르네상스의 이스트세토킷 본사의 칠판이 붙어 있는 머피침대(접어서 벽에 넣을 수 있도록 되어 있는 침대-옮긴 이)에서 잠을 자기도 하는 등 이 펀드에서 가장 유별나게 열심히 일하는 사람으로 알려졌다. 스스로의 건강을 염려해서, 그는 자신이 가장 효율적인 운동방법이라고 믿고 있는 스쿼시의 열렬한 애호가이기도 하다. 잔뜩 구겨진 옷을 걸치고 호주머니에 여러 개의 펜들을 꼽은 모습으로 펀드 사무실에서 자주 모습을 볼 수 있는 브라운은 최신컴퓨터들을 잘 활용할 뿐만 아니라, 가장 난해한 수학적인 수수께끼들도 풀 수 있는 능력을 갖고 있었다.

반면에, 머서는 르네상스에서 단순히 '대물(big gun)'로 알려졌다. 집중적인 탐구가 필요한 어려운 문제가 튀어나오면, 회사에서는 "로버트에게 맡겨서 해결"했다고 예전 종업원 하나가 말했다.

그 후 여러 해 동안, 르네상스는 IBM의 음성인식부문에서 래릿 바알과 빈센트, 스티픈 델라 피에타 형제 등 많은 사람들을 채용했다. 이들 이름에 대해 인터넷을 검색해 보면, 1990년대 초반에서 중반까지 그들이 발표했던 일련의 학술논문들을 보여줄 것이다. 그러고 나서 그들의 행방은 묘연해져 버린다.

언뜻 보기에, 음성인식과 투자는 공통점이 거의 없는 것처럼 보인다. 그러나 속을 캐보면, 거기에는 놀랄 만한 관계가 존재한다. 인간의 음성을 도시(圖示)하기 위해 고안된 컴퓨터프로그램들은 음향신호들을 흉내 내는 역사적 자료들에 바탕을 두고 있다. 가장 효율적인 작동을 위해서, 음성인식

프로그램들은 신호들을 모니터링하고, 확률함수들을 바탕으로, 다음에 어떤 음성이 나올 것인지를 추측하려고 노력한다. 이 프로그램들은 화자(話者)를 계속 따라가기 위해서 이런 형태의 추측을 연속적으로 수행한다.

재무모형들도 일련의 연속된 자료들로 되어 있다. 복잡한 음성인식모형들을 예컨대 일련의 대두(大豆)가격들과 같은 재무적인 자료에 적용함으로써, 르네상스는 대두가격이 미래에 어떻게 변화될 것인지에 대한 확률의 범위를 알 수 있다. 만약 그 확률이 유리하다면…… 당신이 유리한 입장이라면…….

그것은 말 그대로 간단하지가 않다. 만약 그렇다면, 세상의 모든 음성인식전문가가 헤지펀드를 운영할 것이다. 자료의 품질과 발견되어지는 패턴들이 진실한 것인지와 관련해서 복잡한 이슈들이 존재한다. 그러나 르네상스가 최대한 활용하고 있는 음성인식과 투자 사이에는 분명히 강력한 연관이 있다.

르네상스의 보다 넓은 틀 안에서 음성인식이 갖는 중요성에 대한 단서는 시몬스가 2009년 말에 물러난 후, 브라운과 머서가 르네상스 테크놀로지스의 공동 CEO로 임명되었다는 사실에서 찾아진다.

"그것은 결국 통계게임입니다. 당신은 시장에서 현상을 식별해냅니다. 그것들이 진짜일까? 그것이 핵심의문입니다. 당신은 그것이 모형오류(model error)인지 단순한 노이즈(noise)인지를 정확하게 판단해야 합니다."라고 예전에 영국과 미국 정부의 암호해독가로 일했었고 르네상스에서도 애널리스트 및 트레이더로 근무했었던 닉 패터슨이 말했다.

만일 그 현상이 진짜라면, 그것을 갖고 투자에 활용하는 것은 더욱 어려운 도전이 될 수 있다. 얼마나 많은 레버리지(차입금)가 사용되어야 할 것인가? 그 현상이 갑자기 사라져버리기 전에 얼마나 많은 현금을 전략을 개발하는 데 투입할 것인가? 르네상스의 깊은 사색가들은 이 모든 이슈들과 그 외의 다른 것들도 고려했다.

"우리는 유리하지 않지만, 그것은 카지노에서 딜러가 갖는 유리한 정도와 거의 같습니다. 당신은 모든 베팅에 대해 아주 적은 유리함을 갖게 되고, 그것을 어떻게 다루어야 하는지를 알아야만 합니다."

패터슨은 덧붙였다.

음성인식기술과 암호해독법을 이어주는 공동의 끈, 그것이 바로 정보이론이다. 사실상, 정보이론은 제2차 세계대전 중 암호를 해독하려는 정부의 노력으로부터 부분적으로 그 싹이 텄다. 암호해독가들은 금융시장에서 미래에 반복해서 발생할 숨겨진 패턴들을 발견하기 위해 노력한다.

메달리온은 외부자들이 생각하는 것보다는 더 자주 자신의 모형들을 조정할지도 모른다. 이 펀드와 가까운 어느 인사는 메달리온이 대부분의 퀀트투자기구들보다 더 자주 시장조건에 따라 모형들을 조정한다고 말한다. 이들 조정은 메달리온의 강력한 컴퓨터들에 의해서 감지되는 복잡한 시장신호들을 바탕으로 이루어진다. 거래들이 너무도 신속하게 처리되고 메달리온이 너무도 다양한 시장들에서 거래를 수행하기 때문에, 이 펀드는 한 가지 거래전략만으로 운용되는 대부분의 퀀트펀드들보다 핵심전략을 변화시키는 데 더 많은 유연성을 지니고 있다.

20년 동안이나 계속되는 메달리온 펀드의 우수한 성과에 대해 아마도 시몬스보다 더 놀랐을 사람은 없을 것이다. 1990년대 내내 르네상스의 종업원들은 눈부신 복금에라도 당첨된 것 같은 엄청난 성공을 지켜내기 위해 전력을 다했다. 1992년에 간부직원들이 그 다음 10년간의 펀드의 전망을 논의하기 위해 회의를 가졌다. 대부분의 사람들이 10년 안에 다른 일을 하고 있으리라고 기대했다. 시몬스는 항상, "늑대가 문 앞에 와 있다"고 말한다고 알려져 있다.

시몬스는 종업원들이 펀드를 그만두고 영업상의 비밀을 다른 곳으로 가져가는 위협에 대해 피해망상증적인 반응을 보일 정도다. 그는 그와 같은 배신자들의 경력에 적극적으로 큰 상처를 주려고 노력했다. 2003년 12월에 르네상스는 회사를 사직하고 뉴욕의 초거대헤지펀드인 밀레니엄 파트너스Millenium Partners로 옮긴 알렉산더 벨로폴스키와 파벨 볼프베인이라는 두 명의 전직 직원들을 고발했다.[주3] 고발 내용은 이 두 명의 전 MIT 물리학자들이 거래상의 기밀들을 유용했다는 것이었다. 자신에 대한 변호에서, 볼프베인은 기본적으로 세상의 눈에 띄지 않게 주식들에 대한 매수주문과 매도주문을 일치시키는 전자적 시장인 익명대량거래(dark pool of liquidity)에 대해 언급하면서 르네상스가 그에게 "기관거래를 위한 포트폴리오시스템(Portfolio System for Institutional Trading) 또는 POSIT"을 통하여 투자자들의 거래를 사취하는 방법들을 고안하도록 요청했다고 고발했다. 블룸버그의 기사에 따르면, 볼프베인은 "POSIT이 비밀을 유지하려고 의도했다는 정보를 드러내는" 암호를 만들라는 지시를 받았으며, 이에 대해 그는 그런 행동들이 법률에 위배된다고 믿었기 때문에 그와 같은 계략과 그 밖의 다른 계획들에 참가하는 것을 거부했노라고 말했다. 또한 그 고발은 그가 '대규모 금융사기'라고 표현하였지만 그 자세한 내용에 대해서는 설명하지 않았던 불법적인 스왑거래들에 대해서도 넌지시 암시했다.

그 혐의들에 대해서는 아무것도 확인이 되지 않았으며, 결국 이들 양 당사자는 그들의 이견들에 대해서 합의를 보았다. 그러나 르네상스의 종업원들에게는 명확한 메시지가 전달되었다.

펀드의 내부자들은 르네상스에서 성공하기 위한 압박감은 잔인할 정도였다고 말한다. 펀드의 수학자 한 명은 2006년 3월 1일 이러한 압박감에 무릎을 꿇어버렸다. 그것은 르네상스에서 근무하던 37세의 MIT 졸업생인 알렉산더 아스타시케비치가 롱아일랜드 포트제임스의 작은 마을에서 별거 중인 아내를 총을 쏘아 살해하고, 자신도 장총으로 자살한 사건이었다. 아더라는 이름의 여섯 살짜리 아들은 고아로 남겨졌다.

아마도 이 치열한 압박감이 왜 시몬스가 하루에 메리트 담배를 세 곽이나 피워대는 것으로 알려졌는지를 설명해줄 것이다. 2004년에 르네상스를 떠난 로버트 프레이는 그가 그만둔 가장 큰 이유들 중 하나가 매일 매일 속이 뒤틀리는 변동성을 더 이상 견뎌낼 수 없었던 것이라고 말했다. 메달리온의 성공에도 불구하고, 언제나 그것은 어느 날 갑자기 마법이 다해서 지니의 마술병 속으로 사라져버리는 일시적인 것처럼 보였다. 즉 언젠가 진리가 더 이상 진리가 아닌 것처럼 되어버리는 사태 말이다.

세계에서 가장 성공적인 트레이딩 프로그램들을 개발하는 틈틈이 르네상스의 부유한 퀀트 무리들은 이스트세토킷과 포트제임스의 외딴 곳에서 여가를 보내곤 한다. 시몬스와 펀드의 '최고과학자'인 라우퍼Laufer는 회사 본사로부터 차로 몇 분 거리인 롱아일랜드 해협에 저택을 소유하고 있었다. 시몬스는 직원들과 함께 자신의 호화요트를 타거나, 바하마의 아틀란티스와 같은 외딴 휴양단지로 전용기를 타고 가는 것을 즐겼다.

한편 피터 멀러와 클리프 애스네스 같은 라이벌 퀀트들은 두려움을 갖고 매년 기록을 갱신해나가는 메달리온의 성공을 지켜보았다. 어느 누구도 시몬스가 그것을 어떻게 이룩하는지를 알 수가 없었다. 시장상황이 어떤 경우든지, 메달리온은 수십억 달러의 이익을 만들어내었다. 롱아일랜드의 숲 속에 깊이 들어박혀 있는 시몬스와 그의 퀀트 은자(隱者)들이 금융시장의 비밀스럽고 신비스러운 진리이며 현자(賢者)의 돌인 성배라도 발견한 것일까 하고 많은 이들이 의아해했다. 그들은 시기심에 가득차서, 아마도 시몬스가 정말로 성공에 대한 암호를 해독해냈다고 생각하고 있지는 않을까?

다만 한 가지 사실만은 확실하다. 시몬스는 아무 말도 하지 않고 있다는 것.

7장

머니 그리드에서 한판

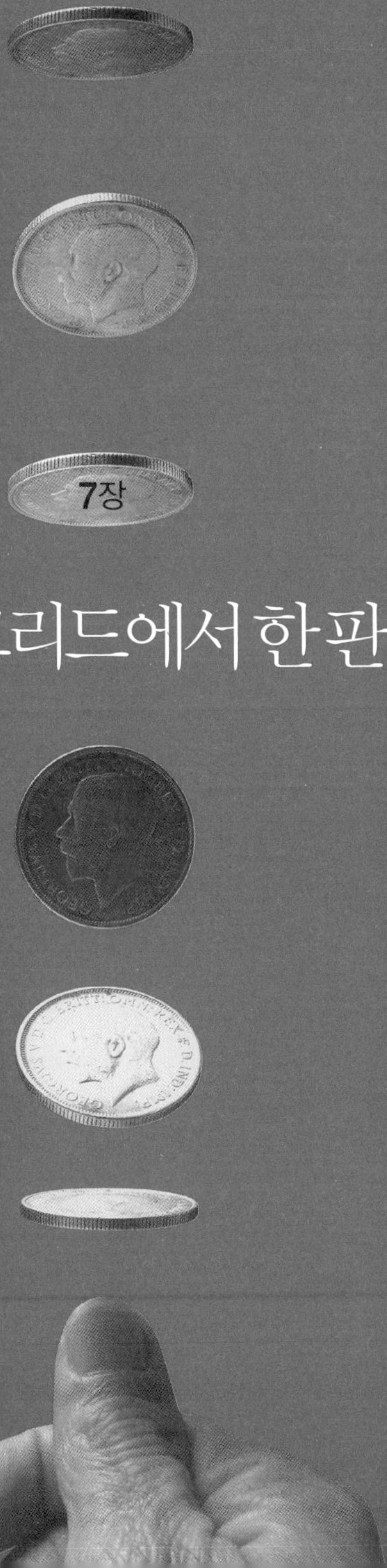

현대의 가장 혁명적인 기술개발들 중 하나. 문어발과도 같은 촉수들이 문명세계의 가장 후미진 곳까지도 뻗쳐 있어, 광대하지만 실제로는 거의 눈으로 볼 수가 없는 그것. 그것을 돈의 그물망, 즉 '머니그리드'라 부르기로 하자. 퀀트들은 그 머니그리드에서 단 한 번의 마우스 클릭으로 수십억 달러의 금융거래를 하며 그들이 꿈꾸어 왔던 것보다 더 많은 돈을 벌어들이기 시작했다.

1990년대 말, 켄 그리핀은 시카고의 고층빌딩에서 전환사채들에 대한 스왑거래들을 하고 있었고, 제임스 시몬스는 이스트세토킷에 자신의 퀀트 제국을 건설하고 있었다. 보아즈 웨인스타인은 도이치뱅크에서 파생상품을 거래하기 위해 컴퓨터 화면을 주시하고 있었고, 피터 멀러는 모건스탠리에서 주식을 거래하고 있었다. 클리프 애스네스는 AQR에서 가치와 모멘텀을 측정하고 있었다. 당시 그들 모두는 자신들이 꿈꾸어 왔던 것보다 더 많은 돈을 벌고 있었다.

그리고 그들 각자는 단 한 번의 마우스클릭으로 수십 억 달러의 자금을 지구 어느 곳으로든지 보낼 수 있는 디지털화 되고, 컴퓨터화 된 금융거래기계인 엄청난 규모의 전자네트워크의 일부가 되어 그것을 창조하고 있었다.

이 기계는 이름이 없다. 그러나 그것은 현대의 가장 혁명적인 기술개발들 중 하나이다. 문어발과도 같은 촉수들이 문명세계의 가장 후미진 곳까지도 뻗쳐 있는 그것은 광대하지만, 실제로는 거의 눈으로는 볼 수가 없다. 그것을 돈의 그물망, 곧 머니 그리드라 부르기로 하자.

에드 소프, 피셔 블랙, 로버트 머튼, 바 로젠버그와 같은 혁신가들이 머니 그리드의 초기 건축가들이었으며, 그들은 바그다드에서 봄베이, 상해 및 싱가포르에 이르는 전 세계금융시장에서 돈을 벌 수 있는 컴퓨터화 된 트레이딩 전략을 만들어내었다. 살로몬브라더스의 트레이더였으며 나중에 뉴욕시장이 되는 마이클 블룸버그는 사용자들이 지구상에 있는 거의 모든 유가증권들에 대한 정보를 몇 초 안에 획득할 수 있도록 해주는 기계를 만들어내었으며, 이 기계의 발명으로 그는 억만장자가 되었다. 뉴욕증권거래소(NYSE)의 둔하게 움직이는 사람들 대신에 완전한 전자식 거래를 제공하는 나스닥시장은 전 세계를 대상으로 주식들을 사고파는 것을 더 빠르고 더 저렴하게 만들었다. 전체 글로벌금융시스템이 도저히 이해할 수 없는 복잡성을 갖는 버튼을 한 번 누르는 것만으로 전자적 매트릭스와 동시에 작동되도록 되었다. 돈이 디지털로 바뀐 것이다.

머니 그리드의 장점을 플로리다가 낳은 신동인 켄 그리핀보다 더 잘 활용할 수 있는 사람은 없었다.

그리핀의 돈을 위한 요새인 시타델 인베스트먼트 그룹은 460만 달러의 자본금으로 1990년 11월 1일 트레이딩을 개시했다.[주1] 프린스턴/뉴포트 파트너스처럼 이 펀드는 전환사채에 대한 불투명한 시장에서 거래기회들을 포착해내는 수학적 모형들을 사용하는 데 특화했다.

설립 첫 해에, 시타델은 엄청나게 높은 43퍼센트의 수익률을 기록했다. 두 번째 해에는 41퍼센트, 세 번째 해에는 24퍼센트의 수익을 올렸다.

월가의 주목을 받았던 시타델의 초기 거래들 중 하나는 ADT 시큐리티

서비스라는 전자식 가정보안시스템제공회사에 대한 것이었다.[주2] 이 회사는 채권보유자가 보유채권을 주식으로 전환하면, 그는 다음 번 배당금을 지급받을 수 없다는 조항이 포함된 전환사채를 발행했다. 그것은 보유자가 차기 배당금을 받지 못하기 때문에 그 채권이 전환가치보다 약간 할인된 금액으로 거래되는 것을 의미했다.

그리핀과 몇 명 되지 않는 그의 리서처들은 영국에서는 배당이 기술적으로 배당이 아니고 '특별배당주(scrip issue)'라는 것을 알아냈고, 그것은 영국에서 이 채권을 매수한 사람에게는 배당금이 지급된다는 것을 뜻했다. 달리 말하면, 이 채권의 가격은 그 가치보다 더 저렴했던 것이다.

시타델은 이 채권을 가능한 한 많이 매입했다. 그것은 많은 딜러들이 관심을 두지 않고 지나쳤던 거래였고, 이 거래를 통해서 시타델은 전환사채거래 부문의 정상을 차지할 수 있었다.

여전히 앳된 얼굴을 한 20대 중반의 신동이었던 그리핀은 그 무렵에는 벌써 시카고의 루프 지구에 280제곱미터나 되는 넓은 사무실에 60명의 직원들과 거의 2억 달러나 되는 자산을 운용하고 있었다.

그런 그가 아주 큰 손실을 기록했다. 1994년, 알란 그린스펀과 연방준비제도이사회는 갑작스러운 이자율 인상으로 시장을 놀라게 했다. 이자율에 민감한 전환사채시장이 완전히 밑바닥까지 추락했다. 시타델의 수익은 4.3퍼센트나 감소했고, 관리하던 자산도 1억2천만 달러로 줄어들었다(자산감소는 부분적으로는 불안한 투자자들이 투자금을 펀드에서 인출해 갔기 때문이었다). 그것은 그 후 2008년까지 시타델의 주력펀드인 켄싱턴 펀드가 손실을 기록한 유일한 연도였다.

성공을 너무도 당연시 했던 그리핀은 꽤 놀랐다. 그리고 그는 그의 요새가 앞으로 다시는 손상을 받지 않도록 대비하기 시작했다.

시타델은 구조를 더욱 보강하는 계획을 세우기 시작했고, 그 결과 14년 후에 닥친 시장의 완전붕괴사태에서도 버텨낼 수 있었던 변화들을 도입했다. 채권시장이 붕괴되기 시작하는 것을 투자자들이 보게 되면, 그들은 어려움에 빠져 있는 그리핀에게 전화를 걸어서 환매를 요청하곤 했다. 그리핀은 시장이 궁극적으로는 제자리를 찾아갈 것이라는 것을 알았지만, 이런 요청에 대해서 그가 할 수 있는 일은 거의 없었다. 해결책은 투자자들의 투자금 환매를 일정기간 금지시키는 록업(lock up)이었다. 그는 펀드의 파트너들과 서서히 새로운 투자조건들을 협상하기 시작했고, 마침내 그들로 하여금 자신들의 투자금을 최소 2년간 (그리고 2년이 종료되면 또 다른 2년의 록업기간을 상호협의해서 설정하도록) 묶어두는 데 동의하도록 만들었다. 장기간의 록업은 상황이 악화되는 때에도 그리핀이 차분하게 상황에 대처할 수 있게 되었다는 것을 의미했다. 1998년 7월까지는 새로운 시스템이 자리를 잡았는데, 그것은 지극히 적절한 타이밍이었다.

그 해 말에 롱텀캐피털이 무너졌다. 광범위하고, 무지막지한 차입금 상환요구에 대응하기 위해 다른 헤지펀드들이 마구잡이로 자산들을 매각하고 있을 때, 시타델은 그것들을 헐값에 사들였다. 그리고 시타델의 켄싱턴 펀드는 그 해 31퍼센트의 수익률을 기록했다. 그 당시, 시타델은 10억 달러 이상의 자산을 관리하고 있었으며, 사람들에게 알려진 거의 모든 거래전략들을 활용하고 있었다. 시타델은 1990년대 초반에 전환사채와 일본기업들의 워런트 붐에 힘입어 큰 성공을 거두었다. 1994년에는 합병거래를 진행 중인 기업들의 주식에 대해 베팅을 하는 '합병차익거래merger arbitrage' 부문을 발족시켰다. 또 에드 소프가 프린스턴/뉴포트를 폐쇄한 후 시작한 스태트 아브 펀드인 릿지라인 파트너스의 성공에 자극을 받아서 같은 해에는 독립적인 스태트 아브 펀드도 출범시켰다. 시타델은 1999년에는 주택저당채권에 손을 대기 시작했고, 그로부터 몇 년 후에는 재보험시장에 뛰어들었다. 그리핀은 비밀유지에 집착하는 펀드매니저에게 언제나 가외의 보상을 베풀어주는 월가의 레이더망에 잡히지 않는 거래들을 가능케 해주는 주식들에 대한 내부시장조성(internal market-making) 사업도 개시했다.

시타델의 수익률은 르네상스와 거의 쌍벽을 이루면서 헤지펀드 업계에서 시샘의 대상이 되었다. 이 펀드는 1998년에 25퍼센트, 1999년에 40퍼센트, 2000년에 46퍼센트의 수익률을 각각 기록했으며, 닷컴버블이 터졌던 2001년에도 19퍼센트의 수익을 올려 시장상황이 좋을 때뿐만 아니라 나쁠 때도 돈을 벌 수 있다는 것을 입증했다. 분명 켄 그리핀은 알파를 갖고 있었음에 틀림없는 것으로 보였다.

그 무렵이 되면, 그리핀의 펀드는 60억 이상의 자산 규모로 세계에서 가장 큰 헤지펀드들 중 하나가 되어 있었다. 그의 가장 가까운 측근들에는 합병차익거래 부문을 담당하고 있던 알렉 리토위츠와 글로벌신용 부문을 책임지고 있던 데이비드 버닝 등이 있었다. 그러나 그로부터 얼마 지나지 않아서 리토위츠와 버닝은 펀드를 떠나게 된다. 2005년에 리토위츠는 몇 년 후의 글로벌 신용위기에서 주된 역할을 담당하게 되는 마그네타 캐피털 Magnetar Capital이라는 20억 달러 규모의 헤지펀드를 설립했다. 마그네타는 강력한 자력장(磁力場)을 갖고 있는 중성자별의 이름이며, 리토위츠의 헤지펀드는 빠르게 성장하던 서브프라임 모기지(Subprime Mortgage 비우량주택담보대출)들을 자석처럼 끌어 모았던 것으로 드러났다.

그러는 동안 시타델은 민첩하게 행동하고, 막강한 자신감과 충분한 현금으로 체력을 다진 세계에서 가장 강력한 머니머신으로 빠르게 성장하고 있었다. 또한 회사를 사직하고 나가서 새로운 헤지펀드를 성장시킨 리토위츠와 같은 새로운 경영자들을 길러내는 헤지펀드 보육기관의 역할도 수행했다. 에드 소프의 후예는 자신과 같은 종자들을 잡초처럼 퍼뜨렸던 것이다. 그렇지만 이제 겨우 33세인 그리핀이 여전히 그들 모두 중 가장 성공한 사람이었다.

2001년에 발생한 엔론Enron의 몰락은 그의 힘을 과시할 수 있는 기회를 부여했다. 2001년 12월, 이 부패한 에너지트레이딩 기업이 파산을 선언한 바로 그 다음 날, 그리핀은 미국 전역에서 에너지 트레이더들을 끌어 모으기 위해 비행기에 올랐다. 시카고에서는 일단의 퀀트들이 이 펀드의 트레이딩 활동 영역을 확대하기 위해 상품가격결정모형들을 구축하기 시작했다. 또한 시타델은 에너지가격에 영향을 줄 수 있는 수요-공급 이슈들을 추적하기 위해서 여러 명의 기상학자들을 고용했다. 얼마 가지 않아서 시타델은 업계 최대의 에너지트레이딩 기업들 중 하나가 되었음을 과시했다.

그의 펀드가 성장함에 따라, 그리핀의 개인적인 재산도 성층권에 닿을 만큼 증가했다. 그는 2002년에 포브스 400대 자수성가 부자 중 최연소자였다. 그 다음 해, 7억 2천5백만 달러의 재산으로 포춘이 선정한 40세 이하 미국 부자 중 10위를 차지했다.

그는 몇몇 선택된 인간들만이 상상할 수 있을 정도로 높은 수준의 성공을 달성했던 것이다. 그 해를 경축하기 위해서, 그는 태양왕 루이 14세의 놀이터였던 베르사이유 궁전에서 결혼식을 올렸다. 그리핀은 앤 디아스Anne Dias와 혼인서약을 했는데, 그녀 역시 (그리핀의 것보다 아주 소규모이지만) 헤지펀드를 운영하고 있었다. 이틀 동안 진행된 결혼식 피로연은 마리 앙투아네트가 장 자크 루소의 자연으로 돌아가라는 주장에 따르기 위해 살았던 18세기 풍의 전원마을인 '여왕의 작은 마을(Hamlet of Queen)'에서 거행되었다.

캐나다의 곡예단인 태양의 서커스가 공연을 했고, 디스코의 여왕인 돈나 서머스가 노래를 불렀다. 하객들은 헬륨풍선을 탔다. 파리에서 개최된 파티에는 루브르 박물관에서의 축제들과 오르세 미술관에서의 결혼식 전날 디너가 포함되어 있었다.

켄 그리핀에게는 좋은 날들이었다. 그러나, 아마도 너무 좋았던 날들은 아니었을까?

＊ ＊ ＊

시카고에서 그리핀이 시타델을 출범시키고 있었을 그 무렵, 피터 멀러는 자신의 계량적 트레이딩 기법을 완성시키기 위해 뉴욕의 모건스탠리에서 열심히 일하고 있었다. 1991년, 그는 이 모형을 컴퓨터에 설치하고 가동을 시작했다.

그러나 그것은 악몽이었다. 아무것도 작동되지 않았다. BARRA에서 그가 개발했던 트레이딩 모형은 이론상으로는 아주 멋졌다. 그러나 실제 그것들을 이용해서 거래를 했을 때, 멀러는 모든 종류의 문제들에 봉착했다. 실행속도는 충분히 빠르지 않았고, 트레이딩 비용은 치명적이었다. 프로그램의 작은 오류들은 주문을 엉망으로 만들었다.

그는 뱀버거와 타타글리아의 스태트 아브 실험이 있었던 장소인 아메리카 애비뉴 1251번지에 있는 엑슨빌딩 내의 모건스탠리 본사 33층에 사무실을 개설했으며, 거기에는 몇 대의 유닉스 워크스테이션들과 기술적 적용과 복잡한 그래픽 작업들을 위해 고안된 고성능컴퓨터들이 설치되어 있었다. 그가 최초로 채용한 직원은 MIT에서 오퍼레이션리서치(OR) 석사를 마친 킴 엘세서였다. 엘세서는 날씬한 몸매, 큰 키, 금발에 푸른 눈을 가진 미녀로 남성 호르몬이 넘쳐흐르는 모건스탠리의 직원들에게는 완벽한 표적이었다. 또한 그녀는 천부적인 수학자이자 컴퓨터프로그래머였다. 그녀는 캠브리지에서 대학원 공부를 계속하기 위해 떠나기 전인 1987년 1월에 처음 모건스탠리에 입사했고, 그러고 나서 1992년에 다시 은행으로 돌아왔다. 몇 달 지나지 않아서, 그녀는 멀러와 고용계약을 맺었다. 그는 자신의 새로운 트레이딩도구를 '프로세스 중심 트레이딩(Process-Driven Trading, PDT)'이라고 불렀다. 프로세스 중심(process-driven)이라는 표현은 당시에는 기본적으로 세계에서 오직 몇 천 명의 사람들만이 이해하는 복잡한 수학적 알고리즘을 사용한다는 것을 간단하게 표현한 것이었다.

멀러와 엘세서는 아무것도 없는 상태에서부터 사업을 구축했다.[주3] 그들은 트레이딩 모형을 컴퓨터언어로 작성했고 세계 전역의 주요 증권거래소들과 연결되어 있는 모건스탠리의 메인프레임 컴퓨터망에 자신들의 유닉스 워크스테이션을 접속했다. 멀러가 모형들을 설계했고, 모건스탠리의 전산시스템에 익숙한 엘세서가 대부분의 프로그래밍을 수행했다. 그들은 미국에서의 거래부터 시작했고, 그러고 나서 일본, 마지막에 런던과 파리를 추가했다. 그들은 자신들이 만든 모형을 바탕으로 하루에 한 번씩 거래를 했다. 그들은 미친 듯이 일했지만, 그 모든 것이 허사인 것처럼 보였다.

그런 상황 속에서 모건스탠리의 경영진은 군살을 제거할 곳을 찾고 있었다. PDT도 구조조정 대상이 될 기로에 서 있었다. 회사는 멀러에게 많은 돈을 투자했지만, 그는 아무것도 보여주지 못하고 있었다. 그 당시 사장으로 선임된 지 얼마 되지 않았던 채권트레이더인 존 맥John Mack이 각 부문의 경영자들로부터 각자가 맡은 사업부문의 존속필요성을 듣기 위한 회의를 소집했다.

멀러는 그 회의를 위해 정장을 입었다. 평소의 헐렁한 차림새에 수세미처럼 하고 다니던 머리에는 기름도 바르고 빗질도 정성스럽게 했다. 근엄한 표정의 모건 경영진들이 덥고, 어두컴컴한 회의실의 긴 테이블에 둘러 앉아 있었다. 몇 명의 관리자들이 그들의 목숨을 연명하기 위해 열변을 토하는 동안 멀러는 기다려야 했다. 그들이 그토록 절박한 것은 당연했다. 멀러는 정신부터 가다듬었다. 침착하고, 차분하게 보여야 하고, 무엇보다도 자신감을 보여야 한다. 그의 차례가 되었을 때, 그는 PDT가 아직 성공하고 있지 못하다는 사실을 솔직히 인정했다. 그러나 그것은 곧 대박을 터뜨리려 하고 있으며, 컴퓨터를 이용한 트레이딩이 미래의 대세라는 점을 설명했다. 이제 필요한 것은 약간의 추가 시간뿐이라는 것을 강조했다.

그가 설명을 마쳤을 때, 그는 맥이 그에게 고개를 끄덕이며 확신을 주는 것을 보았다. 맥이 동의한 것이었다.

인내가 드디어 결실을 맺었고, 곧 PDT가 최소한 약간의 진리는 파악했는지 이익이 나기 시작했다. 그들이 최초의 1백만 달러를 벌었던 그날, 멀러와 엘세서는 (비록 플라스틱 잔에 담긴 싸구려 와인이었지만) 축하파티를 열었다. 곧 1백만 달러는 그저 한 번의 아침 하품, 눈 한 번 껌벅거릴 정도의 것이 될 것이었다.

1994년 초에 멀러는 수학과 컴퓨터 천재들로 자신의 드림팀을 꾸렸는데, 거기에는 프린스턴대학에서 전기공학으로 박사학위를 받은 부드럽게 말을 하는 지구물리학자 마이크 리드, 스탠포드대학에서 OR로 박사학위를 취득한 큰 키에 항상 생각에 잠겨 있는 수학천재이자 그 자신이 최고의 고성능컴퓨터인 켄 닉커슨, 프린스턴대학 출신의 피골이 상접한 컴퓨터프로그래밍 고수인 샤킬 아메드 및 MIT의 전기공학석사임을 자랑하는 에이미 웡 등이 포함되어 있었다. 이 작은 그룹이 곧 세계에서 가장 수익성은 좋지만, 그다지 알려지지 않은 트레이딩 사업들 중 하나의 핵심을 구성하게 될 것이었다.

대형투자은행이 뒤에 있기 때문에 멀러는 충분한 자금력 이외에도 또 다른 유리점이 있었다. 헤지펀드들과 같은 다른 트레이딩기구들은 그들의 거래를 모건스탠리를 포함하는 규제를 받는 딜러를 겸하는 중개업자들을 통해서 NYSE 같은 거래소들로 보낸다. 주식들의 매매를 위한 중개업자로 모건스탠리를 사용했던 헤지펀드들 중 하나가 모건스탠리에서 눈지오 타타글리아 밑에서 근무했던 수학자인 로버트 프레이가 운영하던 르네상스 테크놀로지스의 트레이딩 부문인 노바Nova 펀드였다.

1990년대 중반에 노바가 연속해서 나쁜 실적을 올렸다. PDT는 이 펀드가 갖고 있던 포지션들만 르네상스로부터 인수해서 그 포지션들을 자신의 펀드에 편입했다. 이 포지션들이 마침내 수익성을 회복함에 따라 이 거래는 아주 성공적이 되었으며, 동시에 멀러에게 르네상스의 비밀스러운 거래기법들의 내부를 들여다볼 수 있는 흔치 않은 기회도 제공했다. 르네상스로서는 노바를 수익을 창출하는 투자기구로 새롭게 변모시킬 수 있었다.

1994년이 되면서, 무대의 모든 세팅이 끝났다. 멀러는 넉넉한 자금과 함께 일할 수 있는 충분한 인재들을 확보하고 있었다. 그러나 그들에게 주어진 시간이 많지 않았다. 사장인 맥은 만일 이 사업그룹이 제 역할을 하고 있지 못하다고 생각하면, 한순간에 이 그룹을 폐쇄해 버릴 것이었다.

밤늦게까지 그리고 주말에도 일을 하면서, PDT의 드림팀은 돈을 벌어주는 로봇인 자동트레이딩시스템을 구축했다. 그들은 자신들의 로봇을 마치 그것이 손만 대면 황금으로 변화시켜버리는 기계처럼 마이다스Midas라는 이름을 붙였다. 닉커슨과 아메드가 숫자들을 대량으로 정교하게 처리해서, 어떤 주식들을 사고팔아야 하는지를 컴퓨터에게 알려주는 시장에 숨겨진 신호들을 찾아내었다. 닉커슨은 미국시장에 집중했고, 아메드는 해외시장에 초점을 맞추었다. 리드는 슈퍼컴퓨터 기반시설을 구축해서 그것을 세계 전역의 금융시장들과 연결했다.

이들의 거래전략은 뱀버거가 1980년대에 모건스탠리에서 고안했던 것과 동일한 스태트 아브였다. PDT의 퀀트들은 이 거래전략을 어떻게 실행할 것인지는 대부분 스스로 발견해내었지만, 마이다스가 설치되고 본격 가동되는 시점에서는 스태트 아브 아이디어가 널리 퍼질 것에 대해서는 아무도 의심하지 않았다. 도인 파머의 프리딕션 컴패니가 산타페에서 스태트 아브 거래를 하고 있었으며, D. E. Shaw, 르네상스 및 다수의 다른 펀드들도 마찬가지였다. 그렇지만 오랜 기간에 걸쳐서 PDT만큼 좋은 실적을 올린 스태트 아브들은 거의 없었으며, 그 결과 PDT는 일관성, 지속성 및 수익성 면에서 월가에서 가장 성공적인 자기자본 트레이딩(proprietary trading, 프롭트레이딩이라고도 하며 금융기관이 고객의 예탁금이나 신탁자산이 아닌 자기자본 또는 차입금을 수익을 얻을 목적으로 주식이나 채권, 통화, 옵션, 파생상품 또는 그 밖의 금융상품 등에 투자하는 것을 의미함-옮긴 이) 데스크가 되었다.

마이다스는 엑슨과 쉐브론 같은 석유탐사기업, 아메리칸항공과 유나이티드항공 같은 항공사들처럼 특수업종들의 주식에 집중했다. 만일 네 개의 항공사 주식들이 상승하고 세 개의 항공사 주식들은 하락하면, 마이다스는 가격이 올라간 주식들을 공매도 하고, 가격이 하락한 주식들을 매입해서 며칠 또는 어떤 경우에는 몇 시간 만에 포지션을 정리했다. 까다로운 부분은 언제 매도하고, 언제 매입할지를 결정하는 일이었다. 마이다스는 이런 거래들을 하루 종일 자동적으로 연속해서 수행할 수 있었다. 그리고 그보다 더 좋았던 것은 로봇인 마이다스가 결코 보너스를 요구하지 않는다는 점이었다.

1994년 4분기 말까지 돈이 들어와 쌓이기 시작했다. 마이다스가 곧 제왕이었다. 그저 스위치만 올려놓으면, 디지털화 되고 컴퓨터화 된 거래들이 폭죽처럼 이어지고, 전자식 금광은 PDT의 컴퓨터 화면에서 계속 상승하는 숫자들을 포착해서 마치 마술처럼 돈을 쏟아내고 있었다.

그것은 놀랍고, 흥겹고, 때로는 두렵기까지 했다. 어느 날 밤, 엘세서는 길고 긴 하루의 일을 마치고, 지친 몸으로 택시를 타고 집으로 가고 있었다. 도시의 빌딩들과 불빛들이 희미한 푸른 배경 속에 점멸되고 있었다. 정적 속에서 택시기사의 라디오를 통해 뉴스 한 토막이 귀에 들어왔는데, 아나운서는 동경시장을 완전히 마비시킨 이례적인 거래를 설명하고 있었다.

엘세서는 귀를 바짝 기울였다. 저 일이 우리에게도 일어날 수 있는 것은 아닐까? 젠장.

얼이 빠져서, 그녀는 택시를 모건스탠리 본사로 되돌리라고 말했다. 그녀는 자신들의 컴퓨터프로그램 상의 일부 사소한 결함들이 매도 및 매수주문의 쓰나미를 몰고 올 수도 있지 않을까 언제나 우려했다. 시스템이 어느 순간에 일종의 컴퓨터화 된 프랑켄슈타인처럼 뒤엉켜버릴지 누구도 알 수 없는 것이었다. 그날 동경에서의 혼란과 PDT는 아무런 관련도 없었지만,

가능성은 언제나 도사리고 있는 것이다. 컴퓨터는 계속 돌아가는데, 밤에 마음 편히 잠을 이루기는 어려운 일이었다.

그러나 그런 걱정들은 일단 제쳐두어야 했다. PDT의 실적은 너무도 엄청나서, 르네상스의 메달리온 펀드와 어깨를 나란히 하거나 때로는 능가하기도 했다. 제임스 시몬스는 모든 이들을 제치고 PDT에 주목했으며, 누구도 멀러가 어떻게 그런 실적을 달성했는지 알 수가 없었다. 마침내 르네상스는 멀러의 사업부문이 자신의 거래전략을 주시하는 것을 우려해서, 모건스탠리를 통한 거래를 중단했다. 그들 자신이 스파이대장의 문화에서 비롯된 것을 증명이라도 하듯이, 롱아일랜드의 퀀트들은 멀러와 같은 라이벌들이 그들 특유의 거래비법들을 훔쳐가지나 않을까 우려해서 점점 더 피해망상증 환자처럼 되어갔다. 이와 마찬가지로, 멀러도 모건스탠리 내부에 있는 스파이들에 대해 점점 더 신경을 쓰게 되었다. 그는 PDT 자체의 트레이더들은 그들이 맡고 있는 직무만 통달하게 했고, PDT의 성장전략 등 다른 일들에 대해서는 가급적 알 수 없도록 밀폐된 조직 속에 가두었다.

비록 PDT의 성공에 고무되어 있기는 했지만, 멀러는 과도한 자신감을 갖는 것을 우려했다. 평소 멀러는 "감정을 항상 절제하시오"라고 그의 트레이더들에게 반복해서 말했다. 그는 경험을 통해 그런 위험들을 알고 있었다. 그와 엘세서가 1990년대 초에 처음으로 트레이딩을 개시한 후, 그들은 컴퓨터모형들을 사용하지 않는 즉흥적인 결정을 몇 번 내린 적이 있었다. 예기치 않았던 경제실적 발표나 연방준비제도이사회의 갑작스러운 조치는 시장을 혼란으로 내몬다. 이런 경우에 그들은 모형들을 무시하는 것이 더

낫겠다고 생각하거나, 단순히 트레이딩을 완전히 중단해버렸다.

그러나 그들은 곧 컴퓨터가 사람들보다 더 신뢰할 수 있다는 결론을 내렸다. 그들이 컴퓨터를 무시할 때는 언제든지, 그것이 나쁜 결정인 것으로 판명되었다. '언제나 기계를 신뢰할 것'이 철칙이었다.

1994년 어느 날, 멀러는 1980년대에 잠시 모건스탠리에 설치되었던 계량적 트레이딩을 했던 그룹들에 대한 오래된 기록들을 일부 접하게 되었다. 그도 우주물리학자이며 한때 예수회 신학생이기도 했던 넌지오 타타글리아라는 이태리 출신 퀀트에 대해 트레이딩 플로어에서 전해지는 이야기들과 이 그룹에 대해 들은 적이 있었다. 그러나 이 그룹에 대한 대부분의 기록들은 사라지고 없었다. 새롭게 부상하는 PDT의 젊은 퀀트들은 이 그룹이 스태트 아브의 창시자들이었다는 것을 거의 알지 못했다. 멀러와 그의 팀원들이 이 트레이딩 전략을 스스로 개발하고, 거기에 독특한 부수적인 요소들을 가미하긴 했지만, 그 전략의 최초 발견자들은 1980년대에 모건스탠리에 있었던 그들이었다. 1990년대가 되면, 이 전략은 빠르게 보급되어서, 멀러와 파머 같은 퀀트들이 그 비밀을 찾아내기 위해 노력했다.

그렇지만 스태트 아브에 대해 아는 것과, 그것을 투자에 적용하는 것은 서로 다른 명제들이었다. 그런데 PDT가 그 과제를 해냈던 것이다.

APT로부터의 교훈은 멀러에게 소중한 교훈을 주었다. APT는 몇 년 동안 거대한 이익을 쌓았다. 그러다가, 음악이 갑작스럽게 멈추어버렸다. 그것은 언제나 경계심을 풀지 말고, 항상 움직이고, 시스템을 개선하고, 조정해 나가야 된다는 것을 뜻했다.

1995년에 자이팔 터틀이라는 젊은 퀀트 하나가 PDT에 들어왔다.[주4] UC 산타크루즈에서 물리학으로 박사학위를 받은 터틀은 모건스탠리의 런던사무소에서 그 이전 몇 년 동안 일본기업들의 워런트들을 트레이딩 했었다. 그러나 1990년대 초에 일본의 주식시장과 경제가 붕괴되면서 그가 취급하던 일본 워런트 사업도 막을 내렸다.

터틀의 물리학 배경은 그에게 PDT가 수행하는 복잡한 거래들 대부분에 대해 이해할 수 있는 도구들을 제공했다. 그러나 그는 컴퓨터프로그래밍 능력을 갖추지 못했기 때문에 모형들을 설계하고 실행하는 능력은 제한을 받을 수밖에 없었다. 그래서 그는 PDT의 '휴먼 트레이더'가 될 수밖에 없었다. 당시에는 주가지수선물과 같이 완전히 자동화되지 못한 특정시장들이 존재했다. PDT 모형들이 쏟아내는 거래들은 모건스탠리의 다른 거래데스크들로 전화로 전달되어져야 했다. 그것이 터틀에게 맡겨진 일이었다.

자동트레이딩 시스템이 언제나 원활하게 작동되지는 않았다. 한때 PDT는 시스템 상의 오류 때문에 약 15분 동안 8천만 달러 상당의 주식을 잘못 팔아버리기도 했다. 또 다른 경우에는 당시 일본 주식시스템을 운용하고 있던 리드가 다른 트레이더에게 자기 대신에 트레이딩을 해줄 것을 부탁했던 적이 있었다.

"거래를 하라는 신호가 나올 때마다, 그저 Y만 눌러주게."

하지만 그는 동시에 엔터키도 눌러야 된다는 것을 말하지 않았다. 그 결과, 한 건의 거래도 체결되지 않았다.

PDT는 가끔씩 일시적으로 일을 맡기기 위해 외부의 컨설턴트들을 고용하곤 했는데, 그들은 일반적으로 학생들을 가르치다가 잠시 틈을 내어 용돈이라도 벌기 위해 온 교수들이었다. 어느 날, 매트라는 컨설턴트가 S&P 500 지수선물에 대한 차익거래를 수행하고 있었다. 그 거래는 S&P 500과 연계된 옵션을, 예컨대 5월을 만기로 1개월간 매도하고, 또 다른 옵션을 예컨대 6월을 만기로 매입해서 두 옵션 사이의 비효율성을 이익으로 실현하는 것이었다. 터틀은 그 거래들을 전화로 처리해야만 했다. 그 컨설턴트는 PDT 사무실의 다른 방에서 트레이딩 오더들을 터틀에게 질서정연하게 읽어주었다. 그것은 수천만 달러가 걸린 큰 거래였다.

터틀은 사무실 어디에선가 갑자기 희미하게 비명소리가 나는 것을 들었다. 그는 복도를 달려오는 컨설턴트가 자신의 팔을 공중으로 마구 휘두르면서, "스톱! 스토오오옵! 사지 말고 팔아! 팔아!"라고 고함을 지르는 것을 보았다.

컨설턴트는 자신의 주문과 거꾸로, 즉 그가 사야 할 것을 팔고, 사야 할 것을 팔아달라고 말했던 것이었다. 터틀은 그 거래를 바로 취소했지만, 하나의 교훈을 얻을 수 있었다. 그것은 인간들이란 완전하지 못한 존재이기에 컴퓨터가 해나가도록 맡겨두는 것이 최상이라는 교훈이었다.

터틀이 입사했던 바로 그 해에 PDT는 타임즈스퀘어 바로 북쪽에 있는 거대한 고층빌딩인 브로드웨이 1585번지 모건스탠리 본사로 이전했다. 그들은 모건스탠리의 메인 트레이딩 플로어의 한 층 위인 빌딩의 6층의 좋은 위치에 사무실을 꾸몄다. 실적이 좋아짐에 따라 그들의 사무실도 덩달아 좋아졌던 것이다.

그들은 퀀트식 거래방법을 더욱더 많은 시장들에 대해 적용하기 시작했다. PDT는 해외은행 계좌에 있는 달러 가격을 기초로 하는 상대적으로 새로운 시장인 유로달러 선물거래를 시작했다. 곧 이 그룹은 에너지선물, 채권, 옵션 등 그들이 모형을 만들 수 있고, 그들이 거래를 하고자 하는 모든 시장들로 영역을 확대하고 있었다.

마이다스가 계속 성장함에 따라 그룹 소속원들도 부유해지기 시작했으며, 특히 멀러가 그랬다. 그는 코네티컷 주 웨스트포트에 해변 별장과, 로버트 드 니로, 기네스 팰트로와 메릴 스트립 등 저명인사들이 사는 곳으로 알려진 맨해튼 근처 트리베카에 넓은 아파트도 사들였다.

그룹은 세계 전역의 멋진 곳들인 자메이카, 그레나다, 터크스 케이코스 섬 등으로 여행을 가기 시작했다. 그들은 버몬트로 스키여행을 가거나, 메인으로 래프팅을 떠나고, 뉴욕에 머무르는 주말에는 페인트볼 게임을 즐기기도 했다.

모든 사람이 갑자기 피터 멀러를 잠깐이라도 보기를 원했다. 성공은 더욱 파격적인 행동으로 이어졌다. 멀러는 회사의 이른 아침 회의들을 빼먹기 시작했고, 그나마 출근을 하는 날에도 오전 11시 즈음이나, 그 이후에 사무실에 들르곤 했다. 터틀은 정장이 일반화되어 있는 모건스탠리에서는 괴상한 차림인 찢어진 티셔츠와 번쩍이는 귀걸이를 하고 돌아다녔다. 그룹 멤버들은 그들이 1천만 달러를 번 날이면, 플라스틱 컵으로 와인을 돌리며 축하했다. 시간이 지남에 따라, 더욱더 자주 플라스틱 컵으로 와인을 돌리는 경우가 많아졌다.

어느 때, 멀러는 그의 사무실에 조용히 물이 똑똑 떨어지는 장치가 필요하다고 결정해서 나이아가라Niagara라는 이름의 거대한 돌로 된 폭포장치를 구매했다. 건물의 관리실직원은 그 폭포장치가 너무 무거워서 바로 아래층으로 추락할 수도 있다고 분노를 터뜨렸다. 어쩔 수 없이, 그 박스는 여러 주 동안 사무실에 방치될 수밖에 없었다.

또 어느 날은 멀러가 엘세서에게 드나들기 쉽고 아이디어를 서로 나누기에도 편리하도록, 그들의 사무실 사이에 회전문을 설치했으면 좋겠다고 말했다. 멀러는 그저 장난삼아 해 본 말이었다. 하루 종일 멀러가 그녀의 사무실을 들락거릴 것이라는 생각에 잔뜩 겁을 집어먹었던 엘세서로서는 그다지 즐거운 농담이 아니었다.

모건스탠리의 상급자들은 그들의 비밀스러운 6층 퀀트들의 유별난 행동들에 대해 별로 신경을 쓰지 않았다. 그들이 만들어내는 돈은 신비 그 자체였다. 모건스탠리는 매년 PDT가 얼마나 벌어들였는지 정확하게 공개하지는 않았지만, 옛 종업원들은 펀드의 수익성이 엄청나게 좋았었다고 일반적으로 이야기 한다. 2006년까지 10년 동안, PDT는 팀 멤버들에게 지급한 전체 이익금의 20퍼센트를 제외하고도 약 40억 달러를 벌어들였다. 그것은 아주 소수의 트레이더들로 구성된 이 그룹이 그 기간 동안 거의 10억 달러를 챙겨갔다는 의미가 된다. 어떤 해에는 멀런, 닉커슨 및 아메드와 같은 PDT의 톱 브레인들의 급여가 CEO를 포함하는 모건스탠리의 최고경영진들이 받은 급여의 총액보다 훨씬 많았었다. 특히 1990년대 말과 2000년대 초와 같은 일부 연도들에는 PDT가 모건스탠리 순이익의 4분의 1을 차지하기도 했다.

"나는 그것을 사람이 상상할 수 없을 정도로 어마어마한 금액이었다고 표현하고 싶습니다. 그 금액이 얼마인지는 상상을 초월할 정도였지요. 그것은 진짜로 아주 잘 작동되는 기계였습니다."

자신의 꿈인 윈드서핑 선수가 되기 위해 2000년에 회사를 그만둔 터틀이 말했다.

"PDT가 모건스탠리의 불을 항상 밝혀주고 있습니다."라고 말하기를 비크람 판디트는 즐겼다.

1999년에 멀러는 마이다스에서의 그의 공로를 기려서 닉커슨에게 고가의 싱글몰트 스카치위스키를 선물했다. 마이다스가 만들어지고 운용되는 5년의 기간 동안, 그 시스템은 모건스탠리에 10억 달러의 순이익을 창출해주었고, 그 과정에서 PDT와 관련된 모든 사람들에게 그들이 꿈도 꿀 수 없었을 만큼 어마어마한 부를 제공했다. 앞으로도 그것은 모든 이들, 특히 피터 멀러를 더욱 큰 부자로 만들어주면서 더 효율적으로 작동될 것이었다.

* * *

1994년 말, 클리프 애스네스가 상근직원으로 골드만삭스에 입사했을 때, 그는 자신의 직무가 정확하게 무엇인지 알지 못했다.[주5] 그는 아주 광범위하게 여러 종류의 자산들에 대한 수익률을 예측할 수 있는 계량적 모형들을 구축하는 과제를 부여받았다. 기본적으로, 골드만삭스는 그의 상아탑에서의 교육이 현실세계에서 적용될 수 있는지 시카고대학 출신의 이 젊은 신동에 대해 일종의 도박을 하고 있었다. 골드만은 이미 1980년대에 피셔 블랙을 통해서 책만 열심히 읽은 지식인을 활용할 수 있는지 시도해 보았다. 1990년대 초가 되면, 은행들은 너나없이 미국 전역의 대학들로부터 총명한 수학영재들을 찾아서 모아들였다.

애스네스는 새로 출범하는 그의 사업을 계량적 연구그룹(Quantitative Research Group, QRG)이라고 불렀다. QRG의 지적능력을 보강하기 위해서, 그는 로스 스티븐스, 로버트 크레일, 브라이언 허스트 및 존 류 등 그가 시카고대학에서 만났던 몇몇 가장 탁월한 사람들을 끌어들였다. 류는 트레이딩 업계의 전설로 통하는 먼로 트라우트 2세Monroe Trout Jr.가 설립한 자산관리회사인 트라우트 트레이딩Trout Trading에서 이미 근무를 한 경험이 있었다. 오클라호마대학 경제학교수의 아들인 류는 당초 아버지의 뒤를 이어 학계에 남을 계획이었다. 그러나 계량적 트레이딩모형을 구축하는 것이 주어진 일이었던 트라우트에서의 근무가 그의 마음을 바꾸도록 했다.

처음에 애스네스의 그룹은 직접 자산을 관리하지는 않았다. 그들에게 첫 번째 주어진 과제는 미국 이외의 지역들에서 투자주식들을 선정하는데 어려움을 겪고 있는 기본적 분석을 바탕으로 주식을 추천해주는 증권컨설턴트들을 위한 일종의 임시 퀀트기구로서의 역할을 수행하는 것이었다. 국가 별로 투자결정을 내리는 것을 도와주기 위해서 계량적 기술을 사용할 수 있는 방법은 없을까? 이런 문제는 애스네스나 그의 팀 어느 누구도 예전에는 고려하지 않았던 문제였다. 강의실에서나, 그들이 열심히 외웠던 산더미 같은 교과서들 어디에서도 접해보지 못했던 주제였다.

애스네스의 대답은, "물론, 할 수 있지!"였다.

그들은 머리를 맞대고, 이 문제에 매달렸다. 그들이 시카고대학에서 배웠던 전략들과 국가 전체의 건전성을 평가하는 과제 사이에 조금이라도 관련성이 있는가? 그들이 발견한 놀라운 대답은 '그렇다'였다. 그들이 대학에서 배웠던 주식들에 있어서의 가치와 모멘텀의 이상현상들은 실제로 국가 전체에 대해서도 적용될 수 있었다.

그것은 기념비적인 발견이었다. 그들은 한 국가의 주식시장을 측정하고, 그것을 그 시장에 있는 각 회사의 장부가치 총액으로 나누어서 나라 전체의 주가장부가치비율(price to book value)을 구했다. 만약 일본이 1.0이라는 주가장부가치비율을 나타내고 프랑스는 2.0의 주가장부가치비율을 나타내고 있다면, 그것은 일본이 프랑스에 비해 상대적으로 저렴하다는 것을 의미한다. 그곳으로부터의 투자과정은 비교적 쉽다. 즉 일본을 매입하고, 프랑스를 매도하면 되는 것이다.

이러한 통찰의 적용은 사실 끝이 없었다. 어떤 회사가 작은 기계장치를 만들든 탱크를 만들든, 또는 그 회사의 지도자가 비전을 갖고 있는 사람인지 또는 어릿광대인지가 전혀 문제가 되지 않는 것처럼, 어떤 국가의 정치적 특수요인들, 리더십, 또는 자연자원들은 퀀트 트레이더 데스크의 관점에서는 그저 작은 영향만 있을 뿐이었다. 계량적 접근법은 어떤 국가의 주식들이나 채권들뿐만 아니라 그 국가의 통화, 상품, 파생상품 및 무엇에든지 적용될 수 있었다. 애스네스의 팀은 즉시 세계 전역에서 어떤 것이 싸고, 어떤 것이 비싼지를 찾아내는 모형들을 고안했다. 모멘텀 전략이 즉시 뒤따랐다. 골드만의 윗사람들은 이 총명한 퀀트들에 대해 감탄했다. 1995년에 그들은 1천만 달러를 투자해 소규모의 내부펀드를 만들기로 합의했다. 월가 전체를 통틀어 가장 우수한 트레이딩 그룹 중 하나가 되는 이 펀드의 이름은 '글로벌알파Global Alpha'로 정해졌다. 한편 글로벌알파는 2007년 8월의 퀀트몰락의 주요한 촉매가 되기도 했다.

골드만삭스에서의 초기 몇 년 동안, 애스네스는 머니 그리드의 중요한 설계자 중 한 사람인 피셔 블랙과 자주 접촉했다.

소프와 더불어, 블랙은 2차 대전 이후의 학문적 진보와 계량적 혁명으로 이어졌던 월가에서의 혁신 사이의 결정적 연계들 중 하나가 되었다. 실용적 사고를 가졌던 소프와는 달리, 블랙은 보다 더 이론가였고, 심지어 어떤 면에서는 철학자이기도 했다. 그의 많은 기벽들 중에서도 블랙은 어색한 침묵의 시간을 연장시켜서 상대방을 무방비상태로 혼란스럽게 만들어버리는 대화의 함정을 자주 사용하는 것으로 악명이 높았다.

블랙은 무엇보다도 합리성을 신봉했다.[주6] 그러나 그는 모순으로 뒤덮인 사람이기도 했다. 계량재무학의 핵심인물인 그는 재무학이나 경제학 강의를 들은 적이 한 번도 없었다. 어린아이처럼 별들과 우주의 신비에 대해 알고 싶어 했던 그는 미항공우주국(NASA)의 우주선 발사담당관만큼 위험 회피적이었던 훈련된 수학자이자 우주물리학자였다. 시리얼에 우유 대신에 오렌지쥬스에 넣어 먹었으며, 말년에는 점심으로 버터를 넣지 않고 구운 감자와 구운 생선만 먹었다. 암에 대한 가족력이 있는 것을 항상 두려워해서 블랙은 자신의 근무공간을 방사능측정계로 꼼꼼하게 훑었으며, 그의 컴퓨터키보드가 컴퓨터모니터로부터 멀리 떨어져 있게 하기 위해서 긴 코드를 사기도 했다. 그러나 그는 반항적인 면모도 지니고 있었다.

1950년대에 뉴욕 주 브롱크스빌에서 성장한 틴에이저였던 블랙은 의도적으로 반대 입장을 취하는 것을 좋아해서 그의 보수적인 아버지 앞에서는 공산주의를 적극 옹호했으며, 신앙심 깊은 어머니에게는 그리니치빌리지의 보헤미안들에 대한 찬사를 늘어놓기도 했다. 그는 '창조주들과 사도들과 예언자들을 위한 모임'이라는 지역모임을 만들어서 올더스 헉슬리의 향정신성의약품 사용실험 등의 주제를 토의했다. 그는 하버드대학에 입학한 후에 컴퓨터에 빠지기 시작했고, 보스턴 인근에 있는 아더 D. 리틀(Arthur D. Little)이라는 경영컨설팅회사에서 일한 후에는 자연스럽게 재무 쪽으로 끌렸다.

그는 1968년 가을에 캐나다 출신의 젊은 MIT 경제학자 마이런 숄즈와 만났다. 숄즈는 그 당시 어려운 문제를 생각하기 시작하고 있었는데, 그것은 주식워런트의 가격결정방법에 대한 것이었다. 그런데 블랙도 같은 수수께끼를 풀기 위해 심사숙고 중이었다. 두 사람은 로버트 머튼과 팀을 이루었고 몇 년 후, 소프로부터도 약간의 도움을 받아서, 주식옵션들의 가격결정방법에 대한 획기적인 연구결과를 발표했다.

1970년대 초에 블랙은 시카고대학의 재무학교수가 되었다. 로젠왈드 홀

3층에 있었던 그의 연구실은 마이런 숄즈와 유진 파마의 연구실들 사이에 끼어 있었다. 그러고 나서 그는 그 다음 9년 동안 MIT로 옮겨서 학생들을 가르쳤다.

그러나 모든 것이 너무도 느린 학계의 분위기에 식상해진 그는 따분함과 싸워야 했다. 그 당시 로버트 머튼이 골드만삭스의 컨설턴트로 일하고 있었는데, 그는 어느 때인가 당시 골드만삭스의 주식부문장이었고 나중에 클린턴 대통령 밑에서 재무장관이 되는 로버트 루빈Robert Rubin에게 골드만이 재무학계의 권위자를 위한 상위직급의 자리를 마련하는 것을 고려해야 할 것이라는 권고를 했다.

어느 날 머튼이 블랙에게 혹시 이러한 일에 적합한 사람을 알고 있는지 물어보았다.

"어이 밥, 내가 그 일에 관심이 있는데"라고 블랙이 대답했다. 그래서 그는 루빈과 그 직무에 대한 협의를 위해 1983년 12월에 뉴욕을 방문했다. 1984년 초, 블랙은 골드만삭스의 계량적 투자전략그룹Quantitative Strategies Group의 책임자로 채용되었다.

블랙의 사무실은 뉴욕증권거래소로부터 몇 블록 떨어진 브로드웨이 85번지 골드만삭스 본관 29층에 마련되었다. 회사의 트레이딩 플로어 바로 옆에 있는 그의 사무실 벽에 걸려 있는 것은 지저분한 도로를 따라 조깅을 하는 어떤 사람을 그린 포스터로 거기에는 이런 글귀가 적혀 있었다.

"경주에서는 빨리 달릴 수 있는 사람이 언제나 이기는 것이 아니다. 쉬지 않고 달리는 사람이 언제나 이긴다."

사람들은 자주 그가 사무실 서랍장에 넣어둔 물병으로 꿀꺽꿀꺽 물을 마시면서 싱크탱크(Think Tank)라는 프로그램에 집요하게 주석을 넣으면서 자신의 컴팩데스크프로 386 컴퓨터의 자판을 두드리고 있는 것을 볼 수 있었다.

그에게 맡겨진 직무는 자신의 계량적 이론들로 골드만삭스가 돈을 버는 데 쓸 수 있는 방법을 찾는 것이었다. 그렇지만 거기에는 약간의 문제들이 있었다. 블랙은 시장이 효율적이고 따라서 시장을 이기기는 불가능하다는 시카고학파의 생각을 따르고 있었다. 자신의 최초거래에서 그는 회사에 50만 달러의 손실을 발생시켰다. 그러나 골드만의 트레이더들이 시장의 비효율성을 이용해 수백만 달러의 이익을 내는 것을 목격하게 되면서, 그는 시장이 캠브리지나 시카고의 상아탑에 있으면서 생각했던 것과 같은 완벽하게 돌아가는 기계는 아닐 수도 있다는 것을 깨달았다.

서서히 그러나 확실하게 블랙은 파마의 피라냐들 중의 하나로 바뀌어갔다. 언제나 컴퓨터의 위력에 익숙했던 그는 트레이딩을 고도로 자동화된 인간과 기계의 공생시스템으로 변모시키는 혁신의 주도자가 되었다. 그는 골드만의 경쟁력이 재무이론과 컴퓨터기술의 강력한 조합에 있을 것임을 내다보았다.

그것은 위성들과 광케이블 및 컴퓨터칩들로 구성되고, 복잡한 재무이론들과 전류의 흐름에 의해서 길들여지고 수행되어지는, 머니 그리드의 창조를 통한 월가에서의 극적 변화의 시작에 불과했다. 블랙은 자신의 어두운 골드만삭스 사무실에 머물며 이 모든 것의 중심에 있었다.

퀀트들은 가능성을 이리저리 재보고, 확실성을 추구하고, 언제나 무작위의 경계 저편으로 멀어져가는 확률들을 추구하면서 그들에게 주어진 직분을 수행한다. 그러나 클리프 애스네스에게는 거의 강박적일 정도로 성공에 있어서 집착하는 한 가지 중요한 요인이 있었는데, 바로 그것은 행운(luck)이었다. 애스네스는 행운이 성공과 실패의 유일한 요인은 아니라는 점에 대해 선뜻 동의한다. 항상 준비되어 있고 열심히 일하는 것은 행운이 가까이 와 있는 경우 사람들로 하여금 그것을 포착해서 돈을 벌 수 있도록 해준다. 그러나 의문의 여지없이 애스네스의 세계에서는 행운이 가장 중요한 힘이었다.

뉴욕플라자의 골드만 사무실에서 1995년에 글로벌알파의 스위치를 가동시킨 후, 이 펀드는 8일 동안 연속해서 손실을 기록했다. 그러고 나서 행운이 돌아왔다. 그것도 어마어마하게. 최초의 손실 이후, 글로벌알파는 꽤 오랜 기간 동안 돈을 잃지 않았다. 이 펀드는 첫 해에 엄청나게 높은 93퍼센트의 수익률을, 그 다음 해에는 35퍼센트의 수익률을 기록했다. 대단히 상서롭고 운이 좋은 출발이었다.

글로벌알파가 두려울 정도로 높은 수익을 계속 올림에 따라, 골드만은 수십억 달러를 이 그룹에 쏟아 부었다. 1997년 말까지, QRG는 50억 달러에 달하는 매수포지션으로만 구성된 포트폴리오를 관리하고 있었으며, 글로벌알파의 규모도 거의 10억 달러(글로벌알파는 매도포지션도 취했음)에 달했다. 그들이 눈이 튀어나올 정도로 높은 수익을 올리지 못한 달은 거의 없었다. 애스네스는 시카고대학의 재무학 박사과정 동료들을 새로 영입하는 등 인재들을 계속 확충했다.

또한 그는 새로운 퀀트양성소로 부상하고 있던 뉴욕대학교(NYU)의 커란트 인스티튜트Courant Institute에 초빙강사로 가끔씩 출강도 했다. 미국 전역의 대학들은 금융공학과정들을 추가하고 있었다. MIT와 시카고대학의 충직한 신봉자들뿐만 아니라, 카네기 멜론대학, 컬럼비아대학 및 UC 버클리 등이 새로운 퀀트 세대들을 배출하고 있었다. 월가에서 아주 가까운 거리인 그리니치에 있는 커란트 인스티투트는 당시 최고의 퀀트양성소로 명성을 얻고 있었다. 애스네스가 1990년대 말에 닐 크리스뿐만 아니라 피터 멀러라는 모건스탠리의 젊은 퀀트를 만났던 곳도 커란트였다. 몇 년 후, 그는 정례적으로 퀀트포커게임에 참석하고 있었다.

한편, 글로벌알파가 성공함에 따라 애스네스와 그의 시카고대학 올스타 팀원 모두가 부자가 되었다. 돌이켜 보면, 애스네스와 그의 동지들은 가치거래전략 및 모멘텀거래전략 모두에 적합한 좋은 시기에 투자를 시작했다는 점에서 특히 행운아들이었다. 그렇지만 그 당시에는 행운이 글로벌알파의 성공에 큰 관련성이 있는 것으로 보이지 않았다. 애스네스는 거만해지고 자꾸만 일을 벌였다. 1994년 골드만에 들어왔을 때, 그는 학계의 지적인 환경을 월가에서 부를 형성할 수 있는 전망과 결합시키는, 즉 새로운 아이디어를 창출해내는 것에 대해 보상을 받아 부를 축적할 수 있는 일종의 지적 열반 상태에 이를 수 있기를 희망했다. 문제는 그가 그토록 좋아했던 연구를 위해 많은 시간을 투입할 수 없다는 점이었다. 골드만은 유럽이나 일본의 새로운 고객을 만나거나, 종업원들에 대한 자문을 위해 그가 계속 전 세계를 누비고 다니도록 만들었다. 거기에다 도처에 사무실 내의 정치적인 문제들이 늘려 있었고, 폴슨과 같이 골치 아픈 존재도 있었다. 그래서 그는 도저히 상상도 할 수 없는 일을 생각하기 시작했는데, 그것은 골드만을 떠나는 것이었다.

결코 쉬운 결정이 아니었다. 골드만은 애스네스가 출발할 수 있도록 해주었고, 그의 능력에 대해 믿음을 보여주었고, 또 그의 아이디어를 실행하고 사람들을 직접 채용할 수 있는 재량권을 주었다. 그렇기에 떠나는 것은 이 모든 배려에 대한 배신인 것처럼 보였다. 애스네스가 그것에 대해 더 많이 생각할수록, 그래서는 안 된다는 생각이 더 많이 들었다. 바로 그때, 그는 자신이 헤지펀드를 출범시키는 것을 도와줄 수 있는 역량을 모두 갖추고 있는 이상적인 사람인 데이비드 카빌러를 만나게 된다.

데이비드 카빌러는 1986년에 하계연수프로그램을 통해서 골드만에 입사했기 때문에, 회사 내에서도 약간은 떠돌이였다. 그는 채권, 주식, 그리고 연금서비스 부문 등에서 근무했다. 그는 기관투자가들과 골드만의 자체자금운용과 외부고객들의 자금을 관리했던 GSAM 사이의 연락담당자로서 처음 애스네스를 만났다.

월가의 금융자본가와 자동차영업사원을 혼합해 놓은 것처럼 보이는 카빌러는 글로벌알파가 돈을 쓸어 담고 있는 것에 주목했다. 어느 날, 카빌러는 컴퓨터 화면 위에서 계속 바뀌는 숫자들을 지켜보고 있었다. 그것은 매초에 수백만 달러씩 증가하고 있었고, 그는 숨을 멈추고 그것을 보았다.

하루 종일 컴퓨터만 붙잡고 있는 이들 시카고대학 출신 괴짜들에게 무언가 대단히 특별한 일이 벌어지고 있다는 것을 그는 인식했다. 그들은 골드만에 있는 다른 사람들과는 달랐다. 똘똘했을 뿐만 아니라 그들은 지적으로 아주 진지했다. 그들은 진리를 탐색하고 있었던 것이다. 그는 그들이 지껄이는 어려운 말들을 제대로 이해하지는 못했지만, 자신이 그들 중의 하나가 되고 싶어 한다는 것은 알았다.

애스네스와 카빌러를 포함하는 글로벌알파의 일부 정선된 멤버들만 맨해튼의 이스트사이드에 있는 태국식 레스토랑인 렁시트Rungsit에서 모임을 갖기 시작했다. 뜨거운 똠얌 수프와 사타이 치킨을 먹으면서, 그들은 자신들만의 펀드를 만들어서 회사를 나가는 것의 득실을 계산했다. 골드만은 좋은 보수와 안정적인 장기고용을 보장하고 있었다. 애스네스는 그 즈음 파트너도 되었다. 골드만에 대한 기업공개(IPO)가 곧 이루어질 것이라는 루머도 돌고 있었고, 그것은 곧 큰돈을 만질 수 있다는 것을 의미했다. 그러나 IPO를 한다고 하더라도 어차피 그것은 그네들의 회사는 아닐 것이었다.

그날 밤, 확실한 선택이 이루어진 것처럼 보였다. 대화 중 많은 부분이 새로운 회사의 이름을 무엇으로 할 것인가에 집중되었다. 그리스의 신이 어떨까? 신비스러운 야수는? 자신들의 너드(nerd)적인 뿌리에 걸맞게, 현란한 것보다는 담백하고, 서술적인 이름으로 낙착이 되어 어플라이드 퀀티터티브 리서치 캐피털 매니지먼트(Applied Quantitative Research Capital Management), 약어로는 AQR이 정해졌다.

짧은 기간 동안, 애스네스는 아주 어려운 처지가 되었다. 골드만의 고위층들이 그에게 회사에 계속 남아 있으라고 압력을 가했다. 골드만은 그의 집이었다. 카빌러도 압박을 받았지만, 그렇다고 그가 애스네스의 마음을 바꾸기 위해 할 수 있는 일은 아무것도 없었다.

그러는 가운데, 1997년 말 어느 밤 카빌러에게 전화가 걸려 왔다.

"나야, 클리프."

카빌러는 무언가 결정이 이루어졌음을 알았다. 애스네스는 개인적인 통화를 하는 사람은 아니었다.

"어떻게 지내?"

카빌러가 물었다. 그는 어렵게 웃고 있었지만, 잔뜩 긴장되었다. 긴 침묵이 이어졌고, 카빌러는 전화 속 저 멀리서 애스네스의 숨소리를 들을 수 있었다.

"일을 저지를 마음의 준비가 이제 된 거야?"

"그래."

애스네스가 대답했다.

그리고 그것이 전부였다. 회사가 상여금을 지급한 며칠 후인 1997년 12월에 클리프 애스네스, 로버트 크레일, 데이비드 카빌러와 존 류가 골드만 경영진에게 사표를 제출했다. 애스네스는 이 어려운 일에 대해 스스로의 마음을 다잡기 위해서 브로드웨이의 연극 레미제라블의 사운드트랙을 들었다. 그는 자신의 마음을 다시는 바꾸려고 하지 않았다.

1년이 채 지나지 않은 1998년 8월 3일에 AQR이 설립되었고, 그 당시까지 설립된 헤지펀드들 중 가장 많은 초기자본금들 중 하나이며 그들이 당초에 동원할 수 있으리라고 계획했던 것보다 3배나 더 많은 10억 달러를 갖고 사업을 개시할 수 있었다. 사실, 애스네스와 그의 동료들은 자신들의 거래전략이 그토록 많은 돈을 운용할 수 있으리라는 자신이 없어서 10억 달러 이상의 돈을 투자받는 것은 거절했다. 투자자들은 투자에 참가하려고 안달이 났었다.

사실상, AQR은 이상적인 헤지펀드의 모든 것들, 즉 시카고대학 출신의 퀀트수재들, 카빌러가 끌어 온 넘쳐나는 연금기금과 기부금펀드 고객들, 골드만삭스 출신이라는 후광, 상상을 불허하는 높은 수익률 등등을 갖추고 있었다.

"그것은 정말로 사랑하는 사람들을 위한 수고였습니다."

카빌레는 회상했다.

"우리는 우리 자신을 알았고, 모든 준비가 되어 있었습니다. 모든 능력들이 적절히 배합되어 있었기에 진짜 대단했습니다."

한때 롱텀캐피털매니지먼트와 줄리안 로버트슨의 타이거 매니지먼트를 이상적으로 결합시켜 놓았다는 찬사를 받았던 AQR캐피털은 사업을 개시한 첫 달에 아주 작은 이익을 기록했다. 그런데 거기에서부터 그 다음은 급전직하였다. 그것은 엄청난 재앙이었다. AQR의 저조한 실적에 대한 원인은 LTCM을 붕괴시켰던 연속된 사건의 발생과는 여러 모로 다른 것이었다.

행운이 클리프 애스네스를 곤경에 처하게 했던 것으로 보였다.

* * *

두 대의 검은색 리무진이 라스베가스를 빠져나와 사막의 밤 속으로 달려 들어갔다. 때는 2003년 가을, 보아즈 웨인스타인의 신용트레이더들이 회사 밖에서 단합의 시간을 즐기고 있었다. 당초의 계획은 변화하는 신용시장에 대한 논의였지만, 여기는 라스베가스였다. 웨인스타인의 트레이더들은 몸을 풀고 싶어 안달이 나 있었다.

"도박과 술, 그리고 블랙잭을 원 없이 실컷 즐겼지요."

웨인스타인 밑에서 근무했던 전 도이치뱅크 트레이더 한 사람이 말했다.

웨인스타인은《딜러를 이겨라》를 읽고 터득한 카드카운팅 기술들을 사용해서 돈을 땄던 블랙잭 판을 거쳐, 큰돈이 걸린 포커와 룰렛을 즐겼다. 그리고 그들은 마술사 겸 독심술사 등이 포함된 축제가 실제로 시작되는 윈 라스베가스 호텔에 있는 웨인스타인의 거대하고 호화로운 스위트룸에 모였다. 그들은 게임을 어떻게 하는지를 이해하고 있었으며, 사실 그 게임을 세상의 다른 어느 누구보다도 더 잘할 수 있는 사람들이었다. 블랙잭은 그저 심심풀이였을 뿐이다. 세상에서 가장 거대한 진짜 카지노는 호황을 맞고 있던 글로벌 신용파생상품시장이었다. 그리고 그들은 그 시장에서 바이올린을 연주하듯이 신용파생상품을 다루고 있었다. 엄청난 보수가 지급되었고, 여자들은 아름다웠고, 모든 사람이 총명했고, 비밀을 공유하고 있었다. 도이치뱅크는 전년도 챔피언인 J. P. 모건을 누르고 리스크Risk지의 그 해의 파생상품회사로 막 선정되었으며, 이에 따라 J. P. 모건은 도이치뱅크를 "공적(公敵) 제1호"로 언급하기 시작했다.

웨인스타인에게 가장 높은 자리로 올라가는 것은 결코 놀라운 일이 아니었다. 그들은 공격적이고, 월가의 어느 누구도 대적할 수 없는 무제한적 접근법을 개발했다. 그리고 바로 그것이 이번 라스베가스 여행의 진정한 목적이라고 그 모임에 참석하고 있던 일부는 생각했다. 도이치뱅크에서 위험은 전혀 관리되지 않고 있었다. 리스크는 철저히 무시되었고, 위험은 길들여졌고 저질러야 되는 것으로 받아들여졌다.

트레이더들도 그것을 선뜻 받아들였다.

이 모든 일들이 그때 발생되고 있었다. 웨인스타인이 뉴욕의 어퍼 이스트사이드에서 조숙한 체스신동으로서 루이 루케이서를 TV에서 보았던 이래로 키워왔던 최고의 월가 트레이더가 되겠다는 그의 꿈이 실현되고 있었다. 그것도 너무 쉽게.

AQR이 막 1998년도 거래를 개시함과 동시에, 웨인스타인은 도이치뱅크의 막 걸음을 떼기 시작한 신용파생상품 데스크를 구축했다. 당시 겨우 24세에 불과했던 그는 트레이딩 플로어에서 이루어지는 광란적인 행동들에 신경이 쓰였고, 약간은 겁을 먹은 것처럼 보였다. 그러나 그는 새로운 지식을 스펀지처럼 흡수했고, 예리하고 정확한 기억력을 활용해서 곧 모든 종류의 주식과 채권들에 대한 지식을 마음대로 쏟아낼 수 있게 되었다.

전직에서 익힌 웨인스타인의 전문분야는 변동이자율로 거래되는 변동금리부채권(floating rate note, FRN)이었다. 계속해서 상하로 변동되는 이자율이 적용되는 채권들처럼 움직이는 신용부도스왑은 변동금리부채권과 큰 차이가 없었다.

론 다네무라Ron Tanemura가 웨인스타인에게 설명해주었듯이, 트레이더들은 이 스왑을 기본적으로 어떤 기업이 파산할 것인지 아닌지에 베팅하기 위해 사용할 수 있다. 따라서 광범위한 신용의 세계에 완전히 새로운 차원의 개념, 즉 대출이나 채권도 공매도가 가능하다는 개념이 도입되었다. 신용부도스왑을 통해서 채권에 대한 보장을 매입하는 것은 그 본질에 있어서 채권의 매도포지션을 보유하는 것이었다. 순식간에 조용하던 채권시장은 세계에서 가장 치열한 도박판이 되어버렸고, 웨인스타인에게는 그곳이 마치 집에라도 되는 듯 익숙했다.

파생상품은 너무도 새로운 것이었기 때문에, 당시 그 거래들을 활발하게 수행하고 있던 금융기관들은 거의 없었다. 거래볼륨을 증대시키기 위해서 웨인스타인은 신용부도스왑의 두드러진 특징들을 알리면서, 대형 자산관리회사인 블랙록(BlackRock) 같은 월가의 다른 금융회사들을 두루 방문하기 시작했다.

1998년에 그는 스왑을 통해 모든 종류의 채권들에 대한 보험을 매수하고, 기본적으로 신용시장에 대한 매도포지션을 취하고 있었다. 그가 보험을 매입하고 있었고 그것은 투자자들이 채권발행회사들의 신용상태에 대해 우려를 나타내기 시작하면 수익을 거둘 수 있다는 것을 뜻했기 때문에, 웨인스타인은 러시아가 자국의 국가채무에 대해 지급불능(디폴트)을 선언하고 LTCM이 붕괴된 후 시장에 밀어닥친 혼란을 이용해서 수익을 챙길 수 있는 완벽한 위치를 차지하고 있었다. 그는 도이치뱅크에 큰 이익을 안겨주었고, 자신도 크게 도약할 수 있는 발판을 마련했다.

1999년에 도이치뱅크는 웨인스타인을 부사장(VP)으로 승진시켰다. 또한 2001년에는 27세의 나이로 집행임원(managing director) 자리에 올라 이 독일은행 역사상 그 직위에 오른 최연소자 중 한 사람이 되었다.

웨인스타인과 그의 동료 파생상품딜러들은 규제완화를 빠르게 추진하고 있던 규제당국자들로부터도 도움을 받았다. 은행의 위험부담부문을 예금부문과 분리시켜서 투자은행업과 상업은행업을 두 개로 분리시켜 놓았던 1933년에 제정된 글라스-스티걸 법이 1999년 11월에 폐지되었다. 시티그룹과 같은 대형은행들은 이 법이 그들을 이와 같은 규제가 없는 해외금융기관들에 비해서 상대적으로 불리한 상태가 되도록 해 왔다고 주장했었다. 계속 그 숫자가 증가하고 있던 월가의 프롭트레이더 집단들에게 이 법의 폐지는 보다 많은 현금, 즉 자기네 은행들이 수취한 소중한 예금들을 프롭데스크가 실탄으로 사용할 수 있게 되었다는 것을 의미했다. 그러더니 2000년 12월에 정부는 신용파생상품들에 대한 연방정부의 심한 규제를 면제해주는 법률을 통과시켰다. 이제 2000년대의 위대한 파생상품 붐으로 이어지는 길이 말끔하게 정비된 것이었다.

신용부도스왑 시장에 대한 큰 시련이 캘리포니아 전력회사들이 위기에 빠지고, 걷잡을 수 없는 전력부족으로 가격이 치솟았던 2000년에 들이닥쳤다. 많은 대형발전회사들의 파산이 현실적으로 일어날 수도 있다는 우려가 갑작스럽게 대두되었다. 2001년 말의 엔론Enron 붕괴는 시장에 대한 또 하나의 검증이 되었는데, 이 사태를 통해서 신용부도스왑시장은 주요기업의 대규모파산도 버텨낼 수 있다는 것을 증명했다. 통신산업의 몰락과 월드컴WorldCom의 붕괴 역시 시장에 대한 또 다른 검증이 되었다.

새로운 신용부도스왑시장이 어려운 상황에서도 적절하게 작동될 수 있다는 것을 보여주었다. 거래들은 상대적으로 빨리 결제가 이루어졌다. 회의론자들은 틀렸음이 입증되었다. 신용부도스왑시장은 곧 세계에서 가장 촉망 받고, 가장 빠르게 성장하는 시장들 중 하나가 될 것이었다. 월가에서 가장 성공적이고, 가장 강력한 신용파생상품 트레이딩기구들 중 하나를 작동시키기 시작한 웨인스타인만큼 이 분야에 정통한 트레이더들은 거의 없었다.

2002년 무렵, 경제는 어려움에 처해 있었다. 엔론과 월드컴 같은 예전의 우량기업들이 무너짐에 따라 어떤 일이라도 발생할 수 있었다. 투자자들은 그 당시 세계 최대의 미디어기업인 AOL 타임워너에 대해 우려를 품기 시작했다. 이 회사 주가는 20퍼센트 미만 하락했을 뿐이었으나, 특히 채권보유자들이 공황상태에 빠져 있었다.

어느 날, 웨인스타인은 록펠러 센터 옆에 있는 AOL 본사 앞을 거닐고 있었다.[주7] 몇 수 앞을 내다보며 전략을 짜는 체스선수처럼 미래에 전개될 상황들을 심사숙고하다가, 그는 주식가격이 겨우 20퍼센트 하락했는데 마치 회사가 금방 파산이라도 될 것처럼 채권가격이 폭락한 것은 너무 가혹하다는 것을 깨달았다. 그와 같은 재앙이 텔레비전 네트워크인 CNN과 HBO 등 그토록 오래되고 상대적으로 수익성이 좋은 사업들을 많이 갖고 있는 회사에 발생할 가능성은 거의 없는 것처럼 보였다. 이 회사가 일시적으로 겪고 있는 어려움을 잘 극복하리라고 마음속으로 결정하고, 그는 AOL 채권을 매입하고 이 포지션을 헤지하기 위해 동시에 AOL주식을 공매도 했다. 이 베팅은 채권시장과 AOL(현재는 그저 간단하게 타임워너로 이름이 바뀌었음)이 회복됨에 따라 대박이 되었다.

웨인스타인의 직원들에게는 내기(갬블링)가 일상사가 되어 있었다. 그가 가장 먼저 채용했던 직원들 중 한 사람인 빙 왕은 2005년도 월드 시리즈 포커대회에 출전해서 34위를 차지했다. 웨인스타인은 도이치뱅크에 근무 중인 몇몇 트레이더들이 MIT의 비밀 블랙잭팀원들이었다는 사실을 알게 되었다. 곧 그는 자신이 대학시절 읽었던 에드 소프의「딜러를 이겨라」에서 습득한 기술을 발휘하러 그들과 함께 1년에도 몇 차례씩 라스베가스의 블랙잭판을 평정하러 갔다. 웨인스타인을 아는 사람들은 카드카운팅 때문에 그의 이름이 한 군데 이상의 라스베가스 카지노에 출입금지자로 등재되어 있었다고 말한다. 한가한 시간이면, 웨인스타인의 트레이더들은 눈에 보이는 모든 것들, 예컨대 동전던지기에 대해 100달러 걸기, 한 시간 후에 비가 내릴지 안 내릴지, 그날의 다우지수 종가가 오를지 내릴지 등에 대해 내기를 걸곤 했다. 각자 100달러의 밑천을 갖고 하는 포커게임이 매주 도이치뱅크 트레이딩 플로어에서 시작되었다. 매주 금요일 시장 종료를 알리는 벨이 울리면, 웨인스타인의 트레이더들은 회의실에 모여서 여러 시간 동안 포커를 즐겼다.

도이치뱅크의 고위경영자들은 포커게임에 대해 전혀 모른 척하거나 그저 눈 한 번 찡긋하고 지나쳐 버렸다. 도이치뱅크는 독일회사였기 때문에, 은행의 고위경영진 대부분은 독일의 금융허브인 런던이나 프랑크푸르트에 자리 잡고 있었다. 뉴욕에 있는 채권부문에서는 웨인스타인이 최고위급 간부였다. 그의 트레이더들은 월가 60번지에 있는 은행의 미국본사에서 자유롭게 활동하고 있었고, 어떤 면에서는 제멋대로 날뛰고 있었다. 내기를 좋아하는 젊고, 자유분방한 상사와 그들 마음대로 움직일 수 있는 수십억 달러를 갖고 있는 도이치뱅크 뉴욕의 트레이딩 사업은 월가에서도 가장 공격적인 트레이딩 활동들 중 하나가 되었으며, 거기에는 카우보이자본주의(cowboy capitalism, 승자독식을 허용하는 미국식 자본주의를 유럽 학자들이 비꼬아 부르는 말-옮긴 이)의 요체가 어렴풋이 보이고 있었다.

웨인스타인 역시 자신의 포커 실력을 연마하고 있었다. 2004년에 그는 세인트 레지스 호텔에서 개최된 제2회 월스트리트 포커의 밤에 참가했다. 그는 피터 멀러, 클리프 애스네스와 닐 크리스라는 떠오르는 스타 등 월가의 최고 퀀트트레이더들과 헤지펀드매니저들이 은밀하게 개최하는 사적인 포커게임에 대해서 들었다. 예전에 골드만삭스 애셋 매니지먼트(GSAM)에 근무했던 닐 크리스는 당시에는 코네티컷 주 스탬포드에 있는 거대헤지펀드 SAC 캐피털 어드바이저스에서 일하고 있었다.

세인트 레지스 호텔에서, 웨인스타인은 크리스에게 접근했다. 그는 그들이 즐기는 포커게임에 대해 들었으며 자신도 참여해서 몇 수 배우고 싶노라고 크리스에게 말했다. 크리스는 잠시 망설였다. 비록 퀀트포커게임에 공식 멤버십 같은 것은 없었으나, 그 게임이 대단히 배타적인 이벤트라는 데는 의문의 여지가 없었다. 그것은 판돈이 수만 달러에 달하는 큰 판이었다. 게임에 참가할 수 있는 자격들 중 가장 중요한 요건은 게임에서 돈을 잃더라도 그것이 전혀 재정적으로 문제가 되지 않아야 된다는 것이었다. 자존심은 약간 상처를 입을 수도 있었다. 그렇지만 재정적 타격은 무시할 수 있을 정도라야 했다. 그렇게 되려면 은행잔고가 최소한 여덟 자리(천만 달러 단위-옮긴 이)는 되어야 했다. 플레이어들은 1만 달러나 2만 달러쯤 잃고도 전혀 개의치 않고 물러설 수 있어야 했다. 웨인스타인이 그 정도 돈을 갖고 있을까? 크리스는 일단 테스트해 보기 위해 그를 초청하기로 결심했고, 도이치뱅크에서 신용부도스왑을 다루는 이 앳된 얼굴의 친구는 즉시 큰 인기를 얻었다. 그는 포커에도 고수였을 뿐 아니라 크리스, 멀러, 애스네스가 그동안 만났던 어떤 친구들보다 더 총명한 투자가였다. 곧 웨인스타인은 퀀트포커 그룹의 정식멤버이자 핵심멤버 중 하나가 되었다.

그 모든 준비와 연습이 결실을 거두었다. 2005년에 웨인스타인의 보스인 안슈 자인Anshu Jain이 웨인스타인이 맡고 있는 사업 등 도이치뱅크가 수행하고 있는 주요사업들에 대한 상호협력을 논의하기 위해 버크셔 헤서웨이 회장인 워렌 버핏을 만나러 네브라스카 주 오마하로 날아갔다. 이 두 거물들은 그들 두 사람이 모두 좋아하는 취미인 브리지게임에 대해 담소를 나누었고, 대화는 마침내 포커로 이어졌다. 자인은 웨인스타인이 도이치뱅크의 포커챔피언이라고 언급했다. 흥미를 느낀 버핏은 버크셔가 소유하는 민간제트기회사인 네트제츠(NetJets)가 라스베가스에서 개최하는 다음 번 포커대회에 웨인스타인을 초청했다.

웨인스타인은 그 대회에서 대상으로 제공하는 신형 마세라티 승용차를 획득함으로써 그의 보스를 자랑스럽게 해주었다. 물론 갬블링은 여전히 단순한 취미이자, 실제 거래를 위한 워밍업이었다. 웨인스타인의 주된 관심, 그가 강하게 집착하는 것은 트레이딩이었고, 그는 트레이딩에서 승리해서 상대를 무너뜨리고 이를 통해서 돈을, 그것도 큰돈을 벌려고 했다. 그는 무엇보다도 그것을 사랑했다. 곧 그는 켄 그리핀이 시타델을 통해서 다양화된 복수전략펀드를 만들고 있었던 것처럼 자신의 활동을 주식, 통화 및 상품 등을 포함하는 모든 종류의 시장으로 확대하기 시작했다.(웨인스타인은 시타델의 모형을 좇아가고 있는 것처럼 보였다) 그의 대표적 트레이딩은 단일회사가 발행한 다양한 유가증권들 사이의 가격 격차를 바탕으로 하는 '자본구조 차익거래(capital structure arbitrage)'라는 트레이딩 전략이었다. 예컨대, 만약 그가 어떤 회사의 채권들이 주식에 비해서 저평가되어 있다고 판단하면, 그는 채권에 대해 낙관적인 포지션(매입포지션-옮긴 이)을 취하고 동시에 주식에 대해서는 반대의 포지션(매도포지션-옮긴 이)을 취함으로써 두 유가증권들 사이의 가격격차가 줄어들거나 소멸되기를 기다린다. 만일 채권에 대한 그의 매입포지션이 예상대로 움직이지 않으면(채권가격이 상승하지 않으면-옮긴 이), 그는 또 다른 포지션인 주식가격이 폭락할 때 그곳에서 채권부분의 손실을 보상받게 된다.

웨인스타인은 기업들의 자본구조, 그들의 채권과 주식의 결합비율에 있어서의 비효율성을 찾아내고, 그 비효율성에서 차익을 얻어내기 위해 창의적인 방법으로 신용부도스왑을 활용했다. 그것은 1960년대에 에드 소프가 만들었던 것과 거의 똑같은 오래된 상대가치 차익거래(relative value arbitrage)에 파생상품이라는 새롭고 멋진 옷을 입혀놓은 것이었다. 그러나 그것은 마치 시계처럼 예상과 똑같이 움직여서 웨인스타인의 그룹은 수백만 달러씩을 거두어들이고 있었다.

때는 2005년 5월, 웨인스타인은 자신의 3층 사무실에 있는 여러 컴퓨터 화면들 중 하나를 믿기지 않는다는 듯 응시하고 있었다. 거래가 그에게 불리하게 움직이고 있었다. 그것도 엄청나게 나쁜 방향으로.

당시 웨인스타인은 GM에 대한 그의 대표적 자본구조 차익거래들 중 하나를 수행했었다. GM 주식은 투자자들이 파산가능성에 대해 우려를 표시하고, 이 거대자동차기업이 계속적인 적자를 보임에 따라 2004년 말과 2005년 초에 크게 하락했다. GM이 발행한 채권들도 역시 가격이 하락했는데, 웨인스타인은 그 하락폭이 너무 크다고 생각했다. 채권가격이 너무나 많이 떨어져서 마치 투자자들이 이 자동차회사가 곧 파산할 것이라고 생각하고 있는 것처럼 보였다. 설혹 이 회사가 파산을 선언하더라도, 채권보유자들은 1달러의 채권에 대해 최소 40센트 또는 그 이상을 여전히 받을 수 있다는 것을 웨인스타인은 알고 있었다. 그렇지만 그 경우 주식은 종잇조각이 되어버리고 말 것이다.

그래서 그는 GM의 부채에 대한 보장을 신용부도스왑을 통해 매도하고, 채권들에 대한 보험의 제공에 따라 일정한 수수료 수입을 챙기기로 결정했었다. 만약 GM이 파산을 선언하면, 도이치뱅크는 곤란한 입장에 놓일 것이다. 그와 같은 가능성을 헤지하기 위해서, 웨인스타인은 당시 약 25달러와 30달러 사이에서 거래되던 GM 주식을 공매도 했다.

그러나 지금 그 거래들은 순식간에 큰 재앙인 것처럼 보였다. 그 이유는 커크 커코리언이라는 수십억 달러를 굴리는 투자가가 자신의 투자회사인 트라신다 코프(Tracinde Corp.)를 통해 GM 주식 2천8백만 주를 공개매수 하겠다고 갑자기 선언해서 주식가격이 급등하면서 웨인스타인처럼 공매도를 한 사람들을 곤경에 빠지게 했던 것이다.

그것도 모자랐는지 며칠 후에는 신용평가기관인 스탠더드 앤 푸어스 Standard & Poors 와 무디스Moody's 가 GM 신용등급을 정크본드 수준으로 하향조정함으로써 많은 투자자들이 GM채권을 매도하지 않을 수 없도록 만들었다.

그러한 상황은 웨인스타인이 수행했던 두 종류의 거래 모두가 그에게 불리하게, 그것도 대단히 불리하게 되었다는 것을 의미했다. 채권가격은 하락했고 주식가격은 상승해버렸던 것이다. 도저히 믿을 수 없는 상황이었고, 시장이 움직일 것이라고 그가 예상했던 방향과는 전혀 다른 방향이었다. 이제 그저 기다리는 것 외에 그가 할 수 있는 일이 아무것도 없었다. 시장은 비이성적이고, 커코리언은 정신 나간 녀석이야. 결국은 다시 제자리로 돌아갈 것이며, 진리는 복원될 수밖에 없다고 그는 생각했다. 그렇지만 그동안에 웨인스타인은 어떤 조치를 취해야 될 것인지 생각해내어야 했다.

웨인스타인과 그의 트레이더들은 최측근 부하들 중 한 사람의 아파트에 웅크리고 모였다. 논의주제는 GM 거래의 처리방법에 대한 것이었다. 그 방에 모인 사람들 중 일부는 위험이 너무 크기 때문에 손절매를 하고 빠져나가야 된다고 주장했다. 만약 포지션이 계속 그들에게 불리한 방향으로 움직이면, 손실이 도저히 감당할 수 없을 만큼 커져 버릴 수도 있었다. 은행의 위험관리자들도 어느 정도 이상의 손실은 허용해주지 않을 것이었다.

다른 사람들은 상반된 입장을 취했다. 포커고수인 빙 왕은 거래상황이 어느 때보다 좋다고 말했다. "배를 가득 채웁시다"라고 그가 말했는데, 그것은 기왕의 베팅에 그만큼을 더 추가한다는 뜻의 트레이딩 용어였다.

처음에는 웨인스타인도 안전하게 가려고 했지만, 그 후 여러 달 동안 그들은 상황이 언젠가는 정상화될 수 있을 것이라고 기대하면서 GM 거래를 계속 추가시켰다.

그리고 상황은 결국 그들이 바라던 대로 정상화되었다. 2005년 말이 되면서, 웨인스타인의 GM 거래는 마침내 성공했다. 그리고 2006년에는 더욱 좋아졌다. GM의 주식가격은 바닥까지 떨어졌고, 채권은 신용평가기관들의 등급하향 때문에 하락했던 부분을 거의 다 회복했다.

그것은 웨인스타인으로서는 쉽게 잊을 수 없는 교훈이 되었다. 그의 차익거래들이 믿을 수 없을 정도로 정교하다고 할지라도, 그것들은 외부에서 발생하는 사태 때문에 정상궤도를 이탈할 수 있는 것이다. 그러나 그가 포지션을 충분히 길게 보유하면서 기다릴 수만 있다면, 그것들은 다시 제자리로 돌아온다. 그렇게 될 수밖에 없는 것이다. 시장이 진실을 피해갈 수는 없기 때문이다.

8장

한낮에 꿈을 꾸다

헤지펀드가 관리하는 자산들은 급격히 늘어나서 20년 전의 약 1천억 달러 수준에서 2007년에는 2조 달러 수준까지 증가했다. 그러한 변화의 최정상에 퀀트들이 있었다. 그 모든 것이 너무도 완벽한 것처럼 보였다. 그들의 계량적 모형들은 잘 작동되고 있었다. 시장이 어떻게 행동하는지를 설명해주는 이론들은 검증을 거쳤고 정확한 것처럼 보였다. 흘러들어오는 돈의 흐름도 더욱 빠르고 거세어져서 그 안에 몸담고 있는 많은 사람들이 꿈속에서 그렸던 것보다 훨씬 더 큰 부자가 될 수 있도록 해주었다.

2000년대 초, 헤지펀드 산업은 전 세계의 투자지형을 급격하게 변화시킬 엄청난 뜀박질을 위해 자세를 가다듬고 있었다. 연금기금들과 기부금펀드들이 서로 경쟁하듯 이 산업에 뛰어들고 있었으며, 투자은행들은 골드만삭스의 글로벌알파, 모건스탠리의 PDT 및 보아즈 웨인스타인이 도이치뱅크에 설치한 신용상품트레이딩 그룹 등과 같이 자신들의 프롭트레이딩 부문을 확대하고 있었다. 용이해진 자금조달, 머니 그리드 상에서 글로벌하게 서로 연결된 시장들 및 30년도 더 전에 에드 소프와 같은 혁신자들에 의해 최초로 채용된 복잡한 계량적 거래전략들의 도움을 받는 치열한 트레이딩 사업들로 수천억 달러의 자금들이 쏟아져 들어왔다.

그렇지만 소프는 헤지펀드들의 폭발적인 증가를 불길한 저주로 보았다. 너무도 많은 돈이 이 부문으로 들어와서 큰 위험을 부담하지 않고서는 견실한 수익률을 달성하기가 불가능해졌다. 모방전문가들이 한때 그가 지배했던 모든 분야에서 활동하고 있었다. 2002년 10월에 그는 자신의 스태트 아브 펀드인 릿지라인 파트너스를 폐쇄하면서 이 사업에서 손을 뗐다.

다른 트레이더들은 그 움직임에 함께하지 않았는데, 특히 10년 전에 소프가 설립을 도와주었던 시타델 인베스트먼트 그룹의 켄 그리핀이 그러했으며, 오히려 그는 세계에서 가장 강력하고 두려움의 대상이 되는 헤지펀드들 중 하나로 급속히 부상하고 있었다.

* * *

켄 그리핀이 결혼생활에 적응해감과 동시에, 시타델은 매우 복잡하고, 디지털화 된 잡초처럼 성장을 계속했다. 시카고, 샌프란시스코, 뉴욕, 런던, 동경 및 홍콩에 사무실을 두었으며, 1천 명 이상으로 직원이 늘어났다. 마약 중독자처럼 머니 그리드에 연결되어 있는 시카고 기반의 이 헤지펀드는 업계에서 기술적으로 가장 선진화된 투자기구들 중 하나로 성장하고 있었다. 이 펀드는 정전이 되더라도 컴퓨터시스템이 정상 가동될 수 있도록 사우스 디어 본가 131번지 빌딩 옥상에 자체 발전기를 갖추고 있었으며, 메인컴퓨터 룸은 화재발생 시 방 안의 산소를 수 초 내에 빨아들여버리는 시스템을 갖추고 있었다. 또한 사무실에서 50여 킬로 떨어진 다우너스 그로브 마을의 은밀한 곳에는 예비 컴퓨터시스템이 조용히 돌아가고 있었다. 모두 최신형인 사무실에 있는 퍼스널컴퓨터들은 이 펀드의 방대한 모기지포지션의 수치들을 고속처리하는 전체 시스템을 통할하는 프로그램으로만 접속할 수 있도록, 부분적으로 방화벽이 설정되어서 하루 24시간 사이버공간에서 작동하는 사실상의 '클라우드컴퓨팅(서로 다른 물리적인 위치에 존재하는 컴퓨터들의 리소스를 가상화 기술로 통합해 제공하는 기술-옮긴 이)'을 실현하고 있었다.

그리핀은 언젠가는 시타델의 가장 중요한 재산으로서 PDT와 르네상스의 메달리온 펀드의 적수가 될 이 극초단타매매거래시스템을 조용히 구축하고 있었다.[주1] 2003년에 그는 비밀스러운 스태트 아브 프로젝트를 추진하기 위해 미샤 말리셰프Misha Malyshev라는 러시아 출신 수학천재 한 사람을 채용했다. 첫 출발은 어려웠고 수익을 올리기도 힘들었다. 그러나 택티컬 트레이딩Tactical Trading이라고 불리게 되는 이 사업은 2004년 7월 25일에 제대로 작동되기 시작해서, 수익이 지속적으로 상승했다. 그 후로도 이 사업의 이익증가세는 거의 멈추지 않았으며, 변동성도 거의 보이지 않고 지속적인 수익을 쏟아냈다. 말리셰프는 주식시장에서 순식간에 사라지는 차익거래기회들을 포착하는 경쟁에서 경쟁자들을 압도하기 위해서, 어느 누구도 감히 대적할 수 없는 시타델 컴퓨터의 위력을 충분히 활용했다.

택티컬 트레이딩이 이익을 내기 시작했던 바로 그 해에 그리핀은 시타델의 IT기술과 트레이딩시스템을 더욱 업그레이드하기 위해서, 아일랜드 이씨엔(Island ECN)이라는 전자트레이딩시스템을 구축했던 천재인 매튜 안드레센을 영입했다. 안드레센의 통솔 하에 시타델 데리버티브즈 그룹 인베스터즈(Citadel Derivatives Group Investors)로 알려지게 되는 이 헤지펀드의 옵션상품들에 대한 마켓메이킹 사업부문이 세계 최대의 상장옵션딜러로서 시타델의 또 하나의 효자사업부문으로 성장하게 되었다.

그리핀은 시타델을 헤지펀드 이상의 기관, 즉 수십억 달러의 유가증권의 흐름을 지배하면서 모든 영역에 손을 뻗치는 거대한 금융조직으로 지속적으로 바꾸어나가고 있었다. 그리핀의 야망도 당시 거의 1백50억 달러에 육박했던 시타델의 자산들과 더불어 커져갔다.

모든 권력브로커들처럼 그리핀도 자기 나름의 적들을 거느리고 있었다. 시타델은 더욱더 많은 재능 있는 트레이더들과 리서처들을 다른 헤지펀드들로부터 빼내오고 있었다. 그런 행태가 화를 잘 내고 직설적인 표현으로 악명이 높은 뉴욕의 헤지펀드 서어드 포인트 파트너스(Third Point Partners)의 대표인 대니얼 롭Daniel Loeb을 격노케 했다. 2005년에 시타델은 그리핀과 더불어 월스트리트 포커의 밤에 고정적으로 참가하는 데이비드 아인호른의 빠르게 성장하고 있던 펀드인 그린라이트 캐피털의 최우수리서처인 앤드류 레히트사펜을 채용했다. 아인호른의 친구이기도 한 롭은 최우수리서처를 몰래 빼내간 것 이상의 일들이 진행되고 있음을 암시하는 분노로 가득 찬 이메일을 그리핀에게 보냈다.

롭은 유명한 경영학대가를 언급하면서 다음과 같이 썼다.

"나는 당신이 스스로 주장하고 있는 짐 콜린스류의 '좋은 기업에서 위대한 기업으로' 같은 조직과 실제 당신이 만들어 놓은 수용소군도 사이의 단절이 너무도 가소롭습니다."

"당신은 아첨꾼들에 둘러싸여 있지만, 당신을 위해 일하는 사람들조차도 당신을 경멸하고 당신에 대해 분노를 감추고 있다는 사실을 반드시 알아야 합니다. 나는 당신이 사람들에게 서명하도록 강요한 고용계약서를 읽어보았기 때문에 이런 사실을 당신도 알고 있으리라고 생각합니다."

그러나 그리핀은 동요하지 않았다. 위대한 사람들에게는 적이 있게 마런인데 왜 그런 일에 신경을 쓰겠는가?

그러나 롭의 공격에는 정확한 진실이 담겨 있었다. 시타델의 이직률은 아주 높았다. 그리핀은 종업원들을 못살게 굴었고, 마음에 들지 않으면 바로 내쫓아버렸다. 성공에 대한 압박감은 극심했으며, 실패에 대한 질책은 가히 살인적이었다. 펀드를 떠나는 사람들에 대한 대접은 자주 혹독했으며 증오가 넘쳐흘렀다.

더욱 나빴던 것은 이 펀드의 수익률이 예전 같지 않다는 점이었다. 2002년에 시타델의 주력펀드인 켄싱턴 펀드는 13퍼센트의 수익률을 기록했고, 그 후 3년 동안 계속해서 연 수익률이 10퍼센트 아래로 떨어졌다. 그리핀이 의심을 가졌던 이유들 중 일부는 시타델이 사용하는 트레이딩 전략과 동일한 전략을 갖고 있는 헤지펀드들에게로 돈이 폭발적으로 쏟아져 들어간다는 것이었다. 사실 그것이 에드 소프로 하여금 펀드의 폐쇄결정을 내리도록 영향을 주었던 바로 그 요인이었다. 모방이 가장 진지한 형태의 아첨일 수도 있겠지만, 그것은 헤지펀드의 손익에는 그다지 도움이 되지 않는다.

그것이 시타델에서의 근무가 롭이 말했듯이 (일부의 전직 직원들은 이에 대해 반론을 제기할지도 모르지만) 수용소군도에서 종신형을 사는 것과 같다고 말하는 것은 아니다. 이 펀드는 호화스러운 파티를 자주 열었다. 영화광인 그리핀은 〈칠흑 같은 밤(The Dark Night)〉이나 〈스타워즈 에피소드 3〉와 같은 인기작품들을 직원들과 함께 보기 위해 자주 시카고의 AMC River 24에 있는 영화관들을 빌리곤 했다. 돈이 머리를 핑핑 돌게 하고 있었다. 종업원들은 시타델을 쓰라린 마음으로 떠났을지 모르지만, 아무튼 그들은 잔뜩 돈을 챙겨서 떠났다.

업계 내에서의 다툼보다 훨씬 더 심각한 이슈, 즉 시타델이 금융시스템에 대한 위험에 대비가 되어 있는지에 대한 우려도 커지고 있었다. 드레스드너 클라인보르트(Dresdner Kleinwort)라는 회사의 리서처들은 시타델의 무절제한 성장에 대해 의문을 제기하고, 시타델의 과도한 레버리지 사용이 시스템의 안정성을 해칠 것이라고 주장하는 보고서를 썼다. "블랙박스를 들여다볼 수 없는 상태에서 겉만 보게 되면, 시타델 헤지펀드의 현재 대차대조표는 LTCM과 아주 비슷하다"라고 이 보고서는 불길하게 서술했다. 그렇지만 2006년 무렵 약 8대 1이었고, 어떤 추정의 경우에는 16대 1까지 올라갔던 시타델의 레버리지비율(leverage ratio 기업이 타인자본에 의존하고 있는 정도와 타인자본이 기업에 미치는 영향을 측정하는 모든 비율)은 대체로 30대 1 수준을 맴돌았고, 1998년 붕괴 즈음해서는 100 대 1까지 치솟았던 LTCM의 레버리지비율과는 비교가 되지 않는 낮은 수준이었다. 그러나 시타델은 (바로 그 점을 그리핀이 좋아했던 것이기는 하지만) 정부로부터 거의 전혀 감독을 받지 않는 여러 개의 머리를 가진 거대한 금융괴물이 되면서, 운용자산의 규모면에서 그리니치의 그 악명 높았던 헤지펀드였던 롱텀보다 순식간에 훨씬 더 큰 규모가 되어버렸다.

2006년 3월, 그리핀은 월스트리트 포커의 밤에 참석해서 모건스탠리의 퀀트인 피터 멀러가 클리프 애스네스를 꺾는 것을 야유했다. 그로부터 몇 달 후인 2006년 9월, 그는 자신의 가장 큰 위업을 달성했다.

아마란스 어드바이저스(Amaranth Advisors)라는 100억 달러 규모의 헤지펀드가 천연가스 가격에 대해 지독히도 베팅을 잘못한 후, 파산의 기로에서 있었다.[주2] 호리호리한 몸매의 32세의 캐나다 출신 에너지 트레이더이면서 도이치뱅크 출신이기도 한 브라이언 헌터Brian Hunter는 단 한 주 동안에 50억 달러를 날려버리고, LTCM을 능가하는 역사상 최대 규모의 헤지펀드 붕괴를 눈앞에 두고 있었다.

당초 전환사채에 특화했던 아마란스는 2001년의 엔론 몰락 후에 에너지트레이딩 데스크를 구축했다. 이 펀드는 헌터가 급여패키지를 둘러싼 다툼 끝에 도이치뱅크를 나온 후 그를 이사회 멤버로 데려왔다. 헌터가 천연가스트레이딩을 너무도 성공적으로 수행했기 때문에 이 펀드는 헌터가 캘거리에서 근무하도록 용인해주었고, 헌터는 그곳에서 자신의 회색 페라리를 타고 출퇴근을 했다. 헌터는 거래를 했다가 그것이 자신의 예상과 다른 방향으로 움직이면, 두 배의 베팅을 과감하게 하는 소위 청부살인업자로 잘 알려진 인물이었다. 그는 장기적으로는 그가 돈을 따게 될 것이라는 초자연적인 확신을 언제나 갖고 있었기에, 자신의 과감한 행동에 전혀 망설임이 없었다.

그러나 막장까지 가는 헌터의 트레이딩 습관은 2006년 여름이 끝나갈 무렵 허리케인 카트리나가 에너지의 주요 생산거점인 멕시코 만 지역을 할퀴고 지나간 후 천연가스 가격이 대단히 불안정하게 바뀌면서, 그를 큰 곤경에 빠뜨렸다. 헌터는 미래의 인도시점 별 계약가격들 사이의 격차를 이용하는 복잡한 스프레드거래들을 하고 있었다. 그는 또한 '먼 외가격(far out-of-the-money)' 상태이지만 가격의 큰 변동이 있게 되면 큰 수익을 올릴 수 있는 가스가격들에 대한 옵션들을 매수하고 있었다. 9월 초에 헌터의 트레이딩은 천연가스 재고가 증대되고 있다는 보고서가 발표된 후, 상태가 악화되기 시작했다. 헌터는 가격이 곧 회복될 것이라고 믿고서, 그의 포지션을 더욱 증가시켰다. 그가 그렇게 하는 동안 가격은 더욱 하락했고, 손실은 더 커져서 곧 수십억 달러에 달하게 되었다. 마침내 손실이 너무도 늘어나서 아마란스는 내부로부터 붕괴되기 시작했다.

그리핀은 기회가 왔음을 직감적으로 느꼈다. 그가 채용했던 엔론 출신의 몇 명의 수재를 포함하는 시타델의 에너지전문가들이 아마란스의 보고서들을 검토하기 시작했다. 그들은 헌터의 베팅이 실제로 성공할 가능성이 있는지를 살펴보고 있었다. 단기적인 손실이 고통스럽기는 하겠지만, 시타델의 풍부한 현금자원이 있으면 이 어려움을 극복할 수 있을 것이라고 판단되었다. 그리핀은 아마란스의 최고운영책임자(COO)인 찰리 윙클러에게 전화를 걸어 거래를 협의하기 시작했다. 며칠이 지나지 않아서, 시타델이 아마란스의 에너지거래 포지션 중 절반을 인수하기로 합의했다. 너머지 절반은 J.P. 모건이 가져갔다.

비판가들은 시타델이 어리석은 결정을 내렸다고 비웃었다. 그러나 그들이 틀린 것으로 판명되었고, 시타델은 그 해에 30퍼센트의 수익을 올렸다.

이 대담한 거래가 시타델을 세계에서 가장 강력하고 공격적인 헤지펀드들 중 하나로서의 명성을 더욱 굳혀주었다. 성공은 말할 것도 없고, 거래의 속도와 규모, 그리고 결단력이 전문가들에게 다른 사람 아닌 '오마하의 현인' 워렌 버핏이 성사시키는 지극히 신속한 거래들을 연상시켰다. 버핏은 곤경에 처한 매도자들이 상황이 악화되면 급히 다이얼을 돌리는 현금을 충분히 비축하고 있는 투자자들 중 거의 언제나 최정상에 서 있었다. 이제 시카고 헤지펀드 거물인 켄 그리핀이 그 대열에 합류한 것이었다.

그는 계속해서 입이 딱 벌어지는 가격으로 예술작품들을 사들였다. 2006년 10월에 그는 빨강, 주황, 회색, 노랑, 등등 다양한 색깔의 이름들이 스텐실로 박혀 있는 유화파스티쉐인 재스퍼 존스Jasper Johns의 작품 '잘못된 출발(False Start)'을 매수했다. 그리핀은 그들이 살고 있는 파크 하이얏트 시카고빌딩에 있는 접시 당 50달러의 생선초밥을 자랑하는 호화 일식당에서 정기적으로 식사를 하는 등 먹는 것에도 돈을 아끼지 않았다. 그렇지만 그리핀은 트레이딩 플로어에서 버터로 튀긴 팝콘을 게걸스럽게 먹거나, 출장 중에는 그 지역의 맥도날드 점포를 찾아 빅맥을 주문하는 등 정크푸드도 대단히 즐기는 것으로 잘 알려져 있었다.

자동차에 대한 그의 열정도 대단했다. 시타델의 차고는 대략 여섯 대의 그리핀 소유 페라리들로 자주 만원이 되어 있었으며, 이 차고는 펀드의 사무실 내부에 설치된 모니터를 통해 주기적으로 감시되고 있었다.

나폴레온을 닮은 그리핀의 야망들은 주위에 있는 사람들에게 고통이 되고 있음이 확실했다. 그는 헤지펀드로서는 깜짝 놀랄 만한 엄청난 목표인 시타델을 제2의 골드만삭스로 키우겠다고 말했던 것으로도 알려져 있다. 그는 시타델이 펀드의 변덕스러운 리더보다 더 오래 살아남을 수 있는 '항구적으로 지속되는 금융기관'이 될 것이라는 캐치프레이즈를 앞세우곤 했다. 그리핀이 수십억 달러의 개인재산을 마련할 수 있는 기회인 기업공개

(IPO)를 검토하고 있다는 루머도 퍼졌다. 이 펀드의 끝없는 야망들에 대한 하나의 상징으로, 시타델은 2006년 말에 20억 달러 상당의 우량채권을 발행해서 채권시장을 통해 자금을 조달한 최초의 헤지펀드가 되었다. 많은 이들은 이를 IPO 추진을 위한 기초작업으로 보고 있었다.

몇몇 다른 펀드들이 2007년 초에 IPO 경쟁에서 그리핀을 제쳤다. 먼저 300억 달러의 자산을 관리하는 뉴욕의 사모펀드(private equity fund, PEF) 겸 헤지펀드인 포트레스 인베스트먼트 그룹(Fortress Investment Group)이 있었다. 펀드 명칭이 주는 의미가 시타델을 연상시키는 포트레스는 2007년 2월에 주당 18.50달러로 주식을 상장시킴으로써 월가를 놀라게 했다. 거래 첫 날, 이 주식의 가격은 35달러로 치솟았고, 31달러의 종가를 기록했다. 포트레스를 설립했던 다섯 명의 월가 베테랑들은 IPO를 통해서 100억 달러 이상의 즉각적인 이익을 거두었다.

사모펀드는 거의 규제를 받지 않고 부유한 투자자들과 대규모 기관들만 상대로 하는 점에서 헤지펀드들과 유사하다. 사모펀드들은 재력이 넉넉한 투자자들로부터 활동자금을 조달해서 곤경에 처한 기업들을 인수하고, 그 기업들을 구조조정하거나 자산을 분할해서 매각한 후에 다시 대중들에게 매각해서 상당한 이익을 챙긴다.

그들은 파티도 즐겼다.[주3] 포트레스의 IPO가 있었던 바로 다음 화요일에 유력한 사모펀드 블랙스톤그룹(Blackstone Group) 공동창업자이자 CEO인 스테픈 쉬바르츠맨은 맨해튼 미드타운에서 엄청나게 호화스러운 자신의 60회 생일 기념파티를 개최했다. 블랙스톤은 바로 직전에 사상 최대규모의 기업인수인 3백90억 달러 규모의 매수 건을 완결했고, 이에 따라 쉬바르츠맨은 완전히 축제 분위기였다. 저명인사들이 운집하고, 파파라치들도 잔뜩 몰려온 이 파티는 도금시대(Gilded Age, 미국 작가 마크 트웨인이 C.D.워너와 합작하여 1873년에 발표한 풍자소설의 제목에서 유래된 말로 흔히 1865년부터 1890년까지의 시대를 일컬으며, 인플레이션, 과열된 투기, 산업의 성장, 도덕적 타락 및 부정부패 등으로 특징지어짐-옮긴 이) 악덕자본가들의 엄청난 사치를 훨씬 능가하는 것이었으며, 당시에는 그 사실을 인식했던 사람들이 거의 없었지만, 수십 년 지속된 호황에 따른 월가의 어마어마한 부도 이제 그 절정에 이르렀음을 상징적으로 보여주는 행사였다.

쉬바르츠맨이 또 하나의 엄청난 선물을 스스로에게 주었을 때인 그로부터 몇 달 후까지도, 상류사회 인사들은 여전히 그 파티에 대해 찬사를 늘어놓고 있었다. 그 해 6월, 블랙스톤은 자사주를 주당 31달러로 평가해서 IPO를 실행함으로써 46억 달러를 조달했다. 스톤 크랩에 400달러(게 다리 하나 당 40달러)를 쓰는 등 주말의 식사비용으로만 3천 달러를 쏟아 붓는 것으로 알려져 있던 쉬바르츠맨은 개인적으로 거의 10억 달러나 IPO를 통해 챙겼다. 기업공개 당시, 블랙스톤에 대한 그의 지분가치는 78억 달러로 평가되고 있었다.

이 모든 것이 그리핀의 주목을 끌고 있었다. 그는 자신의 IPO를 실현시켜서 골드만삭스에 도전한다는 꿈을 실현시킬 수 있는 적절한 시기를 가름하며, 그의 시대가 곧 다가오기만 기다리고 있었다.

여름이 시작될 무렵, 서브프라임 사태는 더욱 고조되었다. 시장이 공황

상태에 빠지는 기간 동안 투자자들이 펀드에서 이탈하지 못하도록 묶어놓은 장기 록업조항들로 시타델이 어려운 시기를 헤쳐 나갈 수 있도록 준비를 해놓고서, 그리핀은 여러 해 동안 이런 순간을 기다려왔다. 수십억 달러의 자금을 준비해놓은 그리핀은 황금과 같은 기회가 그에게 주어지고 있음을 느낄 수 있었다. 시타델과 같이 든든한 실력을 갖춘 금융기관들이 마음대로 골라먹을 수 있도록 잔칫상을 잔뜩 벌여놓고서, 취약한 기관들은 시장에서 퇴출될 것이었다. 시타델은 전 세계에 산재한 사무소들에 약 1천3백 명의 종업원들을 거느리고 있었으며, 그들 모두는 그리핀을 위해 열심히 일하고 있었다. 이에 비해, AQR은 약 200명, 르네상스는 약 90명의 대부분이 박사 학위를 가진 종업원들로 구성되어 있었다.

2007년 6월에 그리핀은 대박을 터뜨릴 수 있는 첫 번째 기회를 잡게 된다. 예전에 하버드대학 기부금펀드를 관리했던 뛰어난 펀드매니저 제프리 라슨Jeffrey Larson이 운영하는 20억 달러 규모의 헤지펀드 '소우드 캐피털 매니지먼트(Sowood Capital Management)'가 파산직전에 있을 때였다. 그 해 초, 라슨은 경제 상황이 좋지 않아 많은 우려를 나타내기 시작했고, 많은 위험채무들의 가치가 하락할 것이라고 생각했다. 그러한 채무가치의 하락을 이용해서 수익을 올릴 목적으로, 라슨은 시장에 대한 다른 투자자들의 염려가 커지게 되면 가장 먼저 타격을 받게 될 후순위채무들을 공매도 했다. 그리고 이 포지션들을 헤지하기 위해서, 그는 많은 우량채무들을 매입했다. 베팅의 효과를 더욱 크게 하기 위해서, 라슨은 엄청난 돈을 차입해서 펀드의 레버리지를 최대로 올렸다.

소우드의 투자분이 5퍼센트의 손실을 기록한 6월에 첫 번째 타격이 가해져 왔다. 라슨은 자신의 주장을 계속 견지해서 개인자금 570만 달러를 펀드에 추가로 투자하기도 했다. 그의 포지션이 회복되기를 기대하면서, 그는 베팅에 대해 더욱더 많은 차입금을 추가하도록 자신의 트레이더들에게 지시했으며, 그 결과 이 펀드의 부채비율은 무려 자본금의 12배에 달하게 되었다.

라슨은 자기도 모르게 최악의 시기에 뱀 구덩이로 스스로 걸어 들어간 것이었다. 서브프라임 모기지 시장이 붕괴되면서 금융시스템 전체에 충격파를 전해 주고 있었다. 6월에는 신용평가기관인 무디스가 50억 달러 상당의 서브프라임 모기지채권의 신용등급을 하향조정했다. 7월 10일에는 또 하나의 신용평가기관인 스탠더드 앤 푸어스(S&P)가 서브프라임 모기지로 담보가 되어 있는 120억 달러 상당의 저당채권의 신용등급을 낮추어야 될 것이라고 경고를 해서, 많은 채권보유자들이 가능한 한 빨리 그들이 보유하고 있는 채권들을 헐값에 매각하도록 촉발시켰다. S&P가 신용등급을 재검토하고 있던 채권들 중 상당부분은 4월에 파산을 신청한 남캘리포니아에 본사가 있는 대형 서브프라임 모기지 회사인 뉴 센추리 파이낸셜(New Century Financial)이 발행한 것들이었다. 어설프게 지어진 서브프라임이라는 집이 빠르게 무너져 내리고 있었다.

소우드와 유사한 베팅을 한 다른 헤지펀드들도 역시 곤경에 처해 있었고, 소우드는 소유하고 있는 안전하고 우량하다고 여겨지는 채권들까지 포함해서 그들이 소유하고 있는 모든 것들을 팔려고 시장에 내놓았다. 문제는 그것들을 매입하려고 하는 투자자들이 거의 없다는 사실이었다. 신용시장이 완전히 얼어붙어 버렸다. "S&P의 조치들은 보다 더 많은 사람들로 하여금 구세주를 찾도록 만들 것이며, 이것이 그동안 우리가 기다려왔던 계기들 중 하나가 될 수도 있습니다"라고 기관위험분석(Institutional Risk Analytics)의 크리스토퍼 웰런이 블룸버그뉴스에서 말했다.

그것이 그 다음 해에 세계 전체의 금융시스템을 거의 궤멸시켰던 거대한 해체의 첫 조짐이었다. 소우드의 투자자산의 가치에 큰 구멍이 생겼고, 라슨은 펀드에 대한 대출자들이 더 많은 담보를 요구함에 따라 필요한 현금을 확보하기 위해 투자자산들을 매각하기 시작했다. 이는 이미 요동치고 있던 시장에 더 많은 고통을 안겨주었다. 라슨은 시장의 비이성적인 움직임, 즉 지극히 일시적인 현상에 그칠 이 어려움을 극복할 수 있는 현금을 확보하기 위해 하버드대학 기부금펀드 관리자들에게 도움을 애원했다. 그러나 그들은 현명하게도 이 애원을 거부했다.

소우드의 붕괴속도는 엄청나게 빨랐다. 금요일이었던 7월 27일, 펀드의 자산가치가 10퍼센트 감소했다. 주말까지는 40퍼센트가 하락했다. 라슨은 전화기를 들고 그를 구제해줄 수 있을 것이라고 믿고 있었던 투자자, 그리핀에게 전화를 걸었다.

아내와 함께 프랑스에서 휴가를 보내고 있던 그리핀은 시카고에 있는 시타델 트레이더 30명에게 즉시 가치평가를 위해 소우드의 회계보고서들을 검토하도록 전화로 지시했다. 그들의 검토결과는 호의적이었다. 월요일에 시타델은 소우드의 잔여포지션들의 대부분을 14억 달러에 매수했는데, 그것은 이 펀드의 몇 달 전 가치의 절반을 조금 넘는 것이었다. 그 바로 전 주에 고객들에게 보낸 이메일에서 그리핀은 시장이 비이성적으로 움직이고 있으며, 활기찬 미국과 세계 경제가 곧 새로운 정점에 도달할 것이라는 의견을 표명했었다. 그것은 경제회복을 예견하지 못하는 그 모든 어리석은 투자자들로부터 이익을 챙겨야 할 시점이 되었다는 메시지였다. 소우드가 여기에 맞아떨어졌다.

시타델은 곤경에 빠진 이 펀드를 인수해서, 라슨이 예측했었던 대로 포지션들이 다시 회복됨에 따라 수익을 챙겼다. 그가 아마란스를 인수했던 것과 똑같은 방법으로 다시 소우드를 인수함으로써, 그리핀은 눈 한 번 깜박이는 순간에 수십억 달러를 동원하는 능력으로 다시 한 번 월가를 놀라게 했다. 2007년 8월 초가 되면서, 시타델은 더욱 큰 개가들을 올릴 수 있는 태세를 갖추고 있는 것으로 보였다. 1990년 그리핀이 설립했을 당시 460만 달러였던 펀드자산은 158억 달러에 달하고 있었다.

그러나 그는 시타델 자체가 1년 후 붕괴 직전까지 가게 되리라는 것을 당시에는 거의 깨닫지 못하고 있었다.

* * *

피터 멀러는 땀을 뻘뻘 흘리면서 넓게 펼쳐진 태평양을 내려다보았다.

야자수들이 따뜻한 바람결에 가볍게 흔들리고 있었다. 그는 울창한 밀림을 자랑하는 하와이 카우아이 섬 서해안에 있는 18킬로미터 길이의 험난하고 구불구불한 칼랄라우 트레일의 가장 높은 곳에 서 있었다.

그곳에서 월가는 너무도 먼 곳으로 보였다. 1990년대 말, 멀러는 월가를 떠나 있었다. 그가 여러 해 전 BARRA에 근무할 때부터 반복적으로 찾곤 했던 칼랄라우 트레일은 그가 월가로부터 떨어져 있을 수 있는 가장 먼 곳이었다.

멀러는 그곳에서 자신이 가장 좋아하는 하이킹을 즐기고 있었다. 멀러는 다른 사람들이 거의 상상도 할 수 없는 그런 인생을 살고 있었다. 뉴욕에 있는 그의 퀀트 트레이딩시스템이 저절로 이익을 쏟아냄에 따라 정기적으로 일을 해야 할 필요가 거의 없었기 때문에, 그는 마음대로 세계를 여행할 수 있었다. 그는 스키슬로프를 벗어난 곳으로 헬리콥터에서 뛰어내리는 헬리스키를 자주 즐기곤 했다. 그가 즐겨 찾았던 곳들은 잭슨홀 근처 록키산맥의 현기증 나는 직벽들, 광활한 목장이 있는 와이오밍 등이었다. 그는 뉴질랜드와 같이 먼 곳으로 휴가를 가서 카약을 즐기거나, 아리조나와 아이다호의 강들을 배로 여행하기도 했다.

그와 동시에, 그는 자신의 음악앨범작업도 하고 있었다. 감상적이고 달콤한 발라드들을 모아놓은 앨범인 "More Than This"를 자비로 출간했다. 화요일 저녁이면, 그랜드피아노가 있는 자신의 트리베카 아파트에서 "작곡가 클럽" 모임도 주관했다. 개인앨범의 출간을 위한 보도자료에는, "피터 멀러는 6년보다도 훨씬 이전에 자신이 기업계에서는 더 이상 행복을 찾을 수 없다는 것을 깨달았다. 그는 기업계에서 성취감과 만족감을 느꼈지만, 그곳에서는 새로운 도전과 꿈을 가질 만한 목표를 더 이상 찾을 수 없었기에 그의 모든 관심을 음악으로 돌렸다"라고 적혀 있었다.

그러는 동안에도, PDT는 매년 수억 달러의 이익을 모건스탠리를 위해 쏟아내고 있었다. 2000년대 초까지, PDT는 너무도 성공적이어서 모건스탠리의 거대한 주식사업부문에서 가장 규모가 큰 프롭트레이딩 포지션을 운용하고 있었다. PDT 트레이더들은 온실의 꽃들과 같은 대우들을 받고 있어서, 그들에게는 정장, 윤이 반짝반짝 나는 이태리제 가죽구두, 미니밴 한 대 값보다 더 비싼 고급 팔목시계 등의 표준적인 투자은행가들의 옷차림도 적용되지 않았다. 모건스탠리의 전통적인 은행가들은 찢어진 청바지와 다 헤어진 티셔츠를 입고 테니스화를 신고 다니는 사이버농땡이들과 엘리베이터를 함께 타고 다녀야 했다. 도대체 이 녀석들은 뭐야? 이런 질문을 받게 되면, PDT에 소속된 직원들은 어깨만 한 번 으쓱하고는 모호하게 응대하곤 했다. "우리? 우린 컴퓨터를 다루는 기술직원들이야. 즉 퀀트들이지".

"내가 알게 뭐야." 투자은행가들은 자신의 에르메스 넥타이를 바로 하면서 말하곤 했다. 그러나 그 사이버농땡이가 그 전 해에 그들보다 열 배나 많은 보너스를 받았다는 사실을 알고 있는 은행가는 거의 없었다.

눈부신 성공에도 불구하고, 멀러는 PDT를 너무도 은밀하게 유지했기 때문에 모건의 직원들 중 이 그룹의 존재를 아는 직원들도 거의 없었다. PDT 거래전략을 외부자가 베껴가는 것에 대해 편집광적인 거부감을 가졌던 멀러로서는 당연한 처사였다.

1990년대 말에 PDT가 성공을 거두기 시작함에 따라 멀러의 사생활도 더욱 복잡해졌다. 엘세서의 친구인 케이티Katie와 멀러는 첫눈에 서로에게 반해버렸다. 케이티는 그녀가 사귀는 사람이면 누구에게든지 스스로를 잘 맞추는 종류의 사람이었고, 멀러는 그녀가 자신에게 보여주는 관심에 끌렸다. 그녀는 웨스트포트에 있는 그의 새로운 해변 오두막뿐만 아니라 그의 트리베카 아파트를 치장하는 것도 도와주었다.

그러나 멀러는 자주 딴 데 정신을 팔고 있는 것처럼 보였다. 그는 며칠 동안 출근하지 않거나, 그녀와의 관계에 대해서도 그다지 헌신적인 것처럼 보이지 않았다. PDT가 커지고 막대한 이익을 창출함에 따라, 계속적인 이익창출에 대한 모건 상층부로부터의 압력도 커지기 시작했다. 멀러 역시 그러한 압박감을 계속 느끼고 있었다.

그런 상황에서 케이티가 갑자기 최근에 심각한 파경을 겪은 친구를 위로하기 위해 떠나자 멀러는 정서적 파탄에 빠져버렸다. 함께 근무하고 있는 동료들은 그가 자신의 책상에서 울고 있는 모습을 자주 목격했다. 그는 동료들에게 그녀와의 관계를 자신이 나서서 끝내는 것에 대해 이야기하곤 했지만, 그녀가 자신을 떠나갈 수도 있다는 사실에 겁을 먹고 있는 것처럼 보였다. 그것은 자기통제에 문제가 있는 것으로 보였고, 그는 스스로를 이기지 못하고 있었다.

그는 자신의 음악, 특히 가슴을 적시는 발라드에 깊이 빠져들었고, 둔감한 트레이딩문화에 젖어 있는 주변의 동료들에게 자신의 노래들을 배포했다. 멀러의 등 뒤에서, 트레이더들은 그 노래들에 대해 비웃곤 했다. PDT에 있는 그의 동료들도 그에게 실망감을 느끼고 있었다. 그 노래들 중 하나는 "플러그 앤 플레이 걸"이라는 제목이었는데, 그 곡조는 실연을 당한 퀸트만이 꿈꿀 수 있는 그런 것이었다.

그는 계속해서 초조해했다. 대중 앞에서 노래를 부르는 것에 대해 남의 시선을 의식하고 있던 그는 불안감을 극복하려고 노력하고 있었다. 그는 근처의 지하철역으로 가서, 지하 역구내로 씩씩하게 내려간 다음 개찰구에 지하철 토큰을 집어넣고 회전문을 통과해서 키보드를 끌고 들어갔다.

역 구내에서 메마르고 역한 냄새가 났다. 몇 명의 통근자들이 그들의 시계를 초조하게 들여다보거나 책이나 신문을 읽으면서 서성이고 있었다. 멀러는 크게 숨을 들이삼킨 다음, 키보드케이스를 내려놓고 뚜껑을 열어서 재빨리 키보드를 설치했다. 그러고 나서 키보드의 스위치를 올리고 진땀을 흘리면서 몇 소절을 시도해 보았다. 통근자들은 그가 하는 것을 무심코 쳐다보고 있었다. 거리의 악사들은 뉴욕지하철에서 아주 흔한 모습이었으며, 어떤 면에서는 이 도시의 활력과 부산함을 보여주는 또 다른 풍경이기도 했다. 그것이 멀러가 생각하고 있었던 바로 그것이었다.

그는 눈을 감고서 그가 가장 좋아하는 작사가 중 하나인 해리 채플린 Harry Chaplin의 곡인 '고양이는 요람 속에(Cat's in a Cradle)'을 연주하기 시작했다.

며칠 전 내 아이가 태어났다네

평범하게 그는 이 세상에 왔다네

몇몇 구경꾼들이 이 엷은 갈색 머리의 가수가 세계에서 가장 막강한 월가 기업들 중의 하나에서 잘 나가는 트레이더라는 사실을 전혀 알아채지 못하고, 그의 옆에 펼쳐놓은 키보드상자에 동전 몇 개를 던져 넣고 지나갔다.

실제로는 지하철을 전혀 타지 않았던 멀러는 지하철 내에서 자신의 동료 투자은행가들과 자주 맞닥트리지는 않았다. 그러나 어느 날 저녁 모건의 동료 한 사람이 지나가다가 자신의 키보드 옆에 있는 멀러를 흘낏 보았다.[주4]

그는 다시 한 번 보고나서야 멀러를 확인했다.

"이봐, 피터, 여기서 뭐 하고 있는 건가?" 그가 놀라서 멀러의 아래 위를 훑어보면서 말했다. 잠시 정신을 가다듬고 난 후 그는, "그래, 나도 자네가 그동안 충분히 열심히 일했다고 생각하네. 자네도 무엇이든지 자네가 하고 싶은 일을 할 수 있겠지"라고 덧붙였다.

그러나 그는 전자피아노 케이스에 돈을 던져 넣지는 않았다.

모든 사람이 멀러가 허물어지고 있다고 생각했다. 정신을 헷갈리게 하는 수학을 통해서 시장의 혼란스러운 흐름을 통제해서 돈을 벌었던 사람이 자기 자신의 인생에 대한 통제는 제대로 못하고 있는 것처럼 보였다. 그들이 놀라서 눈을 치켜떴지만, 그게 무슨 대수가 되겠는가? 멀러의 그룹은 엄청난 돈을 벌었다.

몇 주간씩 어떤 경우에는 몇 달씩 사무실에서 사라졌다가, 어느 날 PDT 운영에 대한 다양한 의견들을 가지고 불쑥 나타나고, 그러고는 또 어디론가 갑자기 사라져버리는 멀러가 행태가 점점 더 심해졌다. 어느 PDT 트레이더는 이런 모습을 가끔씩 불쑥 날아들어서 여기저기 분비물을 내갈겨놓고는 날라 가버린다고, 바다갈매기 경영이라는 이름을 붙였다.

2000년 무렵, 샤킬 아메드Shakil Amed가 PDT의 경영권을 물려받았다. 멀러는 모건스탠리의 파트너직은 유지했지만, 유급고문으로 물러났다. 그는 부탄, 뉴질랜드, 하와이 등 그가 찾을 수 있는 가장 멋진 곳들을 찾아 전 세계를 돌아다녔다. 그는 그리니치빌리지와 커팅 룸과 매코 카페 같은 지저분한 술집에서 노래를 불렀다. 때때로 PDT에서 같이 근무했던 오랜 동료들이 공연을 보러 들렀다가 의아해 하곤 했다. 도대체 피터에게 무슨 일이 생겼던 것일까?

그렇지만 멀러는 그의 동료 퀀트들과는 계속 연락을 유지했으며, 가끔씩 업계 행사에도 참석해서 연설도 하곤 했다. 2002년 5월에 그는 1990년대에 모건스탠리에서 만났던 자신의 포커친구들 중 하나인 닐 크리스의 결혼식에 참석했다.[주5] 퀀트 세계에서 가장 존경받는 수학자들 중 한 사람인 크리스의 결혼식은 언스트 헤밍웨이로부터 테디 루즈벨트에 이르는 저명한 고객들이 찾았던 아름답고 오래된 버크셔 언덕배기에 있는 리조트 트라우트 벡에서 거행되었다.

피로연에는 크리스의 퀀트 친구들이 한 테이블에 몰려 앉았다. 크리스가 시카고대학 시절부터 알고 지내온 AQR의 존 류, 멀러, 거의 모든 성공적인 투자가들이 수익을 올리는 것은 기술이 좋아서라기보다는 운이 좋아서일 뿐이라고 주장하는 책《행운에 속지마라(Fooled by Randomness)》를 막 출간한 뉴욕대학 교수 겸 헤지펀드매니저인 니콜라스 탈레브가 자리를 함께 하고 있었다.

다부진 몸매와 대머리에 희끗희끗한 턱수염을 기른 탈레브는 퀀트들과 그들의 정교한 모형들을 못마땅해 했다. 그의 떠돌이 인생은 그에게 인간들에게 영원한 것은 거의 없다는 것을 가르쳐주었다.[주6]

크리스의 결혼식이 있었던 무렵, 탈레브는 퀀트들에 대한 비판자로서 평판을 얻고 있었으며, 그들이 시장보다 높은 수익을 올리는 능력에 대해 지속적으로 의문을 제기하고 있었다. 탈레브는 소위 말하는 시장에서의 진리라는 것을 믿지 않았다. 그렇기에 그는 그것을 계량화할 수 있다고는 더더욱 믿지 않았다.

부분적으로는 블랙먼데이에서의 자신의 경험 때문에, 탈레브는 시장들이 계량적인 모형들로 요인화되는 것 보다 훨씬 더 극단적으로 움직이는 경향을 나타낸다고 믿었다. NYU에서 금융공학을 가르치는 교수로서 그는 극단적인 움직임을 감안하려고 시도하는 모형, 즉 가격의 갑작스러운 상승을 허용하는 상승확산모형(jump diffusion model)이 전파되고 있다는 사실을 잘 알고 있었다. 그 모형은 가격의 결정과정을 동전던지기로 파악하는 대신에 직전의 과거를 감안하는 것으로 파악했고, 두터운 꼬리를 만들어내는 갑작스러운 상승(갑작스러운 변화가 포함된 브라운 운동)과 다른 여러 현상들을 초래할 수 있는 피드백과정을 허용하는 까다로운 학술용어로 '일반화된 자동회귀조건부 이분산성모형(generalized autoregressive conditional heteroscedastcity model, GARCH)'이라고도 불렀다. 탈레브는 퀀트들이 사용하는 모형이 무엇이든지, 즉 심지어 만델브로트의 레비분포를 요인화해서 도출한 모형까지도 포함해서, 시장에서 발생하는 사태들의 변동성은 어떤 모형으로도 파악할 수 없을 정도로 극단적이며 따라서 예측이 불가능하다고 주장했다.

그 테이블에서의 대화는 처음에는 화기애애하게 시작되었다. 그러다가 사람들은 탈레브가 흥분하기 시작하는 것을 주목하기 시작했다. 그의 언성이 높아졌고, 테이블을 두드리기까지 했다.

"그것은 불가능합니다."

그가 멀러에게 소리쳤다.

"당신은 몽땅 털리게 될 겁니다. 내가 장담합니다."

"나는 그렇게 생각하지 않습니다."

멀러가 말했다. 대체로 조용하고 아주 침착한 멀러가 진땀을 흘리며 얼굴을 붉혔다.

"우리는 매년 우리가 시장을 이길 수 있다는 것을 증명해 왔습니다."

"공짜 점심은 결코 없습니다."

탈레브는 자신의 집게손가락으로 멀러의 얼굴을 가리키며 강한 레반트 억양이 느껴지는 큰 목소리로 말했다.

"만약 1만 명의 사람들이 동전을 던진다면, 열 번을 던진 후에도 매번 표면이 나온 사람이 나올 확률은 당연히 있게 마련입니다. 사람들은 그를 동전던지기에 천부적인 자질을 가진 천재라고 치켜세울지도 모릅니다. 어떤 멍청이들은 그에게 돈을 맡기기도 합니다. 이것이 바로 LTCM에서 일어났던 일입니다. 그러나 LTCM이 위험에 대해서는 쥐뿔도 몰랐다는 것은 확실합니다. 그들은 모두 사기꾼들입니다."

멀러는 자신이 모욕을 당하고 있다는 것을 알았다. LTCM이라고? 결코 그렇지 않다. PDT는 결코 붕괴되지 않아. 탈레브는 지금 자신이 무슨 말을 하고 있는지 모르고 있는 거야.

결국 멀러는 그 자리에서 탈레브와 더 이상 말싸움을 하지 않기로 했다. 그는 자신이 알파를 갖고 있음을 확신하고 있었다. 그는 진리를 알고 있거나, 아니면 상당부분 알고 있다고 생각했다. 그러나 여전히 그는 매일 매일 트레이딩을 하는 것은 원하지 않았다. 세상에는 돈 버는 것보다 더 가치 있는 일들이 많이 널려 있었고, 그는 이미 그가 돈을 벌 수 있다는 것은 충분히 입증했다. 그는 그 일이 있은 후, 음악과 포커에 더욱 몰입하게 되었다.

2004년에 멀러는 월드포커투어의 토너먼트에 참가해서 9만8천 달러를 상금으로 받았으며, 대회 기간 중 가끔 자신의 황금색 리트리버를 포커테이블로 데려와서 꼬리를 흔들게 함으로써 행운을 불러오도록 했다. 2006년 3월 월스트리트 포커의 밤에서 클리프 애스네스를 최종라운드에서 꺾고 우승했을 때, 그는 상금은 전혀 받지 않았지만 그의 동료 포커단짝들을 보며 말로 표현할 수 없는 우월감을 느낄 수 있었다.

한 달에 한 번이나 두 번, 최고의 퀀트와 헤지펀드매니저들 중에서 멀러, 웨인스타인, 애스네스 및 크리스 등은 호화스러운 뉴욕의 호텔 룸에 모여서 개인적인 포커게임을 가졌다.[주7] 1인 당 판돈은 1만 달러였지만 판 전체에 걸린 돈은 그보다 훨씬 더 많을 때가 자주 있었다.

그 액수는 그들 모두에게 그저 푼돈이었다. 그들의 관심은 모두 게임에 쏠려 있어서, 언제 판돈을 키울 것인지, 카드를 접을 것인지를 누가 돈을 따느냐 보다 더 중요하게 여겼다. 애스네스는 게임을 즐겼지만, 동시에 미워도 했다. 포커에서 이기기 위해서는 조금씩 잃어주는 것이 대단히 중요했지만, 그는 카드를 접거나 적은 금액을 먹는 것은 참을 수가 없었다. 그는 경쟁을 좋아했고, 너무나 공격적이었다. 그러나 그는 승리할 수 있는 유일한 방법은 확률이 그에게 행운을 돌려주어서 그가 원하는 카드가 들어올 때까지 나쁜 카드는 접는 것이라는 것을 잘 알고 있었다. 그러나 그 좋은 패가 그에게는 전혀 오지 않는 것처럼 느껴졌다.

그렇지만 멀러는 정확하게 언제 카드를 접고, 언제 베팅을 더하고, 언제 올인을 해야 할지를 전부 터득하고 있었다. 그는 상황이 불리할 때조차도 결코 냉정함을 잃지 않았다. 그는 결국은 자신이 승자가 되는 것은 시간문제라는 사실을 알고 있었다. 퀀트들의 포커게임은 밤늦도록 계속되었고, 어떤 때에는 다음 날 아침까지 연장되기도 했다.

2006년, 멀러는 네트제츠의 전용기에 PDT 팀원들을 태워서 서부에 있는 일반인들은 받지 않는 리조트로 스키여행을 데려갔다. 그가 모든 비용을 부담하는 행사였다. 그러나 그 행사는 그들이 그 몇 년 동안 가졌던 그와 유사한 여행들 중 마지막이 되었다. 월가에서 무르익고 있던 신용위기가 그와 같이 심적 부담이 없는 즉흥여행들을 더 이상 못하도록 만들었던 것이다. 그러나 그것은 그들이 나중에 걱정해야 될 일이었다.

그러는 중에도 멀러는 점점 더 초조감을 느끼고, 안절부절못했다. 끝없이 포커게임을 즐기고, 하와이의 멋진 오솔길을 걷고, 페루에서 카약을 즐기고, 모델들과 데이트를 즐기는 그 모든 것이 즐거웠지만, 무언가가 빠져 있었는데, 그것은 트레이딩을 해서 눈 한 번 깜박할 순간에 수백만 달러를 벌고, 주식가격이 로켓처럼 치솟는 것을 지켜보는 쾌감이었다. 그도 그런 점들을 인정해야 했다. 그는 그 모든 것이 그리웠다.

그는 다시 일로 돌아가기로 결심했다. 다시 지속적으로 만나는 걸프렌드가 생겼고, 그녀와 가정을 꾸리는 것도 생각하고 있었다. 거기에다가 PDT는 예전과 같은 수익을 올리지 못하고 있었다. 많은 모방자들이 스태트 아브 분야에 밀려들어 와서 PDT가 미개척 수익기회를 발견해내는 것이 더욱 어려워짐에 따라, 2006년에는 한 자리 수익률을 기록할 수밖에 없었다. 모건의 고위층들은 더 높은 수익을 원했고, 멀러는 자신이 그것을 해줄 수 있다고 그들에게 말했다.

다시 모건스탠리에 복귀한 멀러는 자신의 옛 트레이딩기구를 다시 관장하게 되었다. 그는 트레이딩 활동을 확대해서 이익을 증대시킬 대담한 계획을 갖고 있었다. 그의 계획들 중에는 보다 많은 포지션을 보유함으로써 수익을 증가시키는 계획도 포함되어 있었다. 보다 많은 위험을 부담할 수 있도록 계획되어 있었던 PDT의 포트폴리오들 중 하나가 기본 퀀트포트폴리오였으며, 이 포트폴리오는 AQR의 가장 중심이 되는 자산들로서 주식가치와 모멘텀 또는 어떤 주식이 상승할 것인가 아니면 하락할 것인가를 판단하기 위해 사용되는 기타의 다른 측정치들을 기초로 하는 보다 장기적인 거래들로 이루어져 있었다. 그와 같은 포지션들은 통상 하루 또는 이틀 안에 반대매매가 이루어지는 초고속 마이다스트레이딩들에 비해서 일반적으로 몇 주 또는 몇 달씩 포지션을 보유하게 되어 있었다.

"그들은 기본 퀀트포트폴리오의 비중이 훨씬 증가된 포지션을 갖고 있었습니다."

한때 PDT에서 일했던 한 직원이 말했다.

"그들은 기본적으로 PDT 중 많은 부분을 AQR로 바꾸었습니다."

그 포지션을 잘 알고 있던 트레이더들에 따르면, 이 포지션의 규모가 약 20억 달러에서 50억 달러 이상으로 급격히 증가했다고 한다.

멀러는 어서 빨리 업무가 정상화 돼서 큰돈을 벌기를 간절이 바라고 있었다. 그 짜릿한 순간을 잊지 못해서 다시 들어온 것이기 때문이다.

그러나 그가 즐길 수 있었던 시간은 얼마 되지 않았다. 그가 복귀한 바로 몇 달 후, 멀러는 PDT를 거의 붕괴 직전까지 몰고 갔던 참혹한 주가붕괴 사태에 직면하게 된다.

* * *

1998년 11월 13일에 이름이 그다지 알려지지 않았던 더글로브닷컴(Theglobe.com)이라는 기업의 주식들이 주당 9달러로 나스닥시장에 상장되었다. 이 웹기반 소셜네트워킹 사이트의 창설자들은 시장에서의 좋은 반응을 기대하고 있었다.

이 IPO를 반겼던 광란은 모든 기대들과 상식을 초월하는 것이었다.[주8]

이 주식의 가격은 그날 한때 97달러를 기록하며 엄청나게 치솟았다. 코넬대학의 두 학생이 설립한 더글로브닷컴은, 아주 잠시 동안이기는 했지만, 사상 가장 성공적인 IPO였다.

그 며칠 전, 시장의 움직임이 미리 감지되었던지 어스웹(EarthWeb Inc.)이 IPO 첫날 3배나 가격이 상승했다. 투자자들은 사업설명서에 명시되어 있는 다음과 같은 경고에도 불구하고 어스웹 주식을 닥치는 대로 사들였다.

"이 회사는 가까운 미래에 자본잠식 상태를 벗어나지는 못할 것으로 예상됩니다."

닷컴 IPO 광란이 개시되기 몇 달 전에 LTCM이 무너졌다. 알란 그린스펀과 연방준비제도 이사회가 LTCM에 대한 구제금융을 위해 개입했다. 그린스펀은 LTCM의 붕괴에 따라 금융시스템이 입었던 상처를 달래려고 이자율도 낮추었으며, 이에 따라 금융시스템에는 유동성이 흘러넘치고 있었다. 금융완화는 타오르는 인터넷 열기에 기름을 부은 모양새가 되었고, 이에 따라 기술주 중심의 나스닥시장은 거의 매일 신고가 행진을 이어갔다.

닷컴 설립자들 가운데서 졸부들을 급조해내는 동안, 이러한 예기치 않았던 사태들은 1998년 8월에 트레이딩을 시작했던 AQR에게는 재앙이 되었던 것으로 판명되었다. 애스네스의 트레이딩 전략은 그가 개발한 모형에 따라 주가가 너무 고평가 되었다고 판단하는 기업들의 주식을 매도하고 주가장부가치비율이 낮은 기업들에 대한 투자를 포함하고 있었다. 그러나 1999년의 경우, 이 트레이딩 전략은 세계 최악의 전략이었다. 수익은 전혀 창출하지 못하면서 열기만 뜨거운 닷컴열풍의 산물인 값비싼 주식들은 미친 듯이 값이 치솟았다. 뱅크오브아메리카와 같이 활력이 없는 금융기업들과 포드나 GM과 같이 변화가 거의 없는 자동차제조기업들의 싼 주식들은 초현대적인 신경제주식들의 뜨거운 열기에 밀려서 움쩍도 않고 있었다.

AQR과 골드만삭스에서 잘나가던 수재들은 트레이딩을 개시한 첫 20개월 동안 35퍼센트의 손실을 기록할 정도로 처참한 타격을 받았다. 주가가 끝없이 추락하던 1999년 8월에 애스네스는 골드만 채권부문에서 사무보조로 근무했던 로렐 프레이저와 결혼식을 올렸다. AQR의 실적이 추락을 계속하자, 그는 미쳐버린 시장에 대해 그녀에게 엄청나게 불평을 늘어놓았다.

애스네스는 사람들이 가치와 모멘텀에 대해 잘못 판단하기 때문에, 그의 트레이딩 전략이 들어맞는다고 믿고 있었다. 궁극적으로는 그들도 우매함에서 벗어나 시장을 균형으로 되돌려 놓고, 이에 따라 진리가 복원되는 것이었다. 그는 그들의 비합리성과 그들이 눈을 뜨는 데 걸리는 시간 사이의 갭을 이용해서 그동안 돈을 벌었던 것이다.

이제 투자자들이 그가 상상할 수 있었던 것보다 훨씬 더 어리석고 훨씬 더 자멸로 이어지는 행동을 취하고 있었다.

"나는 사람들이 실수를 저지르기 때문에 당신이 돈을 벌었던 것으로 생각했는데요."

그의 아내가 그를 질책했다.

"그러나 그 실수가 너무 크면, 당신의 트레이딩 전략이 제대로 먹혀들지 않게 되는 것 아닌가요? 당신은 바로 비합리성이라는 이 골디락스 스토리를 원하고 있는 것 같은데요."

애스네스는 그녀가 옳다고 깨달았다. 효율적 시장에 대한 시카고학파의 가르침이 인간행위의 보다 보편적인 면을 그가 인식하지 못하게 해왔던 것이었다. 사람들은 그가 인식하고 있는 것보다 훨씬 더 비이성적으로 행동할 수도 있으며, 그는 항상 이런 점을 염두에 두어야 했다는 것이 장래에 기억해야 할 교훈으로 그에게 새겨졌다. 물론, 모든 종류의 비합리성에 대비하는 것은 불가능한 일이며, 항상 그것이 다가오는 것을 당신이 알지 못하는 종류의 것들이 최종적으로 당신에게 영향을 주게 된다.

2000년 초, AQR은 생사의 기로에 서 있었다. 몇 달 안에 펀드를 폐쇄하지 않으면 안 될 지경이었다. 애스네스와 그의 동료들은 부분적으로는 투자자들이 그들의 투자금을 펀드에서 인출했기 때문에 10억 달러의 당초 자본금 중 6억 달러를 토해내야만 했다. 단지 몇몇 충성심이 높은 투자자들만 남았다. 골드만에서 그토록 잘 나가던 퀀트신동들로서는 정말로 낯 뜨거운 처참한 경험이 아닐 수 없었다.

AQR의 주요인물들에게 비참함을 더해 준 것은, 골드만삭스가 성공적으로 완료한 대단히 유리한 조건의 IPO였다. 애스네스로서는 자신이 골드만에 남아 있었더라면 얼마나 많은 돈을 벌게 되었을지를 계산하는 것은 지극히 쉬운 산수였다. 머물러 있어야 할 때 골드만을 떠남으로써 그는 큰돈을 놓쳤던 것이다. 거기에다 그의 헤지펀드는 붕괴 직전의 상태에 처해 있었다. 아무런 가치도 없는 닷컴주식들이 가당치도 않게 돈들을 집어삼키고 있었다. 세상이 모두 미쳐버린 것이었다.

그는 어떻게 대응했을까? 애스네스는 모든 우수한 학자들이 이런 상황에서 하는 것처럼 한 편의 논문을 작성했다.

〈버블의 논리: 또는, 강세시장을 걱정하지 않고 오히려 사랑하는 방법(Bubble Logic: Or, How to Learn to Stop Worrying and Love Bull)〉은 가격의 광기를 더글로브와 같은 닷컴주식 탓으로 돌리는데 대한 애스네스의 진정어린 항변이다.

주식시장 전체의 주가수익배수(PER)는 2000년 6월에 44를 기록했는데, 이는 직전 5년 기간 동안 꼭 두 배 상승한 수치였으며, 장기평균보다는 세 배가 되었음을 보여주었다. 이 논문 제목을 스탠리 큐브릭 감독의 냉전시대 블랙코미디, '닥터 스트랜지러브, 또는, 폭탄을 두려워하지 않고 오히려 사랑하는 방법(Dr. Strangelove, Or, How I Learned to Stop Worrying and Love Bomb)'으로부터 베낀 것은 애스네스가 록펠러센터 근처에 있는 AQR 사무실(이 펀드의 사무실은 나중에 코네티컷 주 그리니치로 옮겼음)에 밤늦게 홀로 앉아 '버블의 논리' 때문에 타격을 받은 그의 암울한 기분을 이해할 수 있는 단서를 제공한다. 버블은 애스네스에게 원자탄만큼 반가운 것이었다. AQR이 "우리 자산들을 우리에게 넘겨주었다."라고 그는 서문에서 적고 있다. "황소 뿔에 부분적으로 들이받힌 곰에게 연민을 베푸시기를."

'버블의 논리'는 다소 놀라운 주장을 하는 것으로 시작되었는데, 그것은 2000년 초의 시장이 과거의 시장과 달랐다는 것이다. 물론, 그것은 닷컴을 성원하는 사람들의 주장이었다. 경제가 달랐다. 인플레이션율은 낮았고, 노트북컴퓨터, 휴대폰 및 인터넷 등과 같은 기술에 있어서의 새로운 진보 덕택에 생산성이 향상되었다. 기업들이 더 많은 돈을 벌어들이기 때문에, 그러한 환경에서는 주식들에게 더 높은 가치를 부여해야만 하는 것이었다.

그렇지만 애스네스는 이 주장의 방향을 바꾸고 있었다. 물론 이번만은 이전과는 달랐다. 역사는 주식시장이 장기적으로는 거의 언제나 좋은 투자였음을 보여주었다. 애스네스는 주식이 지난 1926년 이래 매 20년으로 나누어 본 각 기간 동안 언제나 인플레이션율보다 높은 수익률을 달성해왔음을 보여주는 숫자들을 제시했다. 주식이 채권을 압도했고, 주식이 현금을 압도했다. 따라서 투자자들은 언제나 주식에 투자해야 한다. 맞는 말인가?

아니 틀렸다. 주식은 대부분의 다른 투자들보다 일반적으로 더 좋은 실적을 보였지만, "그것은 마술 때문이 아니고, 그 기간 동안 주로 우리가 그 주식들이 그들의 수익이나 배당전망에 비추어 일반적으로 적절하게 또는 심지어 낮게 가격이 매겨졌다는 것을 꾸준히 연구하고 있었기 때문이다"라고 애스네스는 서술했다. "그런데 이제 더 이상 적용되지는 않는다"라고 그는 덧붙였다.

그에 대한 실증적인 예로, 애스네스는 인터넷라우터를 제조하는 신경제에서의 인기주식 시스코시스템즈(Cisco Systems)를 검토했다. 그는 이 회사의 수익전망이 이 회사 주식에 대한 가치평가와 부합될 수 있는 가능한 방법이 결코 존재하지 않는다는 것을 보여줌으로써, 체계적으로 시스코에 대한 투자타당성을 부정했다. 그러나 사례의 명백함에도 불구하고 "시스코는 내가 본 거의 모든 '반드시 보유해야 할 종목' 추천에 들어 있었습니다, 도저히 이해가 안 되는 일입니다"라고 애스네스는 적고 있다.

이 논문의 결론에서, 흥분한 이 헤지펀드매니저는 파마의 효율적 시장가설(EMH)에 배치되는 주장을 했다. EMH에 따르면, 현재의 가격들이 공식적으로 알려지고 이용 가능한 정보를 모두 반영하기 때문에 언제 버블이 발생할지를 아는 것은 불가능하다. 단지 돌이켜 생각해보면, (그 기업들이 얼마나 형편없었는지, 또는 주택소유자들이 실제로 얼마나 적게 지급을 할 수 있었는지에 대한 새로운 정보가 나타남에 따라) 버블이 터졌을 때, 주가들이 과도하게 부풀려졌다는 것이 명백해진다. 그렇지만 애스네스는 이 사례는 이미 명백하다고, 즉 시장은 이미 버블상태에 들어가 있다고 썼다.

"우리가 지금과 유사한 활황기로부터 시작해서 그 후 125년 동안 보아왔던 어떤 시장보다도 훨씬 더 높은 S&P지수의 성장을 보이는 20년 성장률을 갖지 못하는 한, 장기 S&P수익률은 대단히 형편없는 모습이 될 것입니다."

그와 같은 부정적인 결과는 1999년 말과 2000년 초에 닷콤 알콜중독증세를 경험하고 있던 투자자들에게는 도저히 불가능한 것처럼 보였다. 물론, 애스네스가 모든 과정을 통틀어 옳았다.

〈버블의 논리〉는 실제 발간되지는 못했다. 애스네스가 그 논문의 작성을 끝냈을 때인 2000년 중반에는 이미 닷컴버블이 극적으로, 그리고 무시무시한 형태로 터지고 있었다. 2000년 3월에 5,000을 넘어서면서 정점에 도달했던 나스닥지수는 1,114까지 곤두박질쳤다.

시간과 현실이 어리석음을 압도했다. 또한 AQR도 놀라울 정도로 반등했다. 폭풍우를 헤쳐 나올 수 있었던 투자자들은 가치주들이 새 생명을 부여받음에 따라 그들의 인내에 대한 보상을 받았다. AQR의 주력펀드인 앱솔루트 리턴 펀드(Absolute Return Fund)는 그 후 3년 동안 저점 대비 거의 180퍼센트의 수익률을 기록했다.[주9]

애스네스는 닷컴버블 기간 AQR의 처참한 실적을 자신의 용기에 대한 피 묻은 훈장, 즉 이 펀드가 완벽하게 '시장중립적'이라는 주장을 확인시켜 주는 분명한 표시로 받아들일 수 있었다. 시장이 붕괴되었을 때에도 여전히 AQR은 버티고 있었다. 그러나 인터넷주식들에 달려들었던 헤지펀드들은 큰 타격을 입고, 불에 타서 타격을 입었다.

르네상스 테크놀로지스, D. E. 쇼 및 PDT와 같은 다른 퀀트펀드들은 인터넷 버블 기간 중에도 별 다른 손상을 입지 않고 여전히 수익이 상승했다. 그들의 모형은 AQR처럼 가치주들의 가격하락에 노출되어 있지 않았다. 게다가, 그들의 트레이딩 전략은 시장가격의 극단적인 단기변동을 포착하여 그로부터 이익을 실현하는 것에 기초를 두고 있었으며, 그렇기에 버블이 커져서, 결국은 터져버리는 변동성으로부터 오히려 도움을 받고 있었다. 그것들을 지칭하는 소위 극초단타거래(high frequency) 펀드들은 그들에게 불리한 방향으로 움직이는 자산들을 재빠르게 처분할 수가 있기 때문에, 손실들도 일정범위 내로 제한할 수 있었다. AQR의 트레이딩 전략은 오후 한 나절 동안 발생하는 가격변화보다는 몇 주간 또는 몇 개월에 걸쳐서 발생하는 가격변화에 초점을 맞추고 있었다. 그것은 펀드의 모형이 잘못된 경우, 고통이 더 심각해질 수 있다는 것을 뜻했다. 물론, 모형이 제대로 된 경우에는 이익이 훨씬 더 크게 된다.

닷컴버블의 발생과 소멸은 헤지펀드업계로서는 분수령을 이루는 사건이었다. 현명한 투자자들은 주식이 반드시 부자로 가는 일방통행 길은 아니라는 "버블의 논리"에서 제시된 애스네스의 주장을 받아들이기 시작했다. 최저수준으로 하락한 이자율은 헤지펀드들과 기부금펀드들로 하여금 새로운 투자영역을 찾도록 강요했다. 헤지펀드가 관리하는 자산들은 급격히 늘어나서 20년 전의 약 1천억 달러 수준에서 2007년에는 2조 달러 수준까지 증가했다.

그러한 변화의 최정상에 퀀트들이 있었다. 그 모든 것이 너무도 완벽한 것처럼 보였다. 그들의 계량적 모형들은 잘 작동되고 있었다. 시장이 어떻게 행동하는지를 설명해주는 이론들은 검증을 거쳤고 정확한 것처럼 보였다. 그들은 진리를 알고 있었던 것이다! 컴퓨터들은 더욱 빨라졌고, 더욱 강력해졌다. 흘러들어 오는 돈의 흐름도 더욱 빠르고 거세어져서 그 안에 몸담고 있는 많은 사람들이 꿈속에서 그렸던 것보다 훨씬 더 큰 부자가 될 수 있도록 해주었다. 2002년에 애스네스는 개인적으로 3천7백만 달러를 벌어들였다. 그 다음 해에는 그것이 5천만 달러로 증가했다.

AQR과 같은 퀀트펀드들의 수익률을 올릴 수 있도록 해주는 것은 '캐리트레이드(carry trade)'라고 알려진 대단히 수익성 좋은 투자기법이었다. 이 거래기법은 일본에 그 뿌리를 두고 있었는데, 일본은 경제의 체력을 계속 약화시키는 디플레이션의 악순환을 끊기 위해서 이자율을 연 1퍼센트 이하로 낮추었다. 일본에서의 은행예금에 대한 이자율은 약 5퍼센트인 미국이나 10퍼센트 또는 그 이상이 되는 일부 다른 국가들에 비해서 연 0.5퍼센트에 불과했다.

이런 이자율구조는 금융에 대한 노하우와 수완이 있는 기업들이 거의 이자를 지급하지 않고 일본에서 차입을 일으켜서, 그 돈을 채권, 상품 또는 기타 통화들과 같은 보다 이자율이 높은 자산들에 투자할 수 있다는 것을 의미했다. 또한 벌어들인 여분의 현금은 상품이나 서브프라임 모기지와 같은 더 많은 투자들에 사용될 수 있었다. 여기에 차입을 통해 더 많은 자금을 확보하면, 전 세계적인 투기파티를 위한 완벽한 메뉴가 준비될 수 있었다.

이코노미스트지에 따르면, 사실상 2007년 초까지, 약 1조 달러의 캐리트레이드가 발생했다고 한다. 이런 투자기법은 애스네스의 옛 퀀트투자기구였던 골드만삭스의 글로벌알파 펀드에서 특히 인기가 있었다. 그러나 문제는 이 거래에 참여하는 헤지펀드나 은행, 그리고 일부 뮤추얼펀드들과 같은 거의 모든 투자자들이 그들의 돈을 호주나 뉴질랜드와 같이 이자율이 높은 통화들에 함께 집어넣고 있었다는 사실이었다. 트레이더들은 주식, 금, 부동산, 원유 등의 가격을 상승시키는 '유동성이 한 곳에 정체된 상태(liquidity slothing around)'가 반복되는 것에 대해 끊임없이 말했다.

그러나 누가 염려를 하겠는가? 그 거래는 시장이 누릴 수 있는 공짜점심과 흡사할 정도로 너무도 완벽하고 믿을 수 없을 정도로 수익성이 좋았기에, 아무도 그것을 멈추게 하지 못했다.

그러는 동안에도 애스네스는 파일박스들과 컴퓨터장비들이 여유 공간들과 심지어 복도에까지 넘쳐나서 제대로 움직일 수도 없는 맨해튼의 사무실에서 AQR을 운영하고 있었다. 회사가 커지고 파트너들이 결혼을 하고 가족들을 부양함에 따라, 그는 변화가 필요한 시점이 왔다고 생각했다. 그리니치 지역의 몇 군데 사무실들을 꼼꼼히 조사한 후, 그는 펀드의 계속 늘어나고 있는 20여 명의 퀀트여단들이 뉴욕으로 쉽게 출퇴근을 할 수 있도록 기차역에서 가까운 허름한 건물인 투 그리니치 플라자로 사무실을 옮기기로 최종적으로 결정했다.

2004년 어느 날, 그는 메트로 노스 기차역에서 차를 빌려서 AQR 스탭들이 새로운 근거지를 직접 둘러볼 수 있도록 해주었다. 그 해 말까지 모든 이전이 완료되었다. 헤지펀드를 통해 엄청난 돈을 벌었던 애스네스는 960만 달러를 주고 그리니치 노스가에 1,160제곱미터 넓이의 저택을 구입했다. 2005년에는 그가 뉴욕타임스매거진의 확대기사의 주제로 다루어졌다. 그 기사의 필자가 믿을 수 없을 정도의 부자가 된 기분이 어떠냐고 그에게 질문했을 때, 애스네스는 영화 아더왕에서 더들리 무어Dudley Moore가 맡은 역에서 했던 말인, "형편없지는 않지요"라고 말했다고 한다.

그의 끝없는 야망이 커짐에 따라 그의 라이프스타일도 변했다. 회사는 네트제츠의 지분 일부를 사들여서, 파트너들이 마음대로 전용비행기를 사용할 수 있도록 했다. 애스네스는 노스가의 저택이 너무 협소하다고 생각해서 그리니치의 호화로운 코니어즈 팜 지역에 22에이커(약 89,000제곱미터)의 부동산을 매입했다. 일단의 건축가들이 AQR 본부로 애스네스를 방문해서, 웅대한 새로운 저택에 대한 그들의 설계에 대해 이야기를 나누었다. 그 프로젝트의 소요자금은 3천만 달러나 되는 것으로 추산되었다.

그 무렵, 애스네스와 그의 동료들은 AQR을 위한 새로운 계획에 대해 생각하기 시작했다. 포트레스와 블랙스톤의 IPO가 투 그리니치 플라자에서 주목을 받지 않고 지나칠 수는 없었다. 애스네스의 친구인 켄 그리핀도 시타델에서 IPO에 대해 심사숙고하고 있었다.

AQR도 마찬가지였다. 그에 따라 2007년 7월 말까지는 IPO신청을 위한 모든 서류가 준비되었다. IPO는 사실상 거의 완결된 것이나 마찬가지였다. AQR이 해야 될 일은 오직 서류를 증권거래위원회에 송부하고 돈이 들어오는 것을 기다리는 일뿐이었다.

그것도 수십억 달러나 되는 어마어마한 돈을.

* * *

2005년 어느 날, 보아즈 웨인스타인은 끝도 없이 길게 컴퓨터들이 놓여 있는 도이치뱅크 채권부문의 트레이딩 데스크를 돌아다니고 있었다.[주10] 그 데스크에 있던 러시아 출신 트레이더 한 사람은 웨인스타인의 체스 실력이 대단하다는 것을 들은 적이 있었다. 웨인스타인이 자신의 책상 옆에 잠시 멈췄을 때, 그 러시아 친구가 말을 걸었다.

"체스를 아주 잘 두신다면서요?"

"그렇게들 말하지요."

웨인스타인이 말했다.

"저도 체스를 좀 둡니다만, 저랑 한 판 두실까요?"

러시아 친구가 웃으며 말했다.

"좋지요. 그렇게 합시다."

웨인스타인이 아무런 망설임도 없이 대답했다.

아마도 웨인스타인의 침착한 대꾸에 당황했던지, 그 러시아인 트레이더는 이상한 요청을 했는데, 그것은 웨인스타인이 "눈을 가리고" 경기를 해달라는 것이었다. 웨인스타인은 그것이 무엇을 의미하는지 알았다. 그는 실제로 눈을 가릴 필요는 없지만, 체스판을 등지고 앉아서 게임을 해달라는 요구였다. 웨인스타인이 좋다고 동의했다.

시장이 종료된 후, 웨인스타인과 그 러시아인 트레이더는 회의실에서 만났다. 그 게임에 대한 소문이 퍼져나가서 여러 트레이더들이 관전을 하려고 모여들었다. 경기가 진행됨에 따라 더욱더 많은 도이치뱅크의 종업원들이 찾아왔다. 곧 거기에는 수백 명이 모여서, 웨인스타인과 그 러시아인 트레이더가 한 수 한 수 놓을 때마다 응원을 보내면서 누가 이길 것인지 내기들을 걸었다. 경기는 두 시간이나 계속되었다. 경기가 끝났을 때, 승자는 웨인스타인이었다.

그때가 웨인스타인으로서는 가장 좋은 시절이었다. 돈이 끝도 없이 흘러들어왔다. 아름다운 여자들과 데이트도 즐겼다. 그리고 그것은 단지 시작에 불과했다. 도이치뱅크에서의 성공이 더욱 커짐에 따라, 그는 클리프 애스네스가 1998년 골드만삭스에서 가졌던 것과 똑같은 단계를 밟는 것, 즉 모선(母船)에서 내려서 자기 자신의 헤지펀드를 설립하는 것에 대해 생각하기 시작했다.

그가 도이치뱅크에서 구축했던 신용트레이딩 사업은 월가에서도 잘 나가는 사업들 중 하나가 되었다. 최고의 트레이더들이 웨인스타인에게 전화를 걸어서 신용부도스왑, 채권, 주식, 등등 모든 것에 대해 그의 머리를 빌리곤 했다. 그의 그룹은 은행 내부에 설치된 다거래전략 헤지펀드로서 상상할 수 있는 모든 종류의 상품들을 거래하며 300억 달러 가까운 포지션을 운용하고 있었다.

웨인스타인은 월가의 중흥을 이끈 다재다능한 석학으로서의 평판도 얻고 있었다. 그의 프롭트레이딩 팀 역시 실력을 인정받고 있었다. PDT처럼, 그들 역시 자신들만의 비법들을 개발하고 있었으며, 컴퓨터에 능숙한 잘 나가는 퀀트들만이 상상할 수 있는 방법으로 서로의 지적능력을 시험해보고 있었다.

맵테스트(Maptest) 절차를 예로 들어보기로 하자. 맵테스트 웹사이트는 미국의 50개 주들, 모두를 보여준다. 각 주들에는 이름이 붙여져 있지 않았고, 지도의 아래에 주의 이름들이 나열되어 있다. 과제는 주어진 시간 내에 이름을 드래그해서 적절한 주에 가져다 놓는 것이다. 플레이어들은 얼마나 빨리 과제를 완료하는가에 따라 점수를 부여받는다. 게임을 좀 더 재미있도록 하기 위해서, 웨인스타인과 같은 베테랑들은 초보자들의 점수에 대해 베팅을 하곤 한다.

"저 친구 두개골이 얼마나 작은지 잘 보게나."

신입직원이 흥분해서 주의 이름들을 컴퓨터 화면에서 드래그하는 것을 지켜보며 트레이더 하나가 농담을 던진다.

"나는 저 친구가 와이오밍이 어디 있는지 모른다는 데에 100달러를 걸

겠네."

"좋아, 내기를 하세."

웨인스타인은 이 그룹이 지나치게 기술 지향적으로 나가려는 것을 막으려고 노력했고, 그가 행하는 거래들에 대해서도 그 복잡성을 가급적 낮추면서 자신은 결코 퀀트는 아니라고 주장하곤 했다. 그의 이메일에는, "그것은 로켓수술(rocket surgery)이 아닙니다"라는 재치 있는 문구가 포함되어 있곤 했는데, 이는 복잡한 파생상품들로 뇌를 수술하는 로켓과학을 전공한 퀀트라는 표현을 의도적으로 융합시켜 놓은 말이었다.

어떤 사람들은 웨인스타인이 너무 많은 책임을 맡고 있다고 걱정했다. 그는 도이치뱅크의 미국 내 '플로우(flow) 데스크'의 운영도 돕고 있었는데, 이 데스크는 헤지펀드들이나 채권부문의 큰손인 핌코 같은 고객들과의 거래를 취급하고 있었다. 이 일은 웨인스타인을 은행의 자체트레이딩 사업과 고객을 위한 사업을 분리시켜주는 차단벽(Chinese wall)을 초월한 위치에 있도록 만들었다. 웨인스타인이 자신의 직책을 남용했다는 어떤 혐의도 없었다. 그러나 도이치뱅크가 웨인스타인에게 그런 권한을 부여했다는 사실이 수억 달러의 이익을 벌어들이면서 그에게 그 두 가지 일을 다 수행토록 했다는 절박함을 잘 나타내어준다고 하겠다. 큰판을 벌여서 이익을 얻으려는 경쟁이 한때 지극히 보수적이었던 은행들을 레버리지와 파생상품과 돈을 벌기 위해 모든 위험을 기꺼이 감수하려고 하는 젊은 트레이더들을 적극적으로 이용하는 새롭게 개조된 헤지펀드들로 변화시키고 있었다. 그리고 웨인스타인이 그 변화의 중심에 있었다.

그는 도이치뱅크가 이 경쟁에서 뒤처지도록 두지 않았다. 웨인스타인과 그의 프롭데스크 트레이더들은 계속 돈을 벌어들였다. 프롭 사업그룹은 2006년에 9억 달러의 이익을 기록했고, 이 해에 웨인스타인도 약 3천만 달러를 개인적으로 챙길 수 있었다.

그렇지만 그의 관심의 대부분은 프롭데스크에 집중되어 있었고, 따라서 자신들이 충분한 인정을 받지 못하고 있다고 생각하는 플로우 쪽부하들은 소외감을 느꼈다. 2005년에 그는 플로우데스크를 담당할 책임자로 골드만삭스의 스타트레이더였던 데렉 스미스Derek Smith를 채용했는데, 이 일은 자신들이 그 직책에 충분한 자격을 갖추고 있다고 생각하고 있던 여러 트레이더들을 분노케 했다. 도이치뱅크 내에서 웨인스타인에게 적개심을 갖고 있는 사람들의 수가 점점 더 늘어나기 시작했다.

"왜 우리에게 외부인이 필요해?" 그들은 투덜댔다.

웨인스타인의 금전적 인센티브는 프롭데스크 쪽으로 아주 심하게 기울어져 있었다. 웨인스타인에게 지급되는 플로우데스크 직무에 대한 보상은 은행이 재량껏 주는 상여금인데 비해서, 프롭데스크 직무는 이익 중 상당한 비율로 그에게 지급되었다.

웨인스타인이 당시 편협된 시야를 갖고 있었던 데는 충분한 이유가 있었다. 즉 그의 모든 관심은 몇 년 전 클리프 애스네스가 AQR을 발족시키기 위해 골드만삭스와 결별하며 세웠던 전철을 따라 향후 몇 년 내에 자신의 펀드를 설립하는 데에 맞추어져 있었기 때문이다. 웨인스타인은 그의 프롭 트레이딩 그룹의 명칭을 '사바Saba'로 바꾸었다. 사바는 뉴욕, 런던 및 홍콩에 사무실을 두고 약 60명의 사람들이 근무하고 있었다.

그 이름은 월가에서 이 그룹의 브랜드로 통용될 것이며, 나중에 그룹이 도이치뱅크로부터 분리되면 다른 사람들에게 즉시 인식될 것이었다. 사바는 풍부한 재무적 자원과 시타델이나 골드만삭스 같은 강력한 채권트레이딩기관에 필적하는 우수인력들을 보유한 것으로 알려져서 두려움의 대상이 되었다.

웨인스타인은 자신의 성공을 한껏 즐기고 있었다. 이제 돈 많은 한량이 된 그는 매년 여름이면 햄프턴에 다른 별장을 빌리곤 했다. 계속 놀음을 즐겼고, 맷 데이먼과 같은 저명인사들과 큰판들을 벌였다. 큰판들은 물론 포커였다.

보아즈 웨인스타인은 아주 빠르게 지껄이면서 경쾌하게 카드를 돌렸다.[주11] 카드들이 테이블에 놓일 때 그 방 안에는 담배연기가 전혀 없었다. 회사 화장실에서 단 한 개의 담배꽁초를 발견했던 것 때문에 BARRA에의 취직을 거의 포기하려고 했던 건강편집광인 피터 멀러가 결코 흡연을 용인하지 않았기 때문이다.

멀러의 규칙이 퀀트들에게는 전혀 문제가 되지 않았다. 클리프 애스네스나 웨인스타인, 누구도 담배를 피우지 않았다. 그러나 가끔씩, 포커를 끝없는 체인스모킹과 도저히 분리시켜서는 생각하지 못하는 노련한 전문포커꾼은 담배를 피우지 못하고 큰 도박을 하는 고통의 밤을 보내야 하는 경우도 있었다.

2006년 말의 이 특별한 밤에는 오직 퀀트들끼리만 대결하고 있었다. 웨인스타인이 신용트레이딩에서 나오는 기술적 용어인 '상관관계(correlation)'에 대한 이야기를 그의 포커친구들에게 자세히 설명하면서, 좌중을 즐겁게 해주고 있었다.

"그 가정들이란 것이 말도 안 되는 것들이야."

카드뭉치를 테이블에 올려놓고, 자신의 카드를 뽑으면서 그가 말했다.

"상관관계들은 웃기는 거지."

그 모두는 주택가격 폭등에 대한 이야기였다. 주택시장은 여러 해 동안 호황을 누렸고, 남부 캘리포니아나 플로리다와 같이 과열된 지역들에서 열기가 식어가고 있는 것처럼 보였다. 겨우 5년 동안에 전국의 주택가격은 두 배 이상 상승하면서 경제를 이끌어 왔지만, 이제는 더 이상 지속될 수 없는 거품으로 이어지고 있었다. 웨인스타인을 포함하여 더 많은 투자가들은 세균에 감염된 종기처럼 그것이 곧 곪아터질 것이라고 생각하고 있었다.

웨인스타인은 월가의 버블 종말에 대해 독특한 견해를 갖고 있었다. 도이치뱅크는 지나치게 많은 모기지대출을 갖고 있었으며, 그것들 중 일부는 서브프라임 대출들이었다. 2006년에 도이치뱅크는 모기지대출을 최초로 실행하는 기관(mortgage originator)인 채플 펀딩(Chapel Funding)을 인수했고, 히스패닉계들과 이민들을 상대로 주택자금대출을 유치하기 위해서 히스패닉 내쇼널 모기지 어소시에이션(Hispanic National Mortgage Association)과 업무를 제휴했다.

도이치뱅크는 대출금융기관들로부터 모기지대출들을 매수해서, 그 대출들을 유가증권으로 새롭게 포장하고, 그것들을 전 세계 투자자들에게 팔기 위해 각각 다른 부분들로 자르고, 분할하는 증권화(securitization)시장의 큰 손이기도 했다.

은행들이 증권화에 참가하는 한 가지 이유는 토스트 위에 골고루 바른 젤리처럼 위험을 분산시키려는 것이었다. 토스트의 한쪽 부분에만 젤리를 뭉쳐놓아서 모든 보상(또는 토스트에 닥치는 모든 위험)을 한 입에 다 털어 넣도록 하는 대신에, 그것은 다양화라는 퀀트의 마술을 통해서 맛있게 베어 먹을 수 있는 부분을 가급적 많게 하고 위험을 골고루 분산시켜서 더 작아지도록 만들었다.

만일 어떤 투자자가 25만 달러 상당의 서브프라임 모기지 대출한 건을 매입하면 그 투자자는 그 모기지대출이 상환불능상태가 되는 경우, 모든 위험을 혼자서 다 부담해야만 한다. 그러나 각각 25만 달러 상당의 1천 건의 서브프라임 모기지 대출들을 한꺼번에 풀로 만들고, 이를 합쳐서 2억 5천만 달러가 되는 한 장의 유가증권으로 만든다면, 이 유가증권은 여러 개의 지분으로 분할되어질 수 있을 것이다. 한 건의 모기지가 부도가 나서 발생하는 잠재적 손실은 그것이 그 유가증권의 전체 가치 중 아주 작은 부분이라는 사실에 의해서 상쇄될 수 있다.

대개 먹이사슬의 가장 아래 부분에 속하는 유가증권들 중 일부는 부채담보부증권(collateralized debt obligations, CDO)이라고 알려진 더 이해하기 어려운 이상한 묶음들로 만들어지는데, 일부 기초모기지들이 다른 기초모기지들보다 부도가 발생할 가능성이 더 크다는 사실을 감안한 장치였다.

부도가능성이 더 큰 트랑셰(tranche)들은 분명히 더 큰 위험을 보유하고 있으며, 당연한 귀결이지만 이것들은 잠재적 수익이 더 클 수도 있다. 2004년에서 2007년 사이에 수십억 달러 상당의 서브프라임 주택대출들을 기초로 해서 흔히 말하는 이 부채담보부증권들이 만들어졌다. 그러고 나서 부채담보부증권들은 여러 개의 부분들로 쪼개어졌다. 이 부분들 중에는 S&P와 같은 신용평가기관으로부터 AAA(가장 우수한 신용등급-옮긴 이)등급을 받은 최우수 부분도 있었고, 그들 중 일부는 신용상태가 워낙 나빠서 아무런 신용등급도 부여받지 못한 불량 부분도 있었다.

괴이하게도, 신용등급들은 기초대출들의 상대적 질에 바탕을 두고 있지 않았다. AAA등급을 받은 트랑셰들이 최저등급을 받은 트랑셰들과 동일한 가치와 질을 갖는 대출들을 포함했을 수도 있었다. 신용등급은 그것들보다는 대출을 한데 모아놓은 것으로부터 누가 가장 먼저 지급을 받는가에 바탕을 두고 있었다. AAA등급의 트랑셰를 소유한 사람이 지급액 중에서 가장 먼저 자기 몫을 챙겨간다. 차입자들이 부도를 내기 시작하면, 가장 낮은 등급의 트랑셰를 소유한 사람들의 몫에서부터 공제해버린다. 만일 충분히 많은 차입자들이 부도를 내게 되면, 보다 등급이 높은 트랑셰들도 피해를 보기 시작한다.

부채담보부증권들을 이 모든 트랑셰들로 분할하는 복잡한 방식이 갖는 문제점들 중 하나는 트랑셰들 각각에 대해 어떻게 가격을 책정하는가를 알아내는 것이었다. 2000년 경에 퀀트들이 이에 대한 답을 찾을 수 있었는데 그것이 바로 상관관계였다. 트랑셰들 중 작은 하나의 트랑셰에 대한 가격을 입수함으로써, 퀀트들은 트랑셰들이 서로 어떤 상관관계를 갖는지를 봄으로써 다른 모든 트랑셰들에 대한 정당한 가격을 알아낼 수 있었다. 만일 그 대출금의 풀이 5퍼센트의 부도율을 보이기 시작하면, 퀀트들은 그들의 컴퓨터로 각 트랑셰들에 미치는 영향을 계산한 다음, 각 트랑셰가 차지하는 몫 사이의 상관관계를 하나씩 AAA등급까지 파악할 수 있다.

물론, 원래 모기지대출을 받았던 주택소유자들에 의한 부도발생이 개연성 면에서 불량등급 트랑셰들과 AAA등급 트랑셰들은 거의 공통점이 없다고 가정되었다. 달리 말하면, 그들 사이의 상관관계는 극도로 낮아서 거의 영(0)에 가깝다는 것이었다.

웨인스타인과 도이치뱅크의 몇몇 다른 트레이더들(과 다수의 현명한 헤지펀드들)은 대부분 모형들의 상관관계가 크다는 것을 파악했다. 그들이 부채담보부증권들에 포함된 많은 대출들을 들여다보았을 때, 그들은 대부분 대출들이 너무도 취약하고 유사해서, 그 중 일부분에라도 문제가 생기면 전체 대출이 부실화될 것이라는 사실을 발견했다. 너무도 많은 불량대출들이 부채담보부증권들에 포함되어 있었기 때문에 겉으로 보기에 안전한, 우량등급 트랑셰들의 보유자들이라 할지라도 손해를 보도록 되어 있었다. 다시 말하면, 상관관계들이 너무 높았다. 그러나 그 트랑셰들을 매수하거나 매도하는 사람들은 상관관계들이 아주 낮다고 잘못 생각하고 있었다.

웨인스타인에게 그것은 장사꺼리가 된다는 것을 뜻했다. 보다 까다로운 퀀트연금술을 통해서, 웨인스타인이 애호하는 방법, 즉 신용부도스왑을 이용해서 부채담보부증권 트랑셰들을 공매도할 수 있는 방법들이 있었다. 한 단위의 스왑이나 묶음으로 만들어진 스왑들을 매수함으로써, 웨인스타인은 기초서브프라임 대출들에 대한 보험을 효과적으로 들 수 있었다. 만일 그 대출들이 웨인스타인이 생각하고 있는 대로 부실화 된다면, 보험금을 탈 수 있을 것이었다. 간단히 말하면, 웨인스타인은 시장이 서브프라임 모기지시장의 위험성을 과소평가하고 있다는 데 베팅을 하고 있었다.

웨인스타인에게 더욱 유리했던 것은, 대부분의 트레이더들이 주택시장과 그 모든 대출들을 묶어놓은 부채담보부증권들에 대해 너무도 열광적이었기 때문에, 시장에서 공매도를 하는 비용이 아주 저렴했다는 사실이었다. 웨인스타인은 이것을 거의 손실을 볼 가능성이 없는 베팅으로 보았다. 거대한 수익이 얻어질 수 있었다. 그리고 만약 그의 판단이 틀렸더라도, 그로서는 보험증서를 매입하기 위해 지급한 아주 적은 금액만 잃으면 되는 것이었다.

"우리 도이치뱅크에서는 이 사업에 돈을 걸고 있어."

웨인스타인은 손에 든 카드를 보면서 말했다.

애스네스와 멀러는 고개를 끄덕였다. 그것은 전형적인 퀀트들의 사업이야기, 즉 한 트레이더가 그의 친구들에게 괜찮아 보이는 새로운 베팅에 대해 설명하지만, 듣는 사람들은 따분해 하는 그런 이야기들이었다. 이제는 손에 쥐고 있는 사업을 해야 될 시간이었다. 그 순간 그들의 관심을 끄는 유일한 베팅은 테이블 한복판에 쌓여 있는 수천 달러의 칩뿐이었다.

웨인스타인은 손에 든 카드를 쳐다보고서는 얼굴을 찡그렸다. 별 볼일 없는 카드였기에, 그는 카드를 덮어버렸다.

"천 달러 더 받지."

애스네스가 칩더미에 다시 칩들을 추가하면서 말했다.

의자에 편히 앉아서 초조하게 웃음을 지으며, 얼굴이 붉게 상기되는 애스네스를 멀러는 응시했다.

'한심한 클리프. 그가 블러핑을 언제 하는지를 아는 것은 너무도 쉽다. 저 친구는 어떤 경우에도 포커페이스는 못 되는군.'

"콜!"

멀러가 애스네스의 고뇌에 찬 신음소리를 향해 또 한 번 승리의 카드를 던져 보여주며 말했다. 멀러가 연승 행진을 이어 가고 있었으며, 그는 자신의 앞에 계속 쌓여가는 칩 더미 위로 판에 있는 칩들을 끌어가며 미소를 지었다.

9장

미래를 위해 행운을 빌어주다

J.P.모건의 퀀트들이 그동안 고안되었던 금융상품들 중 가장 이상하고 궁극적으로 가장 파괴적인 상품들 중 하나인 '합성(synthetic) 부채담보부증권'이라는 것까지 만들어내었을 때, 부채담보부증권들은 완전히 새로운 반전을 겪게 되었고, 이제 부채담보부증권은 더 이상 괴이해질 수 없는 극한 상태에까지 다다르게 되었다.

부채담보부증권의 건전성에 대해 2007년에 우려를 표시하고 있었던 사람이 보아즈 웨인스타인만은 아니었다. 1980년대에 라이어스 포커를 꺾었던 아론 브라운도 증권화가 시작된 거의 초기부터 이 분야에 관심을 갖고 있었다. 여러 해 동안 그는 부채담보부증권 부문이 더욱 크게 성장하고, 동시에 현실과 더욱 괴리되는 모습을 커지는 공포심을 지니고 지켜보았다. 2007년 무렵, 브라운은 위험관리자로 모건스탠리에서 근무하면서, 서브프라임 모기지에 노출된 모건의 위험에 대해 더욱 불안해하고 있었다. 그것 때문에 그는 모건을 그만둘 마음의 준비까지 하고 있었다.

그는 IPO를 실시하기 위해 직원을 보강하고 있던 한 헤지펀드에 자리를 얻기 위해 그 펀드의 실무자와 이미 협의를 하고 있었는데, 그 펀드가 바로 AQR이었다. 클리프 애스네스의 회사는 국제적인 위험 관련 규정들과 같은 골치 아픈 이슈들을 처리하기 위해서 위험관리부문의 베테랑을 찾고 있었다. 브라운은 그 아이디어가 마음에 들었다. 헤지펀드에 근무해 본 적이 없었던 그로서는 그 일을 꼭 해보고 싶어했다. 2007년 6월에 그는 위험담당최고책임자(chief risk officer)로 AQR에 합류했다.

브라운은 그 나름의 실력을 갖춘 최고의 퀀트투자기구로서의 AQR의 명성을 잘 알고 있었다. 그러나 그는 모건스탠리처럼 AQR도 위험이 부글부글 끓고 있는 도가니 위에 올라앉아 있다는 사실에 대해서는 전혀 모르고 있었다.

시애틀에서 성장한 브라운은 야구기록, 기상도(氣象圖), 주식시세표 등 숫자로 표시된 모든 것들에 정신을 빼앗기는 아이였다.[주1] 그는 그 숫자들이 나타내는 사건들, 예컨대 굿바이홈런, 허리케인이 할퀴고 간 트레일러파크(이동주택차량용단지), 라이벌 기업들 간의 합병 등에는 거의 관심을 두지 않았다. 그의 호기심을 자극했던 것은 숫자들의 배치, 즉 숫자들의 배후에 일종의 비밀스러운 지식이 숨겨져 있을 것이라는 상상이었다. 수학에 대한 그의 사랑은 마침내 그를 에드 소프의《딜러를 이겨라》로 이끌었다. 그가 읽었던 책들 중에서 그에게 가장 큰 영향을 준 책이었다.

게임으로 수학을 사용해서 돈을 벌 수 있다는 아이디어에 정신이 완전히 빼앗겨버린 그는 이 책에 순식간에 빨려들었다. 소프의 카드카운팅에 통달한 후, 그는 포커로 옮겨갔다. 그는 이미 14세 때에 시애틀의 비밀도박장들을 정기적으로 드나들었다. 시애틀은 선원들과 신세타령만 하는 단기 체류자들 및 전 세계를 유랑했던 약삭빠른 사람들로 가득 찬 항구도시였다. 브라운은 남자다움에 있어서는 그들과 도저히 겨룰 수 없었지만, 수학이나 직관에서는 그들을 압도했다. 그는 다른 사람들이 가진 패를 추리해내는 것뿐만 아니라 상대방들의 포커페이스를 읽는 데에도 다른 사람을 훨씬 능가하는 등 자신이 도박에 엄청난 소질이 있다는 것을 깨달았다. 그는 멀리 떨어져서도 블러핑을 하고 있다는 것을 알아차릴 수 있을 정도였다.

1974년에 우수한 성적으로 고등학교를 졸업한 그는 대학입학시험에서 만점을 획득하고 바로 하버드대학에 입학했다. 그는 사회적 네트워크들에 계량적 모형들을 적용했던 사회학자인 해리슨 화이트 교수 밑에서 공부를 했고, 하버드경영대학원 포커모임의 정례멤버였던 조지 W. 부시가 포함된 하버드의 포커판에도 끼어들었다. 사실, 부유한 집안에서 자란 하버드의 샌님들은 브라운에게 돈을 잃어주려고 작정을 한 사람들처럼 보였고, 그는 즐거운 마음으로 그들의 호의를 받아들였다. 그러나 그의 입맛에는 대체로 판돈이 너무 적었고, 게임 내용도 너무 시시했다. 그는 나중에 마이크로소프트 창업주가 되는 빌 게이츠가 하버드대학 기숙사인 커리어하우스에서 운영하던 판에도 들어가 보았지만, 그 판은 너무 엄격하고 너무 깐깐했다. 별 볼일 없이 신경만 날카로운 꺼벙한 친구들이 폼만 잡는다고 그는 생각했다.

1978년에 하버드를 졸업한 후, 브라운은 버지니아 주 북부에 있는 컨설팅회사인 아메리컨 매니지먼트 시스템즈(American Management Systems)에 취직했다. 하지만 브라운은 하고 있던 일에 만족하지 못했고, 학계 쪽으로 마음이 끌리는 것을 느꼈다. 그는 1980년에 시카고대학 대학원에 진학해서 경제학강의를 듣기 시작했다. 브라운은 시카고에서 스톡옵션의 신비스러운 세계에 매혹되었다. 그는 소프의《시장을 이겨라》를 찾아 읽고서, 주식워런트와 전환사채의 가격결정에 대한 이 책의 테크닉들을 바로 익혔다. 그는 얼마 안 가서 옵션트레이딩에 도통하게 되었고, 당장 학교를 그만두고 전업트레이더로서의 길을 걸을까도 고민했다. 그러나 그는 시카고대학에서의 학업을 일단 마치기로 작정하고 트레이딩은 당분간 부업으로만 하기로 했다.

그렇지만 브라운은 학계에 평생을 투신할 생각은 없었다. 옵션트레이딩에 대한 그의 경험은 그에게 진짜내기에 대한 맛을 안겨주었다. 미국 전역의 밀실에서 여러 해 동안 포커와 블랙잭을 즐겼던 그는 세계 최대의 카지노, 즉 월가가 그를 유혹하는 노래를 부르는 것을 들었다. 1982년의 졸업 후, 그는 뉴욕으로 옮겨갔다. 뉴욕에서의 첫 직장은 프루덴셜보험회사(Prudential Insurance Company of America)에서 대기업들의 연금펀드관리를 지원하는 일이었다. 몇 년 뒤, 그는 뉴욕의 소규모 투자자문사인 르페르크 드 뇌플리즈(Lepercq, de Neuflize)의 모기지리서치 부문 책임자로 옮겼다.

직장을 옮길 때마다, 브라운은 퀀트의 세계에 더욱 깊이 빠져들었다. 그 당시 퀀트들은 대부분의 회사들에서 실제 돈을 운용하는데 따르는 위험을 감당할 배짱이 없는 컴퓨터만 잘 다루는 얼간이 이류시민들처럼 취급을 받고 있었다. 브라운은 그가 하버드에서 속여먹곤 했던 부자친구들과 같은 부류들이 라이어스 포커와 같은 트레이딩 플로어 게임에서 퀀트들을 갖고 노는 것을 보는데 넌더리가 났다. 그때가 바로 그가 퀀트마법으로 라이어스 포커를 깨부수기로 작정했던 바로 그 시기였다.

르페르크에서 그는 새로운 퀀트기법을 익혔는데, 바로 증권화라는 검은 마법이었다. 증권화는 1980년대 중반의 월가에서 각광받기 시작한 새로운 비즈니스였다. 은행가들은 저축금융기관들이나 상업은행들로부터 모기지와 같은 대출들을 사들여서 그것들을 한데 뭉쳐서 유가증권(그래서 증권화라는 이름이 생겨났음)들로 만들었다. 그들은 그 유가증권들을 여러 개의 트랑셰로 분할해서 그것들을 연금펀드나 보험회사 같은 기관투자자들에게 팔았다. 브라운은 모기지들을 묶음으로 만드는 데 필요한 모든 기법들을 빠르게 습득했다.

증권화 붐이 일기 전에는 주택대출들이 싼 이자율로 빌려서 비싼 이자율로 대출하는 오랜 전통을 자랑하는 지역에 기반을 둔 대출기관들의 주된 사업영역이었다. 대출은 은행에 의해서 제공되었으며 그 대출의 상환이 만료될 때까지 그 은행이 보유했다. 프랑크 카프라 감독의 고전적 영화 〈멋진 인생(It's a Wonderful World)〉에 나오는 지미 스튜어트와 베일리저축대부조합을 생각해 보라. 그것은 지역의 은행가들이 소위 '3의 법칙(rule of threes)'에 따라, 즉 3퍼센트의 이자율로 예금을 수취해서, 그 돈을 3퍼센트 높은 이자율로 주택구입자들에게 대출하고, 오후 3시가 되면 골프장에 나간다는 우스갯말처럼 큰 변화가 없는 안정된 사업이었다.

그러나 베이비붐 세대들이 1970년대에 새 집을 구매하기 시작하면서, 월가는 새로운 사업기회를 발견했다. 많은 저축대부조합(savings and loans association, S&L)은 충분한 자금을 갖고 있지 못했으며, 특히 캘리포니아와 플로리다 등 선벨트(Sun Belt) 지역이 특히 더 그랬다. 반면에 러스트벨트(Rust Belt) 지역의 S&L들은 적은 수요에 비해 너무 많은 자금들을 보유하고 있었다. 밥 돌Bob Dall이라는 살로몬의 한 채권트레이더가 증권화라는 금융연금술을 통해서 이들 둘을 결합시킬 수 있음을 발견했다. 살로몬이 중개기관이 되어서 잠자고 있는 자산들을 러스트벨트에서 선벨트로 이전시키고, 그 과정에서 수수료를 챙기자는 것이었다. 새롭게 만들어지는 채권들을 거래하기 위해서, 그는 살로몬의 공익기업채권(utility bond 전기, 가스, 전화 등 정부의 규제 하에 공익사업을 수행하는 공익기업에 의해 발행된 장기채권-옮긴 이) 데스크에서 근무하고 있던 브루클린 출신의 당시 30세였던 루이스 라니에리Lewis Ranieri에게 눈을 돌렸다.

그 후 몇 년 동안, 라니에리와 그의 동료들은 은행가들과 입법자들에게 그들의 대담한 비전을 호소하면서 미국 전역을 찾아다녔다. 지역은행들과 저축금융기관들이 실행한 모기지대출들을 살로몬이 사들였고, 그것들을 거래 가능한 채권들로 새롭게 포장을 바꾸어서 전 세계에 팔았다. 그리고 이 일에 관련된 모든 사람들이 행복해 했다. 주택소유주들은 자주 더 낮은 이자율로 대출을 받을 수 있었는데, 이는 월가로부터 대출에 대한 더 많은 수요들이 있었기 때문이었다. S&L들은 부도위험이 투자자들에게로 넘어가버림에 따라 더 이상 차입자들의 부도에 대해 두려워하지 않게 되었다. 투자은행들은 중간에서 짭짤하게 중개수수료를 챙겨갔다. 그리고 투자자들은 자신들의 수요에 맞추어 만들어진 상대적으로 위험이 낮은 자산들을 확보할 수가 있었다. 그것이 바로 퀀트들이 제공해 준 천국이었다.

살로몬의 마법은 거기서 끝나지 않았다. 언제나 새로운 고객들을 유인하고, 번쩍거리는 새로운 모델의 신차들로 매출을 늘리려는 자동차판매사원들처럼, 그들은 저당권부유가증권(mortgage backed securities, MBS)들의 풀의 상이한 묶음들을 이용해 만들어진 채권 비슷한 증권들인 모기지담보부증권(collaterrized mortgage obligation, CMO)이라는 것을 만들어내었다. (MBS는 여러 개의 트랑셰로 분할된 대출의 묶음을 말하고, CMO는 그보다 더 많은 묶음들로 잘라진 묶음들을 다시 합쳐놓은 덩어리를 말한다.) 최초의 CMO거래는 약 2천만 달러 상당의 네 개의 트랑셰로 되어 있었다. 이 트랑셰들에는 다양한 신용도와 만기에 따라 각각 다른 이자율이 적용되었으며, 언제나 그렇듯이 더 큰 위험을 갖는 트랑셰에 대해서는 더 많은 보상이 주어졌다. 최소한 은행 입장에서의 부대적인 이점은 이들 CMO를 매수한 투자자들이 기초대출들이 부도가 나거나 또는 이자율이 하락해서 차입자들이 보다 싼 대출로 옮겨가기 위해 그들의 차입금을 차환하는 경우 발생하는 위험을 부담해준다는 점이었다.

그 부분이 바로 브라운 같은 퀀트들이 이 비즈니스에 처음으로 역할을 하게 되는 부분이었다. 라니에리가 말했듯이, "모기지는 곧 수학"이었다. 교묘하게 만들어진 이 트랑셰들의 복잡성이 더욱 높아짐에 따라(얼마 안 있어서 각각 상이한 위험과 수익률들이 혼합되어 있는 100개의 트랑셰로 구성된 CMO들도 등장하게 된다), 정말로 골치 아픈 일은 이들 각각의 트랑셰에 대해 가격을 책정하는 방법을 찾아내는 과제였다. 퀀트들은 계산기를 들고, 미분책을 샅샅이 훑어서 그 해법들을 찾아냈다.

수학의 고수들이 책임을 지고 있었기 때문에, 확률 상 약간의 차이가 있을지는 몰라도 몇 년마다 발생하는 파산을 예상할 수 있는 그것은 비교적 안전한 비즈니스였다. 브라운은 르페르크의 증권화사업부문을 안정적으로 이끌어 갔다. 이 은행은 미국 전역의 지방은행들과 긴밀한 관계를 유지하고 있었다. 만일 브라운이 자신이 패키지화하고 있는 대출에 대해 의문점이 있으면, 그는 취급은행 담당자에게 직접 전화를 걸어서 그것에 대해 물어볼 수 있었다.

"물론이지요. 내가 그 집을 전에 직접 방문했었는데, 그가 분명 새 차고를 짓고 있었습니다."

이렇게 그 은행 직원은 말을 해주었을 것이다.

그러나 1980년대 말에 살로몬이 대대적으로 모기지증권화 사업을 확대했을 때, 르페르크의 비즈니스는 큰 타격을 입었다. 살로몬은 자기네들이 입수할 수 있는 모든 대출에 대해 가격을 제시하면서, 수십억 달러를 이 사업에 쏟아 부었다. 살로몬이 행하는 한 건의 거래가 르페르크의 1년 물량과 비교가 될 정도였다. 따라서 르페르크와 같은 소규모 딜러들은 경쟁을 할 수가 없었다. 살로몬은 브라운이 거래하고 있던 은행가들에게 그들이 취급한 대출에 대해 보다 좋은 조건만 제시한 것이 아니라 그 은행들을 통째로 사버렸다. 그리고 그것은 주택모기지에만 그치지 않았다. 증권화는 금융산업의 미래였으며, 미래는 누구든지 공급을 좌우하는 자들의 것이었다.

살로몬은 곧 사람들이 알고 있는 모든 형태의 대출, 즉 신용카드, 자동차할부금융, 학자금대출, 정크본드 등 모든 것들을 증권화하고 있었다. 이익이 계속 증가함에 따라, 살로몬의 욕심과 위험을 무릅쓰려는 무모함도 커져갔다. 1990년대에 들어서면서, 살로몬은 나중에 서브프라임이라고 알려지게 되는 한계차입자들에 대한 보다 위험한 대출들도 증권화하기 시작했다.

월가의 증권화도사들은 '부외자산회계(off-balance-sheet accounting)'라고 하는 상대적으로 새로운 회계적인 속임수도 악용했다. 은행들은 카이만 군도나 더블린과 같은 역외조세피난처에 신탁회사나 명목상의 회사들을 설립했다. 신탁회사는 (자금이체라는 사이버 마술을 활용해서) 대출들을 매입하고, 그것들을 일종의 '창고'에 보관한 후, 마치 크리스마스 선물처럼 그 대출에 멋진 리본까지 매달아서 새로 포장을 했다. 은행은 대출을 소유하지 않기 때문에, 자신의 대차대조표에 많은 자본금을 유지할 필요가 없었다. 은행은 단순히 중개인의 역할만 하면서, 증권화라는 아무런 마찰도 없고 눈에도 보이지 않는 방법으로 매수자들과 매도자들 사이에서 자산들을 이전시켰다.

이 시스템은 달콤한, 정말로 달콤한, 수수료 덕택에 너무도 수익성이 좋았다. 아론 브라운과 같은 사람들은 이 일에 달려들었다.

그러나 브라운은 그 일을 그만두는 쪽을 택했다. 그가 르페르크를 떠난 후 몇몇 상위기업들이 그에게 새로운 일자리를 제시했지만, 월가의 치열한 생존경쟁에서 벗어나고 싶었던 그는 그 제안들을 거절했다. 그는 맨해튼의 포드햄대학과 예시바대학에서 재무와 회계학을 가르치기 시작했고, 동시에 특이한 컨설팅직무를 맡으면서 그가 좋아하는 게임들도 계속 즐겼다. J. P. 모건을 위한 컨설팅을 수행하면서, 그는 나중에 리스크메트릭스RiskMetrics라는 최고의 독립적인 리스크관리회사가 되는 혁명적인 위험관리시스템의 설계를 지원했다.

한편, 증권화업무는 연방정리신탁공사(Resolution Trust Corporation,

RTC)가 부도가 발생한 S&L들로부터 4천억 달러 이상의 대출을 넘겨받았던 때인 1990년대 초에 큰 성장세를 보이기 시작했다. RTC는 수익률이 높고 위험한 대출들을 한데 묶어서, 투자자들의 입맛에 적합하도록 만든 후, 불과 몇 년도 안 되어 이들 대출을 모두 팔아치웠다.

1998년에 브라운은 신용파생상품에 손을 대기 시작했던 상당히 보수적인 네덜란드계 은행인 라보뱅크(Rabobank)에 대한 컨설팅을 맡았다. 이 때 그는 신용부도스왑이라는 흥미진진한 새로운 세계를 접하게 되었고, 이 새로운 파생상품을 위한 여러 개의 트레이딩시스템을 개발했다. 그 당시까지도 이 부문 스왑시장은 여전히 개척기였고, 조금만 머리를 써도 따먹을 수 있는 낮은 나무에 과일들이 잔뜩 달려 있었다.

신용부도스왑은 대단히 복잡한 상품처럼 들리지만, 사실은 비교적 단순한 상품이다. 예컨대 본드 씨 일가라는 한 가족이 당신 이웃에 최근에 신축된 1백만 달러나 나가는 아름다운 새 집으로 이사를 온다고 가정하자. 지역은행은 본드 가족에게 모기지를 제공했다. 문제는 그 은행이 이미 너무도 많은 대출들을 갖고 있기 때문에, 대출들 중 일부를 대차대조표에서 제외시키기를 원한다. 그러면 은행은 당신과 당신의 이웃들에게 접근해서 혹시 당신이 본드 일가가 어느 날 부도가 날 수도 있는 가능성에 대해 보험을 제공해줄 의향이 있는지 묻는다.

물론 은행은 당신에게 수수료를 지급할 것이지만, 그 수수료가 터무니없을 정도로 많은 금액은 아니다. 본드 부부는 직업이 있고, 모두 열심히 일하는 사람들이다. 또 경기도 아주 좋은 상태이다. 당신은 그 거래가 좋은 조건이라고 생각한다. 제의를 받아들이자 은행은 당신에게 1년에 1만 달러를 수수료로 지급하기 시작한다. 만약 본드 부부가 대출에 대한 상환을 이행하지 않으면, 당신이 1백만 달러를 대신 물어내야 하지만 본드 부부가 그들의 모기지에 대해 지급을 계속하는 한 당신은 아무 문제가 없다. 그것은 거의 공짜 돈이나 마찬가지이다. 지금 당신은 본드 부부의 주택에 대한 신용부도스왑을 매수한 것이다.

어느 날 당신은 본드 씨가 아침에 직장에 나가지 않는 것을 보게 된다. 나중에 당신은 그가 실직을 했다는 것을 알게 된다. 갑자기 당신은 자신이 1백만 달러짜리 낚시줄에 걸려든 것이 아닌가 걱정을 한다. 그러나 잠시 기다리기 바란다. 당신보다 본드 가족을 더 잘 안다고 생각하는 또 다른 이웃은 본드 씨가 곧 다시 일자리를 얻을 것이라고 확신하고 있다. 그는 본드 씨의 주택대출에 대한 당신의 책임을 정당한 보수가 주어진다면 떠맡으려고 한다. 그는 본드네의 모기지에 대한 보험을 제공하는 대가로 연 2만 달러를 원한다. 그것은 당신이 연 1만 달러씩을 추가로 부담해야 된다는 것을 의미하기 때문에 당신으로서는 좋지 않은 소식이지만, 당신은 만일의 경우라도 그 1백만 달러 모기지에 대해 지급하기를 원하지 않기 때문에 그렇게 하는 것이 충분한 가치가 있다고 생각한다.

환영합니다. 이제 당신은 신용부도스왑의 세계로 완전히 들어 왔습니다.

웨인스타인과 같은 많은 신용위험스왑 트레이더들은 채권이나 모기지에 대한 손실로부터 그들 자신을 보호하는 상황에 실제로 들어가지는 않았다. 이들 투자자는 실제로 부채를 최초로 보유하지도 않았다. 그 대신, 그들은 어떤 회사가 부도가 날 것인지 아닌지에 대한 인식에 대해 베팅을 하고 있었다.

이 모든 것들이 충분히 이상하지 않다면, 신용부도스왑이 증권화와 만났을 때 그것들은 진실로 현실을 벗어난 또 다른 무엇이 돼버린 것을 보자. 브라운은 은행들이 증권화된 대출들을 '부채담보부증권(負債擔保附證券; collateralized debt obligations, 부채담보부증권)'이라고 부르는 상품으로 바꾸기 시작하는 것을 지켜보았다. 부채담보부증권들은 브라운이 1980년대에 처음 만나게 되었던 CMO와 비슷했다. 그러나 부채담보부증권들은 보다 다양해서 모기지에서 학자금대출 및 신용카드대출까지 어떤 종류의 부채도 포장을 새롭게 해서 새 상품처럼 만드는데 사용될 수 있었다. 일부 부채담보부증권들은 다른 부채담보부증권들의 부분으로 구성되어 있는 마치 프랑켄쉬타인과도 같이 변형된 존재인 (부채담보부증권 squared; 다른 부채담보부증권들에 투자하는 부채담보부증권을 의미함-옮긴 이)가 되었다. 그리고 어떤 경우에는 부채담보부증권들의 부채담보부증권들의 부채담보부증권 즉 도 생겨났다.

J. P. 모건의 퀀트들이 그동안 고안되었던 금융상품들 중 가장 이상하고 궁극적으로 가장 파괴적인 상품들 중 하나인 '합성(synthetic) 부채담보부증권'이라는 것까지 만들어내었을 때, 부채담보부증권들은 완전히 새로운 반전을 다시 겪게 되었고, 이제 부채담보부증권은 더 이상 괴이해질 수 없는 그런 극한상태에까지 다다르게 되었다.

1990년대 중반에, J. P. 모건의 뉴욕 본사에 있던 한 금융공학자 그룹은 은행들이 홍역을 치르고 있던 문제, 즉 아주 적은 수익만 올려주는 은행 대차대조표 상의 거대한 대출금 항목을 제거할 수 있는 방법을 모색하기 시작했다. 은행은 자본준비율 요건에 따라서 대출을 행할 수 있는 능력에 대해 제한을 받기 때문에, 이들 대출이 은행의 발목을 잡고 있었다. 대출들의 위험을 완전히 제거할 수 있는 방법이 있다면, 이 문제는 해결될 수 있는 것이 아닐까?

여기에 신용부도스왑을 대입해 보자. J. P. 모건은 스왑을 이용해서 합성부채담보부증권을 만들어내는 참신한 아이디어를 생각해내었다. 이 스왑들은 J. P. 모건의 대차대조표 상에 잠자고 있던 대출들과 연계되어서, 부채담보부증권으로 재포장되었다. 투자자들은 채권들의 실제 묶음들을 매수하는 대신에, 즉 채권으로부터 수익을 수령하고 부도의 위험도 부담하는 대신에, 채권의 묶음에 대해 보험을 제공하기로 약속하고 이에 따르는 보험료를 받기로 약속하는 것이었다.

다시 말하면, 앞에서 본드 부부가 소유했던 것과 같은 모기지(또는 기업채무나 신용카드채무와 같은 종류의 대출들)의 묶음들과 연계된 수천 개의 스왑들을 상상해 보자.

투자자들에게 합성부채담보부증권들의 조각들을 나누어 판매함으로써, J. P. 모건은 그가 자신의 대차대조표에 보유했던 대출의 위험으로부터 벗어날 수 있었다. 이 은행은 사실상 그 대출들에 대해 보험을 제공받았기 때문에, 대출보유자가 부도가 날지도 모른다는 위험에 대해 더 이상 염려할 필요가 없게 된 것이었다. 또한 은행은 자본을 더 많은 대출들을 만들어내는

데 사용할 수 있게 되고, 그로 인해 더 많은 수수료도 챙길 수 있게 되었던 것이다.

그것은 이론상으로는 정말 멋진 아이디어였다. 1997년 12월에 J. P. 모건 뉴욕의 파생상품데스크가 자신의 금융공학상의 걸작을 하나 공개했다. 그것은 브로드 인덱스 시큐어드 트러스트 오퍼링(Broad Index Secured Trust Offering)이라는 긴 이름을 갖는 것이었는데 그들은 이것을 줄여서 비스트로(Bistro)라 불렀다. 비스트로는 일종의 산업화된 위험관리수단으로 은행의 신용위험을 모두 제거해버리는 고성능진공청소기 같은 것이었다. 최초의 비스트로 거래는 J. P. 모건이 자신의 대차대조표에 있던 100억 달러 상당의 대출자산 중 거의 10억 달러를 없앨 수 있도록 해주었다.[주2] 이 은행은 우수신용등급인 '우량선순위(super-senior)' 트랑셰의 형태로 합성부채담보부증권의 일정부분을 보유했는데, 그것은 너무도 안전해서 부도가 날 가능성은 사실상 없다고 간주되었다. 이 교묘한 잡탕증권은 2007년과 2008년의 신용붕괴 시에 결정적 역할을 담당하게 된다.

1998년에 러시아정부는 파산을 선언했고, 이와 거의 동시에 LTCM이 붕괴되었다. 이에 따른 혼란이 (보아즈 웨인스타인의 극적인 등장을 위한 무대를 제공하면서) 신용파생상품의 성장을 더욱 가속시켰다. 이 고전적 형태의 스왑들이 부도위험으로부터 일종의 보장책이 되었기에, 모든 이들이 이것들 중 일부라도 보유하기를 원했다. J. P. 모건은 자신의 대차대조표에서 대출자산을 비스트로를 통해 제거함과 동시에 새로운 상품들을 금융시장에 계속 등장시켰다. 다른 은행들도 재빨리 이런 움직임을 뒤따랐다. 웨인스타인

같은 트레이더들이 그것들에 대한 가격결정이 제대로 되었는지에 대해 베팅을 했던 신용부도스왑에 대한 유통시장도 생겨났다.

한편, 2000년에 브라운은 시티그룹에서 다시 상근직책을 맡아서 세계 최대 규모인 시티은행의 전체 위험관리시스템을 관장하게 되었다. 그가 확인한 바로 시티그룹은 대부분의 위험들을 제대로 관리하고 있었다. 그러나 은행업무들 중에 한 부문이 그의 신경을 거슬리게 했는데, 그것이 바로 증권화였다. 이 은행의 증권화 활동들은 역외계정에 '부외자산'을 발생시켰기 때문에, 일부 투명성이 결여된 부분이 있었다. 어떤 일들이 벌어지고 있는지, 얼마나 큰 위험을 부담하고 있는지를 정확하게 파악할 수가 없었다. 이에 대해 때때로 관리자들에게 불평을 늘어놓는 이외에 그로서는 할 수 있는 일이 거의 없었다. 그러나 누가 그의 말을 제대로 듣고 있었겠는가? 사업이라는 것은 이익을 좇는 것이기 때문에 문제점만 제기하는 사람은 어디에서고 무시될 수밖에 없었다.

브라운은 그가 1980년대에 함께 했던 상대적으로 안정적인 금융시스템이 파생상품을 잔뜩 떠안고서 부채를 지속적으로 만들어내는 괴물로 바뀌어 있는 것에 주목했다. 은행들은 상상이 가능한 모든 괴상한 파생상품들을 다 취급하고 있었다. 파산이 더욱 빈번하게 발생했지만, 그것들은 계속 유입되는 엄청난 규모의 현금들 때문에 별것 아닌 것처럼 보였다. 카지노는 영업을 하기 위해 계속 문을 열어두고 있었다. 아니 오히려 그들은 자신의 트레이더들이 새로운 상품들을 도입해서 돈을 끌어들일 수 있도록 더 많은 방법들을 모색하고 있었다. 예컨대, 서브프라임이 바로 그것이었다.

그렇지만 대부분의 월가 사람들처럼, 아론 브라운도 외견상 끝없이 이익을 창출해줄 수 있을 것으로 보이는 천재적인 거래기법들에 의해서 분별력이 흐려져 버렸다. 진실로, 파티의 흥을 깨는 몇몇을 제외하고는 사실상 모든 퀀트업계가 전폭적으로 파생상품의 폭발적 성장을 반기고 있었다. 계속 커져만 가는 복잡성은 그들에게는 전혀 문제가 되지 않았다. 오히려 그들은 이를 반기고 있었다.

그러나 상식을 벗어난 계량적 창의성의 가장 좋지 못한 예가 J. P. 모건이 개발했던 비스트로와 같은 합성부채담보부증권들이었다. 서로 꼬이고 여러 갈래로 분할된 스왑들과 채권들의 복잡성 때문에, 이 모든 조각들에 적절한 가격을 매기는 것은 아주 어려운 일이었다. 가장 큰 문제가 몇 년 후 웨인스타인이 주목했던 바로 상관관계였다. 부채담보부증권에 포함된 대출들 중 어느 한 부분이 악화되면, 부채담보부증권의 대출들 중 남은 부분들에서 문제가 발생할 확률은 얼마나 될 것인가? 그것은 사과주머니에 들어 있는 사과들 중 몇 개가 썩어가기 시작하면, 주머니 속의 사과 모두가 썩어 들어가지 않을까를 묻는 것과 같은 문제였다.

당연히 한 퀀트가 그들 모두에게 줄 명쾌한 해법을 갖고 차례를 기다리고 있었다. 그러나 그 해법이 몇 년 후에는 글로벌신용시장 전체를 구덩이로 빠져들게 한다.

그 해법은 캐나디안 임페리얼 뱅크 오브 커머스(Canadian Imperial Bank of Commerce, CIBC) 뉴욕본부에 근무하고 있던 금융공학자로 중국계 퀀트인 데이비드 리David X. Li가 찾아냈다.[주3] 서로 관련되어 있는 모든 조각들에 대한 가격결정을 위해서 골머리를 앓게 만드는 극도로 어려운 요인을 모형화하는 대신에 리는 복잡하게 뒤엉켜져 있는 부채담보부증권 트랑셰들에 대한 가격결정을 즉시 할 수 있는 잠정적인 해결책을 제시했다.

리는 이 문제를 생존분석(survival analysis; 생명체들의 사멸에 이르는 시간을 대상으로 하는 통계분석의 일종-옮긴 이)이라고 불리는 보험수리학(acturial science) 분야의 전문가들인 학계 출신의 동료들과 자주 토의했다. 그들이 연구했던 한 가지 개념은 배우자가 사망하면, 사람들은 그들과 동년배인 다른 사람들에 비해서 빨리 사망하는 경향을 나타낸다는 사실이었다. 다시 말하면, 그들은 배우자들 사이의 사망의 상관관계를 측정하고 있었다.

배우자들의 사망과 신용부도스왑 사이의 연계는 최선의 퀀트마법이 될 수도 있었고, 최악이 될 수도 있었다. 리는 이 모형이 기초대출에 연계된 신용부도스왑의 가격을 측정함으로써 부채담보부증권들의 트랑셰 사이의 상관관계를 어떻게 배분할 수 있는지 보여준다고 설명했다. 신용부도스왑은 그 대출이 제대로 상환될 수 있는지에 대한 시장의 평가를 나타내어주는 단일변수를 제공한다. 무엇보다도, 신용부도스왑의 가격은 최초차입자의 부도발생여부에 대해 투자자들이 어떤 견해를 갖고 있는지를 반영하게 된다.

리의 모형은 부채담보부증권에 포함된 다수의 서로 다른 신용부도스왑들의 가격을 종합하고, 이들 각각의 트랑셰들 사이의 상관관계를 나타내는 숫자들을 산출해내는 방법을 제공했다. 2000년 4월에 J. P. 모건의 신용부문으로 직장을 옮긴 후, 그는 자신의 연구결과를 "채무불이행의 상관관계에 대해서: 코풀라 함수를 이용한 접근법(On Default Correlation: A Copula

Function Approach)"이라는 논문으로 저널 오브 픽스트 인컴(the Journal of Fixed Income)에 발표했다. 이 모형의 이름은 부분적으로는 그가 상관관계를 측정하기 위해서 사용했던 통계적 방법인 가우시안 코풀라 함수에 바탕을 두고 있었다.

코풀라는 두 변수들 사이의 관계들을 계산하는, 즉 그 변수들이 어떻게 '관계를 맺는지(copulate)'를 보여주는 수학함수들을 말한다. 어떤 사건 X가 발생했을 때, Z가 발생하는 확률은 Y이다, 라는 식이다.

그러므로 부채담보부증권에 포함된 조각들 사이의 상관관계들은 벨커브(실제의 코풀라는 본질적으로 다차원적 벨커브임)를 기초로 하고 있었다. 수천 종류의 채권(또는 그것들에 연계된 스왑)들은 크고 갑작스러운 변화를 일으키는 존재들로는 예측되지 않았으며, 오히려 상대적으로 예측 가능한 형태로 한 점에서 다른 점으로 상승하거나 하락하는 것으로 일반적으로 기대되어졌다. 기초채권들을 많이 모아놓은 집합의 극단적인 움직임들은 이 모형에 해당되지 않았다. 그것이 바로 1960년대에 에드 소프가 블랙잭을 꺾는 데 사용했고, 블랙과 숄즈가 옵션들의 가격을 계산하는 데 사용했던 수학적 기법인 대수의 법칙이었다. 그렇지만, 그것이 너무도 큰 규모로 복잡하게 적용되고 있었기 때문에 불합리한 것이 되고 말았다. 퀀트들은 겁도 없이 그것을 선뜻 받아들였던 것이다.

합성부채담보부증권 시장이 호황을 누림에 따라, 월가와 신용평가기관들은 리의 모형을 채택했다. "가우시안 코풀라 함수는 신용파생상품의 블랙-숄즈 모형입니다"라고 CIBC에서 리의 상사였던 미쉘 크루이Michel Crouhy

는 말했다. 부채담보부증권 트랑셰들과 그들 사이에 내재된 상관관계를 야구카드들처럼 교환하는 모형을 사용해서 거래하는 소위 상관관계 트레이더(correlation traders)들이 골드만삭스, 모건스탠리 및 도이치뱅크와 같은 은행들에서 생겨났다. 그 모형은 비교적 잘 작동되는 것 같았고, 사용하기도 쉬웠다.

결정적으로, 그리고 비극적이게도, 이 모형은 신용부도스왑이라는 창(窓)을 통해서 다른 투자자들이 시장을 보는 관점에 바탕을 두고 있었다. 만약 신용위험스왑 트레이더들은 주택소유주들이 그들의 대출에 대해 부도를 내지 않을 것이라고 생각하면, 리의 가우시안 코풀라 함수는 그 트랑셰들을 그 관점에 따라 가격을 매겼다. 또한 부채담보부증권 붐이 주택시장의 버블이 커지는 것과 동시에 발생하고 어떤 면에서는 사실상 그 버블이 커지는 것을 돕고 있었기 때문에, 대부분의 투자자들은 다수의 대출이 부도가 날 가능성은 거의 없다고 믿고 있었다. 이에 따라 발생한 것이 열광적인 투자자들이 부채담보부증권들의 트랑셰들을 다투어 매수해서 부채담보부증권들에 대한 더 많은 수요를 발생시키고, 그리고 그것이 더 많은 모기지대출들에 대한 수요로 이어졌던 소위 반향실(反響室)효과라는 악순환이었다.

리의 모형에 따르면, 부채담보부증권들은 아주 작은 위험만 갖고 있는 것으로 나타나 있었다. 어떤 이유에서인지, 성 토마스처럼 의심이 많은 몇몇 사람들을 제외한 거의 대부분의 사람들은, 광범위한 경기후퇴기에 모기지대출들이 어떻게 반응했는지를 보여주는 역사적 기록들이 아주 적었음에도 불구하고, 리의 모형의 바탕이 된 이 가정을 믿고 있었다.

그런 상황에서, 채울 수 없을 정도로 계속 증가되는 수요를 충족시키기 위해서 은행들은 2004년에 리가 1990년대 말에 자신의 모형을 개발했을 때는 전혀 고려하지 않았던 종류의 대출들까지 부채담보부증권들을 만들어내는데 집어넣기 시작했는데, 바로 그것이 서브프라임 모기지들이었다. 그 결과, 부채담보부증권 시장은 초가속 성장모드로 접어들게 되었다.

더욱 향상된 퀀트연금술 덕택에, 서브프라임 부채담보부증권의 일부 트랑셰들은 연금펀드처럼 규제를 받는 기관들도 이 금융상품에 대한 투자를 할 수 있도록 허용해주는 일종의 승인도장인 S&P 등 신용평가기관들로부터 AAA등급을 획득할 수 있게 되었다. 어떻게 그런 일이 가능했는지 살펴보기로 하자. 금융공학자들은 저당권담보부증권(MBS)중 신용등급이 낮은 조각들이나 신용카드한도 등과 같은 대출들의 기타 증권화된 묶음을 택해서 그것들로 부채담보부증권을 만든다. 그러고 나서, 그들은 부채담보부증권을 여러 조각들로 분할하고 각 조각 별로 기초대출로부터 발생하는 현금을 받는 순위를 1, 2, 3, 4 등등으로 우선순위를 부여한다. 가장 위험도가 높은 차입자에 대한 주택대출에서 비롯된 상품이 퀀트세계의 유리창을 통과하고 나서는, 가장 엄격하게 감시를 받고 규제를 받는 일부 투자자들의 투자에 적합한 최우량증권이 되어서 나오게 된다. 사실, 그것들은 호황기투자자의 장밋빛 거울을 통해서 보게 되면, 다른 조각들 즉 변동성이 더 큰 트랑셰들에 비해서 위험이 적은 것일 뿐이다.

2004년에는 1570억 달러의 부채담보부증권들이 발행되었으며, 이들 중 많은 부분에 서브프라임 모기지들이 포함되어 있었다. 2005년에는 2730억 달러로 늘어났고, 최정점을 이루었던 2006년에는 그 금액이 엄청나게 증가된 5천5백억 달러에 이르렀다.

가우시안 코퓰라는, 나중에 상황이 다 지나고 나서 돌아보니, 그 자체가 재앙이었다. 모형의 단순성이 트레이더들로 하여금 그것이 현실의 반영이라고 생각을 하도록 최면을 걸었던 것이다. 사실, 이 모형은 비이성적인 열기와 자기강화 피드백루프 및 궁극적으로 군중들의 잘못된 지식을 바탕으로 해서 엄청나게 복잡한 상품에 대해서 자신이 믿고 싶은 상상의 가격들을 배정해주는 임시변통적인 공식이었을 뿐이다. 어느 기간 동안에는 제대로 작동되었고, 모든 사람이 그것을 사용하고 있었다. 그러나 2007년 초에 아주 작은 변동성이 발생했을 때, 전체 틀이 단숨에 다 허물어져 버렸다. 이 모형에 따라 결정되는 가격들은 더 이상 타당하지 않게 되었다. 거의 모든 부채담보부증권관리자와 트레이더가 신용등급이 높은 묶음들의 가격을 결정하기 위해 동일한 공식을 함께 사용했으나, 인기가 높은 퀀트방법론들로부터 기인한 일종의 과밀현상 때문에 그것들은 한꺼번에 붕괴되어버렸다.

왜 그렇게 되었는지 놀랍지 않은가? 바로 아무도 계산할 수 없었던 복잡성 때문이다. 퀀트들과 상관관계 트레이더들은 MBS의 묶음들인 부채담보부증권에 연계된 신용파생상품의 트랑셰에 대한 현금흐름들을 모형화하고 있었고, MBS들은 다시 나라 전체의 주택소유주들에 대한 불분명한 대출들의 묶음들이었다. 이 모형이 실제로 존재하지도 않는 질서가 존재한다는 착각을 불러일으켰던 것이다.

부채담보부증권이 성황을 이루고 있을 때 중심적인 역할을 했던 기관은 켄 그리핀의 스타트레이더들 중 한 사람인 알렉 리토비츠Alec Litowitz가 운영하던, 50억 달러 규모의 시타델 자펀드로 마그네타 캐피털(Magnetar Capital)이라는 이름의 헤지펀드였다. 2006년에 헤지펀드 업계의 소식지인 토털 시큐리타이제이션(Total Securitization)은 마그네타를 그 해의 투자자로 선정했다. "마그네타는 각각의 규모가 10억 달러가 넘는 일련의 부채담보부증권들에 투자하면서, 엄청난 규모의 맞춤형거래들을 2006년에 사들였다"고 이 소식지는 2007년 3월호에서 전했다.

부채담보부증권업계에서 마그네타가 얼마나 중요한 존재였는지는 천문학에 매료된 리토비츠를 통해서 확인될 수 있었다.[주4] 서브프라임 광풍이 절정에 달했을 때 설정된 문제가 된 다수의 부채담보부증권들은 Orion(오리온좌), Aquarius(물병자리좌), Scorpius(전갈좌), Carina(용골좌) 및 Sagittarius(궁수좌)와 같은 별자리 이름을 갖고 있었다. 월스트리트 저널의 조사에 따르면, 마그네타는 '그들의 핵심투자자'였다. 그러나 2007년에 25퍼센트의 수익률을 기록했던 마그네타는 수익률이 높게 책정된 조각들이 부실화 되었을 때 이득을 볼 수 있는 포지션들을 동시에 매입함으로써 이들 부채담보부증권 조각들의 다른 부분도 선택하고 있었다.

마그네타가 수행했던 트레이딩기법은 기발하면서도, 어떤 면에서는 악랄하기도 했다. 이 펀드는 부도에 대해 가장 취약한 '자기자본(equity)'이라고 알려진 부채담보부증권에서도 가장 위험이 큰 조각들을 보유하곤 했다. 그러나 마그네타는 기본적으로는 파상적인 부도에 대해 베팅을 하면서, 동시에 부채담보부증권을 구성하는 여러 조각들 중 보다 신용도가 높아서 위험이 적은 조각들에 대해서는 보장을 매입하고 있었다. 거의 20퍼센트에 달하는 자기자본 부분으로부터의 수익이 보다 위험이 적은 조각들을 매입하는데 소요되는 현금을 제공했다. 마그네타가 그렇게 함에 따라, 자기자본 부분이 부도가 나는 것은 보다 신용이 좋은 조각들에서도 역시 상당한 손실이 발생하더라도 전체적인 손실은 (보다 신용이 높은 조각들에 대해서는 이미 보험을 매입해 놓았기 때문–옮긴 이) 그다지 커지지 않는다는 것을 의미했다.

나중에 되돌아보았을 때, 마그네타가 다른 투자자들에게 별로 인기가 없었던 자기자본 조각들을 인수해주었기 때문에 이 펀드는 부채담보부증권이 호황을 맞는 데 일종의 촉진제 역할을 했던 것으로 나타났다. 부채담보부증권을 구성하는 조각들 중 가장 신용도가 떨어지는 부분에 대해 기꺼이 매입해주는 마그네타와 같은 기관이 없었더라면, 아마도 은행들은 2006년과 2007년에 정점을 이루었던 부채담보부증권 시장에서 점점 더 위험이 커져갔던 부채담보부증권들을 만들어내는 데 더 큰 어려움을 겪었을 것이기 때문이다.

월가의 탐욕스러운 수요와 그에 수반되는 그 많은 수수료들이 브로커들로 하여금 대출이 실행되고 몇 년, 또는 어떤 경우에는 몇 개월, 후에 갑자기 높아져버리는 조정 가능한 대출이자율과 같이 차입자들에게 불리한 부대조항들이 포함된 위험한 모기지들을 더 많이 만들어내도록 허용하고, 조장했다는 명백한 증거들이 존재한다. 공공청렴센터(Center for Public Integrity)의 보고서에 따르면, 상위 25개 서브프라임 모기지 대출기관들 중 21개의 기관들이 주요한 월가 또는 유럽계 은행들이 소유하거나, 자금을 지원한 기관들이었다. 투자은행들로부터의 수요가 없었더라면, 악성대출들은 결코 만들어지지 않았다는 뜻이다.

부채담보부증권이 호황을 맞으면서, 미국 전역의 주택가격도 들썩였다. S&P/케이스-실러주택가격지수(S&P/Case-Shiller National Home Price Index)에 따르면, 2000년 1월부터 주택버블이 절정에 달했던 2006년 7월까지의 기간 동안 미국의 평균주택가격은 106퍼센트 상승했다. 가우시안 코풀라 같은 모형들에게는 이 현상이 주는 메시지가 확실했는데, 그것은 주택시장이 더욱더 안전해진다는 것이었다. 그런데 사실 주택시장은 반대로 더욱더 위험해지고 있었다. 결국 2006년 말에 주택가격지수가 반대방향으로 움직이기 시작했고, 그 후 3년 동안 30퍼센트 이상 하락해버렸다.

브라운을 포함하는 일부 퀀트들은 은행들과 신용평가기관들이 부채담보부증권들에 대해 가격을 결정하기 위해 사용하고 있던 모형들을 비난했다. 그들은 가우시안 코풀라가 만들어내는 상관관계들이라는 것이 허구라는 것을 알고 있었다. 그러나 두둑한 보너스를 챙겨가는 트레이더들과 그들보다 훨씬 더 많은 보너스를 받아가던 월가 CEO들 등 어느 누구도 그 문제를 제기하거나, 귀담아 들으려고 하지 않았다.

그것은 크랙 코카인처럼 중독성이 강하고, 궁극적으로는 유해했다. 호황이 지속되었던 기간 동안, 증권화는 월가가 미국 경제에서 더욱 막강한 영향력을 갖도록 했다. 전체 미국 기업이익 중 금융부문의 비중이 브라운과 같은 퀀트들이 금융시장에 발을 들여놓기 시작하던 1980년대 초의 10퍼센트에서 2007년에는 35퍼센트로 급증했다. 금융기관들의 비중이 S&P 500

기업들의 시가총액 중 4분의 1이나 차지했으며, 이는 어느 산업보다 훨씬 더 많은 것이었다.

금융부문 이익의 급증을 가능토록 해주었던 것은 AQR, 글로벌알파, 시타델 및 사바와 같은 펀드들이 애용했던 약삭빠른 기법인 캐리트레이드였다. 2006년 말까지, 예전보다 훨씬 더 많은 돈들이 은행들과 헤지펀드들인 투자자들이 일본 엔화와 같이 이자율이 낮은 통화로 차입을 일으켜서 뉴질랜드 달러나 영국 파운드 같이 보다 이자율이 높은 통화를 매입하는 이 거래에 몰려들었다. 그것은 아무런 마찰도 발생하지 않는 수학과 컴퓨터를 기반으로 하는 것으로, 버튼만 누르면 돈이 흘러나오는 퀀트들에게는 진정 부자로 가는 황금길이었다.

캐리트레이드는 상품들로부터 부동산과 서브프라임 모기지에 이르는 모든 것들에 대한 광기에 불을 붙이는 전 세계적인 유동성 호황을 부채질하고 있었다.주5

"그들은 아르헨티나의 채권이든지 미국의 모기지증권이든지 가리지 않고, 더 높은 수익률을 제공하는 곳이면 세계 어느 누구에게든지 전대(轉貸)하기 위해…… 일본에서 거의 영(0)에 가까운 이자율로 차입을 할 수 있다."

라고 영국의 〈텔레그라프〉지는 개탄했다.

"그것이 모든 곳에 자산버블을 연장시켰다."

"캐리트레이드는 신용스프레드, 채권스프레드 등 상상할 수 있는 모든 금융수단에 만연되면서, 모든 것을 오염시켜버렸습니다."

라고 HSBC의 통화전문가인 데이비드 블룸David Bloom은 이 신문에서 말했다.

그렇지만 캐리트레이드 시장이 갑자기 문제가 생기면 어떻게 될 것인가에 대해서는 거의 아무도 염려하지 않고 있는 것으로 보였다. 가끔은 일시적인 사소한 문제들이 엄청난 혼란이 앞으로 닥쳐올 것임을 예견케 했다. 2007년 2월에 트레이더들은 중국과 다른 신흥시장들의 주식들이 너무 많이, 그리고 너무 빠르게 상승하지 않았는지 신경을 쓰기 시작했다. 중국주식들이 하락하기 시작함에 따라, 캐리트레이드라는 로켓연료를 사용하는 시장에 참여했던 트레이더들은 공황상태에 빠져서 그들이 차입했던 일본의 엔화를 사들이기 시작했고, 이에 따라 엔화가 급등하도록 만들었다.

거의 이와 같은 시기에, 일본은행(the Bank of Japan)이 기준이자율을 올리기로 결정했고, 이는 엔화의 추가적인 상승을 유발했다. 엔화가 상승함에 따라, 캐리트레이드에 참가한 다른 사람들은 그들이 더 오래 기다릴수록 더 많은 돈을 잃을 수도 있기 때문에, 출혈을 막기 위해 엔화를 되사들이지 않을 수 없는 상황에 처하게 되는 위험한 자기강화 피드백루프가 시작되었다. 그것이 엔화의 추가적인 평가절상을 초래했다. 중국시장이 붕괴되기 시작하면서 하루에 10퍼센트나 폭락했고, 이는 다시 다우존스산업평균지수가 500포인트 이상 떨어지는 전 세계 주식시장의 대폭락을 촉발했다.

그럼에도 불구하고 그것은 일시적인 정지신호였고, 글로벌주식시장을 움직이는 열차는 봄이 되면서 다시 질주를 시작했다. 그러나 그것은 거의 누구도 주의를 기울이지 않았던 경고였다. 트레이드가 겉으로 보기에 위험이 없는 이익을 산출해내는 한, 음악은 계속 연주되고 있었다.

그러다가 2007년에 갑자기 음악이 멈추었다. 캐리트레이드가 완전히 무너져 내렸다. 주택소유자들이 기록적인 숫자로 그들의 대출에 대해 부도를 냄에 따라 증권화라는 기계가 망가져버렸던 것이다.

브라운은 위험관리자로서 그가 2004년에 시티그룹을 떠나 합류했던 부채담보부증권라는 도박판의 가장 큰 손들 중 하나인 모건스탠리에서 이 시장 붕괴 과정을 모두 지켜보았다.

* * *

브라운은 필 퍼셀Phil Purcell이 또 한 사람의 모건스탠리 중심인물이었던 존 맥John Mack과의 악명 높은 권력투쟁에서 승리해서 경영권을 획득한 몇 년 후에 '어머니 모건Mother Morgan'으로 알려져 있던 모건스탠리에 합류했다. 퍼셀은 이 유서 깊은 엘리트은행과 중산층 고객을 주로 상대하던 증권중개사인 딘 위터 디스커버Dean Witter Discover & Co. 사이에 1997년에 행해졌던 100억 달러 규모의 합병에 따라 모건에 합류했다. 순진한 모건 측 사람들은 경악했다. 그러나 합병거래계약에 따라 CEO로 지명된 퍼셀은 채권트레이더로 1972년 모건에서의 근무를 시작했던 맥의 좋은 라이벌임을 입증했다. 자신이 퍼셀을 CEO직에서 밀어낼 수 없다는 것을 인식한 맥은 2001년에 모건을 그만두고, 크레디트 스위스 퍼스트 보스턴(Credit Suisse First Boston, CSFB)을 거쳐서 나중에는 한 헤지펀드에서 일하고 있었다.

그렇지만 맥이 회사를 그만둔 후, 모건의 수익은 경쟁회사들 중에서도 특히 골드만삭스에 크게 뒤처졌다. 맥이 퇴사했던 2001년과 2005년 초 사이의 기간 동안, 회사의 시장가치는 거의 40퍼센트나 감소해서 5백70억 달러가 되었다. 경쟁회사들 역시 시장가치에 타격을 받았지만, 모건의 하락 정도가 월가에서 가장 가팔랐다. 부하 직원들은 퍼셀에 대해 불만을 터뜨리기 시작했다. 그들은 그가 너무나 신중하다고 말했다. 위험을 즐기는 타입도 결코 아니고, 존 맥처럼 큰돈을 벌 수 있는 배짱도 없다는 것이었다.

그러는 동안에도, 브라운은 승승장구했다. 그는 은행들이 손실에 대해 보유해야 할 자본의 규모를 규정하는 국제적 기준인 바젤협약Basel Accord으로 알려진 까다로운 규정들을 은행의 신용시스템에 적용하는 것을 돕기 위해 모건에 채용되었다. 퍼셀의 심복이며 모건의 최고재무책임자(CFO)인 스티브 크로포드Steve Crawford가 브라운을 채용했다. 그는 시티그룹과 같은 상업은행들의 경우에는 통상 여러 해가 걸리는 이 과제를 18개월 이내에 브라운이 완수해주기를 원했다.

"당신이 그 일만 해내면, 이 은행에서 어떤 일이든지 당신이 원하는 일을 하도록 해주겠소."

라고 크로포드는 약속했다.

브라운은 자주 무시되곤 하는 퀀트들을 높이 평가해주고, 회사의 위험관리능력을 향상시키기 위한 여러 프로그램들을 격려해주는 모건 상층부로부터 감명을 받았다. 그러나 일단의 영향력이 큰 주주들이 주도한 궁정쿠데타에 의해서 브라운을 감싸주었던 크로포드 등 퍼셀의 측근들이 2005년

6월 모건에서 축출되었다. 퍼셀의 후임으로 모건의 CEO가 된 사람은 존 맥이었다.

맥은 과거의 공격적이었던 모건 문화를 되찾겠다고 약속했다. 그는 퍼셀 치하에서 기록된 모건의 형편없는 실적을 도저히 납득할 수가 없었다. 모건에 재직했던 전 기간 동안, 맥은 1980년대에 타타글리아가 담당했던 최초의 스태트 아브 사업부문을 감독했고, 또한 피터 멀러의 그룹을 관리하는 것을 돕기도 했다. 한마디로, 이미 그는 위험의 맛을 너무 잘 알고 있었다. 그는 모건이 위험을 감수하고 얻을 수 있는 달콤한 과실을 맛을 잊었다고 믿었다. 모건으로 돌아오자마자, 그는 고대 로마 거리의 개선장군처럼 모건의 트레이딩 플로어부터 돌았다. 금융뉴스채널인 CNBC는 이 이벤트를 실황으로 방송했다. 이 은행의 트레이더들은 자발적으로 급여를 삭감하고, 비용을 줄이겠다는 약속 때문에 그의 별명이 되어버린 '검객 맥(Mac the Knife)'의 귀환을 큰 소리로 환호하기 위해 블룸버그화면에서 그들의 눈길을 잠시 돌렸다.

모건은 골드만삭스나 리먼브라더스 같이 발 빠른 회사들에 비해 많이 뒤떨어져 있으며, 이익도 감소하고 있다고 맥은 말했다. 월가 투자은행들의 새로운 패러다임은 위험의 부담, 즉 리스크테이킹이었다. 이상적인 모델은 글로벌알파 펀드와 사모펀드 부문에서 큰 이익을 올리고 있던 헨리 폴슨의 골드만삭스였다.

폴슨 자신은 새로운 패러다임을 골드만의 2005년도 연차보고서에서 이렇게 적고 있었다.

"또 하나의 중요한 추세는 투자은행들에 대해 자본과 컨설팅을 결합시킬 것을 원하는 고객들의 지속적으로 증가하는 요구입니다. 다시 말하면, 투자은행들은 거래체결 시에 보다 많은 자신의 자본을 투입하도록 요구받고 있습니다……. 투자은행들은 고객들에게 신용을 제공하고, 고객들을 대신해서 시장위험을 부담하고, 때로는 고객들과 공동투자를 하기 위해서, 그들 자신의 자산들을 더욱 많이 사용하고 있습니다."

골드만의 전략에는 10년 이상의 기간 동안 투자은행들에서 진행되어 왔던 변화들이 반영되어져 있었다. 은행들은 애스네스가 1998년에 했던 것처럼, 재능 있는 트레이더들이 퇴직을 해서 자신의 헤지펀드를 설립하는 것을 막기 위해 죽느냐 사느냐의 투쟁을 벌이고 있었다. 그들은 그리니치에 근거를 둔 헤지펀드들과 얼굴을 맞대고 싸우고 있었으며, 그 싸움에서 패배하고 있었다. 골드만삭스보다 이런 현상을 더 명백하게 체험하고 있는 투자은행은 없었다. 보아즈 웨인스타인의 도이치뱅크와 피터 멀러의 모건스탠리 같은 다른 투자은행들은 골드만의 바로 뒤에 처져 있었다. 경쟁을 할 수 있는 유일한 방법은 그들이 보유한 최상의 가장 똑똑한 인재들에게 엄청난 보수를 제공하고, 그들이 리스크테이킹과 레버리지를 충분히 활용할 수 있도록 해주는 것뿐이었다. 재빨리 월가의 은행들은 위험을 적극적으로 부담하는 대규모 헤지펀드로 변신해갔으며, 골드만삭스가 이러한 변화의 선두에 서 있었고 바로 그 뒤를 모건스탠리가 따르고 있었다.

규제당국도 이런 추세를 도와주었다.[주6] 2004년 4월의 어느 봄날 오후, 증권관리위원회(SEC)의 5명의 위원들이 위험에 대해 이야기를 해줄 월가 대형 투자은행 대표들을 만나기 위해서 SEC 지하에 있는 청문회장에 모였다. 은행들은 그들의 위탁매매 사업부문들이 그들의 대차대조표에 보유할 수 있는 부채액을 제한하는 규정을 배제 받을 수 있도록 해달라고 요청했다. 규정은 대규모 손실에 대비한 쿠션으로 은행들이 대규모 현금준비금을 보유하도록 요구하고 있었다. 이러한 소위 자본준비금 요건을 완화시킴으로써, 은행들은 보다 공격적이 되어 주택저당증권이나 파생상품과 같이 보다 수익성이 좋은 기타 분야들에 여유현금을 투입할 수 있게 되는 것이었다.

SEC가 그 요구를 수락했다. 또한 위원회는 은행들의 투자가 얼마나 위험한지 결정하는 것도 은행들이 자체 개발한 고유모형들에 의존하기로 결정했다. SEC뿐만 아니라 전체 경제에 문제를 발생시킬 수도 있는 결정을 하면서, SEC는 미국 최대금융기관들에 대한 감독을 해당은행들의 퀀트들에게 위임해 주었던 것이다.

"나는 그것을 기꺼이 지원하겠습니다. 그리고 나는 여러분들의 미래를 위해 빌어드리겠습니다."

라고 SEC위원장인 로엘 캄포스Roel Campos가 말했다.

당초, 모건은 이 모임에 참여하는데 적극적이지 않았다. 존 맥 귀환 이전 시기의 모건에서의 금과옥조는 이 은행에 근무했던 사람들의 말에 따르면, 모건은 "결코 또 하나의 골드만이 되지 않는다"고 밝혔다. 모건은 음악이 끝나는 시점에 불어 닥칠 불가피한 파탄에 대비할 수 있도록 호황기에 신중을 기하자는 것이었다.

그런데 맥의 복귀가 그것을 변화시켰다. 그의 해법은 회사가 골드만처럼 더 크고, 더 대담한 도박들을 벌려야 하며, 그것도 더 많이 해야 된다는 것이었다.

이런 일들을 지켜보면서, 브라운은 위험을 가볍게 보는 경향이 증대되는 모건에 대해 우려가 커져갔다. 새로운 체제는 위험관리가 마치 보고서의 양식이나 채우고 i자에 점이나 찍고, t자에 선이나 긋는 단순한 일로 생각하고 있었으며, 돈을 버는 것이 핵심이 되어 있는 사풍의 주요부분은 결코 아닌 것처럼 행동하는 것으로 보였다.

브라운은 맥이 제시한 주제들 중 하나에 대해서도 얼굴을 찡그렸다. 연일 계속된 회의에서, 맥은 5년 안에 모건의 매출을 배로 늘리고 비용은 현재 수준으로 억제하기를 원한다고 말했다. 멋진 아이디어이긴 하지, 브라운은 생각했다. 그런데 그것을 위해서 우리는 정확히 무엇을 해야 되는 것이지? 그가 두려워했던 대답은 그저 단순히 더 많은 위험을 부담하는 것이었다.

맥의 스탭들이 그가 제시한 목표를 달성하기 위해 만들어낸 아이디어들에는 금융파생상품사업에 대한 투자를 늘리고, 호황을 맞고 있는 주택모기지시장에 적극적으로 참여하고, 피터 멀러의 PDT와 같은 프롭트레이딩 데스크를 통해 회사의 자기자본으로 수행하는 트레이딩에 더 많은 위험을 부담시키는 것 등이 포함되어 있었다.

모건은 이들 세 가지 목표를 결합시켜서 한 군데에서 달성할 수 있는 길을 재빨리 찾아내었는데, 그것이 바로 서브프라임 모기지(비우량주택담보대출)였다. 2006년 8월에, 모건은 7억 6백만 달러를 주고 색슨 캐피털(Saxon

Capital)이라는 서브프라임 모기지 대출회사에 대한 인수계획을 발표했다. 이제 이 은행의 영구운동을 수행하는 서브프라임이라는 기계가 돌아가고 있었다.

브라운은 이 모든 일들이 바로 자신의 눈앞에서 벌어지고 있는 것을 지켜보고 있었다. 은행 신용부문의 위험관리자인 그의 직무는 모건의 채권부문 대차대조표에 대한 포지션들을 자기 나름대로 명백하게 파악할 수 있는 시야를 그에게 제공했다. 대부분의 위험들은 그런대로 관리되고 있는 것처럼 보였다. 그러나 그의 신경을 건드리는 곳이 한 군데 있었는데, 바로 증권화와 이에 따른 그 모든 서브프라임 모기지들이었다.

서브프라임 모기지들이 월가의 새로운 연인이 되어버렸다. 고율의 모기지를 선택하도록 유도되어질 수 있는 고위험선호 투자자들이 더 많아질수록, 더 많은 고위험/고수익 부채담보부증권들과 합성부채담보부증권들이 월가의 투자자들에 의해서, 그리고 그들을 위해서 만들어지고 있었다. 수하물 컨베이어벨트가 계속 돌아가는 한, 모든 사람이 돈을 벌 수 있는 기회를 갖게 될 것이었다.

그렇지만 브라운은 모건의 증권화라는 회전목마에 대해 더욱 큰 우려를 하고 있었다. 시티그룹에서와 마찬가지로, 그의 가장 큰 걱정들 중 하나는 모건이 이 대출들을 보관하기 위해서 사용하던 서브프라임 모기지들의 거대한 '창고'들에 집중되어 있었다. 살로몬브라더스로부터 영감을 받아서 대부분의 은행들은 대출들이 한 군데 모이고, 새로 포장되고, 쪼개어지고, 잘라지고, 전 세계에 팔려지는 동안, 일시적으로 대출들을 보관해 두는 부외

거래를 할 수 있는 기구들을 만들었다. 이 기구들은 지속적으로 차환발행을 해야 하는 단기대출인 기업어음을 이용해서 스스로 자금을 조달했다. 그 연결고리 상에 발생하는 어떤 일시적인 문제들도 재앙을 초래할 수 있다고 브라운은 깨달았다. 여전히, 그는 그것이 은행에 중대한 피해를 초래할 수 있는 위험으로는 생각하지 않았다. 이익이 급증하고 있었기 때문이었다. 그는 모건스탠리의 하늘 높은 줄 모르고 치솟는 주가에서도 위안을 받았다. 만일 모건이 큰 피해를 당하게 되면, 모건은 주식공모를 통해서 공개시장에서 언제나 자금을 조달할 수 있는 것처럼 보였다. 그는 모건의 주식가격이 산업 전체의 붕괴에 따라 폭락할 가능성에 대해서는 고려하지 않고 있었다.

2007년 초까지, 모건스탠리는 은행 역사상 최대의 호황들 중 하나를 이어가고 있었다. 모건은 수익성 면에서 은행 역사상 최고의 분기, 최고의 연도를 보내고 있었다. 맥이 2007년 4월 회사에 대한 컨퍼런스콜을 하면서 지적했던 큰 성공 중 하나는 당시 잘 나가고 있던 모건의 공동사장인 조 크루즈Zoe Cruz가 이끄는 기관유가증권사업부문(institutional securities group)이었다. 이 그룹이 "엄청난 규모의 위험을 대단히 현명하고 절제된 방법"으로 관리했다고 맥은 말했다.

그렇지만 은행이 매일 매일의 거래에 사용하는 차입금의 규모를 나타내는 레버리지비율은 입이 딱 벌어지는 수준인 32대 1이었다. 달리 말하면, 모건은 실제로 그가 소유하는 매 1달러에 대해서 32달러를 차입으로 조달하고 있었다. 베어스턴스, 리먼브라더스 및 골드만삭스 같은 다른 투자은행들도 역시 엄청나게 높은 레버리지비율을 나타내고 있었다. 이들 은행 중 일부에서의 내부측정치들은 SEC에 공식적으로 보고하는 수치들보다 훨씬 더 높은 레버리지를 보였다.

크루즈가 맡고 있는 데스크들 중 하나가 2006년 4월에 설립된 프롭 신용-트레이딩그룹이었다. 모건에서 다년간 복잡한 유가증권들에 대한 트레이딩 경험이 있는 집행이사인 하워드 휴블러Howard Hubler가 이 그룹 책임자였다. 이 그룹은 PDT를 채권트레이딩에 옮겨다 놓은 형태의 헤지펀드 비슷한 트레이딩기구로 모건의 자체자금을 신용시장에서 운용했다.

당초 휴블러의 그룹은 2007년 초까지 10억 달러의 순익을 기록하는 큰 성공을 거두었다. 휴블러는 부채담보부증권들의 다양한 트랑셰들에 대한 위험을 측정하기 위해서 데이비드 리의 가우시안 코풀라를 사용하는 월가의 새로운 부류의 상관관계 트레이더들 중 하나였다. 그의 트레이딩 전략은 서브프라임 부채담보부증권(또는 그것들에 연계된 파생상품)의 등급이 낮은 트랑셰를 공매도 하고, 동시에 등급이 높은 부채담보부증권 트랑셰를 보유하는 것이었다. 퀀트들의 계산에 따르면, 등급이 높은 부채담보부증권 트랑셰들은 가치가 하락할 확률이 거의 없었다.

후속되는 사건들에 의해서 입증되었듯이, 상관관계 트레이딩은 엄청난 위험인 것으로 판명되었다. 휴블러는 자신이 서브프라임대출을 공매도 하고 있다고 생각했다. 그러나 너무 당황해서, 휴블러는 서브프라임을 매입하고 있었던 것이다. 그는 상관관계를 잘못 이해하고 있었다.

한편, 브라운은 모건스탠리가 서브프라임 모기지 시장에서 취하고 있는 위험들에 대해 점점 더 심각하게 생각하게 되었다. 이 대출들은 한편에서는 컨추리와이드(Countrywide)와 뉴센추리 파이낸셜(New Century Financial) 같은 서브프라임대출회사들에 의해서 모건의 증권화 시스템으로 투입되고, 반대편에서는 세계 전역의 투자자들에게로 쏟아져 나갔다. 사실 그 당시에는 그것을 인식했던 사람이 거의 없었지만, 인사이드 모기지 파이낸스(Inside Mortgage Finance)지에 따르면, 모건은 7백 43억 달러의 서브프라임 모기지들을 인수함으로써 서브프라임의 최절정기였던 2005년과 2006년 기간 동안 최대 규모의 시장참가자들 중 하나였다(리먼이 1천 60억 달러의 모기지들을 인수해서 1위를 차지했음).

또한 모건은 엄청난 규모의 신용카드부채와 기업대출들을 제공하는 등 다른 부문들에도 공격적으로 돈을 빌려주고 있었다. 브라운은 그것이 결국은 무너져버릴 수밖에 없는 지속 불가능한 과정이라고 인식했다. "그것은 우리가 대출을 주고 있었던 사람들이 제대로 상환을 할 수 있는 경우에만 타당성이 있었습니다. 그러나 그들이 우리에게 돈을 상환할 수 있는 유일한 길은 더 많은 차입을 일으키는 것밖에 없다는 것이 명백했습니다. 우리는 모든 종류의 거래들을 하고 있습니다만, 그것들은 신용상태가 좋은 경우에만 타당성이 있었습니다. 우리는 일정한 시간이 되면 음악은 멈출 것이고, 그 경우 우리는 많은 부실대출들을 떠안게 될 것이며 우리에게는 그것을 감당할 만큼 충분한 자본이 없다는 것을 알고 있었습니다"라고 브라운은 회상했다.

브라운은 부채담보부증권모형들을 다루는 퀀트들이 그 거래들의 복잡미묘한 세부사항들에만 초점을 맞추고 있을 뿐, 주택시장에 다가오는 버블

등과 같은 큰 그림은 보지 못하고 있다고 믿었다. "그것들은 위험이 전혀 없다고 보여주고 있었습니다"라고 브라운은 되돌아보았다. 그것은 신용평가기관들로부터 은행들, 주택건축업자들, 상환기일이 되면 즉시 그들의 모기지대출을 다른 모기지대출로 차환할 수 있을 것이라고 기대하고 있던 주택구입자들에 이르는, 모두가 함께 저지른 공동실수였다. 겉으로 보기에는 이렇게 생각할 이유가 거의 없었다. 주택가격은 대공황 이후 전국적인 수준에서 보았을 때, 하락한 적이 전혀 없었다. 거기에 더해서, 모든 이가 행복해하고 있었다. 일부 사람들은 그 과정에서 엄청난 부자가 되고 있기도 했다.

그러한 염려에도 불구하고, 브라운은 모건에서 심각한 경종을 제기하지는 않았다. 그는 일단 신용사이클이 방향을 바꾸게 되면 은행들 아주 큰 손실을 보게 될 것임을 인식하고 있었다. 그러나 그것이 치명적이지는 않을 것으로 생각했다. 거기에다 아주 높은 가격을 유지하고 있던 주식도 있었기 때문이다.

정말로, 월가의 어느 누구도 대규모 붕괴가 바로 눈앞에 도사리고 있다는 생각은 하고 있지 않았다. 금융공학이라는 지극히 위대한 성취로부터 탄력을 받은 금융산업은 전속력으로 달리고 있는 것처럼 보였다. 모건에는 엄청난 이익들이 분명하게 쏟아져 들어왔다. 2006년 12월에 시작된 서브프라임에 대한 휴블러의 베팅은 70퍼센트의 증가를 나타낸 2007년 첫 분기의 기록적인 27억 달러 순이익에 크게 기여했다.

그러나 주택소유자들이 캘리포니아, 네바다 및 플로리다와 같이 주택가격이 크게 상승했던 주들에서 대규모로 부도를 내기 시작함에 따라 복잡한 베팅에 따르는 문제들이 2007년 봄에는 돌출되기 시작했다. 우량신용등급의 서브프라임 부채담보부증권 트랑셰들도 흔들리기 시작했다.

균열은 세계 제3위 은행인 HSBC 홀딩스가 서브프라임 모기지로부터의 손실에 대한 기대치를 20퍼센트 증가한 106억 달러로 상향시켰을 때인 2007년 2월에 제일 먼저 나타났다. 꼭 4년 전에, HSBC는 나중에 HSBC 파이낸스로 이름을 바꾼 하우스홀드 인터내셔널(Household International)을 인수했을 때 미국의 서브프라임시장에 뛰어들었다. 당시 하우스홀드사 CEO였던 윌리엄 앨딩거는 인수계약이 체결된 후, 자기 회사는 신용위험을 모형화하는데 정통한 150명의 퀀트들을 고용하고 있노라고 자랑했다. 시애틀의 대형은행인 워싱턴뮤추얼(Washington Mutual)에서부터 뉴센추리(New Century)와 인디맥 뱅코프(IndyMac Bancorp.) 같은 모기지대출업체에 이르는 다른 기업들도 서브프라임 모기지 보유분으로부터의 대규모 손실에 대한 경고음을 울리고 있었다.

브라운은 모건을 떠나는 것에 대해 고민하기 시작했는데, 그것은 그가 AQR과 접촉을 시작한 바로 그때였다.

아주 적절한 시기였던 것으로 보였다. 이 새로운 모건, 이 서브프라임이라는 불량연료와 무분별한 레버리지를 사용해서 가동되는 조직은 그가 더 이상 함께 하고 싶은 곳이 아니었다. 2006년 말, 그는 AQR의 수석리서처인 마이클 멘델슨의 전화연락을 받았다. 그 당시 브라운은 도박과 금융에 대한 전기적(傳記的)인 회고와 철학적 반추(反芻)가 혼합되어 있는 책인 「월스트리트의 포커페이스(The Poker Face of Wall Street)」를 막 발간했었다. AQR

의 퀀트들은 이 책을 좋아했고, 브라운이 적임자라고 생각했다.

보다 더 중요하게, AQR은 당시 IPO를 고려하고 있었고, 이에 따라 상장회사가 되기 위해 지켜야 할 핵심적인 준수사항들의 구체적인 내용에 정통한 누군가가 필요했다. 모건스탠리에 환멸을 느끼고, 별 볼일 없는 보너스액수에 실망했던 브라운은 강한 흥미를 표시했다. 그는 AQR과 몇 차례 인터뷰를 했고 애스네스도 만났는데, 그의 느낌으로는 애스네스가 말도 통하고 계량적인 위험관리에 대해서도 정확하게 이해하고 있는 것처럼 보였다. 2007년 6월이 되면서, 브라운은 뉴욕에서 AQR의 그리니치본사로 메트로노스선 기차를 타고 매일 출근을 하기 시작했다.

그 무렵, 서브프라임에는 심각한 문제들이 터져 나오기 시작했다. 브라운이 AQR에 합류했던 같은 달, 서브프라임 부채담보부증권을 과도하게 편입했던 길고 지저분한 이름들로 된 베어스턴스의 두 개의 헤지펀드가 예기치 않았던 손실들을 기록했다는 뉴스가 터져 나왔다. 랠프 시오피Ralph Cioffi라는 베어스턴스의 헤지펀드매니저에 의해서 관리되고 있던 이 펀드들은 서브프라임 부채담보부증권에 과도하게 투자를 하고 있었다.

주택시장이 요동치고 있었지만 그것이 심각한 문제로 발전하지는 않을 것이라고 생각하고 있던 베어스턴스는 대체적으로 낙관적인 전망을 하고 있었다. 베어스턴스 리서처인 기안 신하Gyan Sinha가 작성하고 2007년 2월 12일 발표된 보고서는 서브프라임 모기지와 연결된 일부 파생상품들의 약세가 오히려 매수기회를 제공한다고 주장했다.

"서브프라임 부문이 과다발행으로 초래된 버블들 중 일부를 제거함에 따라 이 부문에서 약간의 고통이 예상되기는 하지만, 모든 사람들이 이야기하는 위험에 대한 과도한 반응은 발 빠른 투자자들에게는 오히려 매수기회를 조성할 것이다."

이런 사고방식이 파멸에는 꼭 나타나곤 한다. 레버리지를 보강한(Enhanced) 시오피의 펀드는 신하가 보고서를 썼던 그 달에 제일 먼저 손실을 기록했다. 3년 연속 플러스의 수익율을 올렸던 보다 안정된 우량등급(High Grade)펀드도 3월에 4퍼센트나 하락했다. 레버리지를 포함하고 있는 펀드는 붕괴되기 직전상태였다. 4월에 작성된 부채담보부증권 시장에 대한 베어스턴스의 한 내부보고서는 대규모 손실이 이미 발생하고 있나고 밝혔다. 심지어 최우량등급인 AAA등급 채권들조차도 부실화 될 가능성이 있다는 것이었다.

공포에 빠진 투자자들이 그들의 돈을 되돌려달라고 요구하기 시작했다. 베어스턴스 펀드들의 트레이딩 파트너였던 골드만삭스는 그 펀드들이 보유했던 유가증권들에 대해 그들이 매겼던 평점들은 시오피의 평점들보다 훨씬 더 나빴었다고 말했다. 그렇게 되자, 일이 터지는 것은 이제 시간문제가 되어버렸다. 이 펀드들에 자금을 빌려주었던 메릴린치가 6월 15일에 약 8억 달러 상당의 펀드자산들을 압류했다. 그 다음 주에 메릴린치는 압류한 자산들을 일련의 공매를 통해 매각하기 시작함으로써 부채담보부증권 시장 전체에 충격을 촉발시켰다. 펀드자산의 급매로 유사한 부채담보부증권들을 보유하고 있는 사람들은 그들의 유가증권들에 대한 가격을 낮추어야만 했다.

다시 모건스탠리로 돌아가 보면, 그곳에서는 하워드 휴블러가 진땀을 흘리고 있었다. 비우량등급 부채담보부증권트랑셰들의 붕괴는 정확히 그가 베팅을 했던 것들이었지만, 우량등급 트랑셰, 즉 AAA등급의 약세는 당초 그의 각본에는 전혀 없던 것이었다. 휴블러는 20억 달러 상당의 비우량등급 부채담보부증권들을 공매도 한 상태였다. 그는 이론상으로는 도저히 손실이 발생할 수 없는 우량등급이며, "최우선순위"인 부채담보부증권들을 140억 달러어치나 보유하고 있었다.

6월이 되자, 드디어 공황이 개시되었다. 서브프라임 부채담보부증권투자자들이 동시에 시장에서 빠져나가려고 함에 따라 신용시장들이 요동치기 시작했다. 월가에서의 증권화를 작동시킨 엔진이었던 대차대조표에 표시되지 않은 투자기구에 대한 자금조달을 위해 사용되었던 기업어음시장이 얼어붙기 시작했다. 원매자가 거의 없는 상태에서 투매가 이루어지면서, 손실은 누구도 상상할 수 없을 정도로 커져 갔다.

하나의 파국에 또 다른 파국이 이어지면서, 나쁜 뉴스는 속사포처럼 쏟아져 나왔다. 제일 먼저, 베어스턴스의 랠프 시오피의 헤지펀드들이 무너졌다. 7월 30일, 이 펀드들은 파산신청을 하라는 명령을 받았다. 바로 그 직후, 시오피와 타닌이 파면되었다. 이 두 사람은 그들이 관리하던 펀드들의 건전성을 투자자들이 잘못 판단하도록 하기 위해 공모했다는 혐의로 2008년 6월에 기소되었다.

서브프라임 유가증권들에 과도하게 투자했던 베이시스 캐피털 펀드 매니지먼트(Basis Capital Fund Management)라는 호주 헤지펀드의 몰락은 이 금융위기가 국제적이었음을 잘 보여준다. 이것을 시작으로, 금융기관의 붕괴도미노가 이어졌다. 켄 그리핀이 덥석 인수했던 소우드는 몇 주 만에 50퍼센트 이상 하락했다. 미국 최대의 모기지대출기관들 중 하나인 아메리컨 홈 모기지 인베스트먼트(American Home Mortgage Investment)는 회사가 자본시장에서 현금을 조달하는데 어려움을 겪고 있으며, 폐업을 하지 않을 수 없을 것 같다고 발표하자 주가가 거의 90퍼센트 폭락했다. 한 주가 지난 후, 아메리컨 홈은 연방파산법 제11장에 따른 파산신청을 했다.

8월 초에는 미국 최대의 모기지대출기업인 컨추리와이드 파이낸셜(Countrywide Financial)이 신용시장에 있어서의 '유례가 없는 붕괴'를 경고했다. 이 회사는 자신이 "적절한 유동성을 아직 보유하고는 있지만, 사태는 빠르게 진행되고 있으며 이에 따라 회사가 받게 될 영향은 알 수 없다"고 발표했다.

모든 나쁜 뉴스들은 많은 부채담보부증권들이 대부분의 사람들이 생각했던 것보다 가치가 훨씬 더 적다는 것을 명백히 알려주고 있었다. 손실이 엄청나게 큰 것으로 판명되었다. 그 해의 나중에 모건은 78억 달러의 손실을 기록했으며, 대부분이 휴블러의 데스크로부터 발생한 것들이었다.

부채담보부증권들 중 우량등급 트랑셰, 즉 최상급선순위 부채담보부증권들에서의 손실은 미국과 해외은행들의 대차대조표를 초토화 시켰으며, 그 해 여름에 시작되어 금융시스템 전체를 휩쓸었던 신용붕괴의 주된 요인이었다. 부채담보부증권을 찍어내는 기계들과 그 위에 지어진 과도한 차입이라는 종이카드로 급조한 집들이 블랙홀 속으로 빨려 들어갔다. 트레이딩은 실종되어버렸고, 가우시안 코풀라와 같은 복잡하고 잘못 사용된 모형들 때문에 부채담보부증권에 대한 가격결정이 거의 불가능해졌다.

모기지시장이 붕괴되는 동안에도, AQR, 르네상스, PDT, 사바, 시타델 같은 퀀트펀드들은 그들이 이 어려움과 관계가 없을 것이라고 믿고 있었다. 예컨대, 르네상스와 PDT는 서브프라임 모기지나 신용부도스왑에 전혀 손을 대지 않았다. 그들은 서브프라임과 거의 관계가 없는 주식, 옵션 또는 선물계약들을 주로 거래했다. 시타델, AQR 및 사바는 자신들은 현명한 투자자들로서 손실들에 대해 이미 헤지를 해놓았거나 적절한 트레이딩만 해왔기 때문에 이런 상황은 오히려 돈을 벌 수 있는 기회라고 믿고 있었다.

예를 들면, 도이치뱅크는 주식시장 침체에 베팅을 한 웨인스타인 덕택에 돈을 벌고 있었으며, 최종적으로는 약 2억 5천만 달러의 이익을 올렸다. 그렉 리프만이라는 36세 먹은 그의 동료는 서브프라임에 대해 대량의 공매도를 해놓았으며, 이에 따라 은행에 거의 10억 달러를 벌어주었다. 리프만의 동료들은 트레이딩 플로어에서 "나는 당신네들의 주택을 공매도 했습니다"라는 검은색의 굵은 글씨들이 적힌 회색 티셔츠들을 입고 있었다.

그가 행한 베팅들 덕택에 돈을 벌 준비를 마친 웨인스타인은 7월 28일의 무더운 토요일 여름밤 자신의 서댐턴 별장에서 파티를 벌였다. 줄지어 선 티키 횃불들이 2층으로 된 웨인스타인의 별장의 조촐한 전면을 밝히고 있었다. 손님들은 반짝이는 글래스에 담긴 화이트와인을 홀짝이며, 넓은 뒷마당에 쳐진 흰색 텐트 아래에 느긋하게 앉아 있었다. 새카만 단추가 달린 셔츠를 입고, 창백하고 넓은 이마가 훤히 드러나게 짧은 갈색 머리칼을 올

백으로 넘긴 웨인스타인은 돈 많고 유복한 자신의 손님들과 어울리면서, 느긋하면서도 자신만만한 태도를 보여주고 있었다.

그로부터 이틀 후, 여러 해에 걸쳐 축적되어왔던 전면적인 신용위기가 드디어 터졌다. 스스로 택했던 귀양살이로부터 귀환한 멀러, AQR의 기업공개(IPO)를 통해 엄청난 돈을 챙길 준비가 되어 있었던 애스네스, 자신의 강력한 헤지펀드를 설립하려고 도이치뱅크를 떠날 준비를 하고 있던 웨인스타인, 투자세계 최고의 신전(神殿)으로 뛰어들 준비를 마친 그리핀 등, 이들 몇몇 퀀트들 앞에 펼쳐진 도박판은 그들이 예전에 보지 못했던 큰 판이었다.

10장

2008년 8월 효과

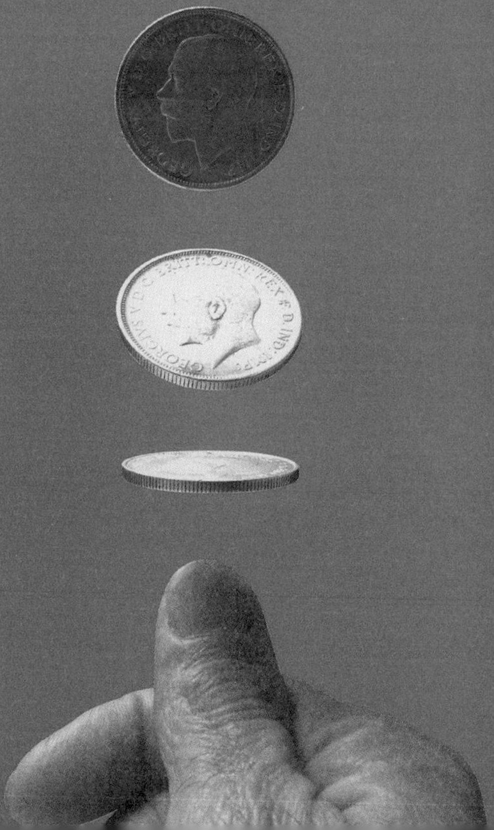

'8월 요인'은 퀀트 트레이딩 전략의 완벽한 반전, 즉 중복된 트레이딩 전략에 따른 펀드들의 대규모 레버리지 청산에 의해 점화되어서 윗부분이 아랫부분이 되고 아랫부분이 위가 되어버리며, 불량자산들이 상승하고 우량자산들이 하락하는 비자로 월드를 보여주었다. 그것은 과거에는 전혀 발견된 적 없는, 그리고 바라건대 앞으로도 다시는 나타나지 않을지도 모르는 강력한 통계적 속성을 갖는 전혀 새로운 요인이었다.

2007년 8월 초, 미국에서는 전형적인 한여름의 뉴스 소강상태가 이어지고 있었다. 일리노이 주 초선 상원의원인 바락 오바마는 미국은 이슬람 과격분자들과의 싸움을 위해서 군사력을 이라크 전쟁으로부터 철수시켜야 한다고 주장하는 연설을 했다. 스타벅스는 분기 이익이 9퍼센트 상승했고 2008 회계연도에 2천6백 개의 점포를 신설할 계획이라고 발표했다. 바비Barbie와 핫 휠즈Hot Wheels 인형을 만드는 마텔(Mattel)은 중국에서 제조된 1백만 개의 인형들 속에 납이 함유되어 있기 때문에 그것들에 대해 리콜을 실시한다고 발표했다.

그러나 진짜 재앙은 화산 표면에 끓고 있는 마그마처럼 보이지 않는 곳에서 쌓여가고 있었다. 모든 레버리지, 수조 달러에 달하는 그 모든 파생상품들과 헤지펀드들, 캐리트레이드 투자들, 그리고 퀀트들이 만들어낸 기타 난해한 금융상품들이 막 폭발할 참이었다. 이들 상품들을 어느 정도 아는 사람들이라면 금융시스템의 기본체계가 무너지고 있음을 느낄 수 있었다.

8월 3일 금요일 오후, 억수같이 쏟아지는 큰비가 뉴욕시를 덮쳤다. 비가 내리고 있는 동안, CNBC의 토크쇼 호스트이면서 한때 헤지펀드에도 몸담았었던 짐 크레이머는 방송을 통해 연방준비제도이사회가 임무를 게을리 하고 있다고 맹렬히 비난했다. "이 기업들은 지금 망해가고 있습니다! 그들은 지금 제정신이 아니고 미쳤습니다! 그들은 아무것도 모릅니다!" 크레이머는 그가 공포에 질린 CEO들로부터 받았던 전화통화들에 대해 떠벌렸다. 기업들이 파산할 것이라고 그는 예측했다.

"우리는 지금 채권시장에서 아마겟돈을 맞이하고 있습니다!"

대부분은 그가 무슨 이야기를 하는지 이해하지 못하고 있었지만, 시청자들은 놀라고 불안해했다. 크레이머에게 통화를 했었던 CEO들 중 한 사람은 대형 모기지회사인 컨추리와이드 파이낸셜의 안젤로 모질로였다. 다우존스산업평균지수가 281포인트나 하락했는데, 그 대부분은 크레이머가 분노를 터뜨린 이후에 하락한 것이었다. 찜통더위가 계속된 8월의 주말 동안, 월가의 트레이더들, 은행가들, 그리고 헤지펀드 거물들은 그들의 벤틀리와 BMW, 마세라티와 벤츠를 타고 햄프턴 해변의 모래사장을 찾거나, 비행기를 타고 뉴욕시나 그리니치가 아닌 어느 곳으로든지 피해가서 일단 마음을 진정시키려고 노력했다. 그러나 그들 모두는 문제가 닥쳐오고 있다는 것을 알고 있었다. 월요일이 되자, 그 문제는 대형 해머로 내려치듯이 엄습해왔다.

클리프 애스네스는 유리 파티션을 지나 자신의 사무실로 걸어가면서, AQR의 글로벌 애셋 얼로케이션(GAA)그룹이 차지하고 있는 쭉 늘어선 방들을 보고 얼굴을 찌푸렸다.[주1]

GAA는 상품선물들로부터 통화파생상품들에 이르기까지 모든 것에서 계량적인 부를 찾아내기 위해 전 세계를 샅샅이 뒤지는 잘 나가는 트레이더들과 리서처들로 가득했다. 사무실 가운데를 따라 설치된 벽으로 구분된 건물 반대편에는 AQR의 글로벌 스톡 셀렉션(GSS) 팀이 열심히 일을 하고 있었다. GSS의 직무 역시 어려운 일이었다. 그들은 수천 명의 파마가 양성해낸 퀀트들도 아직 발견해내지 못한 어떤 패턴들을 찾아내기를 바라면서, 주식수익률에 대한 엄청난 양의 자료를 훑어 내리고 있었다.

2007년 8월 6일의 그 월요일 오후에 GSS에서 무언가 잘못된 일들이 발생하고 있었다. 매수와 매도를 위해 주식들을 선택하는 GSS의 모형들이 이상한 방향, 즉 AQR에 대규모 손실을 발생시키는 방향으로 움직이고 있었다.

애스네스는 유리파티션의 블라인드들을 닫고, 그의 책상으로 되돌아갔다. 그는 마우스를 클릭해서 컴퓨터 화면을 켰다. 거기에는 붉은 숫자들이 선명하게 떠 있었다. AQR의 앱솔루트 리턴 펀드(Absolute Return Fund)의 손익계산서였다. 절벽에서 굴러 떨어지는 바위들처럼 모든 숫자들이 급전직하하고 있었다.

AQR의 모든 퀀트들이 낙하하는 숫자들을 보며 얼이 빠졌다. 그것은 마치 열차가 서서히 충돌하는 것을 지켜보고 있는 것과도 같았다. 그날 아침, 모든 사람들이 상황을 파악하기 위해 뛰어다니는 동안 일이 거의 이루지지 않고 있었다. 펀드의 종업원들 중 많은 사람들이 상대로부터 대답을 듣기 위해 우왕좌왕하고 있었다.

"어떻게 된 것인지 자네는 아는가?"

대답은 언제나 동일했다.

"아니. 자네는 알아?"

기업들의 파산에 대한 유언비어가 떠돌았다. 은행들과 헤지펀드들은 치명적인 서브프라임 모기지들에 대한 그들의 포지션 때문에 휘청대고 있었다. 어떤 사람들은 컨추리와이드 파이낸셜이 무너지고 있으며, 버크셔 헤서웨이의 워렌 버핏이나 뱅크오브아메리카 같은 백기사(경영권 방어에 협조적인 우호주주를 뜻함-옮긴 이)를 애타게 찾고 있다고 말했다. 그러나 어느 누구도 곤경에 처한 이 모기지대출업체와 관계 맺기를 원하지 않고 있었다.

자신의 사무실 안에서, 애스네스는 뚫어져라 컴퓨터 화면을 응시했다. 빨간 숫자들이 화면을 뒤덮고 있었다. 도대체 무엇을 해야 할지 알 수가 없었다. 그의 가장 큰 공포심은 자신이 할 수 있는 일이 아무것도 없다는 사실이었다.

사무실 바깥에서는 사람들이 블라인드가 내려진 보스의 사무실을 쳐다보고 있었다. 사무실을 개방해놓아도 들르는 사람들은 거의 없었지만, 애스네스는 항상 사무실 문을 열어놓고 아무나 들어올 수 있도록 하고 있었다. 종업원들이 그들의 보스가 이 어려움을 어떻게 받아들이고 있는지를 창문을 통해서 들여다보는 것을 애스네스로서는 견디기 어려운 모양이라고 종업원들은 생각했다.

AQR의 기업공개(IPO)를 위한 등록서류들은 모든 준비가 끝나서 SEC에 제출되기만을 기다리고 있었다. 사실, 애스네스는 모든 주요 신문들의 톱뉴스가 될 수 있도록, 그 달 말쯤에 IPO 계획을 발표할 예정이었다. 그러나 애스네스는 그 계획이 무기한 연기될 수 있음을 느꼈다.

AQR의 사무실에서 몇 블록 떨어진 곳에서는, 글로벌트레이딩 사업부문을 이끌고 있는 마이클 멘델슨이 그리니치 지하철역 샌드위치 가게 앞에 줄을 서서 기다리고 있었다. 그는 AQR의 모든 펀드들에 대해서 실시간으로 정보를 전해주는 블랙베리를 내려다보고 있었다. 그런 그의 입이 딱 벌어졌다. 무언가 나쁜 일이 벌어지고 있었다. 그것도 아주 끔찍한 일이.

골드만삭스에서 오랜 기간 근무한 베테랑으로 AQR에서 가장 명석한 사고를 가진 사람들 중 하나인 멘델슨은 애스네스가 트레이딩의 상황을 알고자 할 때 제일 먼저 전화를 거는 사람들 중 하나였다. 그는 직감적으로 피해를 줄이려면 무언가 응급조치를 취해야 되는 상황임을 알았다.

그는 바로 AQR 사무실로 뛰어서 돌아왔고, 몇몇 AQR의 톱트레이더들 및 리서처들과 긴급회의를 가졌다. AQR 펀드들에 직접적으로 영향을 주는 대규모 차입금청산(deleveraging)이 진행되고 있다고 상황을 분석한 후, 그들은 애스네스의 사무실로 들어갔다.

"클리프, 나쁜 소식입니다."

방으로 들어서면서 멘델슨이 말했다.

"이번 상황은 청산으로 갈 것 같은데요."

"어느 회사인데?"

애스네스가 물었다.

"아직 확실하지는 않지만, 아마도 글로벌알파 같습니다."

"오우, 이런! 안 돼."

애스네스가 1998년에 골드만을 떠난 이후, 글로벌알파는 애스네스의 시카고대학 재무학과정 동문들이며 파마의 제자들인 마크 카하트와 레이 이와노브스키에 의해서 운영되고 있었다. 그들의 지휘 아래, 글로벌알파는 월가에서 가장 탁월한 투자기구들 중 하나로서 명성을 키워가고 있었다. 이 펀드는 40퍼센트라는 엄청난 수익률을 기록했던 2005년까지 한 번도 손실을 보지 않았다.

그러나 글로벌알파는 2006년과 2007년 상반기에 적자를 기록하면서 추락하고 있었다. 그런데 문제는 이 펀드가 외면하는 행운을 되돌리기 위해서 차입을 통해 레버리지를 확대하고 있었다는 점이었다. 레버리지가 커진다는 것은 회사가 더 많은 위험을 감수한다는 것을 의미했다. 많은 사람들이 글로벌알파와 주식에 집중하고 있던 자매펀드인 글로벌 에쿼티 오포튜니티(Global Equity Opportunity)가 더욱더 많은 차입금으로 악성트레이딩을 늘려가는 것을 염려하고 있었다.

"그들은 업계 전체에 큰 영향을 줄 수 있는 대형펀드들 중 하나입니다."

멘델슨은 절망감에 어깨를 움츠렸다.

"그쪽 사람들 중 누군가와 이야기를 해보았나?"

"아니요. 보스께서 한 번 해주십사 부탁드리고 싶습니다만."

"내가 전화를 해보지."

애스네스는 골드만에 몇 차례 통화를 시도했지만, 아무도 전화를 받지 않았다. 그것이 그를 더욱 염려스럽게 만들었다.

보아즈 웨인스타인은 서댐턴에서 가졌던 주말파티 후인 월요일 아침에도 휴식을 취하고 있었다. 그러나 점심식사가 끝난 직후부터 그는 조바심이 나기 시작했다. 그가 자신의 채권트레이딩 그룹을 보완하기 위해서 영업에 추가했던 사바의 퀀트주식데스크에서 무언가 문제가 발생하고 있었다. 뉴스는 그 데스크를 책임지고 있던 트레이더인 알란 벤슨Alan Benson이 주식데스크의 손익계산서와 함께 그날의 두 번째 이메일을 그에게 보냈을 때인 오후 2시 경에 흘러나왔다.

아침 10시에 보냈던 벤슨의 첫 번째 이메일에서 손실의 조짐이 보였었다. 그러나 웨인스타인은 그것을 무시해버렸다. 2억 달러 상당의 주식들과 상장지수펀드(exchange-traded funds, ETF) 포지션을 관리하는 벤슨의 데스크는 원래 변동성이 크게 나타날 수가 있었다. 그렇기에 오전 중의 손실이 오후에는 쉽게 이익으로 전환될 수도 있었다.

오후 2시에 보내온 업데이트는 손실이 이익으로 바뀌지 않았음을 보여주었다. 그 숫자들은 훨씬 더 나빠져 있었다. 벤슨은 수천만 달러의 손실을 기록하고 있었다. 웨인스타인은 일어서서 2층에 있는 사바의 트레이딩운영파트로 한 층을 걸어서 내려갔다. 벤슨은 긴장한 것처럼 보였고, 진땀을 흘리고 있었다.

"알란, 어쩐 일이지?" 언제나 그러듯이 차분하게 웨인스타인이 말했다. "이것 참 이상한데요." 벤슨이 말했다. "우리가 값이 떨어질 것이라고 베팅을 했던 주식들이 많이 올라가고 있습니다. 모든 업종들에 걸쳐서 정말로 숏커버링(short covering; 주가가 떨어질 것을 예측해서 주식을 빌려서 파는 공매도를 했지만, 반등이 예상되자 빌린 주식을 되갚으면서 주가가 오르는 현상-옮긴 이)이 엄청난 규모로 이루어진 것 같이 보입니다만."

공매도에서, 투자자는 미래에 그 주식을 보다 낮은 가격으로 되살 수 있을 것을 기대하면서 특정주식을 빌려서 매도한다. IBM이 지금 100달러로 거래되고 있지만, 당신은 그것이 90달러로 값이 떨어질 것으로 예상한다고 치자. 당신은 프라임브로커를 통해서 다른 투자자가 보유한 IBM 주식 100주를 빌리고, 그것들을 다른 투자자에게 1만 달러를 받고 매도한다. 만약 당신의 예측이 옳아서 IBM이 실제로 90달러로 떨어진다면, 당신은 그 주식을 9천 달러에 매수해서 그 주식을 브로커에게 반환하고, 차액 1천 달러를 챙긴다.

그러나 예를 들어, IBM 주식이 더 높게 올라가 버리면 어떻게 될까? 당신은 그 주식에 묶여서 곤란한 입장이 될 것이고, 그 주식이 매 1달러 상승할 때마다 100달러의 손실을 보게 된다. 당신의 손실을 최소화하기 위해서 당신은 그 주식을 되산다. 그렇게 하는 것은 그 주식을 더욱 상승하게 만드는 효과를 가질 수 있다. 수백 또는 수천 명의 공매도자들이 이런 거래를 동시에 행한다면, 이것이 소위 숏스퀴즈(short squeeze) 상황이다. 8월 6일 그 월요일에 아마도 역사상 최대의 숏스퀴즈처럼 보이는 현상이 시작되고 있었다.

"큰손이 대규모 포지션을 청산하고 있는 느낌인데요. 그것도 아주 빠른 속도로."

벤슨이 덧붙였다.

"그것에 대해 우리가 할 수 있는 일이 무엇이 있나?"

"계속 주시해 볼 수밖에 없을 것 같습니다. 그렇게 오래 지속되지는 않을 것입니다. 지금 포지션을 청산하는 속도를 보아서는 길게 갈 수는 없을 것 같은데. 그런데 그게 길게 간다면……."

"뭐라고?"

"우리도 포지션 청산을 시작해야만 됩니다."

같은 월요일, PDT에서는 피터 멀러가 보스턴 외곽에 사는 한 친구를 만나러 가서 사무실을 무단으로 비운 상태였다. PDT가 사고실험(思考實驗)에 불과한 조직에, 어수선한 차고에서 컴퓨터를 다루는 젊은 수학영재들의 소집단에 불과했던 초창기부터 PDT에 몸 담아 온 베테랑들인 마이크 리드와 에이미 웡이 멀러가 비운 빈자리를 채우고 있었다.

당시 PDT는 런던과 동경에 사무실을 두고 (모건스탠리가 얼마나 많은 자금을 이 펀드에 공급해주는가에 따라 매일 그 액수가 바뀌기는 했지만) 약 60억 달러의 자산을 운용하는 세계적인 영향력을 갖는 투자기관이 되어 있었다. 그 펀드는 매일 매일 돈을 찍어내는 잘 작동되는 기계와도 같았다. 그렇지만, 그 주간에 PDT는 돈을 벌어내지 못하고 있었다. 아니 이 펀드는 오히려 산업용 파쇄기처럼 돈을 찢어서 날려버리고 있었다.

PDT가 쫓고 있던 주식들의 이례적인 움직임은 7월 중순 언젠가부터 가격이 내리면서 시작되었고, 8월 초에 접어들면서 더욱 악화되었다. 그 전 금요일에 나스닥에서 가장 가격이 많이 상승했던 5개 종목은 PDT가 가격들이 하락할 것이라고 기대하면서 공매도를 했던 종목들이었으며, 가격이 가장 크게 하락한 5개 종목은 PDT가 가격상승을 기대하면서 매수했던 종목들이었다. 퀀트들에게 그것은 마치 비자로 월드(Bizarro World; 모든 것들이 거꾸로 되어 있고, 그곳에 사는 모든 존재들은 거꾸로 행동한다는 1960년대 초에 발간된 만화 속의 공상적인 행성-옮긴 이)와도 같았다. 위의 것이 아래로, 아래의 것이 위로 와 있었다. 모형들이 거꾸로 작동되고 있었다. 진리가 더 이상 진리가 아니었다. 그것은 반-진리(the anti-Truth)였다.

손실은 월요일에 더 커지고 있었고, 멀러가 2006년 복귀한 이후 PDT가 그 규모를 키웠던 약 50억 달러 상당의 퀀트 기본자산들이 특히 큰 타격을 받았다.

손실이 더 커지게 되면, 웡과 리드는 PDT의 레버리지를 감소시키기 위해서 기본자산의 포지션들을 청산하기 시작해야 한다는 것을 알았다. 이미 그 전 주에, 이 그룹은 시장의 무계획한 변동성이 증대됨에 따라 마이다스의 엔진가동을 조금씩 낮추기 시작했었다.

마이다스는 언제나 빠른 속도로 유가증권들을 사거나 파는 극초단기 포지션이었다. 그러나 기본자산은 달랐다. 여기에 포함된 유가증권들은 빈번하게 거래가 발생하지 않는 스몰캡(small cap. 시가총액이 크지 않은 중소 또는 중견상장기업들의 주식-옮긴 이) 주식들이 대부분으로 청산을 하기가 쉽지 않았으며, 특히 이 종목들을 보유하고 있는 많은 다른 트레이더들이 동시에 투매를 하는 경우에는 청산이 더욱 어려웠다. 이 포지션들은 꼼꼼하게 점검해서 정리해야 할 주식들을 몇 주씩, 또는 몇 덩어리씩 처분해나가야 했다.

그것은 비용도 많이 들고 어렵고도 오랜 시간이 소요되는 일이었다.

PDT와 다른 퀀트펀드들이 그 주 초반에 감지하기 시작했던 시장동향은 논리에 완전히 벗어난 것이었다. 미세조정된 모형들, 벨커브와 랜덤워크, 정밀하게 계산된 상관관계 등, 그간 퀀트들을 월가의 정상으로 이끌어 왔던 모든 수학과 과학이 시장에서 발생하고 있는 상황들을 전혀 파악하지 못하고 있었다. 그것은 컴퓨터모형이나 복잡한 알고리즘으로는 도저히 포착할 수 없는 종류의 것, 순수한 인간의 공포심에 의해서 촉발된 완전한 혼돈이었다. 1950년대에 베노이트 만델브로트가 발견했던 거칠고, 꼬리가 두터운 움직임들이 시간단위로 발생하고 있는 것처럼 보였다. 이와 비슷한 것을 예전에는 전혀 본 적이 없었다. 이런 상황이 발생하리라고는 전혀 예상되지 않았던 상황이 벌어지고 있는 것이다!

퀀트들은 손실을 최소화하기 위해 최선을 다했지만, 마치 활활 타오르는 불을 휘발유로 끄려고 하는 소방관들처럼 그들이 매도를 통해서 불길을 잡으려 하면 할수록 가격은 더욱 급락했다. 시장의 추락하는 힘은 무엇으로도 막을 수 없는 것처럼 보였다.

웡과 리드는 이메일과 전화통화를 통해 멀러에게 상황을 계속 통보하고 있었다. 펀드의 레버리지를 줄이기 위해서 하락하는 시장에서 매도를 할 것인지, 그 경우 얼마나 매도를 할 것인지는 전적으로 멀러가 결정해야 했다. 시장변동성이 치솟으며 PDT의 위험관리모형들을 헷갈리게 만들고 있었다. 이제 멀러가 손실이 커지고 있는 기본자산의 레버리지를 정리해야 할지의 여부를 결정해야 할 시점이었다. 이 계정에서의 손실이 더 지속되면,

PDT는 매도를 시작하는 것 이외에는 다른 선택을 할 수 없는 입장이었다. 그것은 나무를 살리기 위해 가지들을 잘라내야 한다는 뜻이었다.

모든 곳의 퀀트펀드들이 무슨 일이 발생하고 있는지 알아내기 위해 허둥대고 있었다. 프랑스에서 휴가를 즐기고 있던 켄 그리핀은 시타델 시카고 본부의 트레이더들과 계속 연락을 취하고 있었다. 르네상스뿐만 아니라 D. E. 쇼, 샌프란시스코에 있는 바클레이즈 글로벌 인베스터즈(Barclays Global Investors), J. P. 모건의 강력한 퀀트펀드인 하이브릿지 캐피털 매니지먼트(Highbridge Capital Management), 그리고 런던, 파리 및 동경의 멀리 떨어진 곳에 있는 펀드들을 포함하는 세계의 거의 모든 퀀트펀드들이 타격을 받고 있었다.

화요일에는 하락의 속도가 더욱 빨라졌다. 정책당국자들도 월가 전체를 엄습하고 있는 대규모 손실에 대해 어찌할 바를 모르고 있었다. 그 화요일 오후, 연방준비제도이사회는 단기이자율을 연 5.25퍼센트로 계속 유지하기로 결정했다고 발표했다.

"최근 들어 금융시장들이 불안한 모습을 보이고 있으며, 일부 가계부문과 기업부문들에 대한 신용시장이 위축되면서 주택부문의 조정이 진행되고 있습니다. 그럼에도 불구하고, 경제는 고용과 소득의 안정적인 성장과 활발한 세계 경제에 힘입어 향후에도 완만한 속도로 확장을 지속할 것으로 보입니다."

위기가 고조되고 있었으나, 워싱턴의 중앙은행 당국자들과는 전혀 연락이 닿지 않았다. 수십억의 달러가 허공으로 사라져버린 월요일과 화요일에 발생한 손실들은 퀀트헤지펀드들이 겪었던 사상 최악의 상황이었다. 그러나 수요일이 되면서 상황은 더욱 악화되었다.

뉴욕 중심가의 골드만삭스 애셋 매니지먼트(GSAM) 본사에서는, 모든 사람이 초비상 상황이었다.[주2] 자산규모 300억 달러로 세계 최대 헤지펀드관리회사들 중 하나인 GSAM은 모든 부문들로부터 타격을 받고 있었다. 가치주, 성장주, 스몰캡주식, 미들캡주식, 통화, 상품 등 모든 부문에서 대규모 손실이 발생하고 있었다. 글로벌알파, 글로벌 에쿼티 오포튜니티 펀드 등 모든 트레이딩 기구들이 허물어지고 있었다. 또한 모든 다른 퀀트펀드들처럼, 펀드를 이끄는 두 선장, 카하트와 이와노브스키는 왜 이런 상황이 벌어지고 있는지 원인을 전혀 파악하지 못하고 있었다.

고도로 정밀하게 변동성을 측정하는 GSAM의 위험관리모형들은 7월 한 달 내내 치솟았었다. 여러 해 동안 변동성이 감소하고 있었기 때문에, 그것은 이상한 모습이었다. 또한 GSAM의 위험관리모형들이 움직였던 형태, 즉 변동성의 감소는 동일한 금액의 수익을 올리기 위해서는 더 많은 위험을 받아들이고, 더 많은 레버리지를 사용해야 되는 것을 의미했었다. 다른 퀀트펀드들도 비슷한 경로를 따랐었다. 그런데 이제 변동성이 전과는 다른 모습을 보이고 있었다. 변동성이 실제로…… 변동하고 있었다.

골드만의 퀀트들이 주목했던 또 하나의 교란추세는 전 세계적인 캐리트레이드의 청산이었다. 글로벌알파, AQR, 시타델 및 기타 다른 펀드들은 수익률이 낮은 일본 엔화를 싸게 빌려서 그것을 보다 수익률이 높은 자산들에 투자해서 막대한 이익을 올리고 있었다. 이 트레이딩은 오랜 기간 동안 너무도 성공적이어서 모든 종류의 투기적 베팅들이 가능하도록 해주고 있었지만, 그것은 오직 한 가지 추세가 변하지 않는 것에 의존하고 있었으니 바로 그것이 싼 엔화였다.

그런데 2007년 8월에 엔화가 상승하기 시작했다. 나중에 대출을 상환할 것을 기대하며 엔화차입을 했던 펀드들은 엔이 다른 통화들에 대해 가치가 상승함에 따라 엔화대출을 상환하기 위해 허둥대고 있었다. 그것이 다시 자기강화적인 피드백루프를 촉발시켰다. 즉 엔화가 계속 상승함에 따라, 대출을 상환하기 위해 더 많은 자금들을 필요로 하게 되었고, 이것이 다시 엔화의 가치가 더욱 올라가게 만들었다.

GSAM에서는, 갑작스런 포지션 청산은 잠재적인 재앙을 뜻했다. GSAM의 많은 포지션들, 채권, 통화, 그리고 심지어 주식까지도 엔 캐리트레이드를 바탕으로 하고 있었기 때문이었다.

캐리트레이드의 붕괴와 변동성의 상승은 엄청난 파괴력을 지니고 있었다. 그동안 오랜 기간 나타나지 않았던 시장에서의 첫 번째 주요한 혼란(dislocation)이 그 전 금요일인 8월 3일 발생했었다. 그 혼란이 월요일에는 지진으로 바뀌었다. 화요일이 되자, 상황은 더욱 위태롭게 변했으며, GSAM도 급하게 매도를 시작해야만 되었다.

인파로 빽빽한 무더위 속의 브로드웨이를 지나서 모건스탠리 사무실로 바삐 걸어가는 피터 멀러의 마음은 더욱 다급해지고 있었다. 8월 8일 수요일, 맨해튼 중심가는 그가 예전에 전혀 보지 못했던 교통체증을 겪고 있었다. 통상적인 관광객들이 아닌 정장을 입은 비즈니스맨들이, 그것도 거의 모두가 휴대폰을 통해 미친 듯이 지껄여대면서 보도를 메우고 있었다.

그는 벌써 스무 번도 넘게 자신의 시계를 들여다보았다. 그리고 그는 시장붕괴가 계속 이어지고 있는 것에 대해 우려를 하고, 또 우려했다. 그는 자신의 블랙베리로 뉴스를 점검했다. 엔화가 더욱 강세를 보이고 있었다. 오, 하느님. 멀러는 시장붕괴가 왜 시작되었는지 알 수 없었다. 더 답답한 것은 언제 그것이 멈출지 알지 못한다는 사실이었다. 그것은 어서 멈추어야 했다. 만일 그것이 멈추지 않는다면…….

멀러는 오래된 에드 설리반 극장 앞의 시끌벅적한 인파를 신경질적으로 밀어제치며 걸어갔다. 심지어 자연조차도 그에게 등을 돌린 것 같았다. 그날 아침 일찍, 토네이도가 뉴욕시를 강타해서 이 도시의 본격적인 통근전쟁이 시작되기 바로 전에 상륙했다. 시속 210킬로미터 이상의 강풍이 제일 먼저 스태턴 아일랜드를 덮치고, 그러고 나서는 뉴욕만을 건너와서 브루클린을 강타한 다음 선셋파크와 베이릿지에서 나무들을 뿌리째 뽑아버리고, 지붕들을 벗겨가고, 자동차와 건물들에 피해를 입혔다. 그것은 지난 50년 이상의 기간 동안에 브루클린에 상륙한 최초의 토네이도, 1950년 이래 뉴욕을 강타한 여섯 번째 토네이도였다.

주요 도로들은 침수되었고 지하철 터널에도 물이 넘쳐서 뉴욕시 전역의 지하철 운행이 중단되면서 교통을 완전히 마비시켰다. 발이 묶인 통근자들이 거리로 몰려나옴에 따라 발생한 혼란은 테러리스트들이 9월 11일에 월드 트레이드 센터를 폭파해버렸던 6년 전의 공포를 연상케 했다.

갑작스럽게 쳐들어왔던 것처럼 폭풍우는 바로 통과해서 대서양 바다 속으로 사라져버렸다. 작열하는 8월의 태양이 다시 도시를 김이 풀풀 나는 습기 가득 찬 수프냄비로 만들었다. 월가의 트레이더들은 9시 30분 트레이딩이 시작되기 전에 사무실에 닿을 수 있도록 서두르고 있었다. 많은 사람들의 신경이 곤두서 있었지만, 그것은 날씨와는 아무런 상관도 없는 것이었다. 세계금융시장들에 축적되고 있던 폭풍우가 어느 누구도 상상하지 못했던 형태로 갑자기 들이닥쳤다. 첫 번째 폭풍우는 이미 상륙했고, 멀러는 그 중심에 서 있었다.

멀러는 타임스퀘어의 혼잡스러운 인파를 뚫고 모건스탠리의 본사로 급하게 걸어갔다. 그는 이를 악물고 하늘을 올려다보았다. 폭풍우는 어느 새 모두 물러가고 태양이 뜨겁게 비추고 있었다. 모건스탠리의 인상적인 옆모습이 검푸른 하늘 너머로 어렴풋이 보였다.

자신의 사무실로 들어선 멀러는 바로 컴퓨터들과 세계에서 유통되는 거의 모든 증권들에 대한 자료를 얻을 수 있는 블룸버그모니터를 켰다. 시장동향을 빠르게 체크한 다음, 그는 PDT의 P&L부터 점검했다.

좋지 못한 상황이었다.

그 날의 시장은 멀러가 그동안 경험했던 것들 중에서 가장 무자비했다. 모든 곳의 퀀트펀드들이 불도저 밑에 깔린 벌레들 마냥 박살이 났다. 멀러는 다른 관리자들과 어떤 상황이 벌어지고 있는지에 대해 아이디어를 교환하고서, 애스네스에게 전화를 걸어 골드만삭스에서 어떤 일이 발생했는지를 아는 사람이 있는지 알아내는 한편, AQR의 현 상황에 대해서도 파악하기 위해 그를 다그쳤다. 모든 사람이 각자 자신의 이론을 갖고 있었다. 그러나 어느 누구도 정확한 원인을 알고 있지 못했다. 그들 모두는 청산이 좀 더 지속되면, 치명적이 될 것이라고 우려만 하고 있었다.

재앙에 대한 유언비어가 무르익고 있었다. 미국 주택시장은 붕괴되면서, 베어스턴스와 UBS 같은 은행들, 그리고 전 세계의 헤지펀드들에 대규모 손실이 발생했다. 주식시장은 혼란에 빠졌고, 공포심이 퍼져나가고 있었다. 서브프라임 파국은 마치 이상한 전자바이러스처럼 머니 그리드를 통해 계속 변종을 만들어내고 있었다. 퀀트들이 섬세하고, 정교하게 만들어 놓은 것들이 제어가 불가능한 상태로 바뀌면서, 전체 시스템이 멈추어버렸다.

손실은 늘어갔지만, 붕괴의 원인은 여전히 미스터리였다. 이상하게도 광기가 금융계를 그토록 거세게 휩쓸고 있었음에도, 금융계 이외의 다른 부문은 대체로 평온했다. 정말로, 실물부문의 투자자들은 역사적인 시장붕괴가 월가에서 일어나고 있다는 것도 실감하지 못하고 있었다. AQR의 아론 브라운은 CNBC의 논평가들이 변동성의 이면에 무엇이 있는지에 대해서는 전혀 알지 못하고 주식들의 이상한 움직임에 대해서만 당혹해 하는 것을 지켜보며 쓴웃음을 지었다. 진실은 퀀트들 자신이 여전히 파악하려고 노력하고 있는 바로 그것이라고 브라운은 깨달았다.

브라운은 AQR의 위험관리시스템을 가급적 빨리 파악하기 위해 전념하고 있었다. 자정 무렵, 열 두 시간 동안이나 컴퓨터 화면의 숫자들을 들여다보느라 핏발이 선 눈으로 그는 사무실을 나왔다. 수십 명의 초췌한 퀀트들이 커피를 들이키면서, 귀에는 아이팟 이어폰을 꽂은 채 세계 전역의 시장들에서 펀드의 포지션들을 청산하기 위해 쉴 새 없이 컴퓨터키보드를 두드리고 있었다. 참으로 이상한 밤이었다. 사무실은 낮처럼 분주했지만, 바깥은 칠흑 같은 어둠이었다.

그리고 여전히 바깥세상에서는 그와 같이 큰 규모의 시장붕괴가 발생하고 있는지를 모르고 있었다. 대중들에게 그 소식을 제일 먼저 전한 사람들 중 하나는 리먼브라더스에 근무하고 있던 한 무명의 퀀트리서처였다.

* * *

매튜 로스맨Matthew Rothman이 8월 7일 화요일 아침에 한 잠재고객의 사무실에 들어섰을 때, 그는 전날 밤 샌프란시스코까지의 야간비행 때문에 녹초가 되어 있었다.[주3] 이 리먼브라더스의 수석퀀트전략가는 지난 해 주말들을 반납하고 밤이 늦도록 사무실에서 열심히 개발한 모형들을 홍보하기 위해 캘리포니아 지역을 출장 중이었다. 이제 그동안의 노력이 결실을 맺는 시기였다.

중년신사인 로스맨이 자신의 노트북과 짐을 그대로 들고서 고객의 접견실에 앉아 있었을 때, 너무나 바쁜 하루를 보낸 그는 전날 보았던 시장에서의 이상한 움직임이 어떻게 진전되었는지 이제야 확인할 수 있었다.

그는 놀라서 자리에서 벌떡 일어났다. 그가 만나려고 기다리고 있었던 트레이더가 얼굴이 하얗게 질려서 그에게 달려왔다. "이럴 수가, 매튜! 어떤 일이 일어나고 있는지 알고 있습니까?" 그는 로스맨을 자신의 사무실로 데리고 가면서 말했다.

그는 로스맨에게 자신의 포트폴리오를 보여주었다. 그것은 급격한 하락을 나타내고 있었다. 무언가 끔찍한 일, 무언가 예전에는 전혀 본 적이 없었던 일들이 벌어지고 있었다. 로스맨은 아무 말도 할 수 없었다.

상담은 물 건너 가버렸다. 어느 누구도 그의 멋진 모형들에 대해 들으려고 하지 않았다. 로스맨은 그날 몇 군데의 퀀트펀드들을 더 방문했지만, 모든 곳이 다 피바다였다.

그리고 그것은 말도 안 되는 상황이었다. 시카고대학에서 유진 파마로부터 배웠던 시장효율성을 진심으로 신봉하는 로스맨은 그가 그동안 추구했던 엄격한 계량적 패턴들에 따라 시장이 움직일 것을 기대했다. 그러나 시장은 로스맨이나 다른 모든 퀀트들이 보았던 어떤 패턴들과도 일치되지 않는 형태로 움직이고 있었다. 모든 거래전략이 허물어지고 있었다.

그 날 저녁, 로스맨은 샌프란시스코 중심가의 일식당에서 그의 친구인 애스리엘 레빈과 저녁식사를 함께 했다. 레빈은 한때 샌프란시스코에서 세계 최대의 자산관리회사인 바클레이즈 글로벌 인베스터즈(Barclays Global Investors)의 내부조직이며 중심퀀트펀드인 32캐피털을 운영했었다. 2006년 말에, 그는 자신의 헤지펀드인 멘타 캐피털(Menta Capital)을 설립했다. 사람들에게 "우지 기관단총"으로 불리는 레빈은 로스맨이 아는 한, 가장 뛰어난 퀀트들 중 한 사람이었다. 로스맨은 이런 결정적인 시기에 레빈의 의

견을 들을 수 있게 된 것이 행운이라고 느꼈다. 생선초밥과 와인을 들면서, 두 사람은 무엇이 시장붕괴를 촉발했는지에 대해 각자의 의견을 나누기 시작했다. 식당이 문을 닫을 시각까지 대화를 나눈 후, 그들은 나중에 사태를 정확하게 읽은 선견지명이었다고 판명되는 아래와 같은 결론에 다다를 수 있었다.

하나의 아주 규모가 큰 자산관리자가 서브프라임 자산들로부터 심각한 타격을 받았다고 그들은 이론을 구성했다. 그것이 다시 그 자산관리자의 프라임브로커로부터 마진콜(증거금 추가납부 통지)을 촉발시켰을 것이다.

'마진콜(margin call)'은 금융에서 가장 무서운 위력을 지닌 말이다. 투자자들은 어떤 자산, 예컨대 대규모의 서브프라임 모기지를 매수하기 위해서 프라임브로커로부터 자주 돈을 빌린다. 그들은 이러한 차입을 증거금 계좌(margin account)를 통해서 행한다. 매입한 자산들의 가치가 하락하게 되면, 프라임브로커는 그 투자자에게 연락을 해서 증거금 계좌에 현금을 추가로 넣도록 요구한다. 만약 그 투자자에게 추가시킬 현금이 없으면, 그는 그 돈을 충당하기 위해 무엇인가를 팔아야 하는데, 보통 가장 유동성이 큰 보유자산들을 매각하도록 요구를 받는다.

유동성이 큰 자산은 대개 주식들이다. 로스맨과 레빈은 곤경에 빠진 자산관리자가 선물들로부터 통화들과 서브프라임 모기지에 이르는 모든 종류의 투자전략을 취급하는 다각적인 트레이딩기법들을 운용하는 헤지펀드일 것이라고 판단했다.

문제를 촉발시킨 것은 서브프라임의 붕괴였을 것임에 틀림없다고 그들은 추정했다. 랠프 시오피의 베어스턴스 헤지펀드가 붕괴되기 시작했을 때, 모든 서브프라임 부채담보부증권들의 가치가 즉시 하락하기 시작했다. 무디스와 S&P 같은 신용평가기관들도 많은 부채담보부증권들의 신용등급을 하향조정했었고, 이에 따라 부채담보부증권들의 가격하락이 가속되면서 더 많은 강제정리가 이루어지도록 했었다. 상당한 규모의 서브프라임을 보유하고 있는 펀드들에 대한 마진콜들이 월가 전체에 대해 일어나고 있음에 틀림없었다.

모기지를 주된 자산으로 보유하고 있는 펀드들이 곤경에 처했는데, 그 이유는 그들이 현금을 조달할 수 있는 유일한 방도가 가치가 하락한 바로 그 자산을 헐값에 처분하는 수밖에 없기 때문이었다. 그렇지만 다각적인 트레이딩 전략을 구사하는 펀드들은 더 많은 선택권들을 갖고 있었다. 이들 펀드들 중 하나 또는 몇몇이 규모가 크고 쉽게 현금화할 수 있는 주식으로 구성된 퀀트자산들을 갖고 있었을 것이라고 로스맨과 레빈은 추론했다. 그 펀드매니저는 마진콜을 충족시킬 수 있는 현금을 가장 빨리 확보할 수 있도록 해주는 그가 처분할 수 있는 자산들을 살펴보았을 것이며, 그래서 자산들 중에서 주식으로 구성된 퀀트자산을 지목했을 것이었다.

그 자산들의 처분이 이와 유사한 포지션들을 보유하고 있는 다른 펀드들을 통해서 영향을 주기 시작했다. 매도포지션들이 갑자기 증가했고, 매입포지션들은 하락했다.

달리 말하면, 마치 대규모 산사태가 하나의 헐거워진 바윗돌로부터 시작되는 것처럼 규모가 큰 한 헤지펀드, 또는 아마도 여러 개의 대형 헤지펀드들이 다른 펀드들에 영향을 미치면서, 취약한 서브프라임 자산들의 무게를 이기지 못하고 허물어지고 있었다. 퀀트매니저들이 수익률이 점점 더 낮아지는 트레이딩에 더욱 많이 몰려들고, 이에 따라 점점 더 많은 레버리지를 필요로 함에 따라 오랜 기간 축적된 모든 레버리지들이 한꺼번에 청산되고 있었다.

이들 트레이딩에 얼마나 많은 돈들이 투입되었는지를 아는 것은 불가능했지만, 어떤 방법으로 추산하더라도 그 규모는 어마어마할 것이었다. 2003년 이래로, AQR처럼 매입과 매수에 대해 동시에 베팅을 한 시장중립적인 헤지펀드들의 자산규모는, 헤지펀드들에 대해 널리 인용되는 리퍼 타스 데이터베이스(Lipper TASS Database)에 따르면, 2007년 8월까지 약 2250억 달러로 거의 3배나 증가되었다고 한다. 동시에, 더욱더 많은 펀드들이 나누어 먹게 되었기 때문에 이러한 트레이딩 전략을 통해서 얻을 수 있는 이익은 고갈되고 있었다. 일부 퀀트펀드들은 현금을 이 부문에 쏟아 부으면서 거대화를 향해서 엉거주춤한 자세를 취하고 있었다.

르네상스의 RIEF 펀드는 바로 지난해에 120억 달러를 추가해서 펀드의 총자산을 260억으로 키웠다. AQR은 4백억 달러로 커졌다. 다른 월가의 투자기관들도 퀀트펀드에 편승하고 있었다. 당시 가장 인기가 있었던 트레이딩 기법들 중 하나가 소위 130/30펀드였는데, 그것은 그들의 주식공매도포지션을 전체 관리자산의 30퍼센트가 되게 하고 매수포지션은 자본의 130퍼센트가 되도록 증가시키기 위해서 레버리지와 퀀트의 마법을 교묘하게 활용했다(RIEF는 이보다 더 큰 레버리지를 사용하고 있음을 나타내는 170/70펀드였다).

2007년 여름까지, 약 1천억 달러가 이러한 트레이딩 기법들에 투입되었으며, 그들 중 많은 부분은 파마의 가치 및 성장요인들과 같은 계량적인 측정치에 바탕을 두고 있었다.

이 시장붕괴는 시장의 투명성에 중대한 결함이 있다는 사실도 드러냈다. 로스맨이나, 멀러나 애스네스를 포함하는 어느 누구도 이 재앙의 책임이 어느 펀드에 있는지를 알지 못했다. 불안에 떠는 펀드매니저들은 최초의 발병자, 즉 가장 먼저 감염을 촉발시켰던 문제 펀드가 어느 펀드인지를 찾아내기 위해 미친 듯이 서로에게 전화를 걸고 이메일을 보내면서 유언비어를 퍼뜨렸다. 많은 이들이 골드만삭스의 글로벌알파를 지목했다. 또 다른 사람들은 7월에 손실을 기록했던 뉴욕의 대형 헤지펀드인 캑스턴 어소시에이츠(Caxton Associates)가 주범이라고 말했다.

아무튼 그 배후에는 모두 레버리지가 있었다. 2007년까지 이어지는 여러 해 동안 월가의 모든 퀀트펀드들은 수익률을 늘리기 위해서 그들의 레버리지를 증가시켰다. 더욱더 많은 돈들이 그들 펀드에 들어오는 것과 더불어 그들의 트레이딩 전략들 중 거의 대부분의 수익률이 하락했다. 퀀트들이 그것을 이용해서 이익을 올렸던 잠시 스쳐 지나가는 비효율성, 즉 파마의 피레냐들이 눈 깜짝할 사이에 집어삼켰던 그 황금의 기회가, 파마와 프렌치의 제자들이 성장주와 가치주에 대한 말들을 퍼뜨리고 스태트 아브가 차고에 성능이 배가된 매킨토시컴퓨터를 갖춘 애송이들도 모방할 수 있는 상품화된 트레이딩이 되어버림에 따라, 아주 미미하게 줄어들어 버렸다.

지극히 적은 스프레드로부터 더 많은 현금을 짜낼 수 있는 유일한 방법은 정확히 롱텀 캐피털 매니지먼트가 1990년대에 했던 방법인 레버리지를 확대하는 길뿐이었다. 1998년이 되면, 월가의 거의 모든 채권차익거래데스크들과 채권헤지펀드들은 LTCM의 트레이딩 기법을 모방하고 있었다. 10년 후에 벌어진 퀀트펀드들의 파멸적 결과들도 LTCM과 너무도 유사했다.

진실로, 상황은 모든 금융시스템에 걸쳐 너무도 똑같이 전개되고 있었다. 은행들, 헤지펀드들, 소비자들, 그리고 심지어 국가들도 오랜 기간 레버리지를 높이며 배가시켜왔다. 드디어 2007년 8월에 전 세계적인 마진콜이 시작되었다. 모든 이가 강제매매를 당하는 입장이 되었으며, 이는 필연적으로 급락의 악순환으로 모두를 끌어들였다.

여전히 짐을 끌고 다니고 있던 로스맨은 자정이 가까워서야 겨우 택시를 타고 기사에게 포 시즌즈 호텔로 가자고 말했다. 완전히 녹초가 된 그는 이제 무엇을 해야 하는지 곰곰이 생각했다. 그는 당초 더 많은 투자자들을 만나러 다음 날 L.A.로 갈 계획이었다. 그런데 만나서 무슨 말을 할 것인가? 가지고 온 모형들은 무용지물이었다.

AQR에 계속 손실이 쌓이고 있는 동안, 애스네스는 골드만삭스 애셋 매니지먼트(GSAM)에 계속 정신없이 전화를 걸고 있었다. 그러나 GSAM과는 전혀 통화연결이 되지 않았다. 시장혼란이 극에 달할 즈음, 골드만의 퀀트주식팀을 이끌고 있는 로버트 존스가 딱 세 단어로 된 간결한 이메일을 보내왔다.

"나는 아니야(It's not me)."

애스네스는 그 말을 믿지 않았다. 10년보다 더 전에 글로벌알파를 출범시켰던 그는 골드만 외부에 있는 어느 누구보다도 GSAM에 대해 잘 알고 있었다. 또한 그는 글로벌알파가 레버리지를 증가시켰다는 것도 알고 있었다. 그는 자신이 만들어 놓은 존재가 레버리지를 잔뜩 짊어진 괴물이 되어가는 것을 공포심을 지니고 지켜보았다. 애스네스는 만약 GSAM이 붕괴된다면, 그것은 큰 재앙이 될 것이라는 것을 잘 알았다.

AQR의 트레이더들은 공포감 때문에 아드레날린은 높았지만, 활력이 없이 움직이고 있었다. 애스네스는 축 늘어져 있는 자신의 퀀트들에게 격려 연설이라도 해야겠다고 작정했다. 이미 AQR이 와해 직전이라는 유언비어가 떠돌고 있었다. 함께 모일 수 있는 강당이 없었기 때문에, 종업원들은 여러 개의 회의실에 나누어 모였고, 애스네스는 자신의 방에서 스피커폰을 통해서 직원들에게 연설을 했다. 일부 트레이더들은 이런 모습이 좀 이상하다고 생각했다. 왜 클리프는 직원들을 직접 만나서 설명을 하지 않는 것일까? 왜 마치 오즈의 마법사처럼 장막 뒤에서 목소리만 들려주고 있는 것일까?

그는 펀드가 유례없는 손실을 기록하고 있다는 것을 인정했지만, 종업원들에게 결코 두려워하지 말라고 강조했다. "위기상황은 결코 아닙니다. 우리는 트레이딩을 계속 할 수 있는 충분한 현금을 보유하고 있습니다. 우리에게는 이 상황을 극복할 능력이 있습니다."

그는 예전에 AQR을 붕괴 일보직전까지 몰고 갔었던 닷컴버블을 다시 언급하면서 희망적인 말로 연설을 끝냈다.

"저희 파트너들은 예전에 이런 상황을 이미 경험한 바 있습니다. 저도

이 어려움을 극복해나가는 것이 결코 쉬운 일이 아니라는 것을 잘 알고 있습니다. 그러나 우리의 시스템은 제대로 작동되고 있으며, 우리는 이 상황을 충분히 극복해낼 수 있습니다."

그러나 한 가지 잔혹한 현실에 대해서는 결코 피해갈 수가 없다고 말했는데, 그것은 AQR의 IPO였다.

"그러나 IPO를 나중에라도 할 수 있는 기회는 돌아오지 않을 수도 있습니다."

사바에서는, 퀀트기본자산을 책임지고 있는 트레이더인 알란 벤슨이 쓰러지기 직전이었다. 그는 끝이 없는 미로 속에 갇힌 생쥐처럼 18시간 계속 트레이딩을 하고 있었다. 그와 단지 몇 명의 트레이더들과 수십억 달러 상당의 자산들을 운용하고 있었으며, 따라서 그 모든 것을 다 파악하는 것은 불가능했다. 이 펀드는 이틀 동안에만 5천만 내지 6천만 달러의 손실을 보았고, 웨인스타인은 이에 대해 낙담해 있었다. 그는 벤슨에게 가능한 한 빨리 자산들을 매각해서 손실을 줄이도록 압력을 넣고 있었다.

퀀트업계 전반에 걸쳐 손실들은 참혹했다. 그리스의 행운의 여신을 따라서 이름을 지은 뉴욕의 퀀트펀드인 티케 캐피털(Tykhe Capital)은 20퍼센트 이상의 손실로 누더기가 되어 있었다. 이스트세토킷에서는 르네상스의 메달리온 펀드가 한때 제임스 시몬스가 1천 억 달러의 자산도 운용할 수 있다고 장담했던 대규모 퀀트기본펀드인 르네상스 인스티튜셔널 에쿼티 펀드(Renaissance Institutional Equity Fund)와 더불어 추락하고 있었다.

그렇지만 메달리온의 손실들이 가장 황당했다. 시장 전체에 대해 유동성공급자(liquidity provider)로서의 역할을 담당하고 있는 메달리온의 극초단타 트레이딩 전략은 황급히 포지션을 청산하고 빠져나가려는 퀀트펀드들로부터 자산들을 모두 사들이는 것이었다. 메달리온의 모형들은 그 포지션들이 다시 균형점으로 돌아갈 것이라고 예측했다. 그러나 즉각적인 균형으로의 복귀는 이루어지지 않았다. 포지션들은 계속 하락하기만 했다. 균형점이 존재하지 않았다. 메달리온은 자신의 포트폴리오가 대규모 레버리지 청산을 하고 있는 펀드들과 똑같은 자산구조가 될 때까지 계속 사들였다. 그것은 파멸로 가는 길이었다.

손실들이 너무도 빨리 증가했기 때문에 그것들을 제대로 파악하는 것은 불가능했다. 머니 그리드는 재앙의 벼랑 끝에 와 있었으며, 어느 누구도 그것이 언제 끝날지 몰랐다.

PDT에서는 멀러가 팔고 있는 펀드가 어디이고 어느 펀드는 팔고 있지 않은지 알아내기 위해 계속 다른 펀드매니저들에게 전화를 걸고 있었다. 그러나 말을 해주는 사람은 거의 없었다. 멀러는 그것이 여러 모로 포커게임과 유사하다고 생각했다. 누가 어떤 종목을 보유하고 있는지 아무도 몰랐다. 어떤 사람들은 대규모로 떨어내야 할 포지션을 보유하고 있으면서도 전혀 그렇지 않은 듯 시침을 떼고 블러핑(자신의 패가 상대방보다 좋지 않을 때, 상대를 기권하게 할 목적으로 거짓으로 강한 베팅이나 레이스를 하는 것을 말한다.)을 할 수도 있었다. 일부는 폭풍우가 물러갈 때까지 버티겠다고 생각하면서 계속 보유할 수도 있었다. 그리고 멀러가 직면하고 있는 의사결정은 그가 포커판에서 마주했었던 상황, 즉 칩들을 판에 더 집어넣고 최상의 카드가 떨어지기를 기다릴 것인지 아니면 카드를 내려놓고 판을 떠나버릴 것인지와 동일했지만, 그 베팅의 단위는 포커판보다 훨씬 더 컸다.

다른 펀드매니저들도 동일한 문제에 봉착해 있었다. "우리 모두가 환각 상태에 빠져 있었습니다"라고 AQR의 공동설립자인 존 류는 회상했다. "퀀트매니저들은 은밀한 것을 좋아하는 경향이 있습니다. 그들은 서로 거의 연락을 하지 않습니다. 그것은 어느 정도는 포커게임과도 같은 것이지요. 당신은 퀀트매니저들이 큰 세계라고 생각하지만, 사실은 그다지 크지 않습니다. 우리 모두는 서로를 잘 알고 있습니다. 그런데 우리가 서로 서로 전화를 하고, 묻고 했었던 것이지요. '지금 팔고 있니?' '너는 어때?' 하면서 말입니다."

상황이 통제 불가능한 상태가 되자, 멀러는 조 크루즈와 존 맥 등 모건의 최고경영진에게 상황을 보고했다. 그는 회사가 허용할 수 있는 손실이 얼마가 되는지 알기를 원했다. 그러나 회사의 보스들은 그에게 정확한 숫자를 알려주지 않았다. 그들은 PDT가 어떻게 운용되고 있는지, 그 세세한 내용들을 이해하지 못했다. 멀러가 오랜 기간 동안 펀드의 포지션들과 트레이딩 전략들에 대한 비밀을 지켜왔기 때문에 회사에서 PDT가 어떻게 돈을 벌고 있는지 조금이라도 알고 있는 사람이 거의 없었다. 크루즈와 맥은 거의 언제나 펀드가 수익을 올리고 있다는 것만 알았다. 그것만이 그들이 신경을 썼던 부분이었다.

그것은 이제 멀러가 무언가 결정을 내려야 한다는 것을 의미했다. 그는 문제가 발생하고 있는 퀀트기본포트폴리오의 담당 트레이더인 에이미 웡을 만나기 위해 모건 사무실로 들어갔다. 그들은 몇몇 다른 고위 PDT 간부들과 함께 작은 트레이딩 플로어 바로 옆에 딸린 회의실에서 모임을 가졌다. 웡이 손실을 집계했다. 퀀트기본포트폴리오는 약 1억 달러의 손실을 기록하고 있었다.

"어떻게 해야 하지요?"

웡이 묻자, 멀러가 어깨를 으쓱하면서 명령을 내렸다.

"매도하시오."

수요일 아침이 되자, PDT는 포지션을 공격적으로 정리하면서 멀러의 지시를 이행하고 있었다. 그리고 그것은 손실을 더욱 크게 했다. 모든 다른 퀀트펀드들이 시장에서 빠져나가려고 공포에 질려서 투매를 하고 있었다.

그 수요일, 퀀트모형들에 있어서의 일련의 괴이하고, 설명이 불가능한 작은 결함들 때문에 시작되었던 사태가 금융시장 역사상 이례 없는 파멸적 시장붕괴로 변해버렸다. 세계에서 가장 정교한 투자아이디어들이라고 생각되어지던 거의 모든 계량적 트레이딩 전략이 수십억 달러의 손실을 발생시키면서 산산조각이 나 버렸다. 레버리지의 청산이 초신성(supernova 항성진화의 마지막 단계에 이른 별이 폭발하면서 생기는 엄청난 에너지를 순간적으로 방출하면서, 그 밝기가 평소의 수억 배에 이르렀다가 서서히 낮아지는 현상을 말한다-옮긴 이)이 되어버린 것이었다.

이상하게도, 비자로 월드와 같은 퀀트 트레이딩에서 발생한 손실들이 처음에는 외부세계에 거의 알려지지 않았다. 퀀트펀드들이 공매도 했던 주식들이 빠르게 가격이 상승했기 때문에 그것이 퀀트들이 가격상승을 예상했던 주식들의 가격폭락과 상쇄가 되면서 시장 전체로는 가격이 상승한 것으로 보이도록 했다. 실제로 다우산업지수는 월요일에 287포인트가 상승했다. 그리고 화요일에는 36포인트, 수요일에는 또 154포인트나 상승했다. 일반투자자들은 수십억 달러의 헤지펀드 돈들이 증발해버렸던 수면 밑에서 발생하고 있었던 대학살을 전혀 알지 못했다.

물론 무엇인가가 심각하게 잘못되었음을 보여주는 증거도 아주 많았다. 과도하게 공매도 된 주식들이 아무런 논리적 이유 없이 가격이 상승했다. 그 전 해에 가격이 85퍼센트 하락했던 통신주인 Vonage Holdings는 아무런 새로운 재료도 없이 하루에 10퍼센트나 올랐다. 인터넷쇼핑업체인 Overstock.com, 대형 주택건설업체인 Beazer Homes USA 및 크리스피 크림 도너츠 등 공매도거래자들이 선호하는 모든 종목들은 시장의 다른 종목들이 죽을 쑤고 있는데도 가격이 급등했다. 기본적 분석의 관점에서 보면, 이런 주가 움직임은 전혀 타당성이 없었다. 경기 침체기에는 크리스피 크림과 같이 위험성이 큰 주식들은 당연히 가격이 떨어져야 했다. Beazer는 주택시장의 침체 때문에 분명히 망하기 직전인 상태였다. 그러나 시장 전체에 걸친 지독한 숏스퀴즈가 이들 주식의 가격이 급등하도록 만들었다.

이런 대규모 주가상승이 시장에서 시각적인 착각이 발생되도록 했다. 시장의 밑바닥에서는 시장을 지탱하는 기둥들이 무너지고 있는데도, 겉으로 보기에는 시장이 상승하고 있는 것처럼 보였다. 그러나 애스네스가 선호하던 가치주들은 빠르게 가격이 하락하고 있었다. 월트디즈니와 Alcoa 같이 주가장부가치비율이 낮은 주식들도 엄청난 타격을 받았다.

"대규모 청산 작업이 진행되고 있습니다."

보스턴의 투자관리회사인 GRT 캐피털 파트너스의 집행임원 팀 크로척Tim Krochuk이 월스트리트 저널에 말했다.[주4] 열을 잔뜩 받은 평범한 투자자들은 퀀트들의 포트폴리오 내용이 드러나는 것을 보면서 분노를 터뜨렸다. "당신은 고등학교 다닐 때는 데이트도 못하더니 이제는 나의 한 달을 다 망쳐버리고 있어"는 그때 멀러가 들었던 조롱이었다.

대학살이 진행되고 있을 때, 마이크 리드가 한 가지 아이디어를 내었다. 그것은 시장이 얼마나 혼란스러운 상태인지에 대한 분명한 징후인 PDT가 스스로 행동을 취하는지 보기 위해서 한 시간 동안만 매도를 중지해보자는 것이었다. 그러나 이러한 필사적인 노력도 효과가 없었다. PDT는 계속 얻어터지고 있었다. 점심시간이 끝난 직후 잠시 오해를 불러일으킬 수도 있는 소강상태가 있었다. 그러나 오후에 장 마감 시각이 가까워지면서, 다시 학살이 재개되었다. 시장이 엄청난 변화를 보이는 것을 주시하고 있던 일반투자자들은 무슨 일이 일어나고 있는지 궁금해 했다. 그들은 자신들의 퇴직금 계정인 401(k)와 뮤추얼펀드들을 망쳐버린 혼란의 배후였던 막강한 컴퓨터의 위력과 퀀트 트레이딩 전략에 대해 전혀 알 길이 없었다.

PDT 자체의 매도결정이 시장을 혼란스럽게 만들고 있을지도 모른다는 리드의 직관이 전적으로 잘못된 것은 아니었다. 수요일과 그 다음 날의 극심한 피해발생의 한 요인은 시장 전체에 대해 유동성공급자의 역할을 수행했던 극초단기매매를 하는 스태트 아브 트레이더들이 자취를 감추어버렸던 것 때문이었다. 이런 기능을 수행하는 대규모 펀드들에는 르네상스의 메달리온 펀드와 D. E. 쇼가 있었다. PDT는 이미 그 전 주에 자신의 스태트 아브 펀드인 마이다스의 레버리지를 상당히 축소시켜버렸다. 다른 스태트 아브 펀드들도 동일한 조치들을 취하고 있었다. 투자자들이 그들의 포지션들을 청산하려고 해도, 그 포지션들을 매수해주어야 할 초단기펀드들이 시장에 없었고, 그들조차도 똑같이 매도를 하고 있었다. 그 결과가 어떤 종류의 유동성도 모두 사라져 버린 블랙홀과 가격붕괴였던 것이다.

수요일이 끝나갈 무렵, PDT는 그날 하루에만 3억 달러의 손실을 보고 있었다. 다른 펀드들은 그 보다 더 큰 손실을 기록하고 있었다. 골드만의 글로벌알파는 그 달에 약 15억 달러의 손실로 거의 16퍼센트가 하락했다. AQR은 그 수요일 하루 동안에만 5억 달러를 잃었으며, 그것은 하루 손실로는 최대 규모였으며 애스네스가 경험한 가장 빠른 속도의 시장붕괴였다. 그는 이런 상황이 좀 더 지속되면 AQR이 파산할 것이라는 사실을 알고 있었다.

그런데 그로서는 그것을 멈추게 할 수 있는 방법이 아무것도 없었다. 계속 정리하고, 정리하고, 또 정리하는 것 외에는.

GSAM 내부에서는 이 맹렬한 청산이 어떤 방식으로든지 중지되지 않으면 파멸적 붕괴가 발생할 것이라는 암울한 인식이 힘을 얻고 있었다. 골드만의 엘리트 트레이더들은 15시간 또는 20시간, 그 중 일부는 24시간 사무실에 머물면서 미친 듯이 거래를 하고 있었다. 카하트와 이와노브스키도 다른 모든 퀀트매니저들처럼 그들의 변동성을 바탕으로 하는 위험관리모형들을 원래의 상태로 되돌리려고 노력하면서, 그들이 담당한 펀드들의 레버리지를 정리하기 위해 미친 듯이 뛰어다니고 있었다. 그러나 한 가지 문제가 있었는데, GSAM이 포지션을 매도하려고 할 때마다 GSAM이 계속 매도를 해야 된다는 것을 뜻하는 변동성이 다시 상승했던 것이다. 높아진 변동성은 자동적으로 펀드에게 더 많은 포지션을 정리해서 현금을 확보하도록 지시했다.

그 결과는 너무도 끔찍했는데, 그것은 GSAM이 바로 자기강화적 피드백루프에 갇혀버린 것이었다. 추가적인 매도가 변동성을 높였고, 그래서 더 많은 매도를 발생시켰고, 그것은 다시 더 높은 변동성을 초래했다. 그것이 모든 퀀트펀드들을 가두어버린 덫이었다.

그들은 자신들의 포지션이 유동성을 유지하고, 필요한 경우에는 큰 손실 없이 바로 빠져나갈 수 있도록 하는 것을 확실히 해두려고 노력하고 있었다. 그러나 그들이 포지션들을 정리하려고 할 때면, 언제든지 그들은 원점으로 되돌려지곤 했다. GSAM 팀은 그들이 죽음의 함정에 빠져버렸음을 충격 속에서 인식했다. LTCM 때와 같은 붕괴, 그렇지만 그때처럼 하나의 펀드만 쓰러지는 것이 아니라 수십 개의 대형펀드들의 붕괴에 대한 이야기가 떠돌고 있었다.

"당시에는 이것이 종말이 될 수 있다는 느낌도 있었지요"라고 한 GSAM 트레이더는 말했다.

1998년의 LTCM 붕괴가 남의 일이 아닌 것처럼 보였다. 도대체 어떻게 해야 하는 것일까?

매튜 로스맨은 8월 8일 수요일 아침 일찍 일어나서, 퍼 시즌즈 호텔 바로 옆 캘리포니아가에 있는 리먼브라더스의 샌프란시스코 사무실로 걸어갔다. 그는 뉴욕에 있는 자신의 계량리서치 팀에게 퀀트붕괴에 대해 설명하는 보고서를 작성하라는 지시가 담긴 여러 통의 이메일들을 보냈다.

뉴욕에 있는 그의 리서치 스탭들과 계속적인 연락을 유지하면서, 로스맨은 자료를 수집하고, 통찰력을 얻기 위해 연구를 하고, 보고서를 쓰고, 복잡한 도표들을 작성하면서 하루 종일을 보냈다.

"지난 며칠 동안 대부분의 퀀트펀드매니저들은 그들의 수익률이 상당히 비정상적인 모습을 나타내는 것을 경험했습니다." 그는 정통 월가의 애널리스트처럼 절제된 표현을 썼다. "우리들의 견해에 따르면, 대부분의 요인들은 작동하지 않고 있기보다는 오히려 비뚤어진 형태로 작동하고 있습니다."

보고서는 로스맨이 레빈과 생선초밥을 먹으면서 도출해내었던 시나리오에 따라 계속되었다. "이러한 상황을 초래한 원인이 무엇인지를 정확하게 파악하는 것은 불가능합니다. 우리들의 의견으로는, 다각적인 트레이딩 전략을 구사하는 몇몇 대형 퀀트펀드매니저들이 그들의 신용포트폴리오나 채권포트폴리오에 상당한 손실을 보았던 것이 가장 합당한 시나리오가 되겠습니다. 그들의 포트폴리오에 있어서의 위험을 줄이고, 그들의 비유동적인 신용포트폴리오에 대한 시가평가에 따르는 두려움 때문에, 이들 매니저들은 아마도 가장 유동성이 큰 시장인 미국 주식시장에서 현금비중을 높이고 레버리지를 줄이는 거래를 수행했던 것 같습니다."

보고서의 뒷부분은 가격폭락이 발생하고 있던 특정거래들에 대한 구체적인 검토였다. 그렇지만 가장 이상한 부분은 결론이었는데, 결국 가장 중요한 것은 사람들, 즉 투자자들이 일반적으로 합리적으로 행동한다는 퀀트들이 신봉하고 있는 이론을 되풀이해서 강조한 것이었다. 어떤 경우에도 진리는 진리일 수밖에 없다는 것이었다.

"우리는 인간(그리고 퀀트)들의 합리성을 믿고자 하며, 자본시장의 질서정연한 작동을 위해 우리 모두가 공유하고 있는 강력한 힘과 상호이익에 대해 신뢰를 보냅니다."

라고 로스맨은 썼다.

"밤길을 가는 자동차운전자들처럼, 우리는 도로의 반대차선으로 접근하는 운전자가 우리의 차선을 침범해서 충돌하지 않으리라고 믿고 있습니다. 사실, 그의 차가 우리 쪽으로 방향을 바꾸지 않을까 우리가 염려하는 것과 똑같이 그도 우리가 자기 쪽으로 방향을 바꾸지 않을까 염려합니다. 우리 모두는 서로가 반대방향으로 차를 운전하면서 밤길을 통과할 때 서로 부딪치지 않고 통과하게 되면 안도의 한숨을 내쉽니다."

〈퀀트업계의 격동기(Turbulent Times in Quant Land)〉라는 표제의 이 보고서는 그날 아침 일찍 리먼의 서버에 게시되었다. 그것은 곧 리먼브라더스 역사상 가장 널리 배포된 보고서가 되었다.

그의 보고서에 대한 이야기가 새어나가게 되면서, 그는 월스트리트 저널의 기자부터 전화를 받았다. 시장붕괴의 심각성을 설명해달라는 요청을 받았을 때, 로스맨은 솔직히 털어놓았다.

"이번 수요일은 사람들이 아주 오랫동안 퀀트업계에 대해 기억하게 될 그런 날이 될 것입니다……. 1만 년에 한 번 발생할 것이라고 모형이 예측했던 사건들이 지난 3일간 연속해서 발생했었습니다."

그는 최악의 상황이 마치 끝난 것처럼 말했다. 그러나 그것은 아직 끝나지 않고 있었다.

* * *

8월 9일 목요일 이른 아침, PDT는 피터 멀러의 방에서 일련의 긴급회의를 열었다. 상황은 대단히 심각했다. 만일 펀드가 더 많은 손실을 기록하게 되면, PDT가 보유하는 전체 포트폴리오를 청산해야 되는 것을 의미하는 펀드폐쇄를 모건의 위험관리자들이 결정할 가능성이 있었다. 리드는 심지어 더 공격적인 매도를 주장했다. 멀러도 동의했지만, 매도물량을 조금씩 증가시키기 전에 하루만 더 기다리기를 원했다. 그러는 동안에도 손실은 계속 증가했다.

그때에는, 퀀트펀드의 붕괴가 세계 전역의 시장들에 영향을 주고 있었다. 다우존스산업평균지수는 목요일에 387포인트 급락했다.

일본의 극단적으로 낮은 이자율 때문에 퀀트펀드들이 즐겨 공매도를 했던 일본 엔화가 달러화와 유로화에 비해 상승했는데, 이는 캐리트레이드가 붕괴됨에 따라 퀀트펀드들에 의한 숏커버링(short covering; 매도한 주식을 다시 사는 환매수를 말하며, 실제 주가하락으로 차익을 챙기는 경우와 주가상승 시 손실을 줄이기 위한 경우의 두 가지가 있음—옮긴 이)이 더 많이 이루어지고 있음을 보여주는 것이었다. 그러나 투자자들이 1987년 10월의 블랙먼데이와 1998년 8월의 LTCM 붕괴 때 그랬던 것처럼, 공포에 질려서 안전하고 유동성이 큰 자산들로 신속하게 도피를 함에 따라 달러화는 엔화를 제외한 기타 통화들에 대해서는 강세를 보였다.

금요일 아침, 멀러는 일찍 사무실에 나왔다. 그날의 계획은 모든 것이 다 사라져버리기 전에 미친 듯이 매도를 해서 레버리지를 해소해버리는 것이었다. 그러나 실행신호를 내리기 전에 멀러는 거래개시 벨이 울리면 시장이 어떤 모습으로 시작되는지 보기를 원했다. 어떤 일이 생길지 아무도 모르는 것이잖아. 멀러는 속으로 생각했다. 혹시 잠시라도 소강상태가 있을 수도 있지 않겠어. 그러나 큰 기대는 하지 않고 있었다.

상황을 악화시키는 다수의 나쁜 뉴스들이 있었다. 프랑스 최대의 상장 은행인 BNP 파리바(Parisbas)가 자신의 3개 펀드들의 자산 총 22억 달러 상당액을 동결했다. 그 후 몇 년간 전체 세계금융시장에 반복적으로 울려 퍼진 불평에서, BNP는 '그들의 특징이나 신용도에 불구하고 특정자산들에 대한 평가를 실질적으로 불가능'하게 만들었던 미국주택시장 관련 증권화 시장에서의 '유동성의 완전한 증발'을 비난했다.

목요일 밤 늦게, 제임스 시몬스는 이례적으로 자신의 펀드들 중 하나에 대한 월중 펀드운용보고서를 발표했다. 약 260억 달러의 자산을 관리하고 있던 르네상스 인스티튜셔널 에쿼티 펀드(RIEF)가 7월 말 이래 8.7퍼센트 하락해서 거의 20억 달러의 손실을 기록하고 있다는 내용이었다.

투자자들에게 보낸 보고서에서, 시몬스는 무엇이 잘못되었는지를 설명하려고 했다. "우리가 예측능력을 구비한 탁월한 투자전략을 보유하고 있다고 믿고 있기는 하지만, 이들 중 일부는 매입헤지와 매도헤지(long/short hedge)를 주로 사용하는 다수의 다른 헤지펀드들에 의해서도 분명히 사용되고 있습니다"라고 흰 수염을 기른 이스트세토킷의 마법사는 썼다.

"하나 또는 여러 가지 이유로, 이들 펀드 중 다수의 펀드들이 지금 좋지 않은 성과를 나타내고 있으며, 특정요인들이 그들로 하여금 포지션들을 정리하도록 강제하고 있습니다. 이런 상황에 이르게 한 요인들에는 좋지 못한 성과뿐만 아니라 신용증권들에서의 손실, 과도한 위험, 마진콜 및 기타의 요인들이 포함됩니다."

그렇지만 메달리온 펀드는 RIFE보다 훨씬 더 나쁜 상태였다. 이 펀드는 대략 10억 달러의 손실로 17퍼센트라는 어마어마한 수익률 하락을 나타내고 있었다.

한편, 켄 그리핀은 피 냄새를 맡았다. 목요일 밤 늦게, 그리핀은 클리프 애스네스에게 전화를 걸었다. 그리핀은 친구로서 전화를 건 것이 아니었다. 그는 혹시 AQR에 도움이 필요하지 않은지 알고자 했다.

애스네스는 그것이 무엇을 의미하는지 알았다. 그는 아마란스와 소우드를 집어삼켰던 벌처투자자로 그레이브댄서라는 악명을 떨치고 있는 그리핀에 대해 듣고 있었다. 통화는 우호적이었지만, 두 사람 사이에는 긴장감이 돌았다.

"나는 발키리(Valkyries; 북유럽 신화에 나오는 주신(主神)인 오딘을 섬기는 싸움의 처녀들로, 전쟁터에서 죽을 사람을 선택한다고 알려져 있음—옮긴이)가 다가오는 것을 보고, 죽음의 신이 낫을 들고 문을 두드리는 소리를 들었습니다."

라고 훗날 애스네스는 그 통화에 대해 조크를 했다. 그러나 그 당시 그는 웃을 수가 없었다.

8월 10일 금요일 아침, 애스네스는 깊은 생각에 잠겨 그의 동쪽 창문에 진열해놓은 알록달록한 색상을 한 마블(Marvel)의 슈퍼히어로들인 스파이더맨, 캡틴 아메리카, 헐크, 아이언맨들을 쳐다보았다. 롱아일랜드의 어린 시절 그가 즐겨 읽던 만화를 장식했던 영웅들이었다.

이 펀드매니저는 그 자신이 시장을 완전히 정지시킬 수 있는 일종의 슈퍼히어로가 되었으면 했다. 출혈을 멈추게 하라. AQR의 앱솔루트 리턴 펀드는 그 달 들어 벌써 13퍼센트나 떨어져 있었으며, 그것은 그토록 짧은 기간 동안의 하락으로는 사상 최대였다. 말도 안 돼…… 이건 비정상적이야. 그는 자신의 책상으로 걸어가서, 컴퓨터 화면에 떠있는 P&L을 보았다. 온통 빨간 색의 마이너스만 나타내는 숫자들이었다. 손실은 천문학적 규모였다. 이미 수십억 달러가 날아가 버리고 없었다.

애스네스는 자신의 사무실 동쪽 창을 통해서 스팀보트거리 너머로 이 도시의 복잡한 마리나가 어슴푸레한 푸른빛 속에 떠 있는 것을 보았다. 10

년 전에는 스팀보트거리를 따라 잠시만 운전해 가면, 바로 LTCM 본사로 갈 수 있었다. 손실이 계속되면, AQR 역시 또 하나의 LTCM처럼 보이게 될 것이다.

그런 상황이 발생되도록 내버려둘 수는 없었다. 그래서 그는 생각했다. 아마도 틀림없이 무슨 방도가 있을 거야.

애스네스는 그의 방에서 멘델슨, 존 류, 데이비드 카빌러 등 그의 상급보좌진들과 모임을 가졌다. 그들은 중대한 결정을 내리려 하고 있었다. 쉽지 않은 결정이었다.

애스네스는 그의 투자인생 중 가장 대담한 결정들 중 하나를 그때 내렸는데, 그것은 지금이 바로 매수시점이라는 것이었다.

지금이 매수시점이 아니라면, 언제가 매수시점인가? 그는 생각했다. 만약 골드만이 자금을 보유하고 있다면, 골드만은 결코 자신의 펀드가 무너지도록 방관하지는 않을 것이라고 그는 판단했다. 그 대신 골드만은 합리적이고 현명한 행동, 즉 GEO 펀드에 자금을 투입할 것이었다. 골드만은 레버리지를 청산할 필요가 없을 것이다.

그것은 지금이 다시 시장으로 들어가서, 더 많은 칩을 걸어야 될 시점이라는 것을 의미했다. AQR은 이 말을 자신의 트레이더들에게 전하고, 이러한 움직임에 대해 그들이 의도적으로 크게 외부에 알리도록 지시했다. 그들은 모든 사람이 퀀트세계의 비틀거리는 큰손들 중 하나인 AQR이 이제 시장에 다시 복귀했음을 알기를 원했다. 아마도 그것이 출혈을 멈추게 할 수 있을 거야. 애스네스는 생각했다.

그것은 그가 그동안 플레이했던 포커게임 중 가장 큰 포커게임과도 같았다. 이 판에서 콜을 불러 그가 이겨야 하는 상대는 언제나 잘난 체하는 피터 멀러가 아니라 바로 시장 그 자체였다. 애스네스는 그 판에 올인을 했고, 그는 그것을 알고 있었다.

멀러는 혼란을 헤쳐 나갈 전략을 곰곰이 머릿속에 그리며 아무 표정 없이 깊은 생각에 잠겨 있었다. 금요일의 시장이 개장되기를 기다리는 그 순간에도 PDT가 생사의 기로에 있다는 것을 그는 알고 있었다. 이 펀드는 도저히 상상도 할 수 없는 6억 달러의 손실을 이미 기록하고 있었다. 손실이 더 늘어나게 되면, 모건은 펀드의 폐쇄를 결정할 수도 있는 상황이었다. 이 펀드의 14년에 걸친 탁월한 실적과 몇 개월 전에 다시 시작된 멀러의 빛나는 경력이 모두 끝날 수도 있었다.

그때 신비스러운 일이 발생했다. 미국시장의 거래가 개시되었을 때, 퀀트 트레이딩 전략들이 강하게 반등하기 시작했다. 멀러는 즉시 매도를 중지하라는 지시를 내렸다. 다른 퀀트들도 이를 따랐다. 잠시 소강사태가 있었고, 곧 그들의 포지션들은 급등하기 시작했다. 그날 거래가 마감될 무렵까지, 상승세가 너무도 강해서 많은 퀀트매니저들은 그날이 그들로서는 최고의 날들 중 하나였다고 말했다. 금요일의 반등이 시장에 다시 뛰어들겠다는 AQR의 결정 때문이었는지를 확실하게 아는 것은 불가능했다. 그러나 그 결정이 물결을 되돌리는 데 도움이 되었다는 데는 의심의 여지가 없다.

골드만 내부에서는, 사실 구제활동이 수요일 이후 본격적으로 수행되고 있었으며, 30억 달러에 달하는 현금이 투입되어 출혈을 멈추게 했다. 전체 투입자금 중 약 20억 달러가 골드만 자체 자금으로 충당된 이 긴급구제조치는 GSAM의 글로벌 에쿼티 오포튜니티즈 펀드에 집중되었는데, 이 펀드는 엄청난 타격을 입어서 그 달 들어 8월 9일까지 16억 달러 또는 30퍼센트의 감소를 기록하고 있었다. 글로벌알파와 그것의 노스아메리칸 에쿼티 오포튜니티즈 펀드는 스스로 자구책을 강구하도록 남겨졌었다. 8월 말까지, 글로벌알파의 자산은 전년 말의 100억 달러에서 60억 달러로 감소했는데, 이는 월가 최고의 트레이딩 그룹들 중 하나인 이 펀드가 40퍼센트라는 막대한 손실을 기록했음을 보여주었다.

"우리와 많은 다른 투자자들이 인식했던 것보다 더 많은 금액이 계량적 투자기법에 투자되어 있었습니다."라고 그 달 말에 피해를 입은 투자자들에게 보내는 서신에서 글로벌알파의 매니저들은 말했다. 믿기 어려울 정도로 막대한 돈이 GSAM에 잠겨 있었다. GEO 펀드와 글로벌알파를 포함해서, GSAM은 약 2천5백억 달러의 자산을 관리하고 있었으며, 그 중 약 1천5백억 달러는 헤지펀드에 들어 있었다.

별도의 서신에서, 글로벌알파의 매니저들은 손실발생의 주원인이 캐리트레이드였다고 설명했다. "특별히, 캐리트레이더들과 보조를 맞추어 수행된 우리 포지션들이 전 세계적인 캐리트레이드의 대규모 청산을 통해서 부정적인 영향을 받음에 따라, 선진국들과 신흥공업국 시장 모두에 적용된 우리의 통화선택전략이 좋지 못한 성과를 거두었음을 우리는 확인했습니다."라고 그들은 서술했다.

잘못은 깨달았지만, 그들은 여전히 자신들의 시스템을 신봉했다. 그 달에 발생한 23퍼센트의 손실이 "우리 투자자들에 대해 아주 도전적인 시간"이 되었다는 것을 인정하면서, 그들은 "그래도 여전히 검증된 계량적 기법과 결합된 건전한 경제원칙들이 장기에 있어서의 견실하고, 상관관계가 없는 수익을 제공해줄 수 있다는 기본적 투자에 대한 우리들의 믿음을 뒷받침해 준다."고 말했다.

애스네스는 금요일 밤 늦게 그 자신의 서신을 발표했으며, 자신의 투자기법을 모방하고 있는 기관들을 이번 사태의 주원인으로 지목했다. "장기간 우리가 좋은 성과를 거둘 수 있도록 해주었던 우리의 주식 선택프로세스가 우리들 및 우리와 유사한 거래전략을 추구하는 다른 모든 기관들에 깜짝 놀랄 만큼 혹독한 시련을 주었습니다"라고 그는 썼다. "우리는 이 전략들의 장기적인 성공이 너무도 많은 투자자들을 이 전략으로 끌어들였기 때문에 이런 상황이 발생했다고 믿고 있습니다."

그 모든 모방자들이 한꺼번에 출구로 몰려 나왔을 때, 그것이 "역사적 규모의 레버리지 청산"으로 이어졌다는 것이다.

그것은 AQR이나 어느 다른 퀀트들도 계획하지 않았던 '검은 백조(black swan; 극단적으로 예외적이어서 발생가능성이 전혀 없어 보이지만 일단 발생하면 엄청난 충격과 파급효과를 가져오는 사건-옮긴 이)'였다.

한편 매튜 로스맨은 완전히 녹초가 되어 있었다. 그는 목요일과 금요일의 대부분을 투자자들과 리먼의 고객들, 퀀트대붕괴로 그들 회사의 주식이 타격을 입은 혼란에 빠진 기업 CEO들에게 상황을 설명하면서 보냈다.

그는 샌프란시스코에서 자동차로 한 시간 거리인 나파밸리에 사는 친구에게 전화를 걸었다. "나는 끔찍한 한 주를 보냈어." 그는 말했다. "주말에 자네 집에서 좀 쉬게 해주지 않을래?" 로스맨은 주말을 와이너리들을 방문하고 휴식을 취하면서 보냈다. 그것은 그 후 오랫동안 그가 그런 휴식을 취할 수 있었던 마지막 기회 중 하나가 되었다.

주말 동안, 알란 벤슨은 사바의 사무실로 출근해서 그의 포지션들을 점검했으며, 시장을 뒤덮고 있는 혼란을 이해하기 위해 노력하고 있던 웨인스타인과 사무실에서 마주쳤다. 사바의 퀀트주식데스크는 거의 2억 달러를 잃고 있었다. 웨인스타인은 분명히 상심해 있었으며 벤슨에게 매도를 지속하라고 지시했다. 벤슨이 매도를 완료했을 무렵에는 그의 포지션들이 거의 절반 수준으로 감소되어 있었다.

골드만삭스는 월요일에 시장붕괴와 GEO펀드에의 30억 달러 자금 투입을 논의하기 위해서 컨퍼런스콜을 가졌다. "지난 며칠 동안의 시장상황은 모든 글로벌 시장들에 대해 영향을 주었던 그 빠른 전파속도와 강도에 있어서 유례가 없는 특징적인 모습을 보였습니다"라고 골드만의 CFO인 데이비드 비니어는 말했다. "우리는 며칠 동안 25표준편차단위의 사건들이 연속적으로 발생하는 지극히 이례적인 사태를 겪었습니다."

25표준편차단위 사건이란 퀀트들이 블랙먼데이를 묘사하기 위해 사용했던 용어로, 세상에서 도저히 발생할 수 없는 상황을 설명한 것이었다. 퀀트모형들에 따르면, 2007년 8월의 시장대붕괴는 그 발생확률이라는 측면에서 인류 역사상 도저히 일어날 수 없는 사건이었다는 의미였다.

퀀트펀드들의 대규모 손실이 최소한 잠시 동안은 멈춘 것처럼 보였다. 그러나 그것은 금융시스템을 마비시킨 대붕괴의 단지 제1막이었을 뿐이다. 그 다음 주가 되자 금융시장에서의 혼란은 더욱 악화되었다. 전 세계적인 마진콜이 진행되었으며, 점점 더 확산되고 있었다.

8월 16일 목요일, 컨트리와이드 파이낸셜은 자사가 115억 달러 규모의 은행신용공여한도가 필요하다고 발표했는데, 이는 이 회사가 공개시장에서 자금을 조달하는 것이 불가능해졌다는 신호였다. 거의 같은 시각, 런던에서는 미국 외부에서 발행된 약 460억 달러 규모의 단기차입들이 만기가 도래되어 신규대출로 차환발행이 이루어져야 하는 상황이었다. 일반적으로 이런 경우의 차환발행은 거의 자동적으로 이루어졌다. 그러나 그날 오전에는 어떤 금융기관도 이 단기대출들을 매수해주지 않았다. 그날 시장이 종료될 때까지 신규발행액의 겨우 절반만 매각되었다. 머니 그리드가 무너지고 있었던 것이다.

엔화 급등은 지속되어 그 주 목요일 뉴욕시장의 장 중간에는 겨우 몇 분 사이에 2퍼센트나 상승하기도 함으로써 시장의 방향을 잘못 잡은 통화트레이더들에게 큰 타격을 주었다. 공포에 질린 투자자들이 가장 유동성이 높은 자산들을 지속적으로 매입함에 따라 미 재무부 국채 역시 가격이 급등했으며, 이러한 상황을 당시 한 트레이더는, '예외적으로 격렬한 움직임'이라고 불렀다.

"이런 충격들은 국제경제의 순환시스템인 세계금융시장들이 아시아에서 발생해서 러시아와 브라질로 파급되고 결국은 미국에 근거를 두었던 헤지펀드인 롱텀캐피털 매니지먼트에까지 이르렀던 1997-1998년의 금융위기 이래 최악의 날들 중 하나를 겪도록 했다"고 월스트리트 저널은 표지기사로 서술했다.[주5]

주식투자자들은 몇 분 사이에 다우지수가 수백 포인트씩 상승과 하락을 거듭하는 급격한 변동에 시달려야 했다. 그것은 현기증 나는 일이었다. 서브프라임 모기지에서 시작되어 퀀트헤지펀드로 파급되었던 시장붕괴가 이제는 연방준비제도이사회를 포함하는 모든 사람이 볼 수 있는 일반적 현상이 되어버렸다. 은행들은 대규모 서브프라임 모기지 포트폴리오를 보유하고 있다고 의심되어지는 헤지펀드들과 같은 특정고객들에 대해 대출을 중단하고 있었다. 이들 악성자산들을 누가 보유하고 있는지에 대한 공포가 확산되고 있었다.

그 주 금요일, 아침 일찍부터 주식시장은 급락하고 있었다. 어떤 시점에서는 다우지수에 연계된 선물들이 시장이 개장되면 500포인트 이상 하락할 것임을 나타내고 있었다.

그때, 동부시간으로 오전 8시를 막 넘긴 시점에 연방준비제도이사회는 은행들에 대한 직접대출을 실시하는 소위 할인창구에 대한 이자율을 6.25퍼센트에서 5.75퍼센트로 인하한다고 발표했다. 이 미국의 중앙은행은 할인창구를 통해 이자율을 낮춤으로써, 대출 동결로 고통을 겪고 있는 고객들에게 은행들이 대출을 적극적으로 실행해주기를 희망했다. 연방준비제도이사회는 또한 은행들에게 제공하는 익일상환대출(overnight loans)에 적용하는 보다 더 중요한 이자율인 연방기금이자율(federal fund rate)도 9월에 연방준비제도이사회의 이사회가 소집되면 낮추겠다는 신호도 보냈다.

그것은 지극히 이례적인 움직임이었고, 그래서 효과가 있었다. 주식선물들이 극적으로 상승했고, 시장은 급등하는 양상을 나타내면서 거래를 시작했다.

당분간 레버리지의 청산은 중지될 것으로 보였다. 퀀트들은 깊은 심연을 주시했다. 만약 골드만삭스가 자신의 GEO펀드에 대한 긴급구제조치를 하지 않아서 매도가 지속되었더라면, 매도추세가 다른 부문들로 파급되면서 그 결과들은 퀀트들뿐만 아니라 일반적인 투자자들에게도 파멸적인 것이 될 수도 있었다. 모기지시장의 파열이 퀀트펀드들의 연속적인 붕괴를 촉발시켰던 것과 똑같이, 붕괴된 퀀트펀드들의 손실들은 다른 자산부문들의 출혈을 초래케 해서 전체 금융시스템을 위기에 처하게 할 수도 있는 광란의 질주를 불러올 수도 있었다.

그렇지만 붕괴의 가장 무서운 측면은 예전에는 아무도 인식하지 못했던 머니 그리드의 숨겨진 연결고리들을 노출시켰다는 사실이었다. 서브프라임 모기지 시장에서의 붕괴는 헤지펀드들의 마진콜을 촉발시켰고, 그것은 다시 펀드들로 하여금 주식포지션들을 강제로 청산하도록 했다. 도미노들이 넘어지기 시작하면서, 다른 퀀트펀드들에 부딪치고, 이들 펀드들로 하여금 전 세계의 시장들에서 통화들로부터 선물계약들과 옵션들에 이르는 모든 것에 대한 포지션을 청산하지 않으면 안 되도록 만들었다. 캐리트레이드가 허물어짐에 따라, 그것이 가져다주었던 모든 저렴한 유동성으로부터 혜택을 받았던 자산들을 묶어두었던 닻줄들이 헐거워지기 시작했다.

악순환이 지속되면서, 수십억 달러의 돈이 며칠도 안 되어 증발되었다. 대규모 피해가 발생하기 전에 매도사이클은 잠시 멈추었지만, 다음에 무슨 상황이 벌어질지 또는 시스템의 보이지 않는 은밀한 내부에 어떤 종류의 숨겨진 피해가 도사리고 있는지 아무도 말해주지 않았다.

그 주간에 행해진 청산은 너무도 이례적이고, 너무도 예기치 않았던 것이기에 르네상스 테크놀로지스의 몇몇 로켓과학자들이 그 사태에 대해 이름을 붙였는데, 바로 '8월 요인(August Factor)'이었다. 8월 요인은 퀀트 트레이딩 전략의 완벽한 반전, 즉 중복된 트레이딩 전략에 따른 펀드들의 대규모 레버리지 청산에 의해 점화되어서 윗부분이 아래가 되고 아랫부분이 위가 되어버리며, 불량자산들이 상승하고 우량자산들이 하락하는 비자로 월드를 보여주었다. 그것은 과거에는 전혀 발견된 적이 없는, 그리고 바라건대 앞으로도 다시는 나타나지 않을지도 모르는 강력한 통계적 속성들을 갖는 전혀 새로운 요인이었다.

그러나 새롭고, 훨씬 더 파괴적인 붕괴가 다가오고 있었다. 진실로, 전례가 없는 금융폭풍이 이미 생성되고 있었다. 그 후 2년의 기간 동안, 제일 먼저 PDT의 뉴욕사무소와 AQR의 그리니치 본사와 같은 잘 알려져 있지 않은 기관들을 엄습했던 끈질긴 레버리지 청산이 계속 변종을 만들어내는 바이러스처럼 금융시스템 전반으로 파급되었고, 이에 따라 금융시스템을 막 다른 절벽까지 몰고 갔다. 수조 달러의 자산이 증발되었으며, 초거대은행들이 무너졌다.

그렇지만 지난날을 되돌아보면서, 많은 퀀트들은 극적이고 도미노와도 같았던 2007년 8월의 시장붕괴를 전체 신용시장에 위기를 몰고 왔던 사건이면서 세계에서 가장 정교한 모형들을 혼란에 빠트렸던 가장 괴이하고, 가장 설명하기 어려운 사건으로 기억하고 있다. 아론 브라운은 그때 이렇게 말했다.

"앞으로 10년 동안, 사람들은 서브프라임 위기를 기억하기보다는 2007년의 8월을 더 많이 기억할지도 모릅니다. 그것은 연쇄반응으로 시작되었습니다. 이런 엄청난 이례적인 사태가 대공황 이전에도 있었다는 것은 대단히 흥미로운 사실입니다."

11장

종말의 날을 가리키는 시계

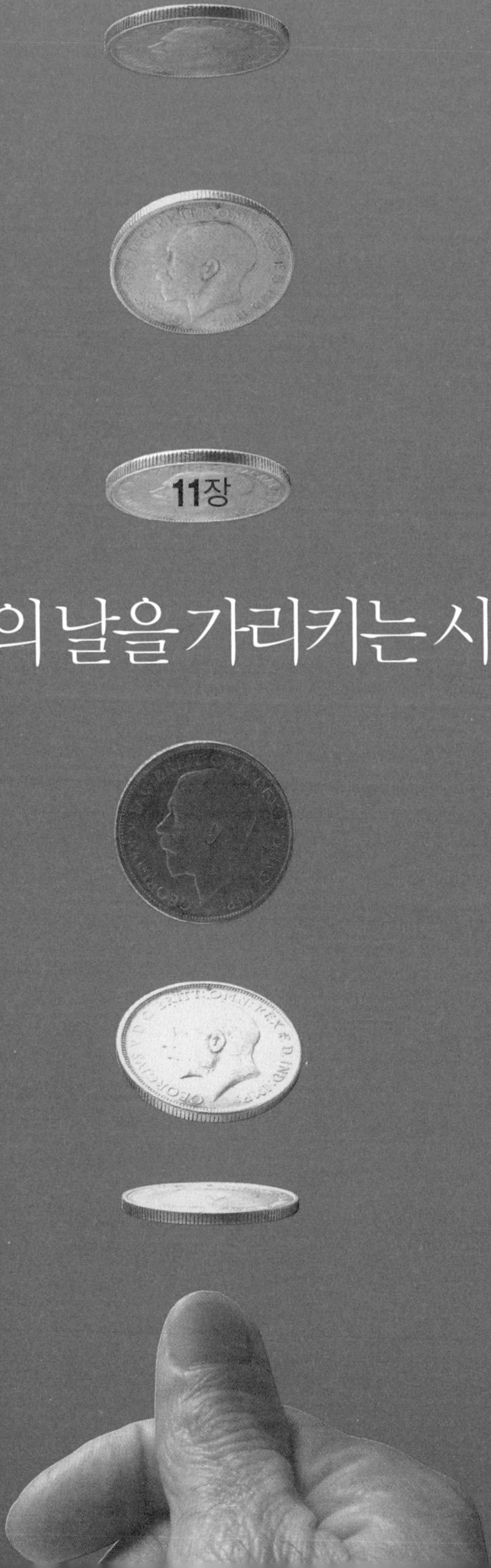

"만일 우리가 세계금융시스템에 대한 헤지펀드 산업의 영향을 나타내는 종말의 날 시계를 개발한다면, 그 눈금은 1998년 8월에는 자정까지 5분이 남아 있었고, 1999년 1월에는 자정까지 15분이 남아 있었으며, 헤지펀드 산업에 있어서의 체계적 위험의 상태에 대한 우리의 현재 전망은 대체로 밤 11시 51분을 가리키고 있을 것이다. 지금 당장은 시장이 안정된 것처럼 보이지만 시계는 계속 돌아가고 있다."

켄 그리핀이 두 시간 만에 그를 뉴욕시로 데려다 줄 준비를 마친 전용제트기를 향해 분주히 걸어가고 있던 그때는 평년과는 달리 유난히 따뜻했던 시카고의 2007년 11월 아침이었다. 그가 비행기에 막 탑승하려는 순간, 그는 시타델 신용투자부문 수장인 조 럿셀의 긴급전화를 받았다.

시타델이 대규모 지분을 보유하고 있는 온라인 증권중개업체인 이트레이드 파이낸셜(E*Trade Financial)의 주가가 급락하고 있다는 보고 였다. 그해 동안 이미 80퍼센트나 폭락했던 주식이 월요일인 그날 아침에만 다시 반쪽이 되어버렸다는 소식이었다.

"이 문제를 빨리 해결해야만 합니다." 러셀이 말했다.[주1] 이트레이드가 소유한 저축대부조합 하나가 서브프라임 모기지를 취급하고 있었고, 지금 그 조합이 그 대가를 치루고 있었다. 예전에는 닷컴 인기주였던 이트레이드에 대해서는 파산설도 돌고 있었다. 러셀은 시장을 안정시키기 위해서 시타델이 이트레이드의 주식을 사들여야 한다고 말했다.

"그렇게 하시오."

그 계획에 대해 승인을 해주면서 그리핀이 말했다.

며칠 내에 그리핀과 60명의 시타델 애널리스트들과 컨설턴트들로 구성된 실사 팀이 시타델 뉴욕지사에서 겨우 몇 블록밖에 떨어져 있지 않은 이트레이드 본사로 들이닥쳐서 장부들을 점검하기 시작했다. 그리핀은 그 협상이 진행되는 동안 세 번씩이나 자신의 글로벌 익스플로러 제트기를 타고 아침이면 뉴욕으로 날아왔다가 저녁이면 시카고로 돌아가는 여정을 반복했다.

러셀이 그리핀에게 전화를 건 지 몇 주 지나지 않았던 11월 29일에 계약이 체결되었다. 시타델은 이트레이드에 26억 달러를 투자하는 데 동의했다. 시타델은 17억 5천만 달러 상당의 주식과 연 12.5퍼센트라는 높은 이자율의 어음들을 매수했다. 또한 이 온라인증권중개사로부터 30억 달러 상당의 모기지와 기타 유가증권들을 8억 달러라는 헐값에 낚아챘다. 이 투자는 시타델 전체 포트폴리오의 약 2.5퍼센트에 해당하는 것이었다.

그리핀은 시장이 과도하게 비관적으로 변화될 것임을 확신하고 있었으며, 이에 따라 환상적인 매수기회가 도래했음을 느끼고 있었다. 그는 공포에 질린 매도자가 우량자산들을 헐값에 투매하고, 현명한 투자자들은 앉아서 그것들을 주어먹는 이런 좋은 시장들을 예전에도 보았었다. AQR과 마찬가지로 시타델도 혼란이 가시고 대중들이 진리를 깨닫게 되면 값이 상승하기를 기대하면서, 위기로 타격을 받은 자산들을 집어삼키는 일종의 가치투자자였다.

그 거래가 완결된 직후, 그리핀은 월스트리트 저널에 이렇게 말했다. "시장은 상황이 실질적으로 계속 악화될 것처럼 자산들에 대한 가격을 결정하고 있습니다. 그러나 경제는 두 분기 또는 세 분기 침체될 것처럼 보이면 보일수록, 그 후에는 더욱 강하게 됩니다."

이트레이드 거래는 2006년의 아마란스 인수와 7월의 소우드 구제조치 외에 또 한 건 신문의 표지를 장식했던 그리핀으로서는 최대 규모의 거래였다. 그에게 압박감을 더해준 일로는 그의 아내인 앤 디아스 그리핀Anne Dias Griffin이 그리핀 왕조의 첫 후예를 그 해 12월에 출산할 예정이었다.

그렇지만 그리핀은 전혀 스트레스를 받고 있지 않는 것으로 보였다. 푸른 눈의 이 억만장자는 그의 모든 힘을 사업에 쏟고 있는 것으로 보였다. 그의 이트레이드 거래를 완결 짓는 신속함, 어려운 일을 해치우는 정신적 강인함과 배짱, 그리고 막강한 현금보유는 그것들을 가지지 못한 다른 사람들의 부러움을 샀다. 그리핀은 단지 생존유지만을 위해서 무슨 일이라도 하고, 어떤 가격으로라도 자산을 매각하려고 하는 기업들의 곤경을 이용해서 즉시 수십억 달러를 움직일 수 있는 몇 안 되는 막강한 자산관리자들 중 한 사람이었다.

한편, 러시아 출신 수학천재인 미샤 말리셰프가 관리하는 시타델의 극초단기매매전문 투자기구인 택티컬 트레이딩은 8월의 퀀트대참사에도 불구하고 계속 돈을 거두어들이고 있었다. 이 펀드는 2007년에 8억 9천2백만 달러를 벌었고, 그 다음 해에는 더 많은 돈을 벌어들였다. 매튜 안드레센Matthew Andresen이 담당하고 있는 이 회사의 옵션트레이딩 사업인 시타델 데리버티브즈 그룹(Citadel Derivatives Group) 역시 세계 최대의 옵션마켓메이커(option market maker)로 성장하면서 현금을 쓸어 담고 있었다. 이들

각 사업부문에 대해 개인적으로 큰 지분을 소유하고 있는 그리핀은 택티컬 트레이딩과 파생상품 사업부문을 자신의 헤지펀드 사업에서 분리시키기로 결정했다. 이러한 조치는 당초 계획되어 있었던 IPO에 앞서서 시타델의 사업분야를 다양화시킬 수 있도록 해주었다.

또한 그것은 전 세계에서는 아니지만, 시타델 펀드 내에서 지속적으로 가장 많은 이익을 달성하고 있는 사업부문들 중 하나였던 택티컬 트레이딩의 더 많은 지분을 그리핀이 차지할 수 있도록 해주었다. 헤지펀드의 투자자들에게도 택티컬 트레이딩에 투자할 수 있는 기회가 제공되기는 했지만, 그것은 그들의 현재 투자분에 대한 추가라는 형태여야 했다. 투자자들 중 약 60퍼센트가 그리핀이 제시한 조건을 받아들였다. 펀드의 나머지 투자분은 시타델 간부들에게 배분되었는데, 대부분은 그리핀에게 돌아갔다.

그 11월에 시카고 심포니 오케스트라에서 개최된 시타델 직원들을 위한 단합행사에서, 그리핀의 기분은 최고조에 달해 있었다. 시타델은 거의 2백억 달러의 자산을 관리하고 있었으며, 8월의 퀀트 대붕괴에도 불구하고, 32퍼센트의 수익을 기록해서 2007년의 경우 경쟁자들을 압도하고 있었다. 바로 전 주에는 이트레이드 인수를 매듭지었고, 소우드 거래 건은 좋은 방향으로 진척되고 있었다. 시타델이 개발한 인터넷을 이용한 주식옵션에 대한 마켓메이킹 사업은 세계 최대 규모로 성장하고 있었다.

약 4백 명에 달하는 전체 종업원들 앞에서 연설을 하고 있는, 그리핀은 생애 최대의 경기를 앞 둔 자신의 선수들을 준비시키는 풋볼코치처럼 기분이 한껏 들떠 있었다. 시타델의 그간의 성과들을 열거한 후, 그리핀은 전형적인 기업경영자 모드로 분위기를 전환시켰다. "성공은 홈런 개수로는 결코 측정되지 않습니다"라고 그는 말했다. "이곳에 우리를 다다르게 하고, 앞으로 더 먼 곳으로 우리를 데려다 줄 것들은 오히려 단타와 2루타들입니다. 가장 좋은 때는 아직 오지 않았습니다. 그렇습니다. 당연히 우리들 앞에 장애물들도 있을 것입니다만, 장애물들은 그것을 어떻게 극복할 수 있는지를 아는 사람들에게는 기회가 되는 것입니다. 그런 사실을 여러분들이 받아들인다면, 여러분들은 올바른 곳에 있는 것입니다."

그곳에 모인 호주머니가 그득한 청중들이 모두 박수를 치면서 환호성을 질렀다. 그리핀이 무지막지하게 일을 시키는 상사였고, 심지어 무자비한 과대망상증 환자일수도 있었지만, 아무튼 그는 승자였고 그 방에 모인 모든 사람들을 믿을 수 없을 정도의 큰 부자들로 만들어주었다. 시타델은 위대함의 최정상에 서 있는 것처럼 보였다. 주택시장 붕괴에 따라 어려움을 겪고 있는 경기침체는 단기간에 끝날 것이고, 그 경기침체는 멈춤이 없는 성장사이클에 들어가 있는 세계경제가 하는 짧은 딸꾹질에 불과하다고 그리핀은 생각했다. 정말로, 그는 자신이 이미 터널 저 바깥으로 푸른 불빛이 반짝이는 것을 보고 있다고 믿었다. 좋은 때가 오고 있었다.

이러한 기회주의에 대해 들려주는 오래된 월가의 경구(警句)가 있다. 터널 저쪽 끝에 반짝이는 불빛은 이리로 달려오는 열차의 불빛이라는 것이다. 켄 그리핀은 바로 그 불빛 바로 앞으로 발을 내딛고 있었다.

"에잇!"

클리프 애스네스는 카드테이블에서 벌떡 일어나 그의 손이 닿은 첫 번째 램프를 집어 들고서, 그것을 벽에다 있는 힘껏 집어던졌다.[주2] 그는 널따란 호텔 창가에 서서 분을 삭이고 있었다. 때는 2007년 말이었고, 뉴욕에는 먼지처럼 가는 눈발이 흩날리고 있었다.

"도대체 왜 그러는 거야?"

피터 멀러가 놀라서 자신의 의자에서 그를 올려다보며 말했다.

또 그가 맛이 가버린 모양이었다. 애스네스가 한 판을 또 잃었다. 운이 나빴던 것이다. 그러나 왜 그가 그토록 화를 내는 것일까? 무엇에 그토록 짜증이 난 것일까? 애스네스의 헤지펀드는 트레이딩의 인간적 속성인 비합리성을 가차 없이 제거한 냉정한 합리성과 수학을 바탕으로 돈을 벌고 있었다. 그러나 포커판에서 칩을 잃게 되면, 애스네스는 그 합리성을 상실해버리곤 했다.

닐 크리스가 머리를 저었다.

"클리프, 너는 매일 몇 분 만에 그만큼 잃기도 하고 따기도 하잖아."

그가 말했다.

"내가 보기에는 전망도 괜찮은 것 같은데."

왜 애스네스는 잃는 것을 그토록 심각하게 받아들이는 것일까? 그는 언제나 성질을 부렸고, 지는 것을 싫어했고, 특히 다른 퀀트들에게 지는 것을 싫어했다.

"입 닥쳐."

애스네스가 카드테이블로 되돌아오며 거칠게 숨을 몰아쉬면서 말했다.

그 전 해에 애스네스는 더 자주 벌컥 화를 내곤 했다. 판돈은 계속 커져서 쉽게 만 달러 단위가 되고, 어떤 때에는 그보다 더 커지곤 했다. 애스네스가 그 돈을 감당할 수 없어서가 아니었다. 그는 그 방에 모인 사람들 중에서 가장 부자였다. 그러나 AQR이 손실을 기록함에 따라 그의 행운도 줄어들고 있는 것 같았다. 그리고 애스네스의 포커실력도 그의 펀드가 손실을 내기 시작하는 것에 맞추어 위축되어, 마치 AQR의 손익계산서를 닮아가는 것처럼 보였다. 그게 다 내 운이지, 그렇게 그는 생각했다. 아무튼 모든 것들이 제멋대로였다.

퀀트들이 벌이는 포커게임은 무지막지한 마라톤과도 같아서 새벽 서너시까지 이어지곤 했다. 그러나 애스네스가 포커에만 매달려 있었던 것은 아니었다. 그에게는 2003년과 2004년에 연이어 태어난 두 쌍의 쌍둥이들이 그리니치의 저택에서 그가 돌아오기를 기다리고 있었다. 그는 연속해서 쌍둥이들을 낳은 것을 불임치료에 너무 몰두하다가 저지른 "위험관리의 총체적 실패"라고 농담을 하곤 했다.

포커게임에서도 위험관리에는 전혀 신경을 쓰지 않거나, 적어도 외부인들에게는 그렇게 보였다. 참가자 각자가 내는 판돈은 1만 달러였다. 멀러와 크리스처럼 이 그룹의 보다 중요한 멤버들이 참가하는 게임들의 경우에는 판돈이 5만 달러까지 치솟기도 했다.

"판을 키우지."

애스네스가 카드를 돌리면서 말했다.

애스네스는 자신의 호주머니에서 칩들을 꺼내어 테이블에 던져 넣었다.

그는 카드들이 테이블에 떨어지는 것을 지켜보았다. 자기 카드를 무심히 쳐다보고 있는 멀러를 올려다보았다. 그는 멀러가 어떻게 그토록 냉정을 유지할 수 있는지 알지 못했다. 그는 지난 8월 겨우 며칠 새에 5억 달러 이상의 돈을 잃었지만, 마치 그것이 하와이 해변에서 하루를 더 쉬다 온 것처럼 행동했다. 그러나 AQR은 그보다 더 많이, 아니 훨씬 더 많은 돈을 잃었다. 틀림없이 상황은 반전될 것이지만, 시장붕괴의 속도가 불안감을 느끼게 하고 있었다. 그리고 지금, 신용위기가 2007년 말까지 이어짐에 따라 AQR은 더 큰 손실을 눈앞에 두고 있었다.

그의 카드를 집어 들고서 애스네스는 움찔했다. 별 볼일 없는 카드였다.

그는 아직 포기할 준비가 되어 있지 않았고, 심지어 포기는 생각조차 하지 않고 있었다. AQR은 맨해튼 중심가에 있는 초호화일식당인 "노부 57"에서 전통적인 크리스마스 파티를 개최했다. 그러나 좋은 시절은 이제 지나갔음을 보여주는 신호들이 있었다. 예년과는 달리, 배우자들과 내빈들의 참석이 허용되지 않았던 것이다. 스트레스를 잔뜩 받고 있던 그리니치의 퀀트들은 일본 정종과 맥주를 병째 들이키면서 긴장을 풀었다. "결국 모임은 술판이 되어버렸습니다."라고 한 참석자는 말했다.

퀀트들은 체계적 위험(systemic risk; 모든 경제주체들에게 동일하게 작용하는 위험 요소를 말한다. 세계 정세, 시장 구조 자체의 위험 등이 여기에 속한다–옮긴 이)이라는 또 하나의 두려움에 시달려야 했다. 2007년 8월의 대폭락은 시장에서의 퀀트들의 존재가 그들이 믿었던 것처럼 그렇게 우호적이지 않다는 것을 보여주었다. 정교한 거미줄에서처럼, 금융시스템의 한 부분, 즉 이 경우 서브프라임 모기지에서의 파열은 다른 부분의 파열을 촉발시키고, 심지어는 시스템 전체를 파괴해버리게 된다. 시장은 그들이 그동안 인식해왔던 것보다 분명히 훨씬 더 서로 얽혀 있었다.

MIT의 재무학교수 앤드류 로Andrew Lo와 그의 제자인 아미르 칸다니Amir Khandani는 〈퀀트들에게 무슨 일이 벌어졌던 것일까?(What Happened to the Quants?)〉라는 제목의 2007년 10월의 시장붕괴에 대한 결정적인 보고서를 발간했다. 불길하게도, 그들은 세계금융시스템에 대한 출처가 불분명한 '종말을 가리키는 시계(doomsday clock)'를 상기시켰다. 2007년 8월에, 이 시계는 아마도 1998년의 롱텀 캐피털 매니지먼트 붕괴 이후 금융 아마겟돈에 가장 근접했던 자정을 향해서 재깍거리며 가고 있었다.

"만일 우리가 세계금융시스템에 대한 헤지펀드 산업의 영향을 나타내는 종말의 날 시계를 개발한다면, 그 눈금은 1998년 8월에는 자정까지 5분이 남아 있었고, 1999년 1월에는 자정까지 15분이 남아 있었으며, 헤지펀드 산업에 있어서의 체계적 위험의 상태에 대한 우리의 현재 전망은 대체로 밤 11시 51분을 가리키고 있을 것이다. 지금 당장은 시장이 안정된 것처럼 보이지만 시계는 계속 돌아가고 있다"고 그들은 썼다.

로와 칸다니는 핵심이 되는 염려들 중 하나는 금융시스템이 거미줄처럼 서로 연결되어 있는 점이라고 설명했다. "이러한 시장혼란의 궁극적인 발생 근원들이 분명히 주식의 매수-매도부문이 아닌 곳, 아마도 가장 그럴듯하게는 시장들과 투자수단들이 전혀 관계를 맺지 않고 있는 곳이라는 사실은 헤지펀드산업에 있어서의 체계적 위험이 최근 몇 년 사이에 상당히 증가했음을 보여준다"고 그들은 서술했다.

지극히 빠른 속도로 위험을 이전할 수 있도록 해주면서, 시장의 중심축이 되었던 극초단타매매 퀀트펀드들이 극단적인 시장변동성 때문에 더 이상 가동되지 못한다면, 어떤 일이 발생할지에 대해서도 우려가 제기되었다. "헤지펀드들은 순간적인 통보만으로 유동성인출을 결정할 수 있으며, 이것이 지극히 드문드문, 그리고 무작위적으로 발생하는 경우에는 시장에 도움이 될 수도 있지만, 헤지펀드업계 전체가 유동성을 일치된 형태로 인출하는 경우로서 그것이 잘못된 시기에 잘못된 부문에서 발생한다면 금융시스템의 생존가능성에 파멸적인 결과를 초래할 수 있다"고 그들은 주장했다.

그것은 이런 방식으로는 존재하지 않아야 되는 것이었다. 퀀트들은 그들 자신을 머니 그리드를 가동시키는 축(軸)에 윤활유를 발라주는 금융부문의 조력자들이라고 항상 생각했었다. 그러나 이제는 그들 자체가 세계를 종말에 더 가까이 밀어 넣는 중대한 체계적 위험이 되고 있는 것으로 보였다. 전혀 쓸 모 없는 카드만 손에 쥐고서 포커판에 앉아 있으면서, 애스네스는 눈을 감고 시카고대학의 가장 명석한 학생이었던 시절을 돌이켜보았다.

어디에서 이 모든 것이 잘못되고 있었던 것일까?

퀀트들에 대한 날선 비판가들 중 한 사람이 오랫동안 금융시스템의 파탄을 예언하고 있었는데, 그는 전 헤지펀드매니저이자, 몇 년 전 닐 크리스의 결혼식장에서 피터 밀러와 설전을 벌였던 나심 니콜라스 탈레브였다.[주3] 탈레브는 2008년 1월에 강연을 하기 위해 그리니치의 AQR 사무실을 방문했다. 아론 브라운은 그에게 왜 계량적 퀀트모형들이 자연계에서는 잘 작동되지만, (브라운이 당연한 것으로는 공감하지 않았을) 재무의 세계에서는 위험한 마술이 되어버리는지에 대한 그의 주장을 설명해주기를 요청했다.

탈레브의 청중은 그다지 많지 않았다. 진이 빠져버린 애스네스는 참석하지 않았다. 오래 전부터 탈레브의 친구였던 아론 브라운은 탈레브의 저서,《월가의 포커페이스》에 대해서 그 자신은 그 책의 내용에 대해 동의하지 않지만, 탈레브의 주장에 대해 관심은 갖고 있다는 짤막한 소개를 했다.

"어이, 나심, 어떻게 지나고 있나?"

"그저 그래, 친구."

탈레브가 턱수염을 쓰다듬으면서 말했다.

"나는 요즈음 자네들이 별로 좋지 않다고 듣고 있는데, 어떤가?"

"네가 그걸 어떻게 생각하는지 나는 잘 모르겠지만, 우리가 그동안 보았던 것들 중에서 제일 새까만 백조들 중 한 마리를 분명히 우리가 보았다고 말하고 싶네. 그런데 이제는 상황이 진정되고 있는 것 같아."

라고 브라운이 대답했다.

탈레브은 재빨리 그의 파워포인트를 설치하고, 강연을 시작했다. 그의 첫 슬라이드들 중 하나는 매튜 로스맨의 퀀트대참사에 대한 설명을 다룬 8월 11일자 월스트리트 저널의 기사를 스크랩한 것이었다.

"매튜 로스맨은 그들의 합리성에 대해 자부심을 지니고 있는 사람들과 일해 왔습니다."라고 그 기사는 말했다. "그는 분명히 감정을 허용하지 않는 수학규칙들을 트레이딩포지션을 선택하기 위해 사용하고 있는 월가의 박사군단들 중 한 사람인 퀀트입니다. 그러나 이번 주에 그는 공포에 휩싸였습니다."

탈레브의 슬라이드는 〈확률의 오류(Fallacy of Probability)〉라는 제목이었다. 로스맨은 퀀트대참사를 모형들이 1만 년에 한 번 발생하리라고 예언했던 것이라고 설명했지만, 그것은 여러 날 동안 계속해서 매일 발생했던 것이다. 탈레브에게 그것은 모형들이 틀렸다는 것을 뜻했다.

"이들 소위 금융공학자들은 확률이론에 따르면, 인류 역사상 한 번만 발생할 수 있는 상황을 몇 년에 한 번씩 경험하고 있습니다"라고 그는 (물론 모두가 금융공학자들인) 청중들에게 말했다.

"이 그림에는 무언가가 잘못되어 있는 것입니다. 제가 무엇을 말하는지 이해하십니까?"

또 하나의 슬라이드는 한 거인이 저울의 오른쪽에 앉아서 저울을 세게 누르고 있는 반면에 저울의 왼쪽에는 일단의 소인들이 흩어져 앉아 있는 것을 보여주었다. 그 슬라이드에는, '두 개의 영역: 타입 I-순화된 평범의 왕국(Mediocristan), 가우스 등등; 타입 II-거친 극단의 왕국(Extremistan)'이라고 적혀 있었다.

그 슬라이드가 시장에서 발생하는 극한적 사태들과 인간을 달에 올려놓고, 비행기가 대양을 건너갈 수 있도록 하고, 샌드위치를 마이크로오븐에서 데울 수 있도록 해주었던 과학으로서 아무런 문제없이 자연계에서 사용되고 있는 수학이 왜 재무의 세계에서는 적용되지 못하는지에 대한 탈레브의 관점을 보여주는 열쇠였다. 자연계가 곧 '평범의 왕국'이라고 그는 말했다. 정규분포곡선인 벨커브가 인간들의 신장과 체중을 측정하는데 가장 완벽하다. 만일 당신이 1천 명의 신장을 측정한다면, 1,001번째 사람의 신장이 전체 평균을 거의 변화시키지는 않는다.

그렇지만 재무의 세계에서는, 가격들의 급격한 변동이 모든 것을 변화시킬 수 있다. 이것이 바로 탈레브가 말하는 '극단의 왕국'이다. 예를 들어, 소득분포는 베노이트 만델브로트가 반세기도 더 전에 발견했던 극단의 왕국의 여러 모습들을 보여준다. 길거리에서 마주치는 1천 명의 사람들의 부를 측정해 보라. 보통의 날에는, 그 분포가 정상적이 될 것이다. 그러나 세계에서 가장 부유한 사람인 빌 게이츠를 선택한다면, 어떻게 될까? 그 분포는 갑자기 큰 규모로 왜곡된 모습을 보이게 된다. 시장가격들도 이 같이 빠르게, 예기치 못하게, 그리고 대규모로 변화될 수 있다.

탈레브은 드문드문 자리를 채운 청중들에게 30분 정도 더 강연을 했다. 그는 분포의 두터운 꼬리에 대해 말했다. 바로 불확실성과 무작위성이었다. 그러나 그는 그의 청중들은 이미 그것을 경험했다고 말할 수 있었다. 그들은 검은 백조들에 대해서 들을 필요가 없었던 것이다. 그들은 이미 그 검은 백조들 중 한 마리를 보았고, 그것이 그들을 공포에 빠트렸던 것이다.

그렇지만 상황이 더욱 악화될 것이라고 믿는 사람들은 여전히 거의 없었다. 도저히 이해가 되지 않는 1년에 걸치는 변동성은 막 시작되고 있었을 뿐인데도 말이다. 그 1월의 후반에, 프랑스 대형은행인 소시에테제네럴(Société Générale)의 31세 먹은 한 문제 트레이더가 복잡한 파생상품거래로 72억 달러를 잃었다. 제롬 커비엘Jérôme Kerviel이라는 이 트레이더는 기본적으로 시장이 상승할 것이라는 데에 일방적으로 베팅을 했던 730억 달러라는 어마어마한 규모의 포지션을 구축하기 위해서 유럽의 주가지수들에 연동되는 선물계약들을 사용했다. 소시에테제네랄은 커비엘이 은행의 위험관리소프트웨어를 해킹함으로써 은폐했던 이 거래들을 발견한 후, 그것들을 모두 정리하기로 결정했고, 이는 전 세계적인 시장투매를 촉발시켰다. 이에 따른 변동성에 대응하고자, 속젠(SocGen)의 거래들에 대해 전혀 알지 못했던 연방준비제도이사회는 단기이자율을 한꺼번에 0.75퍼센트나 인하시키는 과감한 조치로 겁에 질린 투자자들을 공황상태에 빠지게 했다.

금융시스템은 금방이라도 파국으로 치달을 수 있는 상황이었지만, 세계에서 가장 현명하다고 자부하는 투자자들은 여전히 파멸적인 쓰나미가 그들을 향해 돌진해 오는 것을 보지 못하고 있었다. 그 해 3월의 베어스턴스 붕괴는 파국의 개시를 알려주는 모닝콜이었다.

종말을 가리키는 시계가 재깍거리며 움직이기 시작하고 있었다.

2008년 3월 13일 오후 1시 즈음, 지미 케인Jimmy Cayne은 디트로이트의 카드테이블에 앉아서 그의 전략을 구상하기 시작했다. 북미 브리지 챔피언십의 IMP 페어부문에 출전한 130명 가운데 4번 시드로 참가하고 있는 이 74세의 베어스턴스 회장은 손에 들고 있는 카드에 완전히 몰두하고 있었다.

빈곤층들이 몰려 사는 시카고의 사우스사이드 출신인 케인에게 브리지는 집착과도 같았으며, 그로서는 자신의 회사가 겪고 있는 곤경이 그에게 연중 가장 중요한 시합들 중 하나를 방해하도록 내버려둘 수는 없었다.

같은 시각, 매디슨가에 있는 베어스턴스의 뉴욕 본사에서는 약 40명의 회사 최고경영층들이 전략을 모색하기 위해 20층 식당에 모여 있었다. 그 자리에 모인 모든 사람들은 문제가 심각하다는 것을 알고 있었다. 무기력한 이 회사의 주식가격이 모든 것을 너무도 분명하게 말해주었다. 그러나 어느 누구도 그것이 얼마나 심각한지에 대해서는 정확하게 알지 못하고 있었다. 오후 12시 45분경에 베어스턴스 CEO인 알란 쉬바르츠Alan Schwartz가 모든 것이 잘 진행되고 있다는 것을 이들에게 확신시켜주기 위해서 나타났다.

그러나 아무도 그 말을 믿지 않았다. 1923년에 설립된 베어스턴스는 트레이딩 고객들이 극도의 공포감에 질려서 이 투자은행으로부터 수십 억 달러를 인출해나감에 따라 파산 일보 직전의 상태에 처해 있었다. 회사 내부자들은 가장 소중한 고객들 중 하나가 3월 초반에 50억 달러 이상을 인출했을 때, 사태가 심각하다는 것을 알았다. 그 고객은 르네상스였다. 그러고 나서 또 하나의 최우량고객인 D. E. 쇼가 50억 달러 이상을 인출하면서, 베어스턴스를 떠나버렸다.

퀀트들이 베어스턴스를 무너뜨리고 있었던 것이다.

오늘 날까지도, 베어스턴스 전직자들은 이 회사가 무자비한 이러한 행태들 때문에 파산했다고 믿고 있다. 상장회사로서의 마지막 한 주간 동안에도, 베어스턴스는 1백 80억 달러의 현금을 보유하고 있었다. 그러나 일단 베어스턴스가 피를 흘리기 시작하자, 이 회사와 거래를 하고 있던 불안한 고객들은 상황이 어떻게 진전될 것인지를 지켜보려고 하지 않았다. 그들의 우려는 자신들이 그들의 돈을 인출해낼 수 있기 전에 이 투자은행이 붕괴될 수도 있다는 점이었다. 그런 위험은 무릅쓸만한 가치가 없었다. 리먼브라더스처럼 그들의 돈을 맡아주기를 간절히 바라고 있는 다른 투자은행들이 얼마든지 있었기 때문이다.

토요일이었던 2008년 3월 15일이 되자, 베어스턴스는 거의 끝나 있었다. 연방준비제도이사회와 재무부의 관리들과 J. P. 모건의 은행가들이 시체를 뜯어먹으려고 달려드는 맹금류들처럼 맨해튼 중심가에 있는 이 고층건물의 사무실들로 밀어닥쳤다. 베어스턴스의 집행진들은 강제인수를 우려하며, 극도로 흥분해서 마지막 순간에 나타날 어떤 종류의 구원이라도 모색하기 위해 분주히 전화다이얼을 돌리고 있었다. 그러나 어느 것도 효과가 없었다. 케인과 베어스턴스의 다른 이사들은 일요일에 회의를 갖고, 85년 역사의 이 기관을 주당 2달러의 가격으로 J. P. 모건에 매각하는데 동의했다. 한 주가 지난 후, 그 거래는 주당 10달러로 거래가격이 상향조정되었다.

잠깐 동안이었지만, 낙관적인 투자자들은 베어스턴스의 파산이 신용위기의 최정점이 될 것이라고 믿었다. 주식시장은 급속히 회복되었다. 금융시스템은 위기의 순간을 잘 포착했고, 거의 상처를 입지 않고 위기를 극복했다. 아니면 그런 것처럼 보였다.

딕 풀드Dick Fuld는 항상 벌이던 연기를 또 펼치고 있었다.[주4] 크로마뇽인을 닮은 넓은 이마를 가진 그의 눈빛, 단음절의 투덜거림과 맹렬한 분노의 표출 등 때문에 "고릴라"로 불려지는 리먼브라더스의 이 CEO는 방을 가득 메운 집행임원들을 30분 이상 다그치고 있었다.

풀드는 고함을 지르고, 발을 구르고, 분노 때문에 팔을 휘둘렀다.

그 때는 2008년 6월이었다. 투자자들이 이 회사의 불안한 재무구조에 대해 우려를 표시함에 따라 리먼 주식은 일 년 내내 약세를 면하지 못하고 있었다. 리먼은 모기지와 상업용 부동산투자들과 같은 불량자산들에 대한 대손처리액 37억 달러를 포함해서 28억 달러의 분기 손실을 막 공표하고 난 다음이었다. 그것은 이 회사가 아메리칸 익스프레스로부터 분사된 1994년 이래 최초의 분기손실이었다. 이들 손실에도 불구하고, 풀드와 그의 보좌진들은 모든 것이 제대로 돌아가고 있다고 주장하면서, 대외적으로는 천연덕스러운 얼굴을 하고 있었다. 그러나 실상은 그렇지 못했다.

풀드는 분위기를 쇄신하고 현 상황을 설명해주기 위해서 회사의 집행임원들을 소집했다. 그는 "나는 이번 주말 이사회와 대화를 나누었습니다."라는 선언으로 이야기를 시작했다. 방 안에 모인 일부 인사들은 그가 사임의사를 표명한 것은 아닌지 궁금해 했다. 바로 한 주 전에, 62세의 이 CEO는 사장인 조 그레고리Joe Gregory를 자신의 오랜 파트너인 허버트 맥데이드Herbert "Bart" McDade와 교체시키면서, 회사의 상층부를 온통 뒤집어 놓았었다. 그 자신의 칼이 떨어질 곳이 바로 풀드는 아니었을까? 방 안에 모인 일부 임원들은 그렇게 되기를 바랐다.

"나는 이사들에게 금년 상여금을 받지 않겠다고 했습니다"라고 풀드가 말했다.

방 안에 모인 사람들로부터 실망스러운 한숨이 새어나오는 것처럼 보였다. 풀드는 바로 숫자로 들어가서 리먼이 얼마나 강력한지, 회사의 대차대조표가 얼마나 견실한지 등을 빠르게 늘어놓기 시작했다. 그는 리먼 주식을 싼 값에 말뚝을 박아놓았던 공매도자들을 회사가 어떻게 박살을 낼 것인지에 대해 말했다.

누군가가 손을 들고 질문을 했다.

"딕, 우리는 당신이 말씀하시는 모든 것을 이미 다 듣고 있습니다. 그러나 말은 쉽습니다. 행동이 말 보다 더 중요합니다. 회장님께서는 언제 1백만 주를 매입하실 것입니까?"

풀드는 잠시도 주저하지 않았다.

"캐시가 예술작품들 중 일부를 팔기만 하면 바로 사지."

그는 자신의 아내이며 고가의 예술품 수집가로 유명한 캐시 풀드Kathy Fuld를 언급하고 있었다. 저 양반 웃기는 것 아냐? 몇몇이 쓴웃음을 지었다. 그러나 풀드는 웃지 않았다. 진정 이마를 찌푸리게 하는 상황이었다. 그 순간이 리먼의 최고경영진들 중 일부가 진지하게 회사가 정말 망하는 것은 아닐까 의문을 갖기 시작했던 때였다. 그들의 CEO가 현실과 완전히 동떨어진 사람처럼 보였기 때문이다.

캐시가 몇몇 예술작품들을 팔 때라고?

고함과 무언가 때려 부수는 소리와 유리가 깨어져서 바닥에 떨어지는 소리가 들렸다.[주5] AQR의 리서처들과 트레이더들은 그들의 컴퓨터 화면에서 눈을 떼어 지속적으로 웅웅거리는 컴퓨터음과 퀀트들이 맹렬히 키보드를 두드리는 소리만 들리는 표준적인 사무실의 정적을 깨트리는 갑작스런 파열음이 났던 곳인 존 류의 사무실 쪽을 쳐다보면서 놀라서 자리에서 일어났다.

그들은 창문을 통해서 자신들의 보스인 클리프 애스네스가 수줍게 웃으며, 그들을 쳐다보고 있는 것을 보았다. 그가 문을 열고 들어왔다.

"모두 괜찮지요?" 그가 말했다. "놀라지 마세요."

그의 분노가 또 한 번 폭발한 것이었다. 애스네스가 벽에다 단단한 물체를 집어던져서 류의 사무실에 있는 액자 안의 그림을 바로 맞추었고, 그것이 유리를 박살낸 것이었다. 애스네스는 AQR의 실적이 악화됨에 따라 이미 사무실 의자뿐만 아니라 여러 대의 컴퓨터모니터들을 박살냈다. 때는 2008년 늦여름이었다. 사무실 분위기는 날이 갈수록 긴장이 감돌았다. 바로 일 년 전의 태평성대는 오래 전에 사라졌고, 피해망상, 두려움과 근심이 이를 대체해버렸다. 일부 직원들은 회사가 방향감각을 잃어버렸다고 믿고 있었지만, 누구도 변덕스러운 보스에게 도전할 엄두를 내지 못했다. 몇몇 사람들은 애스네스 주위에 예스맨들밖에 없으며, 그를 엄청난 부자로 만들어준 정교하게 구축된 모형들로부터의 일탈을 용납하지 않는 것에 대해 불평했다.

"모든 것이 되돌아 올 겁니다."

라고 그는 마치 주문을 외우듯이 되풀이 말하곤 했다.

"시장의 광기가 사라지면 말입니다."

다른 사람들은 그다지 확신을 갖지 못하고 있었고, 일부 종업원들은 이 펀드매니저가 폭발시키는 분노에 대해 점점 더 많은 경계심을 갖게 되었다.

"그는 매일 매일 조금씩 자제력을 잃어가고 있었습니다"라고 전 종업원 하나가 말했다. "그는 얼이 빠져 있었고, 모든 일들이 통제 불능 상태가 되어버렸습니다."

핵심멤버 한 사람이 회사를 떠나갔다. 그 해 초, 2000년 이래 회사에 근무했던 AQR의 영재들 중 하나인 마니 마주리Mani Mahjouri가 사직했다. 그는 애스네스의 호된 질책과 잔소리로 일관하는 이메일에 너무나 지쳐버렸다. 만주리는 AQR의 젊은 퀀트들 사이에서 우상과도 같은 존재였다. 1990년대에 MIT에서 켄 프렌치의 제자로서 수학, 물리학 및 재무학 학위를 보유하고 있던, 그는 젊고 유능한 직원이 골드만의 베테랑들이 지배하고 있는 문화에서도 신분상승을 할 수 있다는 산 증거가 되는 파트너로의 승격을 바로 눈앞에 두고 있었다. 그는 또한 펀드 내에서 학급의 어릿광대 같은 역할도 수행해서, 핼러윈 때에는 자신의 사무실을 유령의 집으로 바꾸고, 리서처 중의 하나가 생일을 맞으면 (그 리서처가 모르게) 사무공간을 풍선과 파티 모자로 장식하고 난 다음, 그 리서처의 이메일을 해킹해서, "오늘은 제 생일입니다. 제 사무실로 오셔서 생일을 축하해주시길!"이라는 일부 비사교적인 퀀트들을 크게 당황스럽게 만드는 메일을 회사 전체에 보내기도 했었다.

그 즐거움과 게임들은 이제 다 사라지고 없었다. 마주리도 떠나버렸다. IPO도 역사가 되어버려서 좋았던 시절의 나쁜 추억으로만 남았다. 그러나 2008년 여름도 끝나갈 즈음, AQR에 근무하고 있던 퀀트들 중 어느 누구도 (아마 애스네스가 누구보다도 더) 고통이 점점 더 심해질 것이라는 사실을 예측하지는 못했다.

그 해 9월 9일, 리먼브라더스에 대한 딕 풀드의 자신감도 눈에 띄게 흔들리고 있었다. 샤워룸과 도서실을 갖추고, 허드슨 강이 훤히 내려다보이는 맨해튼 중심가에 있는 리먼 본사 31층에 있는 그의 사무실에서, 이 월가 실력자는 (허만 멜빌의 소설 "백경"에 나오는-옮긴 이) 피쿼드 호 갑판 위의 에이햅 선장처럼 그를 괴롭히는 자들에 대해 격렬한 분노를 표출하고 있었다. 그날 아침, 리먼의 백기사가 되어줄 것으로 기대하고 있었던 한국산업은행이 리먼 인수에 참여하지 않기로 결정했다는 뉴스가 발표되었다. 비록 파멸적은 아니었지만 사태를 더욱 악화시켰던 것은, J. P. 모건의 투자은행사업부문 공동대표인 스티븐 블랙Steven Black이 풀드에게 전화를 걸어서 50억 달러 상당의 추가담보와 현금을 제공해줄 것을 요청한 일이었다. 리먼이 마진콜을 당한 것이었다. 그것은 날카로운 비수였다. 리먼의 주식가격은 바로 급락하기 시작해서 40퍼센트나 하락했다.

"우리는 이 금융 쓰나미가 우리를 휩쓸어가지 못하도록 신속하게 행동을 취해야만 합니다"라고 풀드는 얼 빠진 어조로 그의 부하들에게 말했다.

그러나 이미 너무 때가 늦었다. 풀드가 1969년에 입사했던 이 회사는 이미 죽음으로 가는 회오리 속에 갇혀 있었다. 2008년 9월 13일의 주말 동안, 리먼의 운명은 맨해튼 중심 리버티가에 있는 연방준비제도이사회의 콘크리트 요새에 모인 몇몇 선택된 사람들에 의해서 결정되었다. 풀드는 그 장소에 참석조차 하지 않았다. 그 대신에 허버트 맥데이드와 채권전문가인 알렉스 커크가 재무장관 폴슨과 뉴욕연방준비은행 총재로 나중에 오바마 행정부의 재무장관이 되는 팀 가이트너와 마주 앉아있었다.

폴드는 새로운 거래들을 미친 듯이 계속적으로 제시하면서, 이 회의의 참석자들에게 기관총처럼 전화를 걸어대고 있었다.

"이 거래는 어떻습니까? 이 거래는 어떻습니까?"

어느 것도 효과가 없었다. 밥 다이아몬드가 경영하는 런던의 대형은행인 바클레이즈는 연방준비제도이사회가 바클레이즈가 베어스턴스와 맺었던 거래를 승인해주는 경우, 리먼에게 얼마간의 현금을 지원하는 것을 잠시 고려했었다. 그러나 폴슨은 이 제의를 즉각 거부했다.

세계 최대은행들 중 하나의 붕괴에 놀란 파생상품 트레이더들이 토요일 밤 뉴욕의 연방준비제도이사회 사무실에서 모임을 가졌다. 모임의 목적은 리먼이 붕괴하는 경우에 거래들을 청산하기 위한 계획을 수립하는 것이었다. 이 자리에 참석한 트레이더들 중에는 보아즈 웨인스타인도 있었다. 도이치뱅크는 리먼을 통해서 상당한 금액의 트레이딩을 했었고, 그래서 웨인스타인은 리먼의 붕괴가 자신의 포지션들에 미칠 영향을 우려했다. 그는 평소와 같은 포커페이스로 침착하고, 느긋한 것처럼 보였다. 그러나 차분한 겉모습의 속에 감추어진 내면의 웨인스타인은 자신의 트레이딩 생애 중 최대의 검증에 직면할 수도 있다는 사실 때문에 불안해하고 있었다.

일요일 아침, 은행가들로 구성된 한 컨소시엄이 바클레이즈가 주도하는 리먼 인수를 뒷받침하기 위한 거래를 급조해내었지만, 그 계획은 실패로 돌아갔다. 영국의 감독당국자들이 갑자기 겁을 집어먹고서는 승인을 거부해 버렸던 것이다. 그것이 리먼으로서는 죽음을 의미했다. 일요일 밤에 맥데이드가 리먼 본사로 돌아와서, 폴드에게 나쁜 소식을 전했다. 이제 리먼은 파산신청을 할 수밖에 없는 입장이었다.

"나도 모두 집어치우고 싶네."

라고 풀드가 신음소리를 냈다.[주6]

그 일요일, 리먼의 퀀트인 매튜 로스맨은 화가 머리끝까지 뻗쳐 있었다. 그의 은행이 휘청거리고 있었다. 그런데도 그의 상사들은 여전히 그가 런던, 파리, 밀라노, 프랑크푸르트와 취리히에서 개최될 일련의 퀀트 컨퍼런스에 참가하기 위해 출장을 떠나주기를 원했다. 멍청이들.

그는 자신의 스케쥴을 점검했다. 그는 바로 그 다음 날 런던에서 개최되는 리먼의 퀀트 컨퍼런스에서 기조연설을 하도록 되어 있었다. 그 전주에 그는 컨퍼런스를 관장하는 리먼의 유럽 팀에게 이런 이메일을 보내놓고 있었다.

"우리 회사가 파산을 청구할지도 모릅니다. 그 경우, 우리가 여기에 있지 않을 가능성이 상당히 있습니다."

그러나 그들의 반응은, "당신 미쳤군"이었다.

로스맨의 보스인 라비 마투Rabi Mattu에게 로스맨에 대한 불평들이 쏟아졌다. 그 친구는 팀 플레이어가 아니다. 정신이 약간 이상한 친구다. 물론 리먼은 절대 파산을 선언하지 않는다!

그러나 로스맨은 여전히 회의적이었다. 그는 비상상황이 발생하면 그의 팀을 즉시 운용할 수 있기를 원했다. 참호 속의 소대 선임하사처럼, 그는 어려움이 닥치고 있는 상황에 그의 부하들만 내버려두는 것을 원하지 않았다.

그래서 그는 일종의 타협을 했다. 월요일 런던에서 개최되는 컨퍼런스를 위해 밤 비행기를 타고 가서 회의를 마치자마자 바로 히드루 공항으로 와서, 다시 밤 비행기를 타고 뉴욕으로 돌아온다는 계획이었다. 멍청한 짓일지는 몰라도, 어떻든 위급상황이 생기면 최소한 그가 현장 주변에 있을 수는 있는 조치였다.

일요일 오후에 그는 뉴저지 주 몽클레어 집에서 차를 타고 JFK 국제공항으로 갔다. 공항으로 가는 도중에도 그는 리먼에 있는 자신의 동료들로부터 뉴스나 이메일이 들어왔는지를 보기 위해서 계속 자신의 블랙베리를 점검했다. 공항에서 출발터미널로 들어가면서 그는 마지막 이메일을 그의 보스인 라비에게 보냈다.

"당신은 꼭 제가 그 컨퍼런스에 가기를 원하십니까?"

그가 보안검색대를 막 통과하려는 순간, 그는 회신을 받았다.

"출장을 취소하시오."

로스맨의 첫 반응은 안도감이었다. 그러고 나서 결국 리먼이 죽는구나 하는 생각이 머리를 스쳤다. 어떤 상황이 발생했는지를 확인한 그는 멍한 상태로 차를 타고 몽클레어의 집으로 돌아온 다음, 자신의 1996년산 혼다 시빅을 집에다 두고 즉시 아내의 차인 스테이션웨건으로 갈아타고 사무실로 향했다. 그는 여유 공간이 필요할 것이라고 생각했다. 짐을 챙겨오기 위해서.

올 수 있었던 거의 모든 리먼 종업원들이 그날 저녁 이 은행 뉴욕사무실로 몰려들었다. 수많은 카메라맨들과 기자들이 7번가에 몰려있었다. 자정에 리먼이 폐쇄될 것이라는 유언비어가 떠돌고 있었다. 시간이 없었다.

은행 내부는 상대적으로 차분했다. 종업원들은 자신의 소지품들을 챙기느라 분주했다. 그것은 잠에서 금방 깨어난 것처럼 초현실적인 기분이었다. 또 다른 유언비어가 떠돌았는데, 그것은 컴퓨터시스템의 가동이 중단된다는 것이었다. 모든 사람들이 나중에 서로 연락을 주고받을 수 있는 이메일 주소를 첨부한 작별인사를 이메일로 보내기 시작했다. "여러분들 모두와 함께 일할 수 있어서 행복했습니다" 등등. 로스맨도 이메일을 보내고, 자신의 짐을 꾸려서 그것들을 아내의 스테이션웨건으로 옮겼다.

월요일 아침이 되자, 극도의 혼란이 월가를 뒤덮었다. 리먼은 파산을 선언했다. 메릴린치는 뱅크오브아메리카로 인수되어 사라졌고, 세계 최대 보험회사인 아메리칸 인터내쇼널 그룹(AIG)은 생사의 기로에 서있었다.

리먼 사무실 바깥에서는, 수많은 카메라맨들이 맹금류들처럼 진을 치고서 지저분한 상자들을 잔뜩 들고 건물을 나서는 리먼 종업원들에게 달려들곤 했다. 위성안테나를 달고 있는 밴들이 스포트라이트를 받고 있는 리먼 본사 건물과 연결되는 7번가의 서쪽 도로변에 줄지어 서 있었다. 이 은행의 21세기 풍 건물 정면의 3층 거대한 디지털화면에는 반전되는 영상들과 색채들이 자동으로 흐르고 있었다. 마치 장례식 경비를 하고 있는 경찰관처럼 푸른 양복에 흰색과 분홍색 줄무늬의 넥타이를 매고 대머리에 흰 수염이 무성한 덩치 큰 남자 하나가 포위된 건물의 정문을 지키고 있었다.

꾀죄죄한 흰색 상의를 걸치고, 초록색 모자를 쓴 사람 하나가 회전식 문을 주시하면서 건물 앞을 왔다 갔다 하고 있었다. 카메라맨들이 셔터를 눌러대는 가운데, "자본주의적 질서는 붕괴되었다"고 그는 주먹을 휘두르면서 고함을 질렀다. "모든 음모가 실패했다" 경비원이 재빨리 뛰어나와서 그를 쫓아버렸다.

31층 임원실에서는 딕 풀드가 아래에서 펼쳐지는 광경들을 내려다보고 있었다. 그의 글로벌은행제국이 자신의 발 앞에 무너져 있었다. 격분한 종업원들로부터 스스로를 보호하기 위해서, 2007년에 7천 1백만 달러나 거금을 챙겨갔던 굴드는 보디가드들을 증강시켰다. 건물 바깥 보도에 놓인 풀드의 천박한 초상화는 마커와 볼펜과 연필들로 휘갈겨 놓은 낙서들로 뒤덮여 있었다. 그 중 하나에는 "탐욕이 그들을 멸망시켰다"고 씌어 있었고, 또 다른 하나에는 "딕, 내 아이들이 당신께 감사하고 있네"라고 적혀 있었다.

거래가 시작되자마자, 신용시장은 얼어붙어버렸다. 투자자들은 리먼 붕괴와 AIG를 뒤덮고 있는 검은 구름이 시장에 미칠 영향을 판단하기 위해 애쓰고 있었다. 그 월요일 늦게, 신용평가기관들이 AIG의 신용등급을 대폭 하향했다. AIG가 수십억 달러의 서브프라임 채권들을 포함하는 다수의 금융자산들에 대한 보장을 제공하기 위해 자신의 AAA등급에 의존하고 있었기 때문에, 이러한 신용등급 하락은 바로 AIG를 부도위기로 내몰았다. AIG가 파산하도록 내버려두는 대신, 미국 정부가 대규모 긴급구제조치를 취하면서 개입했다.

AIG 파이낸셜 프로덕트라는 AIG의 한 사업부문이 이 붕괴의 배후에 있었다. AIG-FP로 알려져 있는 이 부문은 4천억 달러 상당의 신용부도스왑을 취급했고, 이 신용부도스왑들의 대부분은 서브프라임 대출들과 연계된 것들이었다. AIG-FP의 본사는 까다로운 미국 은행법들을 회피할 수 있도록 런던에 자리 잡고 있었다. 그것의 신용등급은 트리플-A였으며, 이러한 우수한 신용등급이 헤지펀드들로부터 엄격한 규제를 받는 연금펀드들에 이르는 상상할 수 있는 거의 모든 종류의 금융기관과 이 사업부문이 거래를 해나가는 것이 매력적이 되도록 했다. 또한 이러한 최상의 신용등급은 많은 경쟁자들 보다 더 저렴하게 자신의 상품들을 팔 수 있도록 해주었다.

AIG-FP는 서브프라임 모기지에 대한 기업대출로부터 신용카드매출채권에 대한 자동대출에 이르는 모든 것들로 구성된 자산담보부 부채담보부증권들과 연계된 채무증서에 대해 수십억 달러의 보험을 제공했다. AIG-FP가 그토록 우수한 신용등급을 유지하고 있었기 때문에, 그들은 이들 거래에 대해 단 한 푼의 담보도 제공할 필요가 없었다. 그저 조용히 앉아서 수수료만 챙기면 그만이었다. 그것은 AIG라는 이름을 바탕으로 하는 무한대의 레버리지와도 같았다. 담보는 AIG 자신의 영혼과 실체였다.

그러한 포지션들의 위험을 측정했던 모형들은 퀀트이면서 예일대학에서 가르치기도 했던 개리 고튼Garry Gorton에 의해서 구축되었다.[주7] 그 모형들은 AIG가 보증을 제공하는 채권들이 부도가 발생할 개연성들에 대한 추정치들로 가득 채워졌다. 그러나 부도의 발생이 AIG-FP의 재무구조를 악화시켰던 것이 아니고, 마진콜들이 AIG-FP를 무너뜨렸다. 어떤 이유에서든지 신용부도스왑들에 의해서 보장을 받는 기초자산의 가치가 감소하게 되면, 보장의 제공자, 즉 AIG-FP는 부도위험이 증가되었기 때문에 추가담보를 쌓아야만 했다. 그러한 추가담보 제공요청들이 2007년 여름에 들어서면서 급증하기 시작했다. 예를 들어, 골드만삭스는 AIG-FP에게 80억 달러에서 90억 달러의 추가담보를 요구했다.

그것은 엄청난 규모로 전개된 모형의 실패사례였다. AIG는 모형에 대해 투기를 했고, 그 때문에 실패했다.

한편, 그 일요일 밤에 벌어졌던 리먼 종업원들의 성급한 대규모 탈출은 시기상조였던 것으로 밝혀졌다. 그 다음 주에 바클레이즈가 리먼의 투자은행 부문과 자본시장 부문을 매입했으며, 로스만이 이끄는 팀도 이 사업부문에 속해 있었다. 그러나 피해는 이미 발생했고, 감독당국자들은 그것을 최소화하기 위해서 뛰어다니고 있었다.

9월 18일 목요일, 연방준비제도이사회 의장 벤 버냉키와 재무장관 행크 폴슨 및 뉴욕 주 상원의원 척 슈머, 아리조나 주 상원의원 해리 리드, 코네티컷 주 상원의원 크리스 도를 포함하는 약 16명의 선별된 원로의원들이 하원의장 낸시 펠로시의 방에 모여들었다. 버냉키가 먼저 말문을 열었다. 혈액순환이 멈추어버린 환자의 동맥에 금융시스템을 비유하면서, 대출시장이 완전히 얼어붙어버렸다고 그가 설명했다.

"그 환자에게는 심장마비가 왔으며 죽을지도 모릅니다." 버냉키는 쥐죽은 듯 고요한 방에서 침울한 어조로 말했다.[주8] "결단력을 갖고 신속하게 대처하지 않으면, 우리는 경기침체에 빠질 수 있습니다."

버냉키는 세계 경제를 파괴시킬 수 있는 금융 아마겟돈의 발생가능성을 언급하면서, 약 15분 정도 발언했다. 머니 그리드가 허물어지고 있었다. 테러리스트들의 공격과 전쟁을 겪었던 선출직 공직자들인 이들은 경악했다. 평소에 말이 많은 척 슈머도 침묵을 지키고 있었다. 그의 출신주인 코네티컷이 헤지펀드들로부터 수십억 달러를 거두어들이고 있는 크리스 도드는 하얗게 질려버렸다.

신속하게 현금의 투입이 이루어졌다. 정부가 AIG를 구제하기 위해 8백50억 달러를 갖고 개입했으며, 구제자금은 6개월이 지나지 않아서 1천7백5십억 달러로 급증했다. 그 다음 몇 주 동안, 골드만삭스의 전 CEO였던 행크 폴슨의 지휘 아래 재무부가 죽어가는 환자들을 되살리기 위해 총 7천억 달러를 금융시스템에 쏟아 붓는 계획을 발표했다. 그러나 그 금액이 충분할지에 대해서는 아무도 알지 못했다.

앤디 로의 종말을 가리키는 시계는 거의 자정에 가까워져 있었다.

12장 치명적인 결함

"지난 수십 년 동안 영향력을 행사해 왔던 현대위험관리의 패러다임은 작년 여름에 이미 그 모든 지적 기반이 붕괴되었습니다." 그린스펀의 고백은 충격적이었다. 그토록 오랜 기간 동안 지구상에서 가장 영향력 있는 인물이며 마이다스의 손을 가진 중앙은행가로 칭송을 받았던 82세의 이 은행가가 수십 년 동안 옹호해왔던 바로 그 시스템에 대해 등을 돌리고 있었다.

알란 그린스펀은 집중적인 카메라플래시가 터지는 가운데 진땀을 흘리며 의회에 나와 앉아 있었다. 2008년 10월 23일, 연방준비제도이사회의 전 의장은 미국 경제를 충격에 빠트렸던 신용위기의 원인에 대한 대답을 요구하고 있는 성난 국회의원들과 마주 앉아 있었다. 1년 이상의 기간 동안, 그린스펀은 그가 금융 붕괴에 대해 책임이 없다고 되풀이해서 주장했다. 몇 주 전, 조지 W. 부시 대통령은 주택시장붕괴 때문에 폐허가 되어버린 금융산업의 긴급구제를 위해 7천억 달러를 투입한다는 계획에 서명했다.

그 해 7월, 부시는 금융시스템의 문제점에 대해 직설적인 진단을 내렸다. 그는 휴스턴에서 개최된 공화당 기금모금행사에서 다음과 같이 말했다.

"월가는 술에 취해 있고, 이제는 숙취에 시달리고 있습니다. 의문은 월가가 정신을 차려서 이 이상한 금융상품들을 더 이상 취급하지 않기까지 얼마나 걸릴 것인가 하는 점입니다."

2008년 말의 강력한 신용붕괴는 세계를 놀라게 했다. 공포감은 월가를 넘어 파급되면서, 글로벌 교역의 급격한 축소를 유발하고 세계의 경제동력에 큰 타격을 촉발시켰다. 의회에서는 정부의 고발시스템이 풀가동되고 있었다. 이에 따라 제일 먼저 불려나온 사람이 바로 그린스펀이었다.

의회의 많은 사람들은 그린스펀이 1990년대 초에 저금리 기조를 너무도 오래 동안 유지함으로써 월가가 광란의 질주를 하도록 도운 장본인이라고 믿고 있었다.

"우리는 백 년에 한 번 발생할 가능성이 있는 신용쓰나미의 와중에 있습니다."

그린스펀은 특유의 까칠까칠하고 건조한 목소리로 의원들에게 말했다. 그의 옆에는 증권관리위원장인 크리스토퍼 콕스Christopher Cox가 감정을 드러내지 않는 얼굴로 그날 잠시 후에 진행될 자신에 대한 청문을 위해 앉아 있었다.

이 청문회를 주관하고 있는 캘리포니아 주 출신 하원의원인 헨리 왁스맨이 자신의 의자를 움직이면서 안경을 고쳐 썼다. 푸른빛 땀이 계란을 닮은 그의 대머리 위로 번들거렸다. 그리스펀은 월가의 부주의한 은행들에 의한 주택모기지의 증권화, 형편없는 위험관리 등 위기의 원인들을 낮은 목소리로 웅얼거리고 있었다. 새로운 것은 하나도 없었다. 왁스맨은 그 해 진행된 자신의 위원회에 나와 증언을 했던 수없이 많은 경제학자들과 은행가들로부터 그 모든 것을 들었었다. 그런데 그린스펀이 퀀트들과 그들의 추종자들에 대해 잘 알지 못하는 시청자들에게는 지극히 이상한 것들을 말했다.

"최근 수십 년 동안, 컴퓨터와 통신기술의 대대적인 발전에 힘입어 방대한 위험관리시스템과 가격결정시스템이 개발되어 왔습니다. 파생상품 시장의 주된 발전근거가 되었던 가격결정모형의 발견에 대해서는 노벨상이 수

여되기도 했습니다."

그는 블랙-숄즈 옵션가격결정모형에 대해 언급하고 있었다.

"그러나 지난 수십 년 동안 영향력을 행사해 왔던 현대위험관리의 패러다임은 작년 여름에 이미 그 모든 지적기반이 붕괴되었습니다."

왁스맨은 이 지적 기반에 대해 더 많은 것을 알고 싶었다.

"그러니까 그 패러다임이 당신이 원하지도 않았던 결정들을 내리도록 만들었다고 말하고 있는 것입니까?"

그가 화난 목소리로 물었다.

"누구나 존재하기 위해서는 이념이 필요합니다."

그린스펀이 그 특유의 단조로운 톤으로 대답했다.

"문제는 그 이념이 정확했는가, 아닌가 하는 점입니다. 그리고 제가 당신에게 하고 싶은 말은 '그렇다'는 것이며, 저는 제 이념에 한 가지 결함이 있었음을 알게 되었습니다. 저는 그것이 얼마나 중요한지 또는 얼마나 영속적인지 모릅니다. 그러나 그 사실 때문에 저는 많은 고통을 겪었습니다."

"당신은 현실에서 결함을 발견했다고 말씀하시는 겁니까?"

왁스맨이 정말로 당황한 것처럼 보이는 모습으로 되물었다.

"제가 인지한 모형에 있어서의 결함은, 말하자면 세상이 어떻게 움직이는지를 규정하는 결정적인 작동구조입니다."

그린스펀이 언급한 모형은 금융시장들과 경제가 자기 수정적(self-correcting)이라는 믿음, 다시 말하면 가격들이 수요와 공급의 법칙을 통해서 가장 효율적인 산출을 얻을 수 있도록 자원들을 배분한다는 아담 스미스의 '보이지 않는 손'만큼이나 오래된 개념이었다. 다시 말하면, 퀀트들은 그들 신념의 바탕으로 삼고 있는 효율적 시장기제인 진리로 예외 없이 그들을 인도해주는 세계를 창조한다. 정부의 간섭은 일반적으로 이러한 과정에 방해만 될 뿐이다. 그린스펀은 바로 이 의원들 앞에서 여러 해 동안 끊임없이 반복해 적극적인 규제철폐정책들을 옹호해 왔다. 제멋대로 뻗어나가는 그림자 금융시스템(일반적인 은행산업에 부과되는 자기자본비율 규제 등 각종 규제를 받지 않는 규제의 사각지대에서 활동하는 비저축성은행들과 투자은행, 헤지펀드, MMF 등의 기타 금융기관들을 지칭하는 용어임-옮긴 이)의 핵심을 이루고 있으며, 그들이 스스로 만들어내는 금융상품으로 영업을 하는 투자은행, 헤지펀드, 파생상품업계들이 보다 효율적이고 비용효과가 큰 금융시스템을 만들어낼 것이라고 그는 믿고 있었던 것이다.

그러나 2008년의 금융대붕괴가 발생하면서, 수십 억 달러를 마음대로 운용할 수 있고 홈런을 치게 되면 엄청난 인센티브를 받는 젊고 충동적인 트레이더들을 거느린 은행들과 헤지펀드들은 늘 효율적인 방식으로 움직이는 것은 아니었다. 그들은 심지어 금융시스템 자체의 안정성을 해칠 수도 있는 너무나 많은 불량거래들을 수행하기도 했다. 그린스펀은 은행들로 하여금 그들이 실행하는 대출 중 일정 비율을 그들의 자체 자금으로 실행하도록 강제하거나, 그러한 대출들을 그들이 얼마나 관리하는가에 대해 따라 인센티브를 제공하는 것 외에는 금융시스템을 어떻게 안정시킬 수 있는지를 알지 못했다. (물론, 은행들은 그러한 대출들을 신용부도스왑들로 언제나 헤지를 할 수는 있었다.)

그린스펀의 고백은 충격적이었다. 그토록 오랜 기간 동안 지구상에서 가장 영향력 있는 인물이며 마이다스의 손을 가진 중앙은행가로 칭송을 받았던 82세의 이 은행가가 수십 년 동안 옹호해왔던 바로 그 시스템에 대해 등을 돌리고 있었다.

2005년 3월에 행한 연설에서, 그는 이 자리에서 그가 의문을 표시한 이 시스템에 대해 찬사를 보냈었다.[주1]

"더욱 다양해지는 파생상품들과 위험들을 측정하고 관리하는 보다 정교한 방법들의 적용은 금융시스템의 괄목할 만한 회복에 내재된 중심요인들이었으며, 이에 따라 경제와 금융시스템에 대한 최근의 심각한 충격들을 가볍게 떨쳐버릴 수 있도록 해주었습니다."

2000년 의회에서는 버몬트 주 하원의원인 버니 샌더스이 그린스펀에게 "이 거대한 기관들 중 하나가 쓰러지게 되면, 미국경제와 세계경제에 참혹한 영향을 주게 된다는 부의 계속적인 집중에 대해 염려하지 않습니까?"라고 질문을 던졌을 때 그린스펀은 눈 한 번 깜짝이지 않고 "네, 염려하지 않습니다"라고 대답했다. "저는 대형기관들의 일반적인 성장은 보다 큰 대부분의 위험들이 극적으로, 또는 완전히, 헤지되어지는 내재적인 시장구조 아래에서 진행된다고 믿고 있습니다."

그런데 이제 시대가 변했다. 그린스펀은 바로 그의 눈앞에서 자신이 선택한 정책들의 도움을 받아서 거대한 위험선호장치들로 성장한 펀드들이 걷잡을 수 없는 금융시장붕괴를 일으키는 모습을 본 것이다.

증언이 끝난 후, 그린스펀은 뜨겁게 비치는 조명을 받으며 등을 구부린

채 걸어 나갔다. 그는 스스로 충격을 받은 것 같았고, 1998년 롱텀 캐피털 매니지먼트에 대한 긴급구제조치를 지휘한 후 한때 금융시스템의 구세주로 칭송을 받았던 좋았던 시절은 가슴 아프게도 다 흘러가버린 것이 분명했다.

그리니치에 있는 자신의 헤지펀드에서 의회증언을 텔레비전으로 시청한 클리프 애스네스는 그가 방금 들었던 것들을 믿을 수 없었다. 그린스펀이 의문을 제기했던 시스템을 의인화한다면, 바로 그것은 애스네스였다. 신흥종교처럼 시장자유주의라는 교리를 설교하던 시카고대학 재무학부 출신인 애스네스는 방금 그린스펀이 배척했던 경제적 모형의 가장 미세한 부분까지 그의 몸과 마음으로 신봉하고 있었다.

"배신자." 그는 자신의 TV 세트를 향해 중얼거렸다. 그린스펀이 단순히 자신의 평판을 지키기 위해 자유시장의 효율성에 대한 이론을 배신했다고 애스네스는 생각했다. "너무 늦었어, 늙은이."

애스네스가 그것을 파악했던 방법은, 자유시장에 대한 그린스펀의 생각은 옳았으나, 문제의 시발점으로 모든 것을 엉망이 되게 했던 주택거품이 부풀어 오르도록 만들었던 저금리를 너무 오랜 기간 유지했던 것이 그린스펀의 실수였다는 것이었다. 따라서 그린스펀은 당연히 그 부분에 대해 변명을 했었어야지 그가 자유시장을 옹호했던 것에 대해 변명을 해서는 안 되었다고 애스네스는 생각했다.

애스네스가 믿었던 모든 것으로부터 공격을 받고 있는 것처럼 보였다. 그린스펀은, 애스네스의 생각에 따르면, 미국과 세계 다른 국가들 대부분에 대해 전례 없는 부와 번영을 가져다주었던 움직임에 대해 등을 돌리고 있었다. 자본주의와 자유시장시스템은 제대로 움직였다. 그러나 과잉이 존재했고, 경제는 지금 그러한 과잉들을 시스템에서 제거 중이었다. 그것이 이 시스템이 작동하는 모습이었다.

애스네스에게 훨씬 더 나빴던 것은, AQR 자체가 어려운 입장에 처해 있다는 사실이었다. 이 펀드는 시장붕괴 와중에 수십 억 달러를 잃었다. AQR의 폐쇄가 가까워졌다는 유언비어들이 떠돌기 시작했다.

2008년 10월에 그러한 유언비어가 유포되고 있었던 펀드가 AQR만은 아니었다. 또 하나의 대형헤지펀드가 죽음의 소용돌이에 휩쓸리기 바로 직전에 있었는데, 바로 시타델이었다.

켄 그리핀은 사우스 디어본가의 시타델센터 37층에 있는 회의실로 급하게 걸어 들어가서 헤드폰을 썼다. 그의 옆에는 시타델의 사장 제럴드 비슨이 앉아 있었다. 비슨은 1993년에 이 회사에 합류한 베테랑으로 그리핀이 가장 신뢰하는 보좌진 중 하나였다. 때는 그린스펀의 의회증언이 있었던 바로 그 다음 날인 10월 24일 금요일 오후였다. 그리핀과 비슨이 시타델의 상황이 어떤지를 설명해주는 것을 들으려고 1천 명 이상의 사람들이 기다리고 있었다.

시타델의 붕괴에 대한 유언비어들이 빠르게 퍼지고 있었으며, 트레이더들은 시타델이 종말을 향해 가고 있다고 말했다. 리먼브라더스의 몰락 후의 시장혼란은 시타델의 거대한 전환사채 포트폴리오에 대규모 손실을 발생시켰다. 만일 시타델이 파산한다면, 시타델과 유사한 포지션을 보유하고 있는 다른 펀드들에게까지 영향을 미쳐 그 파급효과가 파멸적이 될 것이라고 많은 사람들이 두려워하고 있었다.

그러나 그리핀은 여전히 안팎에서 가해지는 어려움을 시타델이 견뎌낼 수 있으리라고 낙관하고 있었다. 다만 한 가지 미지의 변수가 그를 불안케 했는데, 그것은 바로 골드만삭스였다. 골드만의 주가가 곤두박질치고 있었으며, 일부 사람들은 골드만도 베어스턴스와 리먼브라더스의 전철을 밟지 않을까 우려했다. 골드만은 시타델의 수많은 거래들에 있어서 핵심거래파트너였고, 동시에 시타델에게 신용도 공여하고 있었다. 위기를 겪는 내내, 그리핀과 골드만의 CEO인 로이드 블랭크페인은 시장상황을 함께 논의하기 위해 셀 수 없이 많은 미팅을 가졌다. 시스템이 일단 통제 불능 상황에 빠지게 되면, 도저히 불가능할 것이라고 보았던 것들이 갑자기 가능한 것으로 바뀌어버리는 것 같았다. 만약 골드만이 파산한다면, 시타델도 분명 그 뒤를 따를 수밖에 없을 것이었다.

골드만삭스가 파산하리라는 생각은 거의 믿을 수 없는 것처럼 보였다. 그러나 베어스턴스가 파산했고, 리먼도 망해버렸다. 모건스탠리는 사경을 헤매고 있었다. AIG, 패니 메이Fannie Mae, 워싱턴뮤추얼Washington Mutual도 마찬가지 신세였다. 켄 그리핀의 돈의 요새(要塞)조차 휘청거리고 있었다. 그는 시타델이 어려움에 빠지는 것을 막기 위해서 그가 할 수 있는 모든 조치들을 다했다. 그래서 예전에는 상상조차 할 수 없었던 언론을 상대로 하는 컨퍼런스콜을 개최하기로 했던 것이다.

그 날 아침 일찍, 시티그룹의 자본시장 부문장인 제임스 포리즈가 그리핀에게 전화를 걸어서 경고를 해주었다. "켄, 당신 회사에 대한 유언비어가 위험할 정도로 떠돌고 있소. 그것들 중 대부분은 전혀 근거가 없는 헛소문이요. 만일 당신이 직접 나서서 당신네 회사는 아무런 문제가 없다고 알려준다면, 시장에 큰 도움이 될 것이요."주2

그만큼 위기의식을 느꼈기 때문에 그리핀은 시타델에 어떤 일들이 발생했는지를 직접 설명하기 위해 목소리를 가다듬고 직접 나섰던 것이다.

그런데 문제는 시타델의 모든 것이 다 괜찮지는 않다는 사실에 있었다.

* * *

거의 20년 동안, 그리핀은 딱 한 번 1994년에만 적자를 기록했다. 그런데도 지금 그의 펀드는 붕괴 일보 직전에 놓여 있었다. 그 추락의 갑작스러움은 머리를 돌게 할 정도였고, 리먼브라더스 붕괴 이후의 시장경색이 얼마나 심각했었는지를 잘 말해주고 있었다.

시타델에 극적으로 밀어닥친 격변이 대중들의 큰 관심을 끌었다. 리먼의 붕괴와 거의 파산 직전까지 갔던 AIG에 의해서 촉발된 공포감은 글로벌 금융시스템을 통해서 파급되는 대규모 지진과도 같았다. 처음에는 그 충격이 통제 가능한 수준인 것으로 보였다. 리먼이 파산을 신청했던 9월 15일 이후 며칠 동안 시장은 혼란상태를 나타내었으나, 시타델이 그토록 극적인 위협을 받고 있는 것으로 보이지는 않았다. 나중에 그리핀은 당시의 상황을 거대한 파도가 지극히 은밀하게 배 밑에 감지되지 않고 해변을 향해 지나갔던 것으로 묘사했다.

파도가 해변을 강타한 후에야 그 파도의 엄청난 위력을 처음으로 감지한 기관들은 회사채와 신용부도스왑을 대규모로 취급하고 있던 신용트레이딩의 큰손들인 시타델과 보아즈 웨인스타인이 이끄는 사바였다. 시타델의 주력펀드인 켄싱턴 펀드는 9월에 20퍼센트라는 엄청난 손실을 기록했다. 10월 말까지, 켄싱턴은 그 해 전체로 35퍼센트나 가치가 하락했다. 사바 역시 제너럴모터스와 연방정부에 의해 압류되고 시애틀의 저축금융기관이자 서브프라임 모기지의 큰손이었던 워싱턴뮤추얼과 같은 기업들에 대한 투자에서 수억 달러의 손실을 기록하는 등 엄청난 타격을 입고 있었다. 웨인스타인은 금융회사들이 제도적으로 중요하게 간주되고 있다는 데 베팅을 하고 있었지만, 신용붕괴의 무자비하고 끈질긴 힘은 그의 낙관적 예측들을 여지없이 뭉개버렸다.

이제 시타델과 사바는 생사의 기로에 서게 되었다. 시타델 붕괴에 대한 유언비어들이 가격변동의 폭을 더욱 크게 만들면서, 이미 엄청나게 높은 수준인 시장의 변동성을 더욱 악화시켰다. 가장 큰 타격을 준 유언비어들 중 하나는 웹 상의 전자게시판과 금융 관련 블로그들에 떠올랐던 것으로, 연방준비제도이사회의 직원들이 시타델의 시카고 본사를 급습해서 동사에 대한 긴급구제조치의 필요 여부를 결정하기 위해 포지션들을 정밀실사하고 있다는 것이었다.

시타델은 자신이 곤경에 처해 있다는 것을 즉각 부인했지만, 연방준비제도이사회에 관련된 유언비어는 부분적으로는 진실이었다. 중앙은행의 관리들은 시타델의 붕괴전망에 대해 개인적으로 우려를 표시하고 있었다. 이 펀드는 전환사채 차익거래계정에 거의 150억 달러에 육박하는 회사채들을 보유하고 있었으며, 시타델을 잘 아는 사람들에 따르면, 이들 채권포지션 중 대부분이 레버리지로 자금조달이 이루어진 것이라고 전해졌다. 레버리지의 정확한 규모는 비밀로 엄격하게 통제되고 있었으나, 한 은행은 시타델의 레버리지비율이 2008년 여름까지는 18배 수준으로 낮아졌지만, 2007년에는 30배를 넘었었다고 측정했다.

그 뿌리가 1960년대 에드 소프에 의한 획기적인 통찰로까지 거슬러 올라가는 전환사채차익거래는 시타델의 뜨거운 감자였다. 만일 이 펀드가 문제가 생겨서 시장에 채권들을 투매하기 시작하면, 금융시스템은 또 한 번의 극심한 충격을 받게 될 것이었다. 위험의 정도를 판단하기 위해서, 연방준비제도이사회 뉴욕지점의 감독당국자들은 도이치뱅크와 골드만삭스와 같은 펀드의 주요 거래당사자들에게 시타델에 대한 그들의 익스포저(exposure; 신용공여규모-옮긴 이)를 문의하기 시작했다.

시타델의 시카고 사무실 내부 분위기는 침울했지만, 프로페셔널로서의 할 일은 다들 하고 있었다. 트레이더들은 아침 일찍 출근해서 늦게까지, 가끔씩은 보통 때보다 훨씬 늦게까지 남아 있었고, 항상 그래 왔듯이 그들의 트레이딩을 흔들림 없이 수행했다. 내부에서는 많은 사람들이 컴퓨터 화면을 통해 보게 되는 손실의 어마어마한 규모에 공포에 떨었다.

그리핀은 자신이 나서서 출혈을 멈추도록 해야 된다는 것을 알고 있었다. 포리즈와 같은 월가 은행가들의 권고를 받아들여서, 그는 유언비어를 잠재우기 위해서 시타델의 채권보유자들과 10월 말 금요일에 컨퍼런스콜을 갖는다는 결정을 즉석에서 내렸다. 동부시간 오후 3시 30분에 컨퍼런스콜이 시작되도록 정해졌다. 그 당시의 불안한 분위기 탓이었는지 무엇 하나 당초 예정되었던 대로 진행되지 못했다. 회선이 너무도 분주해서 많은 청중들이 접속하지 못했다. 회선 수요폭증에 따른 기술적 결함이 25분이나 개회가 지연되도록 했으며, 이는 군대와 같은 정확성을 자랑으로 하던 시타델로서는 당혹스러운 실수가 아닐 수 없었다.

컨퍼런스콜이 시작되자 비슨이 떨리는 목소리로 입을 열었다.

"미리 시간을 두고 알려드리지 못했음에도 불구하고, 이 컨퍼런스콜에 참석해주신 모든 분들에게 먼저 감사를 드립니다. 이러한 상황을 혼란 상태라고 부르는 것은 우리가 이미 보았던 엄청난 어려움을 제대로 표현하지 못합니다. 우리는 여기에서 무엇을 보았습니까? 우리는 세계 금융시스템이 거의 붕괴 일보직전에 처해 있는 것을 보았습니다."

비슨은 강력한 레버리지 청산 움직임이 시타델의 포지션들에 미치는 영향에 대해 설명했다. 1987년의 블랙먼데이와 1998년의 LTCM 붕괴 기간에 투자자들이 현금이나 미국 국채에 몰려들었던 것처럼 리먼 붕괴 이후 엄청난 돈들이 가장 유동성이 높은 자산들로 몰려들고 있었다. 동시에 투자자들은 불타고 있는 빌딩에서 도망치는 군중들처럼 회사채와 같은 보다 덜 안전한 자산들을 투매하고 있었다.

보통의 경우에는 시타델이 그와 같은 시장의 움직임에 그토록 심각한 타격을 받지는 않았을 것이다. 다른 모든 우량한 퀀트펀드들처럼, 시타델도 그가 베팅을 해 놓은 부분에 대해서 신용부도스왑으로 헤지를 해놓고 있었다. 이 스왑거래는 채권가격들이 하락하면 가치가 올라가는 것으로 되어 있었다. 만일 GM의 채권가격이 10퍼센트 하락하면, 그 채권을 보장하고 있는 신용부도스왑의 가격이 10퍼센트 상승하게 된다. 아주 간단했다. 보아즈 웨인스타인이 즐겨 말하듯이 그것은 결코 복잡한 로켓수술이 아니었다.

그러나 2008년 말에 밀어닥친 금융 쓰나미에서는 그 스왑들이 제 기능을 발휘하지 못하고 있었다. 레버리지의 청산 움직임이 너무도 강력해서, 대부분의 은행들과 헤지펀드들은 어느 기관으로부터도 보장을 매입하려고 하지 않았는데, 이는 투자자들을 보호할 것이라는 기대를 받는 스왑들이 약속대로 그 기능을 수행하지 못하고 있음을 의미했다. 많은 사람들은 기초채권들이 부도가 발생하는 경우, 보장의 매도자들이 대지급을 해줄 수 있을 때까지 존속할 수 있을까에 대해 염려했다. 은행들은 기본적으로 대출을 중단했거나, 대출조건들을 엄청나게 강화해서 트레이딩을 위해 소요되는 자금의 대부분을 차입에 의존하는 시타델과 같은 헤지펀드 등 많은 투자자들의 자금조달을 어렵게 만들었다. 차입을 할 수 없으면, 트레이딩도 할 수 없고, 이익도 올릴 수 없는 것이었다.

이는 어려움이 닥쳐서 공포에 질린 투자자들이 출구로 밀려들게 됨에 따라 정교하게 만들어진 퀀트모형들이 작동하지 않게 되는 금융위기 기간에는 언제나 발생하는 똑같은 문제였다. 유동성이 증발되어버리고, 수십 억 달러의 손실이 발생했다. 유령의 집에 들어간 어린아이들처럼, 투자자들은 너무도 겁이 많아서 자신들의 그림자를 보고서도 도망을 치는 존재들이었다. 전 세계 신용시장이 대대적인 공황 발작상태였으며, 따라서 사바나 시타델과 같은 대형 트레이딩 기관들도 그 영향을 받아서 파산위협을 받고 있었다.

또 하나의 타격이 리먼-AIG가 무너진 몇 주 후, 연방정부에 의한 공매도금지라는 형태로 들이닥쳤다. 주식시세판의 모든 금융주들, 심지어 골드만삭스와 모건스탠리 같은 우량주들까지도 폭락했다. 상황이 더욱 악화되는 것을 막기 위해서, 증권관리위원회는 9월에 약 800종목의 금융주들에 대한 공매도 금지를 잠정적으로 실시했다. 나중에 드러났지만, 시타델은 전환사채차익거래의 일부로 이 회사들 중 일부에 대해 공매도포지션을 유지하고 있었다. 에드 소프가 1960년대에 했던 것과 똑같이, 시타델은 회사채들을 매입하고 그 포지션을 해당기업의 주식들에 대한 공매도로 헤지를 하고 있었다. 공매도가 금지됨에 따라, 이들 주식의 가격이 악성 숏스퀴즈 발생으로 엄청나게 상승했고, 이는 헤지펀드들에게 큰 손실을 발생시켰다. 이 금지조치가 실시되었던 10월 초의 단지 며칠 동안에, 공매도자들이 가장 선호하던 모건스탠리 주식들은 주당 9달러에서 21달러로 100퍼센트 이상 값이 올랐다.

컨퍼런스콜이 진행되는 동안, 비슨은 한 단어를 계속 반복해서 말하고 있었는데, 그 단어는 바로 "전례가 없는(unprecedented)"이었다. 그는 시타델의 손실이 "지난 몇 주간에 걸쳐 세계 전역에서 발생한 전례가 없는 레버리지의 청산" 때문이라고 말했다.

퀀트들에게는, "unprecedented"라는 단어가 아마도 영어 단어들 중 가장 지저분한 단어일 것이다. 퀀트들의 모형은 그 기본개념상 모든 상황들에서 시장이 어떻게 움직이는지에 대한 수십 년 동안의 자료들을 바탕으로 구축된 과거 회고적인 것들이다. 어떤 것이 전례가 없다고 표현하는 경우, 그것은 모형들의 매개변수들의 범위 바깥에 존재한다는 의미가 된다. 다시 말하면, 그 모형이 더 이상 유효하지 않다는 것이다. 그것은 마치 어떤 사람이 동전을 던져서 절반은 앞면이 나오고 나머지 절반은 뒷면이 나올 것을 기대하며 동전을 1백 번 던졌는데, 열두 번씩이나 계속해서 어느 쪽으로도 동전이 눕지 않고 똑바로 서는 것을 경험하는 것과도 같았다.

마지막으로 다시 그리핀이 컨퍼런스콜의 마무리를 했다. 그는 청중들에게 그 자신이 아직 마흔 살의 시건방진 애송이이긴 하지만, 그가 상당히 오랜 기간 이 업계에 종사하면서 1987년의 시장붕괴, 1998년의 여신시장 공황 및 닷컴버블 붕괴 등을 현장에서 체험했음을 상기시켰다. 그러나 지금 경험하고 있는 시장상황은 상당히 다른, 전례가 없는 시장상황임도 강조했다.

"저는 지난 8주간 보았던 공포로 가득 찬 이런 시장상황을 예전에는 결코 본 적이 없습니다"라고 말했다. "세계는 미래지향적인 방향으로 변화될 것입니다."

그 순간, 그가 겪고 있던 압박감이 터져버렸다. 목소리가 갈라지고, 거의 울음이 터지기 일보직전이었다. "우리가 지금 헤쳐 나가는 이 위기를 잠재우기 위해서 보다 우수한 팀을 요청할 수는 없습니다"라고 그는 감정을 드러내며 말했다. 그 다음, 그는 가장 일반적인 기업경영자의 어투로 다시 돌아가서 "그들이 미래지향적 기준에 따라 승리하고 있습니다"라는 말로 컨퍼런스콜을 끝냈다.

컨퍼런스콜의 총 소요 시간은 꼭 12분이었다. 덕분에 시타델 붕괴에 대한 유언비어는 수그러들었지만, 그것도 그리 오래 가지 못했다.

그리핀은 경쟁헤지펀드들과 인정사정없는 투자자들이 물속에서 피 냄새를 맡고 시타델을 통째로 삼켜버리려는 상어들처럼 그의 펀드를 물어뜯고 있다고 확신하며 점점 더 피해망상에 사로잡혀갔다. 그의 펀드 내부적으로, 그는 시장의 광기 속에서 포지션을 계속 추가하기를 거부하는 공포에 질린 채권트레이더들에게 분노를 퍼부었다. 그쯤 그는 1990년대 초부터 시타델에 몸담고 있던 그가 가장 신뢰하던 은둔형 퀀트인 제임스 예와 충돌을 빚었다. 예는 그의 보스가 잘못된 길을 걷고 있다고 생각했다. 베어스턴스의 몰락 후 위기가 가열됨에 따라, 시타델은 대량의 전환사채들을 취득했다. 그리핀은 심지어 리먼이 붕괴되기 전에는 리먼의 지분인수에 눈독을 들이기도 했다. 그렇지만 예와 시타델의 다른 사람들은 그리핀보다 시장을 더욱 비관적으로 보고 있었다. 따라서 최상의 선택은 위기에 대비하고 폭풍우가 지나갈 때까지 기다리는 것이라고 생각하고 있었다.

그런데 그것은 켄 그리핀의 행동방식이 아니었다. 과거의 위기들에 있어서, 그리핀은 언제나 시장에 과감히 들어가서 1998년의 LTCM 파산, 닷컴버블의 붕괴, 엔론의 파멸, 아마란스, 소우드, 이트레이드 등 시장에 헐값으로 나온 것들을 거두어들여서 돈을 벌었다. 시타델은 다른 사람들이 공포에 질려 몸을 숙이는 동안에도 언제나 싸움을 벌일 수 있는 실탄을 보유하고 있었다. 2008년 말에 금융시스템이 요동치고 있을 때, 그리핀의 본능은 판돈을 배로 키우는 것이었다.

그렇지만 이번에는 그리핀의 핵심 트레이딩 전략들이 그에게 등을 돌리고 있었다. 시장은 안정되지 않고 있었다. 가치들은 계속 가라앉고 있었고, 이에 따라 시타델도 허물어지고 있었다.

시장급락이 계속되는 동안, 그리핀은 개인적으로 유가증권을 매매하기 시작했다. 오랜 기간 개인적으로는 대규모로 유가증권거래를 하지 않고 있던 그리핀은 자신의 시장지식을 활용해서 재앙으로부터 그의 회사를 구해내고자 발버둥치고 있는 것으로 보였다. 그런데 트레이더들이 말하는 한 가지 문제점은 시장이 더 깊이 하락의 늪으로 빠져듦에 따라 그의 개인 포지션들도 자주 손실을 보고 있다는 점이었다. 그러나 애스네스처럼 그리핀도 상황이 곧 안정될 것이라고 확신하고 있었다. 그렇게만 되면, 언제나 그랬듯이 시타델이 정상에 다시 설 것이었다.

시타델에게 신용을 공여하고 있는 월가 은행들은 그리핀만큼 확신을 갖고 있지 못했다. 시타델은 자신의 거래들을 위해 차입한 대출의 만기를 연장하기 위해 이들 은행에 의존하고 있었다. 2008년 봄, 시타델이 소유하는 헤지펀드들의 자본금, 즉 실제의 자기 돈은 총자산 1천4백억 달러 중 150억 달러였다. 그것은 부채비율이 9배라는 것을 의미했다. 자본금을 제외한 추가부분은 거의 신용대기약정(lines of credit)이나 은행들과의 기타 계약들의 형태로 조달되고 있었다.

시타델이 붕괴되는 경우, 그들의 대차대조표에 미칠 영향을 우려한 몇몇 은행들은 임시위원회를 구성했다. 시타델 트레이더들에 따르면, J. P. 모건은 특정포지션들의 자금조달과 관련해서 시타델 트레이더들에 대해 강경자세를 취했었다고 한다. 한편, 감독당국자들은 한 대출은행이 경고신호를 보내면 다른 은행들에게 영향을 미쳐 전체 금융시스템이 어려운 상황에서 또 다른 금융쇼크를 촉발할 수도 있다는 점을 염려했다. 그래서 그들은 은행들이 시타델과의 거래에 급격한 변화를 주지 않도록 압박하고 있었다.

시타델의 상황에 대한 유언비어가 퍼져나감에 따라 트레이더들은 연방준비제도이사회 감독관들이 회사에 대한 감사를 실시하고 있는 것은 아닌지를 묻는 외부전화들에 시달려야 했다. 어떤 경우에는 격분한 트레이더가 벌떡 일어서서 "미안합니다. 저는 여기 어떤 연방준비제도이사회 사람도 볼 수가 없습니다"라고 소리를 지르기도 했다. 또 다른 직원은 "내 책상 밑을 다 찾아봤지만 연방준비제도이사회 사람은 아무도 없는데요"라고 비꼬기도 했다.

회사의 손실이 더욱 커짐에 따라 비슨이 시타델의 대외창구 역할을 수행했다. 그는 불안해하는 투자자들을 만나기 위해 시카고와 뉴욕을 논스톱으로 왕복하면서 시타델이 이 어려움을 헤쳐 나갈 수 있는 충분한 자본을 보유하고 있음을 그들에게 재확인시켜주기 위해 노력했다. 트레이더들은 현금을 조달하고 회사의 레버리지를 줄이기 위해서 미친 듯이 자산들을 팔아치우고 있었다.

채권보유자들과의 컨퍼런스콜이 있고 나서 며칠 후, 그리핀은 세계 전역의 시타델 종업원들에게 이메일 한 통을 보냈다. 그는 시타델이 분명히 이 위기를 이겨내고 다시 일어설 것이라고 말했다. 그는 현 상황이 크리스토퍼 콜럼버스가 1492년에 대서양을 횡단한 항해를 떠올리게 한다고 설명했다. 어디에도 육지가 보이지 않고 상황이 절망적으로 보였을 때, 컬럼버스는 그의 일기에 두 단어, 즉 "계속 전진"이라고 적었다고 그리핀은 말했다.

그것은 사면초가에 몰린 시타델 종업원들을 결집시키기 위한 부르짖음이었다.[주3] 꼭 1년 전, 시타델은 2백억 달러의 대형투자기구로 세계에서 가장 막강한 금융기관들 중 하나였다. 그런데 지금 그 성채가 큰 재앙을 마주하고 있는 것이다. 상황이 암울했지만, 마침내 육지가 발견될 것이라고 그리핀은 말했다.

그 이메일을 읽은 일부 직원들은 그들의 역사 강의들을 되돌아보았고, 컬럼버스도 길을 잃었던 것을 기억해냈다.

얼마 후, 그리핀은 자신의 40회 생일파티를 개최했다. 종업원들은 콜럼버스의 배들 중 하나의 구명보트사이즈 복제품을 그리핀에게 생일선물로 주었다. 그리핀은 웃음을 지으며 기쁘게 그 선물을 받았지만, 축제에는 시타델이 침몰하고 있다는 죽음의 그림자가 드리워져 있었다.

모건스탠리에서는, 피터 멀러와 PDT가 위기상태였다. 이 투자은행의 주가가 폭락하고 있었다. 많은 이들은 PDT가 산더미를 이루고 있는 월가 폐차장에 가야 할 다음 번 리먼은 아닐까 두려워하고 있었다. 멀러는 모든 사람이 따라 하기 전에 자산들을 현금으로 바꾸기 위해, PDT 포지션들 중 많은 부분을 청산하기로 결정했다.

당시는 멀러에게 다른 점들에서도 격변의 시기였다. 언제나 한 곳에 정착하지 못하고 여기저기를 떠돌던 그는 그의 걸프렌드가 임신을 하자 자신이 진정 사랑하는 장소에 뿌리 내리기를 원했다. 그는 캘리포니아 주 산타바바라에 세 개의 차고와 수영장이 딸린 호화주택을 매입했다. 그러나 여전히 먼 곳에서 PDT를 통솔하고 있던 그는 한 달에 한두 주씩 포커단짝들과 만나곤 하던 뉴욕으로 여행을 하고 있었다.

한편, 모건스탠리도 집중공격을 받고 있었다. 모건을 통해서 트레이딩을 하던 헤지펀드들은 1천억 달러 이상의 자산을 모건에서 빼내가려고 하고 있었다. 모건의 결제은행인 뱅크 오브 뉴욕 멜론(the Bank of New York Mellon)은 40억 달러를 자본금에 추가해줄 것을 요구했다. 그것은 베어스턴스와 리먼브라더스를 무너뜨렸던 동일한 각본에 따른 움직임이었다.

9월 말, 모건과 골드만삭스는 그들의 투자은행사업모델을 폐기하고 전통적인 은행지주회사들로 전환했다. 실질적으로 오래 전부터 알려진 형태의 월가는 이제 더 이상 존재하지 않게 되었다. 이러한 움직임은 은행들이 더욱 은행감독당국의 조치에 영향을 받게 되고, 엄격한 자본요건의 적용을 받게 된다는 것을 뜻했다. 대규모 레버리지, 엄청난 이익 및 위험부담이라는 영광의 시대는 이미 과거의 것들이 되어버렸거나, 그렇게 보였다.

며칠 후, 모건 CEO인 존 맥은 일본의 금융그룹 미츠비시 UFJ 파이낸셜 그룹으로부터 90억 달러의 출자를 이끌어냈다. 골드만은 워렌 버핏의 버크셔헤서웨이로부터 50억 달러의 투자를 유치했다.

당장의 재앙은 피한 것처럼 보였다. 그러나 금융시장의 대혼란은 시스템을 통해 계속 소용돌이치고 있었다. 멀러가 양지 바른 산타바바라에 새 집을 마련하고 그리니치빌리지에서 특별공연을 하고 있는 동안, PDT는 훨씬 줄어든 현금잔고로 어렵게 버텨내고 있었다. 멀러가 막후에서 몇 달 후 공개되는 PDT에 대한 대대적인 개혁을 준비하고 있었음에도 불구하고, 겉으로 보기에 그에게는 거의 변화가 없는 것처럼 보였다. 그러나 보아즈 웨인스타인의 입장은 이와 같지 않았다.

겉으로 보기에, 웨인스타인은 신용붕괴상황을 별다른 흔들림 없이 잘 헤쳐 나가고 있었다.[주4] 그러나 내심으로는 그도 상황에 대해 심각하게 우려하고 있었다. 사바는 신용시장으로부터 엄청난 타격을 받았다. 자신이 세심하게 고안한 거래들이 허물어지는 것을 이 도이치뱅크의 트레이더는 믿을 수 없다는 듯이 지켜보았다.

웨인스타인은 최상의 상태로 2008년을 시작하였다. 사바는 거의 3백억 달러에 달하는 자산을 관리하고 있었는데, 이는 35세의 트레이더에게는 엄청난 규모였다. 웨인스타인의 보스인 안슈 자인은 이 은행의 글로벌신용트레이딩 부문 수장이라는 막강한 직책을 그에게 제시했었다. 그러나 웨인스타인은 즉각 거절했다. 그는 이미 2009년에 도이치뱅크를 떠나서 (당연히 사바라고 불리게 될) 자신의 헤지펀드를 설립할 계획을 세워놓고 있었기 때문이다.

2008년 3월의 베어스턴스 붕괴 이후, 웨인스타인은 이제 최악의 신용위기는 지나갔다고 믿었다. 그만 그렇게 생각한 것이 아니었다. 그리핀도 경제가 안정을 찾아가고 있다고 생각했다. 모건의 존 맥은 주주들에게 서브프라임 위기는 야구경기로 치면 8회 내지 9회에 접어들었다고 말했다.

하락된 가격들로 이익을 취하기 위해서, 웨인스타인은 포드, GM, GE 및 시카고트리뷴지의 발행인인 트리뷴(Tribune Co.)과 같은 기업들이 발행한 가격이 많이 떨어진 회사채들을 사들였다. 또한, 신용부도스왑으로 이러한 베팅들에 대해 당연히 헤지도 했다. 처음에는 회사채 가격들이 상승하면서 이들 베팅이 성공적이었으며 사바에 꽤 많은 이익도 올려주었다. 웨인스타인은 여름 내내 채권에 대한 투자를 계속했고, 사바는 그 해 전체로 흑자를 기록하면서 9월을 시작했다.

그런데 그때 갑자기 모든 것이 무너지기 시작했다. 정부가 모기지업계 큰손인 패니 메이와 프레디 맥을 인수했고, 리먼은 파산을 선언했다. 그리고 AIG가 벼랑에서 비틀거리면서 전 세계 금융시스템을 위기로 몰아넣었다.

시타델과 꼭 같이, 사바도 상처를 입고 있었다. 손실이 쌓여감에 따라, 사바의 트레이더들 간의 정보흐름이 서서히 줄어들다가 어느 순간 멈추어 버렸다. 통상적으로 이 사업그룹의 데스크에서 일하는 보조트레이더들은 하루의 거래활동을 요약한 이익 및 손실에 대한 보고서들을 작성하곤 했다. 그런데 아무런 사전경고나 설명 없이 이 보고서들의 회람이 중지되었다. 대규모 손실발생에 대한 유언비어가 직원들이 자주 모이는 음료수냉각기를 중심으로 퍼져나갔다. 일부 종업원들은 이 그룹이 곧 폐쇄되는 것은 아닌지 두려워했다. 사바의 트레이딩 플로어에서 매주 개최되던 1백 달러짜리 포커게임도 중지되었다.

웨인스타인은 아무것도 할 수 없는 형편이었다. 그는 투자자들이 위험한 회사채들을 마치 3일씩이나 묵혀둔 썩은 물고기처럼 피하고, 이에 따라 가격들이 폭락하는 것을 공포에 질려서 지켜보고만 있었다. 시타델과 마찬가지로 사바의 포지션들도 신용부도스왑들에 의해서 헤지되어 있었다. 일반적으로, 은행들, 헤지펀드들 및 이와 유사한 기관들 사이의 장외시장에서 매일 거래가 이루어지는 스왑들의 가격은 시장상황에 따라서 변동한다. 사바가 보유하는 스왑의 가치가 상승하면, 사바는 실제로 스왑 그 자체를 매매하지 않더라도 가치의 증가분만큼을 포지션의 증가로 계상할 수 있다.

그러나 금융시장이 붕괴되고 레버리지가 증발해버림에 따라, 스왑시장도 기능이 정지되었다. 스왑들에 대해 새로운 가치를 나타내는 거래들이 전혀 발생되지 않고 있었다. 웨인스타인이 선호하는 투자상품으로서 그가 1990년대 말 이후 월가에 보급시켰던 것들이 점점 더 금융시스템 전체를 폭파시켜버릴 화약통의 도화선처럼 인식되고 있었다.

웨인스타인은 도이치뱅크의 위험관리자들에게 그가 추가적인 스왑을 매입해서 자신의 포지션들에 대한 헤지를 보다 효율적으로 할 수 있도록 허용해줄 것을 요구했지만, 상부에서 내려온 말은 매수는 허용되지 않으니 오직 매도만 하라는 것이었다. 얄궂게도, 모든 월가 은행들이 사용하고 있는 악명 높은 VAR(value at risk)와 같은 도이치뱅크의 위험관리모형들은 트레이더들에게 신용부도스왑을 포함해서 공매도포지션들을 청산하도록 지시하고 있었다.

웨인스타인은 그것이 얼빠진 짓이라고 알고는 있었지만, 위험관리를 책임지고 있는 퀀트들과 논쟁을 벌일 수가 없었다. "일단 위험관리모형들은 잠시 제쳐놓고 생각하시오"라고 애원했다. "이 상황에서 벗어나기 위해 내가 취할 수 있는 유일한 방법은 공매도를 하는 것뿐입니다. 시장이 추락하고 당신이 손실을 보고 있다면, 그것은 당신이 시장에서 매입포지션을 취하고 있다는 의미이며, 이 때 당신은 가능한 한 빨리 공매도해야 됩니다."

그러나 효과가 없었다. 위험관리는 자동조정장치에 따라 비행하는 조종사와 같았다. 손실은 계속 쌓여서 곧 20억 달러에 육박했다. 사바의 주식트레이딩 데스크는 사실상 사업부문을 폐쇄해야 될 정도로 거의 모든 보유분을 매각하라는 지시를 받았다.

손실이 풍선처럼 부풀어 오르는 동안, 웨인스타인은 사바의 트레이딩 플로어에 거의 나타나지 않았다. 그는 자신의 사무실에 오랜 시간, 가끔씩은 밤늦게까지 숨어 있다시피 머물면서 어떻게 하면 출혈을 멈출 수 있을지를 고위 보좌진들과 숙의했다. 그러나 어느 누구도 대안을 내놓지 못했다.

이 그룹은 마치 어느 순간이든지 문을 닫을 수 있는 것으로 보였다. 주식트레이더인 알란 벤슨 등 몇몇 선임트레이더들이 해고되었다. 11월 말, 트레이더 한 사람이 사바의 2층 사업장을 둘러보며 다음과 같이 말한 바 있다.

"2주 후에 이곳에 다시 오면, 완전히 빈 공간이 되어 있겠군."

그의 예상은 다소 빨랐지만, 그다지 큰 차이가 나지는 않았다.

시타델은 거의 파산 직전까지 갔지만, 무너지지는 않았다. 한때 월가 최

강의 투자기구들과 어깨를 나란히 할 수 있는 금융제국 건설이라는 거대한 꿈을 키웠던 그리핀은 수모를 겪었다. 그 해 전반기 동안, 그는 그동안 지켜왔던 새벽 이른 시각에 출근하는 대신에 한 살짜리 아들과 시간을 보내고 느지막이 오전 10시경에 사무실로 출근하곤 했다.

그러나 그리핀은 지난 20년간 누려왔던 헤지펀드 최고의 황금기를 다시는 누릴 수 없을 것이라는 사실을 알고 있었다. 산더미 같은 차입금과 위험한 트레이딩에 배짱 좋게 몇 십억 달러의 거금을 베팅하는 것은 이제 모두 옛 이야기가 되어버렸다. 그리핀은 태연한 척하고 있었다. 10월의 그 금요일에 개최되었던 컨퍼런스콜에서 그는 이렇게 말했다.

"우리가 진화해야 한다는 사실을 우리는 받아들여야 합니다. 우리는 그 진화의 일부가 될 변화들을 받아들이고, 금융의 새로운 시대에서도 번영을 구가할 수 있어야 될 것입니다."

그러나 그에게 투자를 한 사람들은 확신을 갖지 못했다. 많은 투자자들이 그들의 투자금을 회수하기를 원했다. 12월에, 약 12억 달러에 달하는 상환요구액을 지급한 후, 시타델은 투자자들이 자신의 주력펀드들로부터 투자금을 빼내가는 것을 금지시켰다. 시타델의 자산은 종래의 2백억 달러에서 이미 15억 달러로 줄어들어 있었다. 추가적인 상환요구에 소요되는 자금을 조달하기 위해서는 더욱 많은 포지션들을 청산해야만 했고, 이는 침체된 시장상황에서 도저히 감당할 수 없는 쓰라린 고통이었다.

투자자들은 이 조치를 따르는 외에 다른 선택을 할 수 없었다. 그러나 이런 환매금지조치를 그 해에 벌써 엄청난 손실을 안겨준 회사의 강압적 전

술로만 이해한 투자자들은 극도의 분노를 터뜨렸다.

그리핀의 거대한 개인자산 또한 큰 손실을 보고 있었다. 그리핀이 시타델 지분을 얼마나 보유하고 있는지를 외부인들은 거의 알지 못했지만, 일부 인사들은 대부분의 사람들이 생각하고 있던 것보다 훨씬 더 큰 금액, 즉 위기 이전 기준으로 이 회사 지분의 약 50퍼센트에 해당하는 100억 달러의 자산을 그가 보유했었다고 추산했다. 그러므로 펀드 가치의 55퍼센트 하락은 어느 누구보다 그에게 더 큰 피해를 주었다. 설상가상으로, 그는 펀드를 떠받치고 일반적으로 투자자들이 부담하는 관리수수료를 지급하기 위해서 5억 달러의 개인 돈을 사용했다.

그동안에도, 시타델은 심하게 휘청거리고 있었다. 시타델이 소유하는 헤지펀드들의 총자산은 시장붕괴를 겪으면서 급격히 축소되어 2008년 봄 1천4백억 달러에서 그 해 말에는 겨우 520억 달러에 불과했다. 이 회사는 차입금을 축소하려는 필사적인 노력을 통해서 거의 9백억 달러의 자산들을 정리했는데, 이는 리먼 사태 이후 공황상태에 빠진 시장에 추가적인 압력으로 작용했다.

물론, 그리핀에게는 거대한 헤지펀드 폭락사태를 함께 겪은 동지들이 클리프 애스네스를 포함해서 여럿 있었다.

클리프 애스네스는 잔뜩 화가 나 있었다.[주5] 유언비어와 거짓들과 비열한 장난질은 중지시켜야만 했다.

때는 2008년 12월, 코네티컷의 소도시인 그리니치는 혼란에 빠져 있었다. 호화스러운 요트들과 날렵한 모터보트들이 지중해식 빌라스타일로 설계된 최고급 호텔인 델라마르 온 그리니치의 차가운 갑판들에 닻을 내리고 있었다. 이국적인 관목 숲을 배경으로 차가운 코네티컷의 겨울 대기 속에 전통적인 크리스마스의 장식들도 없이 호화저택들이 웅크리고 있었다. 이들 호화맨션의 소유주들인 유력인사들 중 축제의 즐거움을 느낄 수 있는 사람은 거의 없었다. 세계 헤지펀드의 수도인 그리니치에서는 어느 때보다 우울한 연말 휴가시즌이 이어지고 있었다.

설상가상으로, 이미 에드 소프가 1990년대 초에 그 정체를 파헤친 바 있었던 버나드 메도프라는 은둔형 금융가가 운영하던 수십억 달러 규모의 자산관리회사가 거대한 폰지금융사기(다단계 금융사기를 가리키는 말)라는 것이 밝혀졌다. 이에 따른 손실들이 지진의 충격파처럼 헤지펀드산업 전체를 뒤흔들고 있었다. 의혹의 검은 구름들이 편집증과 지나친 은밀성 때문에 이미 부정적인 유명세를 치루고 있던 업계를 덮쳐 버렸다.

그리니치 헤지펀드업계에 대한 유언비어의 근원지는 마을 철도역에 인접해 있으며 한때는 선주들, 제조업자들 및 고루한 가족경영 법무법인들이 어지럽게 뒤섞여 입주해 있었던 평범한 4층 건물인 투 그리니치 플라자였다. 헤지펀드 회사들이 이곳으로 몰려들기 전에는 이들이 이 건물의 주인들이었다.

그들 중 가장 큰 규모의 헤지펀드들 중 하나는 물론 AQR이었다. 그 배의 선장인 클리프 애스네스가 분노를 억누르지 못하고 있었다. 그는 케인호의 퀴그 선장처럼 손 안에 쇠구슬들을 굴리고 있지는 않았지만, 그렇다고 그보다 덜하지도 않았다. 애스네스가 파괴한 망가진 컴퓨터모니터들이 쌓여가고 있었다. 어떤 사람들은 애스네스가 미쳤다고 생각했다. 그는 자신의 펀드가 바탕으로 하는 합리적인 원칙들과 완전히 배치되는 일종의 광란상태에 빠져 있는 것처럼 보였다. 그를 미치게 하는 것은, AQR이 단 하루 동안에 40퍼센트나 자산가치가 감소했다…… AQR이 영원히 폐쇄될 지경에 다다랐다…… AQR이 중국증후군과도 같은 광란의 헤지펀드 재앙의 중심에 있기 때문에 붕괴되고 있다…… 이와 같은 유언비어들을 통하여 AQR이 무너지고 있다고 떠들어대는 바깥세상의 끊임없는 수다들이었다.

이들 유언비어 중 많은 것들이 딜브레이커(Dealbreaker)라는 이름의 인기 있는 월가 블로그에 게재되곤 했다. 이 사이트는 AQR에 대한 험담으로 가득 차 있었다. 딜브레이커의 가십작가인 베스 레빈은 오랜 기간 애스네스의 비서였던 아드리엔느 리거가 포함된 AQR에서의 일련의 해고에 대한 글을 썼다.

"최근 클리프에 대해서 그가 10년 동안이나 함께 했던 비서를 잘랐다는 소문이 돌고 있는데, 모든 이들이 알고 있듯이 비서들이란 상사들의 모든 거짓말들, 헛소리들과 속임수들을 다 꿰차고 사람들입니다. 그렇기 때문에 어느 누구도 자신이 곧 죽을 형편이 아닌 한 그들을 제거하지는 않습니다."

수십 명의 독자들이 레빈의 보고서에 대해 댓글을 달았다. 자신의 사무실에서 그 글들을 읽은 애스네스는 그 글들 중 대부분이 해고된 종업원들이나, 더 나쁘게는 사무실 내 근무하는 불평분자들이 쓴 것들임을 알 수 있었다. 그 글들 중 일부는 지극히 천박했다.

"나는 그들의 블랙박스가 작동하지 않았다고 추측한다. AQR은 완전히 비상상황이다."

12월 4일 오후, 애스네스는 무언가 대응을 해야겠다고 작정했다. 컨퍼런스콜을 했던 그리핀과는 달리, 애스네스는 유언비어를 유포하는 자들을 그들의 소굴, 즉 인터넷에서 직접 상대하려고 했다. 3층에 있는 자신의 사무실 컴퓨터 앞에 앉아서, 그는 딜브레이커에 들어가서 키보드를 두드리기 시작했다.

> 이 모든 내부자들의 언급들에는 엄청난 무지와 거짓이 포함되어 있습니다. 이 글들 중 일부는 우리 회사에 더 이상 근무하지 않는 사람들이 올린 불평일 뿐이며, 그들 중 상당수는 무지와 잔인함밖에 남지 않은 분들인 것 같습니다. …… 저희들이 어쩔 수 없이 해고할 수밖에 없었던 선량한 분들에게 우리는 죄송함을 느끼고 있습니다. 우리 펀드에 투자해서 어려움을 겪고 계시는 투자자 여러분들께도 미안함을 금할 수 없으며, 저희는 최선을 다 해서 여러분들의 투자를 정상화시키도록 할 것입니다. 솔직히, 저희로 인해서 어려움에 처해 있는 모든 분들에게 저는 심심한 사죄를 드립니다. 그러나 거짓말쟁이들과 회사를 맹비난하고 있는 예전 종업원들…… 그리고 인터넷의 익명성을 악용해서 허위사실을 유포하시는 몇몇 사람들, ── 당신네들 모두와 당신들이 썼던 모든 글들에 대해 저는 더 이상의 인내를 감당할 수가 없습니다. 당신네들은 제가 대꾸할 가치가 없는 사람들이며, 이 사이트에서 더 이상 저를 만날 수 없을 것입니다. 저는 클리프 애스네스이며 제

가 스스로 이 메시지를 작성해서 게시했습니다.

애스네스는 이 글을 사이트에 게시했다. 그러나 게시 후 그는 자신이 엄청난 실수를 저질렀음을 즉시 깨달았다. 그것은 널리 인정을 받고 있던 자산관리자로서는 거의 전례가 없는 노골적인 분노의 표출이었다. 이 일은 즉시 AQR 내부와 헤지펀드업계 전체에 논란을 불러왔다. 합리성과 수학에 대한 열정으로 잘 알려져 있는 회사 설립자가 자신의 감정을 주체하지 못하고 그대로 표출해버릴 정도로 위기 상황으로 인식된 것이다.

그러나 애스네스는 다음 해에는 상황이 개선될 것임을 확신하고 있었다. 모형들이 다시 제자리를 찾을 것이라고 그는 믿고 있었다. 수십 년에 걸친 연구가 결코 잘못될 수가 없다는 것이었다. 진리가 입방아에 오르내리기는 했지만, 결국은 그 정당함을 입증할 것이다.

그러나 시장에서의 혼란은 퀀트들이 구축한 모형들을 엉망으로 만들어 버렸다. AQR의 손실은 전 세계 금융시장을 소용돌이 속으로 밀어 넣었던 2008년 말의 리먼브라더스 붕괴 후에 특별히 심각했다. 이 회사의 앱솔루트 리턴 펀드는 2008년 S&P 500지수가 48퍼센트 하락했던 것에 비해 약 46퍼센트 하락했다. 달리 표현하면, 평범한 주가지수펀드에 돈을 집어넣은 투자자들의 실적이 업계에서 가장 뛰어난 자산관리자들 중 하나에게 돈을 맡겨 놓았던 실적과 거의 동일했던 것이다.

시카고의 리서치회사인 헤지펀드 리서치(Hedge Fund Research)에 따르면, 헤지펀드들은 업계 전체가 손실을 기록했던 1990년 이후, 2008년에

19퍼센트의 손실을 기록해서 헤지펀드 역사상 가장 어려웠던 시기를 보내고 있었다. (2002년에는 헤지펀드들이 1.5퍼센트의 손실을 기록했었다.)

앱솔루트 리턴 펀드는 2007년 중반의 약 40억 달러에서 약 15억 달러로 감소해서 최고점 대비 50퍼센트 이상의 자산감소를 나타냈다. AQR 전체로는 IPO를 계획하고 있던 2007년 8월의 4백억 달러에서 자산이 급격히 감소해서, 약 70억 달러 규모의 소위 대체펀드들과 약 130억 달러 규모의 매입전문(long-only)펀드만 보유하고 있었다. AQR은 일 년이 조금 더 되는 기간 동안 거의 절반에 가까운 군자금을 잃었던 것이다.

AQR의 좋지 못한 실적은 펀드의 투자자들에게 충격을 주었다. 소위 '절대적 수익률펀드(absolute return fund)'는 이름 그대로 어떤 종류의 시장상황, 즉 시장이 한쪽 방향으로 움직이면 그 반대방향으로 투자를 함으로써 언제나 플러스의 위험조정수익률을 올릴 수 있도록 설계되어 있는 펀드였다. 그런데 절대적 수익률(Absolute Return)이 마치 자석처럼 S&P 500지수를 따르는 것처럼 보였다.

2008년 초에 이렇게 S&P지수와 동일한 추세를 나타내었던 한 가지 이유는 AQR이 미국 주식들이 상승할 것이라는 데 크게 베팅을 했었기 때문이다. 가치중심적인 이 모형들에 따르면, 미국의 대형주들은 미 재무부국채와 기타 국가들에 있어서의 기타 자산들에 비해서 저렴한 것으로 나타났다. 따라서 애스네스는 S&P 500지수와 유사한 자산들에 대해 수억 달러를 투입하는 승부수를 던졌던 것이다.

그 결정이 애스네스의 투자인생 중 가장 힘들었던 시기들 중 하나를 가져다주었다. AQR은 또한 이자율, 통화, 상업용부동산 및 전환사채 등 세상에 있는 거의 모든 것에 대해 잘못된 베팅을 했다.

손실이 쌓여감에 따라, 투자자들은 더욱 초조해 했다. 당초 AQR은 2001년과 2002년의 닷컴붕괴가 발생했던 기간처럼 시장침체를 극복해낼 것이라는 기대를 받고 있었다. 그런데 오히려 AQR이 시장과 더불어 바닥으로 떨어지고 있었던 것이다.

10월과 11월의 두 달 동안, 애스네스는 전용기를 타고 오클라호마 주 털사와 호주 시드니와 같이 먼 곳까지 자신의 펀드에 투자한 거의 모든 투자자들을 직접 방문하는 긴 여행을 했다. 이 여행의 목적은 AQR의 트레이딩 전략들이 결국은 큰 성과를 거둘 수 있다는 사실을 투자자들에게 확신시키는 것이었다. 많은 이들이 펀드의 실망스러운 실적에도 불구하고 계속 펀드에 대한 투자를 유지하기로 결정했는데, 그것은 애스네스가 틀림없이 그의 마법을 다시 회복할 수 있으리라는 믿음을 주었기 때문이다.

시장이 하락을 계속했던 12월까지 애스네스가 받는 압박감은 더욱 가중되어갔다. 그는 앱솔루트 리턴의 실망스러운 실적을 보여주는 실시간화면에 계속 매달렸다. AQR 사무실 내에서의 스트레스도 더욱 극심해졌다. 그의 비서인 리거를 비롯한 몇몇 리서처들에 대한 애스네스의 해고결정은 회사의 생존가능성에 대해 심각한 의문을 불러일으켰다.

AQR의 취약한 상태에 대한 뒷말들은 헤지펀드업계에 걷잡을 수 없이 번져나갔다. 애스네스와 그리핀은 가장 최근에 떠도는 서로에 대한 비방들을 상대방에게 알려주면서, 그들이 들었던 기타 펀드들에 대한 유언비어들도 자주 교환했다.

애스네스는 AQR의 리서처인 아담 버거와 공동으로 '아직 우리는 죽지 않았다(We're Not Dead Yet)'라는 제목의 글을 인스티투셔널 인베스터 11월호에 썼다. 이 기사는 계량적 투자기법에 미래가 있을 것인지에 대한 인스티튜서널 인베스터지의 물음에 대한 대답이었다.

"이런 질문을 우리가 받았다는 사실은 많은 사람들이 계량적 투자기법의 미래에 대해 암울하게 생각하고 있다는 것을 말해준다. 무엇보다도, 건강상태가 아주 좋은 당신의 제일 친한 친구, 또는 죽음의 문턱에 서 있는 친구를 보았을 때, 그에게 가서 '만나서 반가워, 그런데 너 여태 살아 있었니?' 라고 묻겠는가? 만약 당신이 그런 질문을 던져야만 한다면, 아마도 당신은 퀀트투자가 이미 사망했다고 생각하고 있는 것이다."

애스네스는 퀀트들이 결코 죽지 않았다는 것을 알고 있었다. 그러나 그는 그들이 엄청난 타격을 받았고, 그래서 그들이 다시 제 발로 일어서서 다시 싸울 준비를 갖추려면 몇 년은 아니더라도 몇 달은 걸릴 것이라는 사실도 알고 있었다.

켄 그리핀 역시 밀려드는 파도와 힘겨운 싸움을 벌이고 있었다. 그러나 출혈은 멈추지 않았다. 2008년 말까지, 시타델의 주력펀드들은 역사상 최대의 헤지펀드 붕괴사태들 중 하나를 통해서 어마어마한 규모인 55퍼센트의 자산감소를 겪고 있었다. 다음 해 1월 초가 되었을 때, 이 회사에는 2008년 초의 자산수준인 2백억 달러에서 현기증이 날 정도로 급격히 감소한 110억 달러의 자산만 남아 있었다.

아마도 더 특기할 만한 사실은 시타델이 계속 트레이딩을 하고 있다는 점이었다. 그리핀은 자신의 마지막 최대격전을 지켜보았고, 그 전투에서 살아남았다. 그의 개인재산은 2008년에 약 20억 달러가 증발되어버린 것으로 추산되었다. 그 결과, 그는 헤지펀드계의 엘리트 트레이더들 중의 한 사람으로서 정상에서 충격적으로 굴러 떨어진 여러 헤지펀드매니저들 중 그 해에 가장 큰 손실을 겪은 사람이 되었다.

그렇지만 모든 헤지펀드들이 그 해에 손실을 기록한 것은 아니다. 르네상스의 메달리온 펀드는 광속으로 작동되는 강력한 컴퓨터들로 시장의 극단적인 변동성을 활용해서 2008년에 경이로울 정도인 80퍼센트의 수익률을 기록했다. 제임스 시몬스는 그 해 25억 달러를 벌어들이면서 헤지펀드업계 최고의 소득자가 되었다.

메달리온의 경이로운 2008년도 중의 급부상은 투자업계 전체를 놀라게 했다. 과거의 모든 의문점들이 다시 제기되었다. 그들은 어떻게 그런 실적을 올릴 수 있었는가? 거의 모든 다른 투자자들은 사경을 헤맨 그 해에 메달리온은 어떻게 수십 억 달러를 벌어들일 수 있었던 것일까?

결국 가장 중요한 것은 그 대답이 평범하다는 것, 즉 투자를 담당했던 사람들이 누구보다도 현명했다는 사실이었다. 수많은 르네상스의 예전 직원들은 이 펀드에는 어떠한 성공을 위한 공식도, 엘윈 베르캄프나 제임스 액스와 같은 천재들이 수십 년 전에 발견했던 비밀암호들도 존재하지 않았다고 말한다. 그보다는, 90여 명의 박사들로 구성된 메달리온 팀은 시장을 지속적으로 이겨나기 위해서 펀드의 시스템들을 향상시키기 위해 끊임없이 노력했다.

그리고 그것은 많은 노력을 뜻했다. 르네상스에는 '두 번째 사십 시간(second forty hours)'이라고 알려진 개념이 있었다. 종업원들은 그들에게 기본적으로 부여된 직무들, 예컨대 프로그래밍, 시장에 대한 조사, 컴퓨터시스템의 구축과 같은 일들에 각자 40시간씩을 할당한다. 그러고 나서, 두 번째 40시간 동안, 그들은 펀드의 거의 모든 분야들에 대해 실험을 할 수 있도록 허용된다. 내부자들은 펀드 내에서는 종업원들에게 어떠한 장벽도 존재하지 않는다고 말하는데, 그렇게 할 수 있는 자유가 메달리온의 창의적 원동력이 계속 흘러나올 수 있도록 하는 개발의 기회를 제공해주고 있다.

내부자들은 또한 그들의 영도자인 제임스 시몬스를 신뢰하고 있다. 카리스마가 넘치고, 지극히 현명한 시몬스는 펀드의 종업원들 사이에 성공에 대한 강렬한 동기를 고취시켜주는 무한한 충성심이라는 문화를 만들어내었다. 시타델에서 계속적으로 재능 있는 인재들이 유출되었던 것과 비교해서, 오랜 기간 동안 르네상스를 떠난 종업원들이 거의 없었다는 그 사실이 시몬스의 지도자로서의 리더십을 잘 증명해준다.

르네상스는 또한 현대 포트폴리오이론이나 효율적 시장가설 또는 CAPM 등의 이론적 부담감으로부터도 자유스러웠다. 그 대신, 이 펀드는 기계, 즉 과학실험처럼 작동되며, 이 펀드에서 중요하게 간주되는 것은 어떤 전략이 효과가 있는지 없는지, 즉 그것이 돈을 벌어주는지 벌어주지 못하는지만 관심을 가졌다. 결국, 르네상스에 따르면, 진리란 시장이 효율적인

가 또는 균형 상태인가 아닌가에 대한 것이 결코 아니었다. 진리는 지극히 단순해서, 치열하게 경쟁하는 월가의 은행가들을 끊임없이 움직이게 하는 원동력으로서 당신이 지금 돈을 벌고 있는가, 벌지 못하고 있는가에 달려 있다고 보는 것이었다. 그 외에는 어느 것도 중요하지 않았다.

한편, 나심 탈레브와 관련이 있는 펀드인 유니버사 인베스트먼트Universa Investment 역시 잘 나가고 있었다.주6 유니버사가 운영하고 탈레브의 오랜 협력자인 마크 스피츠나겔이 소유, 관리하는 펀드들은 시장이 대부분의 퀀트 모형들이 예측한 것보다 훨씬 더 변동성이 클 것이라는 데에 베팅을 해서 2008년에 150퍼센트의 수익을 기록했다. 이 펀드의 블랙스완 프로토콜 프로텍션 플랜(Black Swan Protocol Protection Plan)은 주식들과 주식지수들에 대해 극도의 외가격풋옵션들을 매수했으며, 이를 통해 리먼이 붕괴한 후의 침체장에서 무더기로 돈을 퍼 담았다. 2007년 1월에 3억 달러의 자산으로 출발했던 유니버사는 2009년 중반이 되면 60억 달러로 관리자산이 급격히 증가했고, 정부와 연방준비제도이사회가 경제에 투입했던 현금들 때문에 극심한 인플레이션이 발생할 것이라는 데에 베팅을 하고 있었다.

한편, 웨인스타인은 지금이 그 자신을 위해 보다 넓은 세계로 뛰쳐나가야 할 때라는 결정을 내렸다. 그러나 그는 복잡한 문제들을 뒤에 남겨둔 채로 도이치뱅크와 작별을 하고 있었다. 그 해 말까지, 사바는 18억 달러의 손실을 기록했다. 2009년 1월, 도이치뱅크는 공식적으로 이 사업그룹을 폐쇄했는데, 당시 도이치뱅크는 거의 모든 다른 은행들처럼 프롭트레이딩을 강화시킨 데 따르는 대규모 후유증에 시달리고 있었으며, 이에 따라 이들 사업부문을 과감하게 축소하고 있었다.

웨인스타인은 월가에서 큰 부를 이루어보겠다는 꿈을 가지고 24세의 청년으로 이 은행에 입행한 후, 10년이 조금 더 지난 2월 5일에 도이치뱅크를 떠났다. 그는 자신의 꿈대로 큰 부자는 되었지만, 역사상 최대의 시장붕괴를 겪으면서 상처를 입고 피를 흘렸다.

13장

악마의작품

믿을 수 없을 정도로 부정확한 효율적 시장이론이 금융계 지도자들 대다수에 의해 아무런 여과 없이 신봉되었다. 그것은 우리의 경제적 기득권층과 정책당국자들로 하여금 그들의 잘못된 신념에 따라 아무런 조치도 취하지 않도록 만들어서, 결국은 자산버블, 느슨한 통제, 유해한 인센티브제도 및 사악할 정도로 복잡한 상품구조 등 치명적인 어려움에 연결되도록 만들었다. 그리고 이러한 신념의 가장 극악한 부분들이 자산버블의 붕괴위험을 만성적으로 과소평가하도록 만들었다.

폴 윌멋Paul Wilmott은 잘 알려져 있지 않은 수학기호들이 빼곡히 적힌 종이 한 장을 들고서 맨해튼 중심가 르네상스 호텔의 한 회의실을 가득 메운 사람들 앞에 서 있었다.[주1] 금융공학에 대한 최초의 국제적 과정인 계량재무인증(Certificate in Quantitative Finance, CQF)프로그램의 창시자이면서 옥스퍼드대학의 계량재무강좌의 설립자인 그는 코를 찡그렸다.

"간단히 할 수 있는 일들을 일부러 복잡하게 만드는 사람들이 많이 있습니다." 그는 마치 화가 난 사람처럼 종이를 흔들며 말했다. "그리고 그것이 2조 달러나 되는 돈을 잃는 확실한 방법입니다." 그는 잠시 멈추었다가 머리칼을 쓸어 올리며 낄낄거렸다. "그런데, 내가 그렇게 말할 자격이 있을까요?"

때는 2008년 12월이었고, 신용위기가 세계경제에 끔찍한 피해를 입히면서 미쳐 날뛰고 있었다. 경제 상태에 대한 미국인들의 우려가 바락 오바마의 백악관으로 가는 길을 열어주었다. 12월 2일, 다우지수는 이 지수가 1896년에 집계되기 시작한 이래 네 번째 하락폭인 680포인트가 급락해서, 2007년 최고점 대비 거의 50퍼센트나 가치가 증발되어버렸다. 미국에서는 11월한 달 동안 50만 개의 일자리가 감소되었는데, 이는 1974년 이래 최대의 월간 실업증가수치였으며, 이 숫자는 더욱 증가될 것으로 예상되고 있었다. 경제학자들은 경제가 본격적인 후퇴단계로 돌입할 것인지의 여부에 대해 예측하기를 중지했다. 큰 문제는 또 다른 불황이 진행 중인가 하는 것이었다. 골드만삭스로부터 AIG에 이르는 금융기관들의 손실발표들이 더 자주 전파를 타게 됨에 따라, 구조조정에 대한 피로감이 만연되고 있었다.

납세자들은 누군가 비난을 받을 희생양들이 필요했다. 그러나 이번 위기는 너무도 혼란스러웠고, 파생상품들과 복잡한 금융수단에 대해 너무도 전문적인 용어들로 가득 차 있었기 때문에, 특별한 전문지식이 없는 사람들로서는 책임이 누구에게 있는지를 거의 알 수가 없었다.

더욱 많은 사람들이 퀀트들을 그 대상자로 지목하고 있었다. 복잡한 파생상품들과 수십억 달러의 거대한 자금들을 눈 한 번 깜박거릴 사이에 세계 전역으로 이동시킬 수 있는 초고속컴퓨터를 기반으로 하는 헤지펀드들의 긴밀한 결합이 온통 허물어지고 있었던 것이다. 퀀트들이 고안한 시스템이자 끝없이 분열하는 촉수들인 머니 그리드는 시장을 보다 효율적으로 만든다고들 생각하고 있었다. 그러나 시장은 오히려 어느 때보다 더 불안정해졌다. 효율적 시장가설과 같은 잘 알려진 착각들이 전체 금융계가 오랜 기간 형성이 진행되고 있었던 신용버블을 전혀 알아차리지 못하도록 만들었다.

약 1천억 달러 규모의 기관대상 자산관리회사인 GMO의 매니저로 시장전망을 어둡게 보고 있던 제레미 그랜덤은 자신의 고객들에게 보내는 2009년 초의 분기보고서에 '지금까지의 이야기들 : 탐욕 + 무능력 + 시장효율에 대한 신념 = 재앙(The Story So Far: Greed + Incompetence + Belief in Market Efficiency = Disaster)'라는 도발적인 제목의 글을 썼는데, 그 내용은 시장효율성과 퀀트들이 시장붕괴의 중심에 있다는 주장이었다. 그랜텀은 이 글에서 다음과 같이 말하고 있다.

"수학적 질서와 멋진 모형들을 찾아내려는 그들의 욕망을 추구하면서, 경제적 기득권층은 나쁜 행위의 역할과…… 비합리성의 갑작스러운 분출을 의도적으로 경시했다. 믿을 수 없을 정도로 부정확한 효율적 시장이론이 금융계 지도자들 대다수에 의해 아무런 여과 없이 신봉되었으며, 거의 모든 사람들이 그 이론을 부분적으로 믿고 있었다. 그것은 우리의 경제적 기득권층과 정책당국자들로 하여금 그들의 잘못된 신념에 따라 아무런 조치도 취하지 않도록 만들어서, 결국은 자산버블, 느슨한 통제, 유해한 인센티브제도 및 사악할 정도로 복잡한 상품구조 등 치명적인 어려움으로 연결되도록 만들었다. 그들은 이들 중 어느 것 하나도, 합리적이고 효율적인 세계에서는 결코 발생할 수 없다'고 생각하고 있었던 것 같다. 그리고 이러한 신념의 가장 극악한 부분들이 자산버블의 붕괴위험을 만성적으로 과소평가하도록 만들었다."

2009년 9월에 '경제학자들은 어떻게 그것을 그토록 잘못 이해했던 것일까?(How Did Economists Get It So Wrong?)'라는 제목의 뉴욕타임스매거진 기사에서 노벨경제학상 수상자인 폴 크루그먼 교수는 효율적 시장가설과 만델브로트가 수십 년 전에 경고했던 가격들과 상황들의 대규모 변화가능성을 파악하지 못했던 경제학자들의 무능력을 호되게 비난했다.

“경제학자들이 시장경제의 파멸적 실패 가능성을 보지 못했던 것은 그들 모두가 아름답고 감동적으로 보이도록 겉치장한 수학을 진리라고 잘못 판단하여 옆길로 새어버렸기 때문입니다.”

크루그먼은 시장붕괴가 서브프라임 대출이라는 음침한 영역에서 제일 먼저 시작되었지만, 그것은 금융의 거의 모든 분야로 파급되어서 상업용 부동산에서부터 MMF에 이르는 거의 모든 부문에 대규모 손실을 발생시키는 한편, 위험한 대출들을 잔뜩 떠안고 있던 보험과 같은 주요산업들도 위협했다고 말했다.

영하를 맴도는 바깥기온에도 불구하고, 안경을 쓴 이 영국수학자는 화사한 하와이풍 셔츠에 빛깔이 바랜 청바지를 입고, 가죽장화를 신고 있었다. 윌멋의 앞에는, 줄지어 놓여 있는 딱딱한 플라스틱 의자들에 물리학에서 화학과 전자공학에 이르는 다양한 학문분야의 과학도들이 앉아 있었다. 이 다양한 청중들에게는 한 가지 공통점이 있었는데, 그들 모두는 윌멋의 계량금융인증(CQF) 프로그램의 초급과정에 참가하고 있는 퀀트지망생들이었다.

윌멋은 이 영리한 눈빛의 청중들이, 월가보다는 해변의 건달처럼 보이는 자신의 복장으로부터 그가 결코 통상적인 퀀트는 아니라는 사실을 알아주기를 원했다. 그는 대부분의 퀀트들이 한 가지에만 집착해서 모든 것을 엉망으로 만들고, 수학이라는 수정같이 맑은 세계에만 틀어박혀서 사회적 기능을 전혀 수행하지 못하는 지식인이며, 금융이라는 잡다하고 세속적인 분야에는 전혀 적합하지 않은 부류들이라고 말했다.

"중요한 부분은 인간입니다. 우리는 기계를 모형화하지 않고, 인간들을 모형화하고 있습니다."

그것은 윌멋이 오랜 기간 숫자로만 가득 차 있는 그의 동료들에게 전해주려고 노력했었으나 대부분은 실패로 끝났던 메시지였다. 2008년 3월에 그의 웹사이트인 Willmot.com에 올린 글에서, 그는 월가의 근시안적인 퀀트문화에 대해 맹렬한 비판을 퍼부었다.

"은행들과 헤지펀드들은, 모형들을 전혀 이해하지 못하는 트레이더들에 의해서는 사용되어지지 않을 것이라는 전제가 되어 있는 상황들에서의 사용에 대해서는 아무도 과학적인 검증을 실시하지 않은 모형들을 구축하기 위해서, 금융시장 경험이 전혀 없는 수학자들을 채용하고 있습니다. 그러고 나서, 지금 사람들은 그들이 저지른 실수에 대해 경악하고 있습니다."

윌멋은 오래 전부터 퀀트들을 신랄하게 비판하는 잔소리꾼이었다. 그리고 그는 자신의 비판을 뒷받침해줄 수 있는 수학적인 실력도 갖추고 있었다. 그는 계량재무에 대해 수많은 책들을 저술했고, 퀀트들에게 널리 읽히는 잡지도 발간했다. 1992년에 그는 옥스퍼드대학 최초의 금융공학 과정들을 가르치기 시작했다. 아무의 도움도 없이 그는 혼자서 1999년에 옥스퍼드의 계량재무프로그램을 창설했다.

또한 그는 퀀트들이 언젠가는 금융시스템을 완전히 박살낼 것이라는 경고도 했었다. 2000년에 발간된 영국과학아카데미 공식저널인 언론왕립사회회보(Philosophical Transactions of the Royal Society)에 게재된 〈재무에 있어서의 수학의 사용, 오용 및 남용(The Use, Misuse, Abuse of Mathematics in Finance)〉이라는 논문에서, 그는 "세계가 수학자들이 주도하는 시장붕괴를 피하려면, 전면적인 재사고(再思考)가 절실히 필요하다"고 주장했다. 그는 또한, "한때 인맥을 중심으로 움직이던 금융시장들이, 최근에 와서는 수학이나 물리학박사학위를 가진 사람들만이 금융시장의 복잡성을 터득하는데 적절하다고 인식되고 있다"고 덧붙였다.

그것이 문제였다. 박사들은 그들의 삼각함수를 통하여 사인(sine) 값들로부터 코사인(cosine) 값들을 알아낼 수 있을지는 모르겠지만, 시장이 왜 그렇게 움직이고 있는지에 대한 근본적인 현실을 파악해내는 방법에 대해서는 거의 알지 못했다. 그들은 자신들이 개발한 멋진 모형들의 정교한 내용들에 사로잡혀 노예가 되어버렸다. 설상가상으로, 그들은 그 모형들이 시장의 움직임을 완벽하게 반영한다고 믿고 있었다. 그들에게는 그들의 모형이 바로 진리였다. 윌멋은 그와 같은 맹신은 지극히 위험하다고 경고했었다.

2003년에 옥스퍼드대학을 떠난 후, 그는 런던, 뉴욕 및 북경에서 금융공학자들을 양성하는 CQF 프로그램을 설립했다. 새로운 CQF 프로그램의 도입에 발맞추어, 그는 기존세력들에 맞서서 금융시장의 작동원리를 실제로 이해하는, 또는 최소한 수학적 공식들을 사용해서 현실의 시장을 예측하려고 하는 경우에 무엇이 가능하고 무엇이 불가능한지 이해하는, 새로운 퀀트 후보생들을 훈련시키기를 원했다.

그것은 시간과의 경쟁이었으나, 그가 패배했다. 수십 년 동안 금융시스템의 심장부에서 제멋대로 활동하던 미치광이 과학자들이 결국은 일을 저질러서, 금융시스템을 완전히 붕괴시켜버렸던 것이다.

르네상스 호텔에서 퀀트 후보생들에게 강연을 한 몇 주 후인 2009년 1월 초의 어느 날, 윌멋은 런던 히드루 공항에서 비행기를 타고 뉴욕으로 돌아왔다.

뉴욕에서 그는 최고의 퀀트인 이매뉴엘 더만을 만났다. 호리호리한 백발의 남아공 출신인 더만은 컬럼비아대학의 금융공학 프로그램을 책임지고 있었다. 그는 월가의 토종퀀트들 중 한 사람이며, 피셔 블랙과 같은 전설적인 인물들과 함께 골드만삭스에서 수십 년 동안 파생상품들을 설계하며 보냈다.

윌멋과 더만은 그들이 속한 업계의 극심한 혼란과 그것이 초래할 상상조차 할 수 없는 어마어마한 재앙에 대해 더욱더 경각심을 가지게 되었다. 더만은 너무도 많은 퀀트들이 그들의 정교한 모형들을 현실과 혼동하고 있다고 믿었다. 그러나 근본적으로는 스스로가 퀀트인 그는 여전히 월가에는 퀀트들을 필요로 하는 핵심부문이 존재한다는 강한 신념도 갖고 있었다.

윌멋은 그가 속한 퀀트업계가 트랙을 벗어나 있다고 확신했으며, 그렇기에 그 미래에 대해 더욱더 많은 걱정을 하고 있었다. 더만과 마찬가지로, 그는 제대로 훈련을 받은 현명한 금융공학자들을 위한 공간이 여전히 존재한다고 믿었다.

그 1월에, 그들 둘은 함께 '금융공학도 선언(Financial Modelers'

Manifesto)'을 작성했다.[주2] 그것은 전투준비 명령과 자기훈련지침서의 중간적인 성격을 갖는 것이기는 했지만, 어느 정도는 참회에 가까운 것이기도 해서, 그는 "우리는 적들과 마주쳤는데, 그 적들은 바로 우리 자신들이었다"고 고백했다. 나쁜 퀀트들이 바로 붕괴의 주범들이었다는 것이다.

"유령 하나가 시장을 공포에 빠트리고 있다. 바로 비유동성, 신용경색, 금융모형들의 실패라는 유령이다"라고 그들은 역설적이게도 1848년에 발표된 마르크스와 엥겔스의 공산당선언을 흉내 낸 표현으로 선언을 시작하고 있다. 그 다음에는 퀀트모형들이 진리를 대신할 수 있다는 생각에 대한 일방적인 비난이 이어졌다.

> 물리학은 물체가 현재 상태로부터 미래의 움직임을 예측하는 그 놀라운 성공 덕택에 대부분의 금융모형들의 설계에 영감을 제공했다. 물리학자들은 힘들과 그 힘들에 내재하는 마술과도 같은 수학적 법칙들을 발견하기 위해서 동일한 실험들을 끊임없이 반복함으로써 세계를 연구했다…… 그것은 화폐적 가치의 정신적 세계에 관심을 갖는 재무학이나 경제학과는 전혀 별개의 이야기이다. 재무이론은 그 자체의 법칙을 찾아내기 위해서 물리학의 형식과 정교함을 모방하려고 열심히 노력했다……. 그 결과 찾아낸 진리는 재무학에는 근본적인 법칙들이 결코 존재하지 않는다는 사실이었다.

달리 표현하면, 공포와 광기와 혼란스러운 군중들의 행위가 합리성의 모든 기대들을 압도해버릴 수 있는 재무라는 혼란계에는 하나로 된 진리라는 것이 결코 존재하지 않는다. 시장이 예측 가능하고 합리적이라는 전제하에 설계된 모형들은 실패가 운명처럼 지워져 있다. 수천억 달러라는 과도한 차입으로 조달된 돈들이 이와 같은 모형들에 따라 운용될 때, 재앙은 이미 그 속에서 커지고 있는 것이다.

2007년 8월에 시작된 퀀트들이 주도하는 시장붕괴가 다시는 되풀이 되지 않도록 하기 위해서, 이들 두 사람의 최고퀀트들은 '금융공학도의 히포크라테스 선서(modelers' Hippocratic Oath)'를 아래와 같이 기초했다.

- 나는 내가 세상을 만들지 않았으며, 그 세상이 내가 개발한 공식들을 만족시키지 못한다는 것을 기억하겠다.
- 비록 내가 대담하게 가치를 예측하기 위해서 모형들을 사용하기는 하지만, 나는 결코 수학의 힘을 과도하게 믿지는 않겠다.
- 나는 내가 왜 그렇게 했는지를 정확히 설명할 수 있는 경우 이외에는 결코 정교함을 위해서 현실성을 희생시키지 않겠다.
- 나는 내 모형을 사용하는 사람들에게 그 정확성에 대해 잘못된 평안함을 결코 주지 않을 것이다. 그 대신, 나는 그 모형에 내재된 가정들과 간과된 부분들을 구체적으로 명시하겠다.
- 나는 내가 하는 작업이 사회와 경제에 엄청난 영향, 그것들 중 많은 부분은 심지어 내 상상을 뛰어넘을 정도로 막대한 영향을 줄 수도 있다는 것을 이해한다.

이 선언이 좋은 의도로 만들어진 것이기는 하지만, 장래에 그것이 다시는 퀀트들이 금융시스템을 파괴하는 일이 없을 것이라고 확신하도록 만들 수는 없다. 2009년 2월 말에 워렌 버핏이 버크셔 헤서웨이의 연차보고서에 기술했던 것처럼, 월가는 퀀트들과 그들의 모형들을 조심스럽게 지속적으로 추적할 필요가 있다. "공식들만 앞세우는 괴짜들을 조심하시오"라고 버핏은 경고했다.

"사람들은 그들이 고등수학과 컴퓨터 모형들을 사용하면 자신들이 하느님의 일을 하고 있다고 착각을 합니다"라고 버핏의 오랜 파트너이며 이지적인 찰리 멍거는 말한다. "그들은 대개 악마의 일을 하고 있는데도 말입니다."[주3]

여러 해 동안, 퀀트세계의 주변부에 대한 비판가들은 문제점들이 배태되고 있다고 경고를 했었다. 예컨대, 수십 년 전에 퀀트들에게 그들의 수학적 모형들의 문제점, 즉 정규분포곡선의 엄청나게 두터운 꼬리들에 대해 경고를 했던 베노이트 만델브로트는 자신의 예상이 옳았다는 것을 침울하게 받아들이면서, 2008년의 금융공황을 지켜보았다.

심지어 시장붕괴의 광풍이 본격적으로 불어 닥치기 이전에도, 만델브로트는 금융시스템의 계량적 토대가 허물어지고 있었다고 말할 수 있었다.[주4] 2008년 여름에, 강한 악센트가 유럽인임을 분명히 나타내어주고, 넓은 이마에 드문드문 흰 머리가 무더기져 있으며, 두 뺨 가득 분홍빛이 감도는 만델브로트는 찰스 강변에 위치한 자신의 매사추세츠 주 캠브리지의 아파트에서 열심히 회고록을 쓰고 있었다. 시장붕괴가 금융시스템 전반으로 파급되어가는 것을 지켜보면서, 그는 거의 반세기 이전에 그가 경고했던 말들을 퀀트들이 듣지 않은 것에 대해 여전히 안타까워했다.

그의 아파트에는 다른 사람들의 책들뿐만 아니라 자신의 저서들로 꽉 차 있는 서가가 있다. 그해 여름의 어느 날, 그는 그 서가에서 오래되어 너덜너덜해진 책 한 권을 꺼내어 조심스럽게 들고서 대충대충 넘겨보았다. MIT의 재무학교수 폴 쿠트너가 편집한 그 책은《주식시장가격들의 무작위적 특징(The Random Character of Stock Market Prices)》으로, 1964년에 발간된 시장이론에 대한 여러 에세이들을 집대성한 고전이었다. 그것은 에드 소프가 1960년대에 주식워런트의 가격결정공식을 도출할 수 있도록 도와주었던 것과 동일한 책으로 브라운 운동에 대한 바쉴리에의 1900년 논문이 포함된 최초의 컬렉션이었다. 그 책에는 만델브로트가 자신이 발견했던 제멋대로 불규칙하게 움직이는 원면가격들의 추세에 대해 자세히 설명한 에세이도 포함되어 있었다.

그가 손에 들고 있던 책의 페이지들은 오랜 세월 때문에 바삭거리고 누렇게 바래어 있었다. 그는 자신이 찾던 페이지를 재빨리 발견해서 읽기 시작했다.

"만델브로트는 그의 앞 시대의 처칠 수상과 마찬가지로, 유토피아 대신에 피와 땀과 노력과 눈물을 우리에게 약속한다." 그는 읽어 내려갔다. "만약 그가 옳다면, 우리들의 거의 모든 통계적 도구들은 더 이상 쓸모가 없을 것이다…… 분명히, 수십 년간의 노력을 한 줌의 재로 돌려버리기 전에 우리는 우리의 모든 노력이 진정 쓸모가 없다는 것을 어느 정도는 확실히 해놓고 싶다."

쿠트너가 직접 기술한 이 문구는 그가 목격한 원면가격들의 움직임에 있어서의 이상한 특징들을 자세히 설명하는 만델브로트의 에세이에 대한 엄중한 꾸짖음이었다. 만델브로트가 발견했던 시장가격들은 갑작스럽고, 움직이는 방향을 전혀 예측할 수 없는 것들이었다. 그것이 자기강화적 피드백루프인지, 아니면 닥치는 대로 내린 추측 때문인지, 또는 공포에 질려서 행하는 레버리지의 청산 때문인지, 무엇이 그러한 변동을 유발시켰는지는 중요하지 않았다. 중요한 사실은 그것들이 존재했고, 모든 종류의 시장들에서 반복해서 발생했다는 점이었다.

만델브로트의 연구결과는 시장들이 표준적인 재무이론이 설명했던 것보다 훨씬 덜 예측 가능한 행태로 움직인다는 것이었다. 벨커브(정규분포곡선)의 양쪽 날개부분의 바깥에 악몽처럼 퀀트들을 괴롭혔던 시장의 어두운 부분, 즉 많은 사람들이 겉으로 보기에 잠재의식 속으로 사라져버렸던 부분이 숨어 있었다. 만델브로트의 주장은 한참이 지난 후, 예기치 않았던 검은 백조들이 어디선가 갑자기 나타나서 시스템을 휘저어놓기 때문에 그들의 모형은 실패할 수밖에 없는 운명이라고 퀀트들에게 계속 경고를 했던 나심 탈레브에 의해서 승계되었다. 그와 같은 개념들은 쿠트너와 파마 같은 퀀트들의 정교한 수학적 세계를 완전히 파괴시키려 했다. 만델브로트가 비록 프랙털기하학(fractal geometry)으로 알려진 완전히 새로운 분야를 창시하고 카오스이론에 대한 선구자적 발견을 주도함으로써 수학계의 전설로 추앙을 받고는 있었지만, 그는 이 개념들 때문에 즉각적인 공격을 받았고 퀀트들의 승리대장정에 아주 작은 각주에 지나지 않는 존재로 퀀트들의 세계에서 곧 잊혔었다.

그러나 수십 년의 세월이 흐르는 동안에도 만델브로트는 그의 주관을 바꾸지 않았다. 그는 자신의 경고들을 무시한 퀀트들이 결국은 패망할 수밖에 없다는 것을 여전히 확신하고 있었다. 그는 2008년에 시장이 붕괴되는 것을 목격하면서, 그동안 철저하게 무시되었던 자신의 경고들이 금융시장의 붕괴로 인해 일간지의 헤드라인을 장식하는 것을 보았다.

그의 주장에 대한 옹호가 그에게 조금이나마 위안이 되었을지는 몰라도, 그는 전혀 그런 내색을 하지 않았다. 그는 시장붕괴에 따른 고통은 도외시하고, 결국은 자기의 주장이 옳았다고 기뻐할 만큼 무신경하지 못했다.

"쿠트너에 의해 표현된 내 연구에 대한 유일하면서도 중요한 비판은, 만약 내 주장이 옳다면 우리들의 모든 이전 연구가 틀린 것이 되는 것입니다." 만델브로트는 창밖으로 찰스 강을 내다보면서 말했다. "그렇지요. 그들의 이전 연구들이 모두 틀린 것입니다. 그들은 타당성이 없는 가정들을 기초로 했습니다."

그는 잠시 말을 멈추고 나서 어깨를 으쓱했다.

"그 모형들이 나빴습니다."

2008년 2월, 에드 소프는 한적한 캘리포니아 주 뉴포트비치의 건물 12층 자신의 사무실에서 창밖을 내다보고 있었다.[주5] 소프는 본격적인 위기가 아직 제대로 시작되지 않았음에도 잔뜩 화가 나 있었다. 타격을 받고 있는 은행들과 헤지펀드들은 위험을 관리하는 방법들을 전혀 몰랐다. 그들은 그들이 제대로 이해하지도 못하는 큰돈이 걸린 게임에서 수익만 많이 거두기 위해서 멋대로 레버리지를 이용했다. 그것은 그가 자신의 헤지펀드를 설립하기 훨씬 이전에 라스베가스 블랙잭테이블에 앉아서 달러를 꺾을 수 있다는 것을 입증했을 때, 이미 깨쳤던 교훈이었다. 가장 기본이 되는 위험관리란 당신이 너무 많은 금액을 베팅해서 모든 것을 한꺼번에 잃을 수도 있는 실수를 피하는 것이라는 교훈을 그는 그때 배웠다. 그런데 2007년과 2008년에 거의 모든 은행과 헤지펀드들이 이런 실수를 범했던 것이다. 그것은 아무런 예고 없이 갑자기 들이닥치는 만델브로트류의 큰 변동이 나타날 수 있는 금융시장에서는 어려울 수도 있다. 수십억 달러의 돈을 운용하는 은행들은 시장이 표준적인 금융모형들이 반영하는 것보다 단기간에는 훨씬 더 혼란스러울 수 있다는 사실을 언제나 인식해야 한다.

소프는 그의 반복적인 운동습관에 따라 꼿꼿한 상태로 서 있었다. 허리를 다쳤었던 1998년까지 그는 매년 몇 차례씩 마라톤을 하였다. 나이를 먹어가고 있어도 큰 키에 운동선수 같은 몸매인 그는 늘씬했다. 금빛 프레임의 사각유리창 너머를 바라보는 눈빛은 맑고도 차분했다. 영원히 살 수 있다는 희망을 부분적으로 갖고 있는 소프는 매일 많은 양의 알약들을 복용하고 있었다. 그가 죽은 후, 그의 몸은 극저온으로 냉동되어질 것이다. 지금보다 기술이 훨씬 더 진보하게 되는 언젠가가 되면, 그는 다시 살아날 수도 있다. 소프는 죽음에서 그가 다시 살아날 확률을 2퍼센트로 추정하고 있는, 죽는 날까지도, 그리고 죽은 후에 조차도 말 그대로 퀀트일 수밖에 없는 사람이다. 그것이 달러를 꺾는 그의 마지막 시도가 될 것이다.

육체적 불멸은 가능성이 없을 수도 있겠지만, 월가에 남긴 방대한 소프의 자취는 결코 지워지지 않을 것이다. 그 영향력을 보여주는 상징 하나가 뉴포트비치에 있는 그의 사무실에서 걸어갈 수 있는 거리에 있는 웨딩케이크를 뒤집어 놓은 것 같이 납작한 지붕을 가진 땅딸막한 백색 빌딩 속에 웅크리고 있다.

이 빌딩에는 거의 1조 달러에 육박하는 자산규모를 자랑하는 세계 최대의 자산관리회사들 중 하나인 핌코(Pimco)가 들어 있다. 핌코는 워렌 버핏을 빼놓고 아마 전 세계에서 가장 널리 알려져 있고, 가장 영향력이 큰 투자가인 '채권의 황제(Bond King)' 빌 그로스Bill Gross가 운영하고 있다. 그로스가 내리는 매매결정은 온 세계 채권시장들에 충격파를 전할 수 있다. 그의 육체적 정력과 마찬가지로 그의 투자기량도 가히 전설적이다.

에드 소프가 없었더라면, 그로스는 결코 채권의 황제가 될 수 없었을 것이다. 듀크대학에 재학 중이던 1966년에 그로스는 머리 윗부분의 피부층이 벗겨져 거의 해골이 드러날 정도의 큰 자동차사고를 당해서 죽음의 바로 문턱까지 갔었다. 그는 회복을 위해 6개월이나 병원에 입원을 했었다. 긴 시간 무료함을 달래기 위해서, 그는《딜러를 이겨라》를 독파했고, 병실에서 책에 제시된 전략들을 계속 반복해서 검증했다.

"에드가 진실을 알려주는지를 내가 확인할 수 있었던 유일한 방법은 직접 도박을 해보는 것밖에 없었지요"라고 그날 핌코의 널찍한 트레이딩 플로어에 바로 붙어 있는 회의실에서 그로스는 말했다. "그런데, 그것이 딱 맞아떨어지지 않았겠어!" 그로스 오른쪽에 앉아 있던 소프가 빙그레 웃음을 지었다.

사고로 인한 부상이 완치된 후, 그로스는 소프가 1960년대 초에 했던 것과 똑같이 그 시스템이 현실에도 적용되는지를 확인해보기로 작정했다. 지갑에 2백 달러를 집어넣고, 그는 라스베가스로 향했다. 그리고 그는 빠르게 그 돈을 1만 달러로 키웠다. 그 돈뭉치는 그가 재무를 공부했던 UCLA 대학원 학비를 조달하는데 도움이 되었다. 그리고 바로 그곳에서 그는 「시장을 이겨라」를 접하게 되었다. 그로스의 석사학위 논문은 그 책에 있는 전환사채투자전략들, 즉 켄 그리핀이 시타델을 설립하기 위해 사용했던 것과 동일한 전략들을 바탕으로 작성되었다.

소프의 책을 읽은 얼마 후, 그로스는 당시 퍼시픽 뮤추얼 라이프(Pacific Mutual Life)라는 이름이었던 회사에서 채용면접을 했다. 트레이딩 경험이 전혀 없었기 때문에 그가 채용될 가능성은 거의 없었다. 그러나 그를 면접한 사람은 그의 논문이 전환사채에 대한 것이라는 사실에 주목했다. "나를 채용했던 사람이, '당시 우리에게는 우수한 후보자들이 많이 있었지만, 이 친구만 채권시장에 관심을 보였었지'라고 말했습니다. 결국 에드 덕택에 취직을 할 수 있었던 것이지요"라고 그로스는 말했다.

핌코의 회의실에 함께 앉아 대화를 나누면서, 그로스와 소프가는 소프가 1960년대에 블랙잭을 시작했을 때 사용하던 위험관리전략인 켈리기준(Kelly criterion)에 대해 회상했다. 핌코는 켈리기준을 사용하고 있다고 그로스는 지적했다. "우리들의 부문별 집중은 바로 그것, 즉 블랙잭과 투자들이라는 개념에 근거를 두고 있습니다." 트레이딩 플로어를 가리키면서 그가 말했다. "저는 그 개념을 확장하는 것을 싫어하지만, 이 트레이딩 룸에서는 전문적인 블랙잭이 위험관리라는 관점에서 수행되어지고 있으며, 그것이 궁극적으로 우리들이 성공을 거두게 해주는데 큰 몫을 담당합니다."

소프도 동의한다고 고개를 끄덕였다. 켈리기준의 뒤에 있는 열쇠는 투자자들로 하여금 그들의 머리를 너무 쓰지 않도록 해주는 것이라고 소프는 설명했다.

"명심해야 될 것은 어떤 경우에도 무리하게 베팅을 해서는 안 된다는 것입니다."

대화는 헤지펀드들과 레버리지로 바뀌었다. 최근 수 년 동안 엄청난 돈들이 헤지펀드들로 흘러 들어가서, 헤지펀드를 1990년대 초의 1천억 달러 규모의 산업에서 2조 달러나 되는 큰 산업으로 바꾸었다. 그러나 실제 투자기회는 그다지 많이 변하지 않았다고 소프는 말했다. 헤지펀드들의 비교경쟁우위는 감소되었지만, 거대한 이익에 대한 헤지펀드매니저들과 은행들의 욕심은 더욱 커져서 게걸스러울 정도가 되었다. 그것이 대규모 레버리지의 사용, 즉 과도한 베팅으로 이어졌다. 이에 따른 필연적 귀결이 전 세계적 규모로 발생한 투기꾼들의 파멸이었다.

"가장 고전적인 실례가 바로 롱텀 캐피털 매니지먼트지요." 소프는 말했다. "우리는 이제 더 많은 롱텀 캐피털들을 보게 될 것입니다."

"활용 가능한 경쟁우위들이 감소되었습니다."

그로스는 핌코가 워렌 버핏의 버크셔 헤서웨이처럼 레버리지를 거의 사용하지 않고 있음을 지적하면서 말했다.

"그래서, 그들은 동일한 수익률을 유지하기 위해서 레버리지를 증가시키고 있는 것입니다. 대규모 청산을 발생시키는 원인은 바로 레버리지와 그에 따르는 무리한 베팅들입니다. 안정성이 불안정성으로 연결되고, 그 와중에 우리가 있습니다. 소위 안정성이라는 것이 사람들을 속였던 것입니다."

소프가 말했다.

"아무리 좋은 투자라 할지라도 너무 많은 레버리지를 사용하게 되면, 결국은 파멸을 피할 수 없습니다."

약 한 시간 후에, 그로스는 일어서서 그가 성공의 길을 시작할 수 있도록 해주었던 사람과 악수를 나누고, 그가 관리하고 있는 거의 1조 달러에 육박하는 자산들을 감시하기 위해 트레이딩 플로어로 걸어 들어갔다.

소프 역시 자신의 사무실로 걸어서 돌아갔다. 그는 스스로 약간의 트레이딩을 직접하고 있는 것으로 밝혀졌다. 고용했던 자산관리자들의 얼빠진 짓들에 지치고 싫증이 나서, 소프는 그것을 다시 한 번 자신이 직접 운용해 보기로 작정했다. 그는 유망해 보이는 트레이딩 전략을 개발했다(그것이 무엇인지에 대해서는 그가 말해주지 않았다). 2008년 초에, 그는 약 3천6백만 달러를 이 전략으로 운용하기 시작했다.

2008년 말이 될 때까지, 그가 외부사람들에게 시스템 X라고 소개하는 이 전략은 레버리지를 전혀 사용하지 않고 18퍼센트의 수익을 올렸다. 투자를 개시한 첫 주부터 계속해서 한 해 동안 시스템 X는 계속 플러스의 영역에 머물렀는데, 바로 이 해가 월가 역사상 가장 참혹한 시장붕괴 중 하나가 이어졌던 연도였고, 베어스턴스, AIG, 리먼브라더스와 다른 많은 기관들이 무너지는 것을 목격했던 한 해였으며, 시타델 인베스트먼트 그룹이 자산 중 절반을 토해내고, AQR은 40퍼센트나 수익이 감소하고, 사바가 거의 20억 달러나 손실을 기록했던 바로 그 해였다.

에드 소프가 다시 경기장에 돌아왔던 것이다.

14장

다크풀

시장붕괴를 일으켰던 원흉들 중 많은 것들은 퇴장하고 있었다. 부채담보부증권들은 사라졌고, 신용부도스왑(신용위험스왑)의 거래도 줄어들고 있었다. 그러나 월가의 어두운 대장간들에서는 또 다른 잠재적 위험을 안고 있는 퀀트들의 새로운 병기가 만들어지고 있었다.

2009년 4월 말의 후텁지근한 화요일 저녁, 퀀트들은 맨해튼 중심가의 세인트 레지스 호텔 베르사이유 룸에서 제7회 월스트리트 포커의 밤 대회를 개최했다.[주1]

수학 고수들인 엘리트 트레이더 그룹들이 투자세계의 정상에 우뚝 서 있었던 3년 전의 그 멋지고 당당하던 밤에 비해서 훨씬 가라앉은 분위기였다. 모임의 옛 스타들 중 켄 그리핀, 클리프 애스네스와 보아즈 웨인스타인 등은 모습을 보이지 않았다. 그들은 더 이상 게임을 즐길 여유가 없었다. 새로운 투자환경에서는, 더 이상 돈이 예전처럼 저절로 흘러들어오지 않았다. 이제는 그들이 직접 나가서 돈을 찾아다녀야 했다.

그리핀은 비벌리힐즈에서 개최된 밀켄 인스티튜트 글로벌 컨퍼런스에 참석해서 왕년의 정크본드 제왕인 마이클 밀켄과 어울리고 있었는데, 이 모임에는 부자들이 주로 자신들의 현명함을 경쟁적으로 자랑하기 위해 모여들었다. IPO에 대한 그의 꿈은 사막의 신기루처럼 스러져버렸고, 지금 그리핀은 영광으로 가는 새로운 길을 찾기 위해 맹렬히 뛰어다니고 있었다. 그러나 2009년 초의 바람은 그에게 불리한 방향으로 불고 있었다. 그의 선임

트레이더들 몇 명이 회사를 떠나갔다. 왜 그렇지 않겠는가? 시타델의 주력 펀드인 켄싱턴은 2008년에 전체 자산 중 절반 이상을 잃었다. 예전과 같이 넉넉한 인센티브 수수료를 챙기기 위해서는, 펀드는 단지 손익분기점에 도달하기 위해서만도 100퍼센트 이상 자산을 더 증가시켜야 했다. 몇 년이 걸릴 수도 있는 일이었다. 즉각적인 만족만을 추구하는 헤지펀드매니저들에게, 그것은 영원이라고 말하는 것과도 같았다. 아니면, 전혀 불가능한 일일 수도 있었다.

그리핀은 그럼에도 불구하고 펀드를 폐쇄하고 있지는 않았다. 그 대신, 그는 오히려 새로운 투자전략들과 새로운 인센티브수수료 체계를 갖춘 새로운 펀드들을 설립하고 있었다. 그는 또한 다른 기업들이 사라지는 것에 맞추어 새로운 사업영역으로의 확대를 추구하는 일환으로 투자은행업계로의 진출을 모색하고 있었다. 그것은 지극히 역설적이었다. 투자은행들이 헤지펀드로의 전환시도가 실패한 다음 상업은행으로 전환한 후, 헤지펀드가 투자은행으로의 전환을 시도하고 있었던 것이기 때문이었다.

일부 인사들은 그것을 그리핀의 필사적인 몸부림으로 보았다. 다른 이들은 그것을 천재의 또 다른 천재적 솜씨로 생각했다. 시카고에서 실패한 헤지펀드의 제왕이 그의 경쟁자들이 연방정부의 구조조정정책 때문에 붕괴됨에 따라, 월가의 사업들을 인수하려고 움직이고 있었던 것이다. 그의 펀드들은 전년도의 혼란이 잦아듦에 따라, 그 해 전반에는 성장을 기록하면서 약간의 회복세를 나타냈다. 어떻든, 그리핀은 투자자들이 2008년의 시장붕괴를 다시는 반복되지 않는 일회성 재앙으로 보아주기를 원했다. 그러나 그것은 기대하기 어려운 일이었다.

한편, 웨인스타인은 시카고에서 자신의 펀드를 발족시키기 위해서 분투 중이었다. 그는 자신이 도이치뱅크에 남겨두고 나온 18억 달러의 손실이 가장 광적인 시장에서만 발생할 수 있는 사소한 사고일 뿐이라는 것을 투자자들에게 확신시키기 위해 분주했다. 7월까지, 그는 자신의 새로운 펀드인 사바 캐피털 매니지먼트를 위해 2억 달러 이상의 자금을 조달했는데, 그것은 그가 도이치뱅크에서 취급했던 3백억 달러에 비하면 엄청나게 적은 액수였다. 맨해튼 중심가의 크라이슬러 빌딩에 영업장을 개설한 후, 사바는 8월에 트레이딩을 개시할 준비를 마쳤다.

애스네스는 그의 두 쌍의 쌍둥이들과 집에 머물면서 그가 좋아하는 뉴욕 레인저스가 북미아이스하키리그(NHL) 동부컨퍼런스의 플레이오프 마지막 경기에서 워싱턴 캐피털스에 패배하는 것을 지켜보고 있었다. 그 역시 자신의 새로운 펀드들을 설립하기 위해 분주히 움직이고 있었다. AQR은 가장 일반적이고, 수수료도 저렴한 뮤추얼펀드 분야로의 진출을 시도했다. 자신의 투자전략들에 대한 자신감을 보여주기 위해서, 그는 앱솔루트 리턴 펀드에 5백만 달러를 투자하는 등 상당한 규모의 개인자금을 AQR 펀드들에 투자했다. 그는 또한 2008년에 AQR이 새로운 상품으로 발족시킨 델타Delta라는 이름의 롱-쇼트(long-short; 매수를 의미하는 '롱 포지션'과 매도를 뜻하는 '쇼트 포지션'을 동시에 취하는 방식. 장기적으로는 주식시장에서 저평가된 주식을 사고, 단기적으로 고평가된 주식을 파는 기법을 조합한 '장단기 기법'으로 전통적인 헤지펀드의 일반적 거래전략임-옮긴 이)에서부터 글로벌 매크로(global macro; 세계 각국의 거시경제상황을 분석하여 수익기회가 발생하면 주식과 채권, 외환, 상품시장 등에 미치는 영향을 예측하여 수익을 올리는 헤지펀드들의 투자전략임-옮긴 이)에 이르는 모든 종류의 헤지펀드 투자기법들을 계량적으로 복제하는 낮은 수수료를 받는 헤지펀드에도 5백만 달러를 투자했다.

AQR의 펀드들 중 몇몇은 그 해 좋은 출발을 보였는데, 특히 1990년대에 시타델과 수백 개의 다른 펀드들을 출범시키는 데 기여했던 에드 소프가 수십 년 전「시장을 이겨라」에서 제시했던 전략을 추구하는 전환사채펀드가 그러했다. 애스네스는 한때는 최악의 상황이 그를 기다리고 있다고까지 생각하기도 했다. 그는 문제를 해결할 수 있는 약간의 짬을 얻을 수 있었다. 거의 주말도 없이 몇 달 동안을 정신없이 일한 후, 그는 3월에 잠시 휴가를 내어서 스코틀랜드의 험준한 산악지대로 하이킹을 떠났다. 그러나 여전히 그가 어렵게 겪었던 지난해의 잔해들은 남아 있었다. AQR을 다룬 어떤 신문의 기사는 컴퓨터들을 던져서 박살을 내는 애스네스의 별난 취미에 대해 언급했다. 다행스럽게도, 애스네스는 농담조로 그 신문의 편집자에게 "컴퓨터를 부순 것은 단지 세 번뿐이었으며, 그 경우에도 파괴된 컴퓨터모니터는 낡아서 어차피 교환해야 될 것들이었다"고 메일을 쓰면서, 시장붕괴가 최악으로 치달았던 시기에 그가 빠져들었던 나쁜 버릇에 대해 이제는 웃을 수 있게 되었다.

피터 멀러는 여전히 포커대회에 참석해서 분주히 포커꾼들 사이를 누비고 있었다. 겉으로 보기에 멀러는 차분해 보였는데, 그 속은 결코 편치 않았다. 2008년에 2천만 달러 이상의 소득을 올린 그는 모건스탠리에서 가장 많은 돈을 번 직원들 중 하나였다. 그러나 그의 속은 부글부글 끓고 있었다. 바로 그 전주에 월스트리트 저널은 모건스탠리에 긴급구제자금을 지원했던 연방정부가 그들의 상여금을 대폭 삭감할 가능성을 고참 트레이더들이 우려하고 있고, 이 때문에 PDT가 모건스탠리에서 분할될 수도 있다는 기사를 터뜨렸다. 멀러는 PDT의 새로운 비즈니스모델에 일 년 이상 매달렸고, 그의 사업계획들을 공표할 적당한 시기를 기다리고 있던 참이었다.[주2] 월스트리트 저널의 기사가 선수를 쳐서 그에게 엄청난 관료주의에 따르는 두통거리를 안겨주었다. PDT는 순식간에 두 거물들, 즉 월가와 연방정부 간의 싸움에 끼인 장기의 '졸(卒)'같은 신세가 되었다. 이런 움직임은 일부 사람들에게는 마치 모건스탠리가 PDT를 분사시켜서 대규모 투자를 행하고, 트레이더들에게는 그들의 푸짐한 상여금을 한 푼도 손해보지 않도록 해주고, 회사는 전과 동일한 투자수익을 챙기는 꿩도 먹고 알도 먹는 계획을 세운 것처럼 보이게 했다.

멀러에게 그것은 악몽이었다. 우스꽝스럽게도, 모건스탠리의 일부 내부 인사들은 그 계획을 언론에 흘렸다고 멀러를 비난하기까지 했다. 물론 그는 결코 그런 일을 한 적이 없었다. 멀러는 그가 꼭 필요하다고 판단되는 경우가 아니면, 결코 언론과 접촉하지 않았다.

그러나 그가 손꼽아 기다리던 것이 있었는데, 바로 그것은 포커였다. 포커에 관한 한, 멀러는 모든 것을 제쳐놓고 달려들었다.

이제 71세가 된 제임스 시몬스도 이 대회에 참석해서, 듬성듬성 난 잿빛 수염을 쓰다듬으며 사람들로 붐비는 식탁에 구부정하게 앉아 있었다. 그러나 르네상스에서의 모든 것이 다 순조롭지는 못했다. 자산규모가 90억 달러인 메달리온 펀드는 그 해의 첫 4개월 동안 12퍼센트의 수익을 올리면서 계속 돈을 벌어들이고 있었으나, 한때 시몬스가 (결코 도달하지 못한 환상으로 끝나기는 했지만) 엄청난 규모인 1천억 달러까지 운용할 수 있다고 자랑했었던 이 회사의 전설적인 펀드인 RIEF 펀드는 전반적인 주식시장이 상승세였음에도 불구하고, 2009년 들어 지금까지 17퍼센트의 손실을 기록하고 있어서 어떤 상황에서도 돈을 벌어들일 수 있다는 시몬스의 평판을 무색케 했다. RIEF 투자자들은 시몬스가 이 펀드의 수익률이 메달리온 수익률에 근접할 수 있을 것이라는 약속을 한 적이 전혀 없는데도 불구하고, 이들 두 펀드의 수익률 격차가 벌어지는 데 대해서 더욱 큰 불만을 드러내고 있었다. 르네상스의 전체 자산규모는 2007년 8월에 시장붕괴가 시작되기 직전이었던 2007년 중반의 고점인 350억 달러로부터 감소하기 시작해서 2008년에만 120억 달러가 줄었으며, 그 결과 현재는 180억 달러에 머무르고 있었다.

시몬스의 인생에도 큰 변화가 발생하고 있었는데, 그는 1982년에 자신이 최초로 설립한 이 회사의 최고경영자의 자리에서 내려올 준비를 하고 있었다.[주3] 2008년에 그는 중국정부가 소유하고 운영하는 2천억 달러 규모의 중국투자공사(China Investment Corporation, CIC)에 르네상스의 지분 중 일부에 대한 매각제의를 하기 위해 중국을 방문했었다. 거래는 이루어지지 않았지만, 그것은 이제 나이가 들어가는 이 수학천재가 퇴진을 준비하고 있다는 명백한 신호가 되었다. 정말로, 시몬스는 그 해 르네상스의 CEO 자리에서 물러났고, IBM 음성인식부문의 대가들이었던 피터 브라운과 로버트 머서가 그 자리를 승계했다.

한편 그 자리에는 새로운 퀀트들이 서로 어울리고 있었다. 그의 결혼식장에서 탈레브와 멀러가 시장을 이길 수 있는지 없는지를 두고 설전을 벌렸던 닐 크리스는 몇몇 친구들과 테이블에 앉아 이야기를 나누고 있었다. 크리스는 한때 하버드에서 가르치기도 했던 우수한 수학자로 빠르게 부상하고 있는 퀀트였다. 최근에 그는 '허친 힐 캐피털(Hutchin Hill Capital)'이라는 자신의 펀드를 발족시켰는데, 르네상스로부터 재정적 지원을 받았던 이 펀드는 2008년에 예상을 뛰어넘는 좋은 실적을 올렸다.

안쪽 방에서는 대회가 시작되기 전에 소규모의 개인적인 포커게임이 벌어지고 있었다. 초청을 받아서 온 두 명의 전문포커선수 클로니 고웬과 T.J. 클로티에가 때때로 어설픈 플레이들에 움찔하면서 구경하고 있었다.

시장붕괴에 따른 충격에도 불구하고, 여전히 주머니 사정이 넉넉한 참가자들은 식탁에 차려진 양고기, 퍼프 페이스트리와 랍스터샐러드 등을 즐기고 있었다. 바에서는 와인과 샴페인이 제공되고 있었지만, 대부분의 사람들은 조금씩만 술을 마시고 있었다. 아직 많은 포커게임들이 남아 있었기 때문이다. 또한 여러 해 전의 왁자지껄했던 파티분위기도 많이 가라 앉아 있었다.

차임벨이 울리면서, 플레이어들에게 메인 룸으로 모여 달라는 공지가 있었다. 카드가 준비된 테이블들이 그들 앞에 줄지어 놓여 있었고, 단정하게 베스트 수트를 입은 딜러들이 그들을 기다리고 있었다. 시몬스는 대회의 진행이 해가 바뀔수록 더욱더 좋아지고 있으며, 대회 수익금이 학생들에게 수학을 가르치는 데 얼마나 큰 도움을 주고 있는지를 참석자들에게 알려주는 개막연설을 했다.

잠시 후, 경기가 시작되었다. 그날 밤의 우승자는 트레이딩에서의 행운이 포커판에까지 이어진 크리스였다. 멀러는 최종라운드에 올라가지 못했다.

월가에서의 지난 3년은 2006년 포커대회에 참가했었던 모든 트레이더들과 헤지펀드매니저들의 인생을 극적으로 변화시켰던 격동의 세월이었다. 좋은 시절은 시작되었다가 어느새 모두 지나가버렸다. 여전히 돈을 벌고는 있었지만, 수십억 달러씩이나 되는 눈먼 큰돈을 실은 기차는 모든 사람이 기다리는 역은 그냥 지나쳐 버리고 오직 선택받은 몇몇 사람들이 기다리는 곳에서만 멈췄다.

산타바바라의 산시메온에 편안하게 자리를 잡고 있던 멀러는 PDT 개혁에 대한 그의 계획을 다듬고 있었다. 그 계획은 회사와 멀러 자신만 변화하는 것이 아니었다. 그것은 한때 월가에서 죽이느냐 죽느냐의 전투를 벌이면서 가장 공격적인 영업을 했던 투자은행들 중 하나인 모건스탠리로서도 결정적인 전환을 의미했다. 2009년이 될 때까지 그 규모가 엄청나게 축소된 상태에서도 PDT는 여전히 모건을 지탱해주는 최대의 프롭트레이딩 사업부문이었다. 만약 계획대로 PDT가 모건에서 분리된다면, 단지 대출과 딜링만으로 돈을 버는 따분하고 틀에 박힌 옛날식 은행으로 되돌아가는 모건의 역사적 전환을 더욱 공고히 해줄 것이었다.

가장 확실하게, 그것은 한때 모건의 비밀스러운 퀀트머니머신이었던

PDT와 총명하지만 감정의 기복이 심한 보스인 멀러 모두에게 큰 변화가 될 것이었다.

엄청난 손실 때문에 다소 풀들은 죽었지만, 어려움을 겪으면서 값진 교훈을 얻었다고 확신하고 있던 그리핀, 멀러, 애스네스와 웨인스타인 모두는 다시 한 번 영광을 재현하려는 의욕으로 가득 차 있었다.

그러나 또 다른 위험도 도사리고 있었다. 큰 손실을 보았던 헤지펀드매니저들은 특히 위험할 수 있었다. 손실을 본 투자자들은 더욱 요구가 많아지고, 참을성이 없어지게 된다. 큰 이익이 짧은 기간 안에 실현되지 않으면, 투자자들은 뒤도 돌아보지 않고 바로 펀드를 떠나버린다. 만약 그런 상황이 발생하면, 모든 것이 허사가 되는 것이다.

작은 손실이나 미미한 이익이 큰 손실과 동일하게 간주되어 어떤 경우에도 펀드의 폐쇄로 이어진다면, 레버리지를 끌어올리고 주사위를 던져서 큰 이익을 추구하는 투기에 대한 유혹을 피할 수 없게 된다.

이와 같이 비뚤어지고, 잠재적으로 자기 파괴적이 될 수 있는 행위는 효율적 시장가설이나 시장이 언제나 안정적인 균형점을 향해 움직인다는 믿음과 같은 현대 재무학의 기본적 신조와 일치되지 않는다. 이런 이론들은 더욱더 의문의 대상이 되고 있으며, 오랜 기간 자신이 옹호했던 경제학의 합리적 질서에서 결함을 감지했다고 주장했던 알란 그린스펀과 같은 든든한 신봉자들로부터도 의심을 받고 있다.

최근에 들어서서, 금융시장에서의 보다 혼란스러운 행태들까지 아우르는 새로운 이론들이 떠올랐다. 한때 와튼스쿨에서 클리프 애스네스를 가르쳤으며 다가오고 있는 종말의 날 시계를 경고했던 2007년 8월의 퀀트시장붕괴에 대한 보고서의 저자인 앤드류 로는 '적응적 시장가설(adaptive market hypothesis)'이라고 이름을 붙인 새로운 이론을 개발했다. 로는 가격들이 제대로 음률을 맞춘 바흐의 칸타타에 맞추어 춤을 추는 것과 같은 질서정연한 시장에서의 이성적인 댄스를 통해서 결정되는 것이 아니라, 오히려 찰스 다윈의 주장처럼 상대를 물어서 죽이려는 죽음의 무도를 벌이면서 서로 힘을 겨루는 헤비메탈 컨서트와 더 유사한 것이고 주장했다. 시장참가자들은 비효율성을 감지해서 그것으로부터 마지막 한 푼까지 짜내기 위해서 지속적으로 투쟁 중에 있기 때문에, (그 과정에서 시장이 잠시 겉으로는 균형을 회복한 것처럼 보이면서) 비효율성이 사라지도록 만들고, 그 후에는 지속적이고, 때로는 혼란스러운 파괴와 혁신의 순환을 만들어내면서 새로운 먹이를 획득하거나 아니면 죽임을 당하기 시작한다.

이와 같은 주장은 다소 불안스럽게 보이기는 하지만, 많은 이들에게는 훨씬 더 현실적인 시장의 모습으로 받아들여지고 있으며, 분명히 2007년 8월에 시작되었던 광풍의 실체도 정확히 파악할 수 있도록 해 준다.

또 다른 주장으로는, 2002년 노벨경제학상을 수상했던 대니얼 카너만의 행태재무론(behavioral finance theory)이 있다. 자주 삭막한 대학연구실에서 주머니 사정이 넉넉하지 못한 학부생들을 대상으로 수행되었던 연구들인 행태재무론을 통해서 확인된 발견들은 사람들이란 돈이 관련되면 언제나 최적의 선택을 내리지는 않는다는 것을 반복적으로 보여주었다.

이와 유사한 종류의 생각인 신경경제학(neuroeconomics)이라고 불리는 이론은 왜 사람들이 가끔 합리적이지 않은 결정들을 내리는지를 조사하기 위해서 두뇌의 복잡한 구조를 탐구하고 있다. 예컨대, 어떤 투자자들은 그들 자신의 이름과 비슷하게 들리는 이름을 갖는 주식종목들을 선택하고, 또 어떤 투자자들은 HOG(할리-데이비슨)처럼 쉽게 인지할 수 있는 주식종목의 약호(ticker symbol)를 보고 투자종목을 선택하기도 한다는 것이다. 두뇌 중의 어떤 부분들은 사람들에게 돈의 현재가치에 대한 인플레이션 효과, 또는 투기적인 버블붕괴의 발생가능성 등과 같은 미래의 사건이 주는 영향들을 무시하도록 만드는 '화폐착각(money illusion)'의 영향을 받는다는 연구결과들이 이 이론을 통해서 확인되고 있다.

(1990년대 초에 잠시 피터 멀러와 만났던 헤지펀드매니저이며 동시에 카오스 이론의 연구자이기도 한) 도인 파머가 이끄는 '산타페 인스티튜트(Santa Fe Institute)'라는 명칭의 최첨단 싱크탱크에 모여 있는 소그룹의 연구자들은 금융시장을 상호작용하는 힘들의 생태계로 보는 새로운 접근법을 개발하고 있었다. 그들이 추구하는 것은 로(Lo)의 혁명적인 시각처럼 시장을 한정된 자원을 먼저 차지하기 위해 경쟁하는 힘들이라는 관점에서 파악함으로써, 시장이 어떻게 움직이는지, 그리고 경제학자, 증권분석가, 심지어는 트레이더들이 시장을 붕괴시키지 않고 이들 시장과 어떻게 상호작용을 해나가는지에 대해 보다 종합적으로 이해하려는 것이었다.

또한 퀀트들은 금융위기에서 그들이 수행했던 역할 때문에 광범위하게 비난을 받고는 있지만, 탈레브와 같은 열혈분자를 제외하고는 이들 퀀트를 월가에서 축출해야 된다고 주장하는 사람들은 거의 없다. 그것은 교량이 붕괴된 후, 토목엔지니어들을 교량건설업에서 축출하는 것과 똑같은 일이기 때문이다. 많은 사람들은 그들을 축출하는 대신에, 보다 좋은 다리를 설계하는 것, 즉 퀀트들의 경우에는 금융 쓰나미를 발생시키는 것이 아니라 금융 쓰나미에도 견뎌낼 수 있는 보다 우수하고, 보다 더 튼튼한 모형들을 설계하는 것이 목표가 되어야 할 것이라고 생각한다.

일부 희망적인 면도 있었다. 기업들은 점점 더 수십 년 전에 만델브로트가 묘사했던 제멋대로의 형태인 꼬리가 두터운 변화들이 포함되는 모형들을 채택하고 있었다. 벨커브를 기초로 하는 VAR-위험관리모형을 창시했던 J. P. 모건은 꼬리가 두터운 분포들을 포함하는 새로운 자산배분모형을 개발하고 있었다. 시카고에 본사가 있는 투자조사조직인 모닝스타(Morningstar)는 꼬리가 두터운 벨커브를 가정해서 만든 퇴직연금가입자들을 위한 포트폴리오 예측모형을 제공하고 있었다. 피터 멀러가 예전에 근무했었던 MSCI BARRA의 퀀트들은 검은 백조들의 출현까지 감안된 최첨단 위험관리전략을 개발했다.

그러는 동안에도, 시장은 계속 이상하게 움직이고 있었다. 2009년에 들어서서는 2008년 말처럼 다우지수가 1천 포인트나 널뛰기를 하는 피를 말리는 변동장세는 사라졌지만, 주식들은 연초의 상승랠리에도 불구하고 여전히 시궁창에 빠져서 헤어나지 못하고 있었다. 주택시장은 다음 10년 기간까지도 마치 솟구치는 용암 같이 계속 요동을 칠 것처럼 보였다. 은행들은 그들의 레버리지를 극적으로 감축시켰고, 그들의 새로운 투자자인 미국정부에 대해 그들이 앞으로는 기대에 맞추어 제대로 행동하겠다고 약속하고 있었다. 그러나 더 많은 문제들이 계속 자라나고 있다는 신호들도 있었다.

2009년 봄, 몇몇 은행들은 부분적으로는 영리한 회계적 속임수 덕택에 대다수의 사람들이 예측했던 것보다 좋은 이익수치들을 보고했다. 월가에서는 다시 거액의 보너스에 대한 논의들이 떠돌기 시작했다. "그들은 다시 범죄를 저지르기 시작했다"고 존경받는 은행분석가인 브래드 힌츠가 뉴욕 타임스에서 경고했다.[주4]

퀀트펀드들 역시 또 다른 변동성의 물결 때문에 고통을 받고 있었다. (예전에 리먼브라더스에 근무했었던) 바클레이즈의 퀀트리서처인 매튜 로스만에 따르면, 퀀트들의 투자전략들을 추적하는 지수들이 "대략 15,000일 기간에 걸쳐 측정했을 때, 최고지수와 최저지수가 그 해 4월에 발생했다"고 보고했다.

시장붕괴를 일으켰던 원흉들 중 많은 것들은 퇴장하고 있었다. 부채담보부증권들은 사라졌고, 신용부도스왑(신용위험스왑)의 거래도 줄어들고 있었다. 그러나 월가의 어두운 대장간들에서는 또 다른 잠재적 위험을 안고 있는 퀀트들의 새로운 병기들이 만들어지고 있었다.

먼저 상장지수펀드(exchange-traded funds, ETF)라고 불리는 투자상품에 대한 우려가 커지고 있었다. 투자자들은 원유에서 금 채굴기업과 은행주식들에 이르는 시장에서 거래되는 다양한 품목들의 가격변동을 추적하는 여러 종류의 레버리지비율이 아주 높은 ETF들에 몰려들고 있는 것으로 보였다. 2009년 3월의 한 달 동안에만, 34억 달러의 신규자금이 이와 같은 차입부(leveraged) ETF에 투자되었다. 은행과 헤지펀드들의 퀀트 트레이딩

데스크는 ETF 펀드들이 언제 매수나 매도를 시작하는지를 예측하기 위해서 개별펀드별로 작성한 스프레드시트를 활용해서 ETF들의 움직임을 추적하기 시작했다. 만일 그들이 미래를 예측할 수 있다면, 즉 그들이 진리를 안다면, 그들은 가장 먼저 트레이딩을 함으로써 가격들의 움직임을 예측할 수 있기 때문이었다.

많은 ETF들이 주식을 공매도 하고 있었기 때문에, 시장은 이 모든 펀드들이 한꺼번에 자금을 투입하거나, 아니면 한꺼번에 자금을 인출하게 되면 시장의 안정을 크게 해치는 연속적인 불안정한 자금의 흐름이 발생할 수 있다는 사실을 우려하고 있었다. 이 금융상품에 대한 보고서에서, 바클레이즈 글로벌 인베스터즈(Barclays Global Investors)의 수석리서처들인 민더 쳉과 아난트 마드하반은 이 금융상품들이 예상치 못했던 결과를 조성해서 시장에 체계적 위험을 초래할 가능성이 높다고 말했다. "1987년의 주가대폭락 시에 포트폴리오보험이 수행했던 역할과 아주 비슷한 모습을 보이고 있다"고 그들은 경고했다.

또 한 가지 우려스러운 것은 르네상스와 PDT와 유사한 컴퓨터기반 초극단타매매펀드들에 의한 거래량이 폭발적으로 증가하고 있었던 점이다. 보다 처리속도가 빠른 컴퓨터칩, 보다 빠른 접속, 보다 빠른 알고리즘 등 속도 경쟁이 뜨겁게 전개되고 있었다. 펀드들은 마이크로초(秒), 즉 1백만 분의 1초 단위로 측정되는 속도로 트레이딩을 하고 있었다. 맨해튼 다운타운에서 약 56킬로미터 떨어져 있는 뉴저지 주 마와에서는 뉴욕증권거래소가 컴퓨터를 통한 거래들만 처리하게 될 2차 대전 당시의 항공모함 보다 더 크고, 미식축구경기장 세 개 보다도 길이가 더 긴 거대한 데이터센터를 짓고 있었다. "앞으로 사람들이 NYSE를 말할 때는 바로 이 센터를 의미하게 될 것입니다"라고 NYSE의 공동대변인인 스탠리 영Stanley Young이 월스트리트 저널에 말했다. "이것이 우리의 미래입니다."

그러나 감독당국자들은 염려를 하고 있었다. 증권거래위원회(SEC)는 증권중개업자들로부터 컴퓨터식별코드들을 빌려서 거래소의 중개업자들을 경유하지 않고 직접 접속하는 소위 네이키드억세스(naked access)를 사용하는 극초단타매매전문회사들이 증가하는 추세에 대해 우려를 하고 있었다. 트레이딩의 상대방이 되기를 원하는 극초단타매매자가 항상 존재할 것이라고 보였기 때문에, 극초단타매매회사들은 투자자들이 주식을 보다 쉽게 매매할 수 있도록 해주면서 여러 가지 방법으로 시장에 도움이 되기는 했지만, 제기되는 우려는 위험관리를 제대로 못하는 질이 좋지 못한 펀드들이 시장안정을 저해하는 투매를 촉발할 수도 있다는 점이었다.

"우리는 이것이 위험하다고 생각했습니다"라고 극초단타매매회사들을 위해 서비스를 제공했던 회사의 한 중역이 말했다. "제가 우려하는 부분은 또 다른 LTCM 문제가 5분 안에 발생할 것이라는 점입니다." 극초단타매매의 세계는 골드만삭스에서 컴퓨터코딩 일을 막 그만둔 퀀트 세르게이 알레니코프Sergey Alenikov가 시카고 여행으로부터 뉴아크의 리버티공항에 도착해서 비행기에서 내리던 때인 2009년 6월에 언론의 주목을 받았다. 공항에서 그를 기다리고 있었던 사람은 FBI 요원들이었다. 알레니코프는 그 자리에서 체포되어 골드만삭스의 비밀스러운 극초단타매매그룹으로부터 컴퓨터코드를 훔쳤다는 혐의로 고발을 당했으며, 그 혐의에 대해 그는 법정에서 재판을 받았다.

이 사건에 궁금증을 더해 주었던 사실은, 시카고의 강력한 퀀트펀드인 시타델의 관련여부였다. 알레니코프는 시타델의 지극히 수익성이 좋은 택티컬 트레이딩 그룹을 이끌고 있었던 미샤 말리셰프가 최근에 설립한 테자 테크놀로지스Teza Technologies에 막 취업이 확정된 참이었다. 알레니코프의 체포 6일 후, 시타델은 말리셰프와 역시 시타델의 전 종업원들이었던 그의 동료 몇 명을 경업금지계약(noncompete agreements)을 위반하고, 피고들은 부인했지만, 컴퓨터코드를 훔쳤다는 혐의로 고발했다.

이 고소사건은 전에는 알려지지 않았던 시타델의 초고속트레이딩 활동에 대한 세부내용들을 노출시켰다. 출입을 허용받기 위해서 특수코드를 필요로 하는 택티컬 트레이딩 그룹의 사무실들은 회사의 독점적인 정보들이 도난당하지 않도록 많은 카메라들과 경비요원들을 갖추고 있었다. 이 회사는 이 코드들을 개발하기 위해 오랜 기간 수억 달러를 지출했는데, 말리셰프와 그의 동료들이 이 투자를 쓸 모 없도록 만들고 있다는 주장이었다.

또한 이 사건은 택티컬이 시타델의 헤지펀드들이 약 80억 달러의 손실을 기록했던 2008년에도 시장변동성을 이용해서 10억 달러의 이익을 올렸을 만큼 엄청나게 수익성이 좋은 사업이라는 것도 드러냈다. 이런 사실은 펀드에 대한 투자자들이 엄청난 손실을 보고 있던 상황에서 많은 이익을 내는 사업단위에 대한 그리핀의 지분을 효과적으로 증대시켰던 헤지펀드부문으로부터 택티컬을 분리시켰던 그리핀의 2007년 말 결정에 대해서도 의문들이 제기되도록 했다. 대부분 그리핀의 소유로 되어 있는 시타델의 주요 투자자들이 20억 달러 규모의 택티컬 지분의 약 60퍼센트를 소유하고 있었다고 시타델의 내부재무정보에 정통한 사람들은 말했다.

이를 둘러 싼 모든 논란들이 극초단타매매의 내용을 거의 인지하지 못하고 있던 규제당국자들과 일반투자자들 사이에 경각심을 불러 일으켰는데. 이들 거래는 1980년대에 게리 뱀버거나 제임스 시몬스와 같은 혁신자들에 의해 처음으로 고안되고, 1990년대에 데이비드 쇼와 피터 멀러에 의해 더욱 향상되었던 거래전략인 머니 그리드의 핵심요소를 이루고 있었다. 그러나 컴퓨터를 기반으로 하는 트레이딩의 속도가 이해를 할 수 없을 정도로 빨라지고 이에 따른 위험이 인식됨에 따라, 우려도 당연히 제기되었다.

이들 컴퓨터기반 펀드들 중 다수가 대량의 매수주문과 매도주문들이 아무런 마찰이 존재하지 않는 사이버공간에서 이루어지는 은밀한 컴퓨터기반 트레이딩네트워크인 '다크풀(dark pools)'이라고 불리는 새로운 형태의 증권거래소로 옮겨가고 있었다.[주5] 통상 주식들은 누구든지 매매를 공개적으로 확인할 수 있는 나스닥이나 NTSE 같은 공식거래소에서 거래된다. 그 이름이 나타내는 것처럼 다크풀을 통해서 이루어지는 거래들은 익명성이고, 그래서 일반에게 그 내용이 전혀 공개되지 않는다. 이 거래소들은 시그마 엑스(SIGMA X), 리퀴드넷(Liquidnet), 포짓(POSIT), 크로스파인더(CrossFinder), NYFIX 등의 이름을 갖고 있다. 이들 보이지 않는 전자거래소들에서는, 규제당국자들의 눈이 미치지 않는 곳에서 막대한 금액들에 대한 거래가 이루어진다. 어둠 속에서 이루어지는 파생상품거래들을 밝은 곳으로 이끌어내려는 노력들이 이루어지고 있었던 반면에, 주식거래들은 오히려 급속히 어둠의 영역들로 숨어들고 있었다. 점점 더 자주, 헤지펀드들은 차익거래기회의 계속적인 탐색을 통해서 가격들 사이의 일시적인 차이를 찾아내거나 심지어 수상한 술책들과 약자들을 착취하는 알고리즘들을 동원해서 가격의 변화를 유발시키기 위해서 이 다크풀을 활용해서 이익을 챙길 수 있는 새로운 시스템들을 만들어내고 있었다. 헤지펀드들은 공격대상을 찾아내는 잠수함들처럼 단기적 이익기회를 찾아내기 위해 전자적 신호를 보내어 다크풀을 계속 두드려보고 있었다. 이러한 행위들은 대부분 전혀 보이지 않았으며, 규제당국자들을 까마득히 앞 서 있었다.

다크풀들은 초고속 극초단타매매트레이딩 시스템들도 개통시키고 있었다. NYFIX 밀레니엄 풀은 고객주문에 대한 반응시간을 1천분의 3초까지 단축시켰다. 밀레니엄이 고객들에게 보낸 전단지는 "닌자처럼 재빠른" 트레이더들이 다크풀에서 "엄청나게 빠른 속도를 활용해서 준비가 되어 있지 않은" 거래상대방을 제압할 수 있다고 다음과 같이 주장하고 있었다.

보통사람들의 퇴직연금들이 닌자 헤지펀드를 만나다.

그와 같은 발전들이 금융시스템에 보다 광범위한 위험을 초래했는지는 아직도 정확하게 알려져 있지 않다. 기술을 사용하는 사람들은 보다 빠른 속도로 이루어지는 거래들이 트레이딩을 보다 쉽고 저렴하게 만들기 때문에, "유동성"을 제고시킨다고 말한다. 그러나 2007년과 2008년의 금융위기가 나타났을 때, 유동성은 당신이 그것을 필요로 하지 않을 때에는 언제나 그곳에 있었고 당신이 필요로 할 때에는 결코 그곳에 없었다.

한편, 국회의원들, 오바마 대통령, 그리고 규제당국자들은 새로운 법률과 규칙들을 동원해서 금융시스템을 묶어놓으려고 분주히 움직였다. 파악이 어려운 거래들을 추적하기 위해서 신용부도스왑에 대한 결제소 설립이 성사되었다. 그러나 그 이면에는, 금융공학자들이 어둠 속에서 활동할 수 있는 새로운 기법들을 고안해내려고 땀을 흘리고 있다.

다시 한 번 요약해 보자. 전 세계 대중들에게 판매되는 레버리지로 요란하게 치장한 투자상품들, 피 터지는 수익률 경쟁을 벌이고 있는 헤지펀드들, 광속으로 가동되는 컴퓨터기반 자동트레이딩시스템들, 다크풀에서 유동성을 찾아 떠돌며 약자만 골라서 먹어치우는 닌자 알고리즘들…….

이 모든 것들을 앞세우고, 퀀트들이 몰려오고 있다.

주 석

제1장

1. 〈알파〉, 2006년 5월호에서.
2. 이 포커대회의 몇몇 세부내용들은 〈MFA News〉(2006년 봄호)에서 수집한 것들임.
3. 시카고의 리서치 그룹인 헤지펀드리서치Hedge Fund Research에서 입수한 자료를 바탕으로 했음.

제2장

1. 에드 소프와 여러 차례 인터뷰를 했고 많은 이메일들을 주고받았음. 에드 소프의 1961년 블랙잭판 습격사건을 포함하는 그의 블랙잭 경력에 대한 다수의 세부내용들은 그의 화려한 저서인《딜러를 이겨라: 21을 만드는 게임에서의 필승전략》(Vintage, 1962)에서 찾아낸 것임. 다른 세부내용들은 윌리엄 파운드스톤William Poundstone의 탁월한 저서인《행운의 공식: 카지노와 월가를 평정했던 과학적인 베팅시스템에 대해 알려지지 않은 이야기(Fortune's Formular: The Untold Story of the Scientific Betting System That Beat the Casinos and Wall Street)》(Hill &

Wang, 2005)에서 입수했음. 이 책에서 내가 사용한 세부내용들에 대해 소프의 확인을 받았음.

2. 조셉 칸Joseph P. Kahn이 2008년 2월 20일자 보스턴 글로브에 게재한 기사 〈판에 끼어들기: 그들은 최초의 블랙잭 책은 썼으나 돈을 따지는 못했다(Getting a Hand: They Wrote the First Blackjack Book But Never Cashed In)〉에서.

3. 에드워드 O. 소프의 〈최초의 착용 가능한 컴퓨터의 발명(The Invention of the First Wearable Computer)〉(http://graphics.cs.columbia.edu/courses/mobwear/resources/thorp-iswc98.df.)

4. 아더 C. 클라크의 《바다를 건너 들려오는 소리(Voice Across the Sea)》(HarperCollins, 1975)에서.

제3장

1. 블랙잭을 다룬 챕터처럼, 제3장의 많은 세부내용들은 소프와의 인터뷰들, Fortune's Formula와 소프의 두 번째 책인 《시장을 이겨라》에서 찾아낸 것들임. 이 책은 절판되었으나, 그가 친절하게 웹을 통해 입수할 수 있도록 해주었음.

2. 10년 이상의 기간 동안, 나심 탈레브는 시장에서의 큰 사건들이나 검은 백조의 존재들을 무시하는 퀀트모형들에 대한 비판을 계속해 왔기 때문에 퀀트모형들의 이런 약점들에 대해 경고를 한 기여를 인정받을 자격이 충분함. 나는 이 책을 저술하는 동안 탈레브와 수많은 대화를 나누었음.

3. 통계적 차익거래(스태트 아브)의 발견에 대한 부분은 거의 전적으로 이 기법을 발견하고 월가에 전파했던 당시의 모건스탠리에 근무했던 게리 뱀버거, 눈지오 타

타글리아와 몇몇 다른 멤버들과의 인터뷰를 기초로 하고 있음. 이 그룹에 대한 예전의 언급은 리차드 북스테이버Richard Bookstaber의 《우리가 디자인한 악마(Demon of Our Own Design)》(John Wiley & Sons, 2007)에서 찾아질 것임.

4. 쇼의 모건스탠리 퇴직에 대한 설명은 눈지오 타타글리아와 당시 APT에 있던 다른 사람들과의 인터뷰를 기초로 하고 있음.

제4장

1. 블랙먼데이에 대한 자세한 내용들은 제임스 스튜워트James B. Stewart와 대니얼 허츠버거Daniel Hertzberger가 1987년 12월 11일 작성한 "1987년의 대붕괴-붕괴가 시작되기 전, 투기적 광풍이 블랙먼데이 10개월 전에 거세게 불었다(The Crash of '87-Before the Fall:Speculative Fever Ran High in the 10 Months Prior to Black Monday)"를 포함하는 그 기간 동안의 수많은 월스트리트 저널 기사들에서 찾아질 수 있음. 제4장 도입부의 서술을 포함하는 다른 세부내용들은 도날드 맥켄지Donald McKenzie의 《카메라가 아니고, 엔진: 재무모형들은 어떻게 시장에 영향을 주는가(An Engine, Not a Camera: How Financial Models Shape Markets)》(MIT 출판부, 2006년)와 알란 그린스펀의 《격동의 시대: 신세계에서의 모험(The Age of Turbulence: Adventures in a New World)》(John Wiley & Sons, 1988)에서 찾아짐.
2. 내가 아는 한 포트폴리오보험의 발명에 대한 최고의 설명은 피터 번스타인Peter L. Bernstein의 《세계 금융시장을 뒤흔든 투자 아이디어(Capital Ideas: The Improbable Origins of Modern Wall Street)》(John Wiley & Sons, 2005)에서 찾을

수 있음. 또 다른 자료는 도날드 러스킨Donald Luskin이 편집한 《포트폴리오보험: 다이내믹헤징으로의 안내(Portfolio Insurance: Guide to Dynamic Hedging)》(John Wiley & Sons, 1988)에 수록된 헤인 리랜드Hayne E. Leland와 마크 루빈스타인Mark Rubinstein의 논문인 〈포트폴리오보험의 진화(The Evolution of Portfolio Insurance)〉였음.

3. 우주의 나이는 200억 년이 아니고 135억 년임.

4. 만델브로트의 생애에 대한 일부 구체적인 내용들은 2008년 여름 만델브로트와 행한 일련의 인터뷰를 통해서 입수한 것들임. 또한 만델브로트와 리차드 허드슨Richard L. Hudson이 공저한 《시장의 (잘못된) 행태: 금융혼란의 프랙털적 관점((Mis)Behavior of Markets: A Fractal View of Financial Turbulence)》(Basic Books, 2006)에서도 많은 내용들을 찾을 수 있었음.

5. 에마누엘 더만Emanuel Derman의 《퀀트로서의 내 생애(My Life As a Quant)》(John Wiley & Sons, 2004, 226쪽, 《퀀트: 물리와 금융에 관한 회고》로 국내에 출간되어 있다)에서.

6. 이 부분에 대한 일부 구체적 내용들은 제임스 스튜어트James Stewart의 《도둑의 소굴(Den of Thieves)》(Simon & Schuster, 1991)에서 인용했음.

7. 나는 매도프 사기사건이 발각되었던 2008년 12월에 소프와의 여러 차례 인터뷰를 통해서 소프에 의한 이 사기사건의 발견과 관련된 흥미진진한 이야기를 들었음. 나는 그의 이야기를 관련된 기업과 몇 가지 문서들을 통해서 확인했음.

1. 소프와 시타델 사이의 통화에 대한 구체적인 내용들은 소프, 프랭크 메이어, 저스틴 아담스 및 켄 그리핀으로부터 들었다.
2. 나는 그리핀과의 한 차례 인터뷰와 그리핀 밑에서 일한 사람들과의 많은 인터뷰들을 통해서 그리핀과 시타델의 역사에 대한 많은 구체적인 내용들을 입수했다. 다른 세부 내용들은 아래의 기사들에서 확인할 수 있었다. 〈시타델의 그리핀: 헤지펀드계의 슈퍼스타(Citadel's Griffin: Hedge Fund Superstar)〉 마르시아 빅커스Marcia Vickers, 〈포춘〉 2007년 4월 3일. "26퍼센트의 수익률을 올린 시타델이 헤지펀드의 틀을 깨고 IPO를 추진하고 있다(Citadel Returns 26 Percent, Breaks Hedge Fund Mold, Sees IPO)." 캐서린 버튼Katherine Burton, 〈블룸버그 뉴스 서비스〉, 2005년 4월 29일. "헤지펀드는 다음 번 골드만삭스가 될 수 있을까(Will a Hedge Fund Become the Next Goldman Sachs)?" 제니 앤더슨Jenny Anderson, 〈뉴욕타임스〉, 2007년 4월 4일.
3. 나는 피터를 잘 아는 사람들과 가진 일련의 인터뷰를 통해서 피터 멀러에 대한 여러 가지 세부내용들을 확인했다. 유럽으로의 여행과 같은 다른 세부내용들은 아래의 책에 수록된 그의 에세이에서 입수했다. 《나는 어떻게 퀀트가 되었는가(How I Became Quant)?》(리처드 린지Richard Lindsay와 배리 셰흐터Barry Schachter 엮음, 존 와일리 출판사, 2007, 《퀀트 30년의 기록》으로 국내에서 출간되어 있다.)
4. 나는 파마 교수의 강의를 들은 적은 없지만, 클리프 애스네스를 포함해서 그의 강의를 들었던 많은 사람들과 대화를 나누었으며, 파마 교수와도 몇 차례 인터뷰를 했다. 여기에 묘사된 표현들은 이들 인터뷰를 바탕으로 그의 강의가 이런 모습이

었으며, 그가 이렇게 말했었을 것이라는 추측에 따라 구성된 것들이다.

5. 나는 애스네스와 그를 알고 있던 사람들과의 일련의 인터뷰에서 애스네스의 인생에 대한 많은 구체적인 내용들을 입수했다. 애스네스의 어린 시절에 대한 기타의 세부내용들은《나는 어떻게 퀀트가 되었는가?》에서 그가 쓴 에세이로부터 발췌한 것들이다.

   나는 많은 AQR의 전, 현직 종업원들과 여러 번의 인터뷰를 가졌다. 기타의 출처들에는 아래 기사들이 포함되어 있다. "베타 블로커: AQR 캐피털 매니지먼트의 모습(Beta Blocker: Profile of AQR Capital Management)." 핼 럭스Hal Lux, 〈인스티튜셔널 인베스터〉, 2001년 5월 1일. "부자로 가는 계량적, 데이터베이스 기반, 위험조절법(The Quantitative, Data-Based, Risk-Massaging Road to Riches)." 조셉 노세라Joseph Nocera, 〈뉴욕타임스매거진〉, 2005년 6월 5일.

6. 파마와의 인터뷰에서.

7. 《카메라가 아니고, 엔진: 재무모형들은 어떻게 시장에 영향을 주는가》 63쪽.

8. 이 논문은, 〈주식기대수익률의 횡단면(The Cross Section of Expected Stock Returns)〉으로, 〈저널 오브 파이낸스〉 1992년 6월호에 게재되었다.

9. 보아즈 웨인스타인의 생애에 대한 세부내용들의 거의 대부분은 웨인스타인 및 그를 알고 그와 함께 일했던 사람들과의 인터뷰들을 통해서 입수했다.

10. LTCM의 붕괴에 대한 자세한 내용들은 아래의 두 기사에서 입수했다.《천재들이 실패할 때: 롱텀 캐피털 매니지먼트의 부상과 몰락(When Genius Failed: The Rise and Fall of Long-Term Capital Management)》(로저 로웬스타인, 랜덤하우스, 2000년), 《화폐의 발명: 롱텀 캐피털 매니지먼트와 그에 대한 전설들(Inventing Money: The Story of Long-Term Capital Management and the Legends Behind It)》(니콜라스 던바Nicholas Dunbar, 존 와일리 출판사, 2000년)

제6장

1. 《세토킷: 스파이망이 영국군을 저지하다(Setauket: Spy Ring Foils the British)》(톰 모리스Tom Morris, 뉴스데이, 1998년 2월 22일)
2. 여러 번 요청했음에도 불구하고, 제임스 시몬스는 나와의 인터뷰를 거절했다. 르네상스 테크놀로지스에 대한 자세한 내용들은 전직 종업원들인 얼윈 베르캄프, 로버트 프레이, 닉 패터슨, 샌도르 스트라우스와 익명을 요구한 다른 사람들과의 인터뷰를 통해서 입수했다. 이외의 구체적인 내용들은 1996년 10월 21일 〈파이낸셜 월드〉에 게재된 존 기어John Geer의 기사 "시몬스는 아무 말도 하지 않는다(Simons Doesn't Say)"와 2007년 11월 27일 블룸버그 뉴스에 게재된 〈리차드 타이틀바움Richard Teitelbaum〉 기사 "르네상스의 시몬스가 암호코드를 풀어 자산을 두 배로 늘리다(Simons at Renaissance Cracks Code, Doubling Assets)"에서 확인된다.
3. 2007년 6월 30일 〈블룸버그 뉴스〉에 게재된 캐서린 버튼과 리차드 타이틀바움의 기사, "시몬스의 전 종업원들이 르네상스가 비합법적인 트레이딩을 추구했다고 말하다(Ex-Simmons Employees Say Firm Pursued Illegal Trades)"에서.

제7장

1. 시타델의 실적과 자산들에 대한 구체적인 자료들은 시타델이 공식적으로 제공하는 문서들과 시타델의 기타 서류들로부터 입수되었음.
2. 그리핀과의 인터뷰에서.

3. 킴 엘세서와의 인터뷰에서.

4. 자이팔 터틀과의 인터뷰에서.

5. 골드만 시절의 애스네스와 AQR의 성장에 대한 내용들은 존 류, 데이비드 카빌러, 클리프 애스네스와 익명을 요구한 다른 사람들과의 인터뷰들뿐만 아니라 앞에 열거한 기사들에서 입수한 것임.

6. 블랙의 생애에 대한 다수의 구체적인 내용들은 페리 메르링Perry Mehrling이 저술한 그의 전기 "피셔 블랙과 재무에 있어서의 혁명적인 생각(Fischer Black and the Revolutionary Idea of Finance), 존 와일리 출판사 2005"와 애스네스, 에마누엘 더만 및 기타 그를 아는 사람들과의 인터뷰를 통해서 입수했음.

7. 헨리 센더Henry Sender의 2005년 11월 28일 〈월스트리트 저널〉 기사, "주식과 채권결합증권에서 재미를 보고 있는 젊은 트레이더들(Young Traders Thrive in Stocks and Bond Nexus)"에서.

제8장

1. 택티컬의 실적에 대한 일부 정보는 시타델이 2009년 말리셰프와 두 명의 전직 종업원들에 대해 일리노이 주 쿡 카운티의 순회법원 항소심재판부에 제기한 소송사건의 증언으로부터 입수된 것임.

2. 앤 데이비스Ann Davies의 2006년 9월 19일 〈월스트리트 저널〉 기사, "천연가스에 대한 대규모 베팅이 어떻게 헤지펀드 트레이더를 자신만만한 헤지펀드 트레이더를 몰락시켰는가(How Giant Bets on Natural Gas Sank Brash Hedge-Fund Trader)"에서.

3. 제임스 B. 스튜어트의 2008년 2월 11일 〈뉴요커〉 기사, "생일파티(The Birthday Party)"에서.

4. 피터 멀러가 2003년 6월 8일 뉴욕타임스의 록 아담슨Loch Adamson에게 말했던, "얼굴을 숨기고, 행복하게(Going Under, Happily)"에서.

5. 이 결혼식에 대한 이야기는 나심 탈레브, 존 류 및 닐 크리스와의 인터뷰들을 바탕으로 한 것임.

6. 탈레브의 인생에 대한 간략한 설명은 말콤 그래드웰Malcom Gladwell이 2002년 4월 22일과 4월 29일에 게재한 〈뉴요커〉 기사, "붕괴: 나심 탈레브는 어떻게 불가피한 재앙을 투자전략으로 바꿀 수 있었는가(Blowing Up: How Nassim Taleb Turned the Inevitability of Disaster into an Investment Strategy)"와 스테파니 베이커-사이드Stephanie Baker-Said가 2008년 5월 〈블룸버그 마켓스〉에 게재한 기사, "검은 백조의 비행(Flight of Black Swan)"뿐만 아니라 탈레브와 그의 오랜 사업파트너인 마크 스피츠나겔과의 인터뷰들을 기초로 하고 있음.

7. 이 책의 주제들은 이 포커게임을 자주 다루지 않았다. 자세한 사항들은 이 게임에 익숙한 사람들로부터 입수했음.

8. 던스턴 프라이얼Dunstan Prial의 1998년 11월 30일 〈월스트리트 저널〉 기사, "가장 주목받는 최신의 인터넷 이슈가 의문을 제기하다: 그것에 대한 가격을 어떻게 공정하게 책정할 것인가(Newest Hot Internet Issue Raises Question: How to Price It Fairly?)"에서.

9. 조시 프리드랜더Josh Friedlander의 〈앱솔루트 리턴〉 2006년 7/8월호에 게재한 "괴짜들의 복수(The Geeks' Revenge)"에서.

10. 이 체스 경기에 대한 설명은 직접 이 경기를 참관했던 도이치뱅크의 종업원들과 가진 몇 차례의 인터뷰를 바탕으로 한 것임. 웨인스타인도 협조를 해주었음.

11. 이 게임에 대한 설명은 그 자리에 있었던 사람들과의 인터뷰를 바탕으로 했음. 멀러의 승리와 베팅액수등과 같은 부수적인 세부내용은 현장감을 살리기 위해서 창작된 것임. 멀러는 이 그룹의 최고수이고 애스네스는 신참으로 알려져 있음. 이름이 언급되지 않은 다른 펀드매니저들도 자주 이 게임에 참가했음.

제9장

1. 아론 브라운과의 인터뷰에서.
2. 2007년 5월 15일 애트란타 연방준비은행이 개최한 2007년도 파이낸셜 마켓스 컨퍼런스에서 국제 스왑 및 파생상품협회(International Swaps and Derivatives Association)의 데이비드 멩글David Mengle이 발표한 〈신용파생상품: 개관(Credit Derivatives: An Overview)〉에서.
3. 마크 화이트하우스Mark Whitehouse가 2005년 9월 12일 〈월스트리트 저널〉에 게재한 기사, "위험의 조각들: 공식 하나가 몇몇 대규모 투자가들을 파멸시킨 시장에 어떻게 불을 지폈을까(Slices of Risk: How a Formula Ignited Markets That Burned Some Big Investors)"에서.
4. 세레나 응Serena Ng과 캐릭 몰렌캄프Carrick Mollenkamp가 〈월스트리트 저널〉 2008년 1월 14일자에 게재한 기사, "천문학적 손실의 배후에 있는 펀드(A Fund Behind Astronomical Losses)"에서.
5. 암브로즈 에반스-프리차드Ambrose Evans-Pritchard가 2006년 2월 28일 〈더 텔레그라프〉에 게재한 기사, "글로벌 신용시장이 고갈되고 있다(Global Credit Ocean Dries Up)"에서.

6. 스티픈 라바턴Stephen Labaton이 2008년 10월 2일 〈뉴욕타임스〉에 게재한 기사, “감독당국의 2004년도 규정이 은행들이 신규차입을 증가시키도록 했다(Agency's ‘04 Rule Let Banks Pile Up New Debt)”에서.
7. 베어스턴스의 붕괴는 광범위하게 다루어지고 있으며, 나도 여러 자료들을 이용했음. 최고의 자료들은 〈월스트리트 저널〉 기자인 케이트 켈리Kate Kelly가 작성한 일련의 기사들이며, 그녀는 베어스턴스의 몰락을 잘 정리한 탁월한 저서인 《거리의 투사들: 월가에서 가장 강인한 기업이었던 베어스턴스의 마지막 72시간(Street Fighters: The Last 72 Hours of Bear Sterns, the Toughest Firm on Wall Street》(Portfolio 2009)”도 썼음.

제10장

1. 사실 이 챕터에 수록된 모든 정보는 익명을 요구한 많은 사람들을 포함해서 수십 명의 사람들과의 인터뷰를 통해서 입수된 것임. PDT가 겪었던 혼란에 대한 자세한 내용들은 스캇 패터슨과 아니타 라가반Anita Raghavan이 2007년 9월 7일 〈월스트리트 저널〉에 게재한 기사, “8월의 습격: 시장혼란이 어떻게 퀀트들을 불러세웠는가(August Ambush: How Market Turmoil Waylaid the ‘Quants')에 처음 보고되었음.
2. GSAM에 대한 대부분의 정보는 2009년에 마크 카하트와 레이몬드 이와노브스키가 퇴직한 후 글로벌알파와 GSAM의 몇몇 기타 퀀트펀드를 승계한 카틴카 도모토르피Katinka Domotorffy와의 인터뷰를 바탕으로 한 것임.
3. 매튜 로스맨과의 인터뷰에서.

4. 저스틴 라하트Justin Lahart가 2007년 8월 11일 〈월스트리트 저널〉에 게재한 기사, "주식시장의 방황의 배후: 곤경에 빠진 퀀트펀드들이 가격이 상승한 주식을 처분해서 공매도 했던 주식들을 사들이고 있다(Behind the Stock Market's Zigzag-Stressed 'Quant' Funds Buy Shorted Stocks and Sell Their Winners)"에서.
5. 랜달 스미스Randall Smith, 캐릭 몰렌캄프, 조엘렌 페리Joellen Perry 및 그레그 입Gregg Ip 등이 2007년 8월 20일 게재했던 기사, "금융경색의 완화: 공포의 날은 어떻게 연방준비제도이사회가 조치를 취하도록 했는가-신용동결이 갑작스런 조치를 취하도록 만들다(Loosening Up: How a Panicky Day Led the Fed to Act-Freezing of Credit Drives Sudden Shift)"에서.

제11장

1. 시타델에 의한 이트레이드 인수에 대한 내용 중 일부는 수잔 크레이그Susanne Craig, 그레고리 주크만Gregory Zuckerman, 및 매튜 카니트쉬니히Mattew Karnitschnig가 2007년 11월 30일 〈월스트리트 저널〉에 게재한 기사, "왜 시타델은 곤경에 처한 이트레이드를 인수했을까(Why Citadel Pounced on Wounded E*Trade)"를 참고하였음.
2. 애스네스의 포커경기에서의 광란은 이들이 가졌던 게임들을 잘 알고 잇는 사람들의 설명을 기초로 했음. 다른 포커게임들의 구체적 내용들 중 일부는 현장감을 살리기 위해서 창작이 포함되어 있음.
3. 이 부분은 나심 탈레브와 아론 브라운과의 인터뷰를 바탕으로 한 것임.

4. 이 부분 설명은 그날 회의에 참석했던 사람 한 명과의 인터뷰를 바탕으로 하고 있음.
5. 이 현장에 있었던 사람과의 인터뷰를 바탕으로 했음.
6. 이 인용문을 포함하는 리먼의 마지막 날에 대한 몇몇 자세한 내용들은 스티브 피시맨Steve Fishman이 2008년 12월 8일 〈뉴욕(New York)〉지에 쓴 글, "자신의 집을 태우다: 리먼 CEO 딕 풀드는 시장붕괴의 주범일까(Burning His House: Is Lehman CEO Dick Fuld the True Villain on the Collapse of Wall Street)"을 근거로 하고 있음.
7. 캐릭 몰렌캄프, 세레나 응, 리암 플레벤Liam Pleven 및 랜달 스미스가 2008년 10월 31일 〈월스트리트 저널〉에 게재한 기사, "AIG 붕괴의 배후에는 현실 세계에서의 검증을 통과하지 못한 위험모형들이 있었다(Behind AIG's Fall, Risk Models Failed to Pass Real-World Test)"에서.
8. 이 부분은 뉴욕 주 출신 상원의원 척 슈머와의 인터뷰를 기초로 했음.

제12장

1. 2005년 5월 5일 일리노이 주 시카고에서 개최된 시카고 연방준비은행이 개최한 은행구조개편에 대한 제 41회 연례회의에서 알란 그린스펀이 행한 연설, "위험의 전가와 금융안정성(Risk Transfer and Financial Stability)"에서.
2. 2008년 말의 시타델의 곤경과 컨퍼런스콜에 대한 몇몇 자세한 내용들은 켄 그리핀과의 인터뷰와 익명을 요구한 수많은 다른 사람들과의 인터뷰들을 바탕으로 하고 있음.

제임스 포리스의 인용을 포함하는 다른 내용들은 마르시아 빅커스Marcia Vickers가 작성한 2009년 12월 9일 〈포춘〉 기사, "포위된 시타델: 켄 그리핀의 150억 달러 회사는 이번 가을 재앙을 만나 휘청거렸다(Citadel Under Siege: Ken Griffin's $15 billion Firm Was Flirting with Disaster This Fall)", 제니 스트라스버그Jenny Strasburg와 그레고리 주커만이 작성한 2008년 11월 7일 〈월스트리트 저널〉 기사, "헤지펀드들의 매도가 시장에 새로운 압력을 가하고 있다(Hedge Fund Selling Puts New Stress on Market)" 및 제니 스트라스버그와 스캇 패터슨이 작성한 2009년 11월 20일 〈월스트리트 저널〉 기사, "헤지펀드의 제왕이 포위되다(A Hedge Fund King Comes Under Siege)" 등을 바탕으로 했음.

3. 컬럼버스는 그의 1492년 일기에서 "계속 전진"이라고 쓰지 않았음.
4. 사바의 마지막 날들에 대한 다수의 자세한 내용들은 스캇 패터슨과 세레나 응이 2008년 2월 작성한 〈월스트리트 저널〉 기사. "도이치뱅크의 실패한 트레이더가 18억의 구멍을 메우지 않고 떠나다(Deutsche Bank Fallen Trader Left Behind $1.8 Billion Hole)"에서.
5. 2008년의 고난극복을 위한 AQR의 노력에 대한 자세한 내용들 중 일부는 스캇 패터슨이 2009년 5월 23일자 〈월스트리트 저널〉에 게재한 기사, "헤지펀드의 제왕이 재정비를 강요당하고 있다(A Hedge-Fund King Is Forced to Regroup)"에 처음 소개되었음.
6. 유니버사의 수익은 2008년 11월 3일 스캇 패터슨이 〈월스트리트 저널〉에 게재한 기사, "10월의 고통이 검은 백조에게는 수익이 되다(October Pain Was 'Black Swan' Gain)"에 가장 먼저 보도되었음.

제13장

1. 이 부분은 저자의 직접적인 기술과 폴 윌멋과의 인터뷰들을 바탕으로 했음.
2. 선언의 전문은 윌멋의 홈페이지인 http://www.wilmott.com/blogs/eman/index.cfm/2009/1/8/The-Financial-Modelers-Manifesto에서 볼 수 있음.
3. 찰리 멍거와의 인터뷰에서.
4. 이 부분은 만델브로트와 그의 캠브리지 아파트에서 가졌던 일련의 인터뷰들을 바탕으로 했음.
5. 이 부분은 에드 소프와 그의 사무실에서 가졌던 미팅과 그 후 소프와 빌 그로스와 함께 만났던 핌코 사무실에서의 미팅을 기초로 했음. 이 부분의 질문과 응답은 스캇 패터슨이 2008년 3월 22일 〈월스트리트 저널〉에 게재한 "옛 전문가들의 평가-소프와 핌코의 그로스가 과도한 베팅의 위험과 채권시장에서의 투자방법에 대해 입을 열다(Old Pros Size Up the Game-Thorp and Pimco's Gross Open Up on Dangers of Over-Betting, Hot to Play the Bond market)"에 실렸던 것임.

제14장

1. 포커의 밤에 대한 서술은 저자가 직접 기술한 것임.
2. 아론 루체티Aaron Lucchetti와 스캇 패터슨이 2009년 4월 24일 〈월스트리트 저널〉에 게재한 기사, "모건스탠리는 대규모의 트레이딩 변화를 모색하고 있다(Morgan Stanley Eyes Big Trading Change)"에서.
3. 제니 스트라스버그와 스캇 패터슨이 2009년 6월 11일 〈월스트리트 저널〉에 게재

한 기사 "르네상스의 시몬스는 은퇴계획을 늦추다(Renaissance's Simons Delays Retirement Plans)"에서.

4. 루이스 스토리Louise Story가 2009년 4월 26일자 〈뉴욕타임스〉에 게재한 기사, "한 해 주춤했던 월가의 급여가 다시 상승하고 있다(After Off Year, Wall Street Pay Is Bouncing Back)에서.

5. 스캇 패터슨과 아론 루체티가 2008년 5월 8일 〈월스트리트 저널〉에 게재한 기사, "다크풀 트레이딩 네트워크의 붐이 월가에 골칫거리를 안겨주고 있다(Boom in 'Dark Pool' Trading Networks Is Causing Headaches on Wall Street)"에서 부분적으로 가져왔음.

주요 용어

차익거래(arbitrage): 가격이 서로 다르면서 관련이 있는 두 종류의 유가증권에 대해, 가격이 같아질 것이라는 기대를 갖고 매수와 매도를 하는 행위. 만일 금 1온스의 가격이 뉴욕에서는 1,000달러이고 런던에서는 1,050달러라면, 차익거래자(arbitrageur)는 뉴욕에서 금을 매수해서 런던에서 매도할 것이다. 퀀트들은 주식, 통화 및 상품과 같은 자산들 사이의 역사적 관계들을 찾아내고, 그 관계들이 어긋나 있는 것이 시간이 지나면 다시 정상으로 돌아갈 것이라는 데에 베팅을 하는 공식들을 사용한다(뒤에 있는 '통계적 차익거래' 항목을 참조할 것). 그와 같은 베팅은 시장에서의 과거의 실적이 미래 실적을 미리 예측할 수 있도록 해 준다는 가정에 바탕을 두고 있다. 그러나 이 가정이 항상 옳은 것은 아니다.

블랙-숄즈 옵션가격결정공식(Black-Scholes option-pricing formula): 그 소유자에게 어떤 주식을 특정 가격으로 특정 기간 내에 매입할 수 있는 권리(콜옵션)나 매도할 수 있는 권리(풋옵션)를 부여해주는 계약인 주식옵션의 가격을 나타내는 수학적 공식. 이 공식에는 많은 요소들이 포함되어 있는데, 그 중 한 가지는 주식가격의 미래의 움직임, 즉 변동성이 무작위적(우발적)이며 따라서 큰 변동폭을 나타낼 개연성을 배제시켜버린 가정이다(뒤에 있는 '두터운 꼬리' 항목을 참조할 것).

브라운 운동(Brownian motion): 물에 떠 있는 꽃가루 입자를 관찰하던 스코틀랜드의 식물학자 로버트 브라운에 의해서 1827년에 최초로 발표된 브라운 운동은 겉으로 보이는 분자들의 무작위적 진동이다. 수학적으로 이 운동은 움직임의 미래의 방향이 왼쪽, 오른쪽, 위, 아래로 어디로 갈지 예측이 불가능한 랜덤워크, 즉 무작위적 형태를 보인다. 그렇지만 동작의 평균치는 대수의 법칙을 사용해서 예측될 수 있고, 벨커브 또는 정규분포곡선에 의해서 눈으로 파악된다. 퀀트들은 주식시장에서부터 다국적은행의 대차대조표의 위험에 이르는 모든 것의 변동성을 예측하기 위해서 브라운 운동의 수학을 사용한다.

신용부도스왑(Credit default swap, 신용위험스왑): 1990년대 초에 새로 도입된 이들 계약은 기본적으로 한 종류의 채권이나 여러 채권들을 합쳐놓은 채권 묶음에 대해 보험을 제공한다. 보험에 대한 대가는 대상이 되는 채권의 위험성에 따라 변한다. 1990년대 말과 2000년대에는 더욱더 많은 트레이더들이 어떤 채권이 지급불능이 될 것인지 아닌지에 대해 베팅을 하기 위해 이 계약들을 사용했다. 도이치뱅크에서 보아즈 웨인스타인은 베팅 수단으로 신용위험스왑을 사용했던 선구자였다.

부채담보부증권(Collateralized debt obligation): 비교적 안전하다고 간주되는 AAA등급에서부터 대단히 위험한 BBB등급 및 그 이하 신용등급에 이르는 다양한 수준으로 구분된 신용카드채권이나 모기지대출 같은 유가증권들을 묶음으로 만들어놓은 것. 1990년대 말에 J. P. 모건의 한 퀀트 팀이 채권들과 연계된 신용부도스왑들을 묶음으로 만들고 그것들을 위험에 따라 다양한 부분들로 구분하여서 '합성(synthetic)' 부채담보부증권이라는 것을 만들어내었다. 2007년과 2008년의 신용시장 붕괴의 와중에, 당초의 모기지 차입자들이 그들의 모기지 대출에 대해 부도를 냄에 따라 수십억 달러의 우량신용등급 부채담보부증권들과 합성부채담보부증권들의 가치가 급락했다.

전환사채(Convertible bonds): 미래의 특정 시점에 유가증권들을 주식으로 전환시킬 수 있는 선택권(옵션)인 주식인수권(워런트)뿐만 아니라 (고정적인) 이자를 발생시키는 채권으로서의 요소도 일반적으로 갖고 있는 기업들이 발행하는 유가증권의 일종. 1960년대에 에드 소프는 블랙-숄즈 옵션가격결정공식에 앞서 워런트의 가격을 결정하는 수학적 방법을 고안했다.

효율적 시장가설(Efficient-market hypothesis, EMH): 시장의 미래 움직임이 무작위적이라는 개념을 토대로, EMH는 모든 정보가 즉각적으로 가격 결정에 반영되기 때문에 시장이 효율적으로 된다고 주장한다. 이 가설은 투자자들이 시장을 지속적으로 이기기는 불가능하다고 말한다. 이 이론의 주창자는 역설적이게도 클리프 애스네스와 1990년대 및 2000년대에 시장을 이기기 위해서 월가에 진출했던 일단의 퀀트들을 가르쳤던 시카고대학의 재무학 교수 유진 파마였다. 많은 퀀트들은 2007년 8월에 파마의 이론을 기초로 한 비슷한 투자전략들을 사용했다.

두터운 꼬리(Fat tail): 시장변동성은 브라운 운동으로 파악되는 시장움직임의 정상적인 분포를 보여주는 벨커브를 사용해서 일반적으로 측정된다. 벨커브의 좌우 양극단을 뜻하는 분포의 꼬리들은 아래로 기울어져 있다. 두터운 꼬리는 벨커브로는 파악되지 않는 거의 발생할 수가 없는 '검은 백조'를 나타내며, 시각적으로는 벨커브 양쪽 끝부분에 불룩한 형태로 나타난다. 베노이트 만델브로트가 1960년대에 이러한 극단적인 시장상태를 나타내는 방법을 최초로 고안했지만, 그의 주장은 그 후 상당기간 동안 거의 무시되었다.

가우시안 코풀라(Gausian copula): 다양한 조각들로 된 부채담보부증권들의 가격 간 상관관계를 예측하기 위해서 금융공학자 데이비드 X. 리가 개발한 모형. 코풀라들은 두 변수들 사이의 연관성의 정도, 즉, 그 두 변수들이 얼마나 '들어 붙어 있는지(copulate)'를 측정하는 수학함수들이다. (주택소유주가 부도를 내는 것과 같은) X라는 사건이 발생할 때, (그 이웃에 사는 주택소유주가 부도를 내는 것과 같은) Z라는 사건이 발생하는 Y의 가능성이 있게 된다. 리(Li)가 사용했던 특정 코풀라는 정상 분포곡선을 통해서 별들의 움직임을 측정하는 방법을 고안했던 19세기 독일의 수학자 칼 프리드리히 가우스Carl Friedrich Gauss의 이름을 따서 그 명칭이 불려지고 있다. 그러므로 부채담보부증권에서 각 부분들 사이의 부도위험 관계는 벨커브(코풀라는 기본적으로 다차원적 벨커브임)를 기초로 했다. 2007년 8월에 시작된 신용위기는 각 부분들 사이의 상관계가 예상보다 훨씬 긴밀해졌기 때문에 이 모형이 제대로 작동되지 못했다.

헤지펀드(Hedge fund): 부유한 개인이나 연금기금, 기부금펀드와 같은 기관들에게만 개방되어 있는 투자기구. 헤지펀드들은 엄청난 양의 레버리지, 즉 차입금을 사용하는 경향이 있고, 일반적으로 관리자산에 대해 2퍼센트, 수익금에 대해 20퍼센트 또는 그 이상의 높은 수수료를 부과한다. 역사상 최초의 헤지펀드는 다양한 주식에 대해 매입 및 매도포지션을 상쇄시키는 '헤지'포지션을 보유했던 기자 출신의 앨프레드 윈슬로우 존스Alfred Winslow Jones에 의해서 1949년에 설립되었다. 에드 소프는 나중에 프린스턴/뉴포트 파트너스로 이름이 바뀐 컨버터블 헤지 어소시에이츠라는 헤지펀드를 1969년에 창설했다.

대수의 법칙(Law of large numbers, LLN): 이 법칙은 사람들이 더 많은 관찰을 할수록, 예측의 정확성이 더 커진다는 것을 설명한다. 동전을 열 번 던지면 앞면이 70퍼센트, 뒷면이 30퍼센트로 나올 수도 있다. 그러나 1만 번 던지면 앞면이 50퍼센트, 뒷면이 50퍼센트 나올 확률이 훨씬 더 높아진다. 소프는 이 법칙을 블랙잭에서 이기기 위해 사용했고, 월가에서도 이 법칙을 사용했다. 퀀트들이 개발한 수많은 공식들이 이 법칙을 바탕으로 하고 있다.

통계적 차익거래(Statistical arbitrage, 스태트 아브): 컴퓨터들이 수백 종류 또는 수천 종류의 주식들을 추적해서 그들 사이의 관계를 바탕으로 트레이딩을 실행하는 트레이딩 전략. 컴퓨터들은 주식들 사이의 장기적인 관계가 깨어지는 기간들을 찾아내고, 극 hksrP들이 복원될 것이라는 데에 베팅을 한다. 이 전략은 1980년대에 모건 스탠리에 근무하던 게리 뱀버거라는 컴퓨터 프로그래머에 의해서 최초로 도입되었다. 이 거래기법은 거대한 뉴욕의 헤지펀드인 D. E. 쇼와 기타 펀드들의 설립의 토대가 되면서, 그간 고안된 가장 강력하고 인기 있는 기법들 중 하나가 되었다. 모건 스탠리의 프로세스 기반 트레이딩(Process Driven Trading, PDT)을 운용했던 피터 멀러는 가장 유능한 통계적 차익거래자, 즉 스태트 아브 트레이더들 중 하나였다. 이 기법 역시 2007년 8월의 퀀트위기 시에 붕괴되어버렸다.

퀀트: 세계 금융시장을 장악한 수학천재들 이야기

초판 1쇄 발행 2011년 7월 4일
초판 7쇄 발행 2021년 11월 16일

지은이 스캇 패터슨
옮긴이 구본혁
펴낸이 김선식

경영총괄 김은영
콘텐츠사업1팀장 임보윤 **콘텐츠사업1팀** 윤유정, 한다혜, 성기병, 문주연
마케팅본부장 이주화 **마케팅2팀** 권장규, 이고은, 김지우
미디어홍보본부장 정명찬
홍보팀 안지혜, 김재선, 이소영, 김은지, 박재연, 오수미, 이예주
뉴미디어팀 허지호, 임유나, 배한진 **리드카펫팀** 김선욱, 염아라, 김혜원, 이수인, 석찬미, 백지은
저작권팀 한승빈, 김재원 **편집관리팀** 조세현, 백설희
경영관리본부 하미선, 박상민, 김민아, 윤이경, 이소희, 이우철, 김재경, 최완규, 이지우, 김혜진
외부스태프 본문조판 장선혜

펴낸곳 다산북스 **출판등록** 2005년 12월 23일 제313-2005-00277호
주소 경기도 파주시 회동길 490
전화 02-702-1724 **팩스** 02-703-2219 **이메일** dasanbooks@dasanbooks.com
홈페이지 www.dasan.group **블로그** blog.naver.com/dasan_books
종이 ㈜한솔피앤에스 **출력·인쇄** ㈜갑우문화사

ISBN 979-89-6370-566-8 (03320)

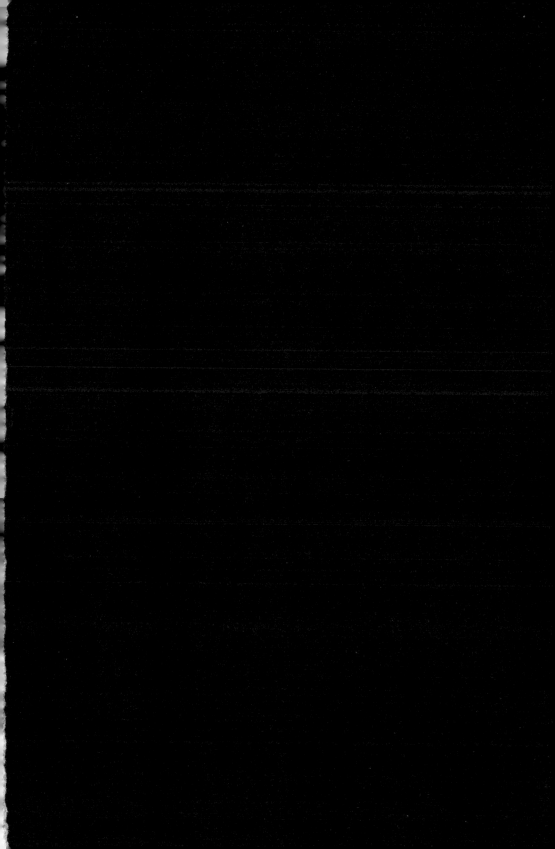